EXCELLENT COURSE

高等院校精品课程系列教材

市场营销学

理论、方法及应用

MARKETING

Theory, Method and Application

主　编　张初兵
副主编　曹海英　于　萍

机械工业出版社
CHINA MACHINE PRESS

本书内容精练，重点突出，与时俱进，聚焦于 B2C 营销领域，系统、深入地阐述了市场营销学的基础理论，并在已有市场营销学体系的基础上对部分理论进行了更新完善以更符合现实需要。本书响应教育部提出的以"课程思政"为目标的课堂教学改革号召，融合思想教育与专业教育，引导读者树立正确的世界观、人生观、价值观。

　　本书适合作为高校市场营销、工商管理等专业的教材，也适合作为商务从业人员的参考读物。

图书在版编目（CIP）数据

市场营销学：理论、方法及应用 / 张初兵主编 . —北京：机械工业出版社，2023.11（2025.7重印）

高等院校精品课程系列教材

ISBN 978-7-111-74228-9

I. ①市…　II. ①张…　III. ①市场营销学 – 高等学校 – 教材　IV. ① F713.50

中国国家版本馆 CIP 数据核字（2023）第 215754 号

机械工业出版社（北京市百万庄大街 22 号　邮政编码 100037）

策划编辑：张有利　　　　　责任编辑：张有利
责任校对：肖　琳　梁　静　责任印制：张　博
北京中科印刷有限公司印刷
2025 年 7 月第 1 版第 2 次印刷
185mm×260mm·20 印张·395 千字
标准书号：ISBN 978-7-111-74228-9
定价：59.00 元

电话服务　　　　　　　　网络服务
客服电话：010-88361066　机　工　官　网：www.cmpbook.com
　　　　　010-88379833　机　工　官　博：weibo.com/cmp1952
　　　　　010-68326294　金　书　网：www.golden-book.com
封底无防伪标均为盗版　机工教育服务网：www.cmpedu.com

前 言
PREFACE

　　天津财经大学商学院市场营销系建于 1958 年，原名商业经济系，是天津财经大学最早建立的四个教学系之一。1980 年，天津财经大学市场营销系在天津市首开市场营销学课程。1988 年，市场营销专业获批成立并开始招生。2001 年，《市场营销学》获批天津财经大学重点建设教材。在曹家为教授和易牧农教授的带领下，教材质量逐步提升并再版过三次。为了更好地适应现代教学的需要，我们认真总结经验，查找不足，对本书进行了重新编写，其特色如下。

　　第一，内容精练，突出重点。部分教材内容很全面，涵盖组织市场及购买行为、服务营销、全球市场营销等，但在教学实践中却很少讲授。据此，本书只聚焦于 B2C 营销领域，按照"认识营销→理解市场→营销战略→营销策略→营销发展"的逻辑，系统、深入地阐述市场营销学的基础理论。

　　第二，理论更新，与时俱进。在不打破已有市场营销学体系的基础上，本书对部分理论进行了更新和完善以更符合现实需要。例如，在介绍营销信息系统时，增加大数据时代的市场调研；将 CRM 战略和场景营销独立成章；新增"购后等待"内容，使消费者购买决策过程更完备等。

　　第三，思政融合，立德树人。为进一步落实党的二十大报告提出的"构建高水平社会主义市场经济体制"的各项任务，响应教育部提出的以"课程思政"为目标的课堂教学改革号召，本书设置"营销链接""营销延伸"板块以加深读者对相关知识的理解。书中所有的案例均为积极向上的内容，以此引导当代大学生树立正确的世界观、人生观、价值观，将理论应用于实践并为社会主义市场经济发展做出贡献。

　　在师生价值共创理念的指引下，组建教师团队和学生团队，分别负责书稿正文和书稿案例的编写工作。教师团队分工如下：第 1 章，乔时；第 2 章，张初兵；第 3 章，吴传喜；第 4 章，曹菲；第 5 章，曹海英；第 6 章，张童；第 7 章，吴波；第 8 章，卢建词；第 9 章，张婕琼；第 10 章，李妹；第 11 章，黄天龙；第 12 章，郝华；第

13章，穆琳；第14章，于萍；第15章，郑玲。其中，张初兵、曹海英、于萍三位老师负责总纂并定稿。

学生团队名单如下：武尚文、蒋海霞、徐琪锋、陈昌洁、李炳旭、梅涛、秦洁、李澳琳、王文凯、魏剑秋、梁雅琪、刘冰、陈敬文、杨楠、张天一、张庆南、刘雅雯、于雅凡、郭孟迪、史嘉颖、陈炳旭、李南晰、赖敏敏、谯兆静、赵子欣、宋梦佳、张天纬、阿日耶古丽·买买提、陈婷、王盈、周珊、王滢、管太平、简翊竹、唐相群、文雨佳、谢佳、杨艳、于铭、韩云静。其中，简翊竹、唐相群、文雨佳、谢佳四位同学参与了书稿的校对工作，于雅凡、李南晰、阿日耶古丽·买买提、郭孟迪、徐琪锋五位同学负责案例的校对工作。

在本书编写过程中，借鉴了不少优秀的书籍和文章等文献资料，并在书稿最后以参考文献的形式列出。如果由于疏忽没有列出，还请您谅解并联系我们。对这些文献的作者，编写团队表示诚挚的谢意。

由于编写水平和时间等因素的限制，本书难免会存在不足，欢迎广大读者提出宝贵意见，帮助我们进一步提升书稿质量。

编　者

目　录
CONTENTS

第 1 章
CHAPTER 1

市场营销导论

§ **本章提要**

本章将探讨什么是市场营销以及市场营销领域的发展趋势。首先，探讨市场营销的定义、营销与推销的区别以及市场营销与企业竞争力的关系；其次，强调理解市场和顾客的重要性，探讨市场营销管理中的五个核心概念；最后，论述市场营销从生产观念到社会营销观念的演进过程。

1.1 理解市场营销

1.1.1 市场营销的定义

成功的市场营销对每一个企业或者组织都至关重要，它不仅能够让同仁堂等老字号品牌基业长青，也能够帮助华为和小米等年轻企业迅速成长。优秀的企业和营销者往往奉行一个共同的理念：市场营销以顾客为中心。

市场营销对于大多数人而言不是一个陌生的概念，但是人们对于市场营销的理解存在很大差异。许多人仍然认为市场营销仅仅是推销和广告，而实际上它们只是营销的冰山一角。市场营销是一门不断发展的学科，市场营销的定义也随着商业环境的变化而不断调整，美国市场营销协会（American Marketing Association，AMA）曾对市场营销概念做过以下几次重要调整。

（1）市场营销是计划和执行关于商品、服务和创意的观念、定价、促销和分销，以创造符合个人和组织目标交换的一种过程（1995 年）。

（2）市场营销是一种组织职能和一系列创造、沟通和传递价值给顾客，并且以有利于组织及其利益相关者的方法管理顾客关系的过程（2004 年）。

（3）市场营销是一系列创造、沟通、传递和交换对顾客、合作伙伴和社会具有价值的提供物的活动、制度及过程（2013 年）。

　　虽然学术界对市场营销的概念有不同的理解和认识，但基本上在以下几方面达成共识：第一，组织活动的整个体系应该以顾客为导向，重点在于洞察和满足顾客需要；第二，市场营销活动囊括了倾听和响应顾客需求所从事的各种活动，例如市场调研、新产品开发、销售、服务、顾客管理等，即使交易完成之后仍然需要市场营销活动；第三，"交换"是市场营销的核心概念，交换不仅仅是双方之间直接进行的有形物品的交换，现实中的很多交换经常是间接的、象征性的，而且常有两方以上介入，如何克服市场障碍并顺利实现交换，进而实现组织目标和社会经济效益，是营销管理的核心内容。

　　市场营销始于理解和洞察顾客的需要，通过提供清晰、独特的价值主张，传递有吸引力的产品、服务、体验等价值载体来吸引和发展有价值的顾客。随着竞争的加剧和顾客购买方式的转变，如今的企业和市场营销人员不再仅仅关注交易的实现，而是希望通过构建一种以顾客为中心的全渠道体验来发展和维系顾客关系，将产品和品牌打造成顾客生活中有意义的、不可分割的一部分，并在整个顾客生命周期提供实时在线的营销解决方案。因此，市场营销的作用包括三个方面：第一，如何吸引和开发新顾客；第二，如何留住老顾客，建立顾客忠诚；第三，如何管理顾客价值，提升顾客对企业的贡献度。

　　在本书中，我们认为营销的本质是识别并满足人类和社会的需要，并将市场营销定义为企业通过为顾客创造价值来建立、维系和发展顾客关系的过程。

┃营销链接┃

　　华为的创始人任正非曾经说过："华为走到今天，就是靠着对顾客需求的信仰和敬畏，坚持把对顾客的诚信做到极致。"华为以顾客为中心，通过四个维度构建起强有力的营销体系。第一个维度是正确选择高价值顾客。华为通过了解顾客、立体分析顾客需求，确保高价值顾客的选择与企业每个阶段的战略和现实能力相匹配。第二个维度是顾客需求导向的服务流程。华为通过服务顾客的业务过程、顾客的主要活动、顾客需要的支持、企业对顾客的价值以及关键活动五个部分来构建顾客服务流程。第三个维度是建立"端到端服务顾客的组织"。从顾客中来，到顾客中去，从顾客的需求或者不满意出发，到顾客的需求被满足或实现顾客满意。第四个维度是创造顾客价值的能力。为顾客带来价值是一个企业能够长久生存的基础。华为在这方面具备两个核心能力：一是"顾客经营"的能力，通过顾客分类、顾客规划、管理与顾客的接触质量、关注顾客满意度以及建立顾客档案来实现；二是"竞争对手管理"的能力，向比自己强的对手虚心学习，持续削弱比自己弱的对手。
资料来源：武尚文根据网络资料编写。

1.1.2　市场营销与推销

　　很多人将市场营销等同于推销，事实上，市场营销所包含的内容远多于推销，如果将营销比作冰山，那么推销只是营销可见冰山的一部分。但不可否认的是，如果将市场营销作为由一系列组织职能和一系列行动所构成的过程，那么推销是市场营销中非常重要的环节，它关系到企业或组织营销目标和经营绩效的实现。

关于营销和推销，彼得·德鲁克（Peter Drucker）有过精辟的论断："某些推销工作总是需要的，然而，营销的目的就是要使推销成为多余。"营销的目的在于深刻地认识和了解顾客，从而使产品和服务完全适合他们的需要而形成产品的自我销售。销售主要是依靠专业化的知识和程序视角实现交易，而市场营销的重点在于正确地确定目标市场的需要和欲望，并且比竞争对手更有效地传递可以满足顾客期望的价值。表 1-1 列出了二者在四个方面存在的区别。

表 1-1　营销与推销的区别

概念	起点	重点	方法	目的
推销	企业	现有产品	销售促进 / 短期刺激	通过提高销量获得利润
营销	市场	顾客需求	整合营销	通过创造顾客满意获得利润

第一，起点不同。推销的出发点是企业，企业有什么就卖什么。因此，工厂的生产是起点，市场销售是终点。营销的出发点是顾客，顾客需要什么就生产什么，需要多少就卖多少。因此，市场是工作的起点，但市场又是终点，生产只是中间环节。

第二，重点不同。推销是以现有产品为中心，企业考虑的中心工作是推销现有的产品，达成交易，较少考虑顾客是否需要这些产品。营销是以顾客需求为中心，企业考虑的中心工作是满足顾客的需要。

第三，方法不同。推销的方法主要依靠短期刺激，例如常见的以价格为导向的销售促进等。营销采用的是以价值为导向的营销组合活动，即产品、价格、渠道、促销、服务、体验等方法和手段的有机结合。

第四，目的不同。推销的目的往往是追求短期利益，促成交易，销售越多，获利就越多。营销的目的是追求长远利益，要通过为顾客创造价值和让顾客满意而获利，具有前瞻性的企业更强调与顾客建立长期、互利的关系，追求长期利益最大化。

1.1.3　市场营销与企业竞争力

一个企业在正常经营过程中会需要战略规划、市场营销、人力资源、生产制造、财务管理等多种职能，这些职能对企业培育核心竞争力至关重要。其中，市场营销对企业竞争力的影响有以下几方面。

第一，市场营销提供了一种顾客导向的经营理念。将市场营销视为一种经营理念对企业发展至关重要，它将企业的注意力从企业内部转向顾客、竞争者、合作伙伴和整个社会等更广义的情境中。内部导向的企业关注自身短期利益，将企业和顾客视为相互对立的双方，各个职能部门之间只关注自身的绩效考核目标，例如，销售部门只想增加订单，研发部门只关注新的技术，财务部门则希望降低成本，职能部门之间缺乏沟通与协调。市场营销提供了以顾客为中心的外部导向，认为顾客决定了企业存在的意义，没有顾客，企业就无法获得收入和利润，也就无法生存和发展。而要获得这些顾客，企业就必须将自身视为创造顾客价值和满足顾客需要的有机体。企业和顾客不再是对立的二元关系，而是可以通过共同创造价值来实现双赢。像华为、腾讯、小米这样的企业都是在成立之初就将"以顾客为中心"作为宗旨，是否奉行顾客导向的理念将决定企业在市场中的成败，营销作为一种理念必须自上而下渗透到企业的每一个层级和每一位员工，并强调各职能部门的协调与合作。

第二，市场营销提供了战略与战术层面的行动方案。战略层面最重要的市场营销决策是确定价值主张（Value Proposition），价值主张代表了企业能够为目标顾客提供的独特价值和企业在目标顾客心目当中与众不同的形象，包括确定自己的目标顾客群体，以及在市场中将自己与竞争对手有效地区别开来。价值主张凸显了品牌的差异性，也直接回答了顾客的问题——我为什么要购买你的产品和品牌？战术层面的市场营销则提供了包括传统上以 4P（产品策略、价格策略、渠道策略、促销策略）为代表的营销组合策略。为满足目标顾客的需求，企业需要围绕价值主张开展有效的价值创造和价值传递活动，而营销组合策略正好可以提供一系列可操作的工具或方法，数字化的新技术手段也可以让上述活动变得更加精准、高效。

第三，市场营销提供了培育企业竞争优势的能力。当竞争优势被定义为基于顾客的优势时，企业在持续营销过程中积累的顾客资产就形成了企业的竞争性资源优势。不仅如此，不同类型的营销能力也可以催化不同类型的可持续发展战略和差异化竞争战略，对企业绩效产生重要影响。企业在洞察顾客需求、获取市场知识、管理品牌资产、开发与设计产品、管理顾客关系等方面所积累的资源和能力发挥着关键作用。

┃**营销延伸**┃

中国移动的企业使命为"创无限通信世界 做信息社会栋梁"。其中，"创无限通信世界"体现了中国移动通过追求卓越，争做行业先锋的强烈使命感，也体现了中国移动致力于提升人类生活质量的社会责任；"做信息社会栋梁"则体现了中国移动在未来的产业发展中将承担发挥行业优势、勇为社会发展中流砥柱的任务，也体现了中国移动敢于承担人类从工业文明迈向信息文明这一伟大历史转折的艰巨责任。中国移动胸怀"国之大者"，勇担时代使命，全力做强做优做大，在我国信息通信产业版图上书写了亮丽篇章，在网络强国、数字中国、智慧社会建设中发挥了主力军作用。2012 年以来，中国移动加速建设信息"高速"，基站规模增长超 400%；创新运营信息"高铁"，移动用户数据流量（DOU）从 36MB 提升至 12.6GB，不仅畅通了经济社会信息"大动脉"，也拓宽了信息服务市场"新赛道"。
资料来源：简翊竹根据网络资料编写。

1.2 市场营销中的核心概念

1.2.1 需要、欲望及需求

市场营销的过程就是识别需求并满足需求的过程，在描述这一过程时，会涉及三个相似却又不同的概念：需要、欲望和需求。需要是营销管理的基石，是人们感知缺乏的一种状态，强调人在某一阶段不可或缺的东西。欲望是需要的派生，是对特定产品的渴求。欲望往往受社会和文化因素影响，具有个体差异性，例如面对饥饿需求，有人想要米饭、馒头或者面条，而有的人则想要汉堡和薯条。当然，有些欲望虽然源自需要，但是偏离了基本需要，转而追求满足基本需要以外的特定事物，比如为了面子想要一款名牌背包。因此，欲望是无限的，可以通过营销活动激活。如果在产生欲望的同时，人们还具有相应的购买能力，那么欲望就转化成了需求。因此，营销中所关心的需求同时包含"想要"和"买得起"两个方面的要求。在给定资源约束的条件下，人们会选择那些能够带来最大价值的产品或服务。

好的营销人员应当尽可能地洞察顾客的需要和欲望，并且开展有效的需求管理，表1-2 列出了需求状态与对应的企业营销管理任务。当前，数字化技术为管理顾客需求提供了大量手段，有助于挖掘顾客的潜在需求，发现新的利润增长点。

表 1-2　需求状态与企业营销管理任务

	需求状态	企业营销管理任务
1	负需求	改变市场营销：重新设计、降低价格
2	无需求	刺激市场营销：把产品价值与兴趣联系起来
3	潜在需求	开发市场营销：开发产品和服务
4	下降需求	扭转市场营销：创造性再营销
5	不规则需求	调节市场营销：灵活定价、沟通
6	充分需求	维持市场营销：维持产量、质量
7	超饱和需求	降低市场营销：暂时或永久地降低需求
8	不健康需求	抵制市场营销：劝说人们放弃消费

┃营销延伸┃

党的十九大报告指出："中国特色社会主义进入新时代，我国社会主要矛盾已经转化为人民日益增长的美好生活需要和不平衡不充分的发展之间的矛盾。"中国特色社会主义始终坚持高质量发展，高质量发展就是体现新发展理念的发展，经济发展从"有没有"向"好不好"转变。经济发展规律表明，一个国家进入工业化中后期，只有实现发展方式从规模速度型转向质量效益型，才能顺利完成工业化，实现现代化。这就要求我们必须将发展质量问题摆在更为突出的位置，着力解决好发展不平衡不充分的问题，大力提升发展质量和效益，更好地满足人民在经济、政治、文化、社会、生态等方面日益增长的需要，更好地推动人的全面发展、社会的全面进步。

资料来源：武尚文和简翊竹根据网络资料编写。

1.2.2　价值

顾客面对大量可以满足其特定需要的产品或服务时，如何做出选择呢？彼得·德鲁克认为，顾客想要购买的并不是产品和服务，而是为了满足某种特定的需求。价值可以理解为顾客认为能够从产品或服务的交易中得到的满足其需求的利益集合，是顾客满意和建立并管理顾客关系的关键。企业不仅需要确立一个清晰、独特、令人向往的价值主张，还需要通过一系列营销手段创造价值、沟通价值、给目标顾客传递价值，只有当企业向顾客传递的价值超过顾客的期望，才会使得顾客满意，而只有满意的顾客也才可能重复购买并将自己的美好体验通过口碑传播告知他人。因此，理解价值的内涵并对价值的创造和传递进行有效管理对于营销人员而言至关重要，后面的章节将再次讨论"价值"这一核心概念。

1.2.3 交易和关系

交易是指用货币换取可以用货币衡量的商品，买卖交易被看作一个个孤立的事件。这种双方间的交易往往是一种零和博弈，一方的获利意味着另一方的损失。以交易为导向的营销实践，将营销视作独立和离散的职能，强调如何应用一系列刺激物、方法或话术达成交易。如今，越来越多的企业从关注交易转而关注构建承载着价值的关系与网络，思考如何留住现有顾客和实现顾客忠诚，并将顾客视作一种有价值的资产来管理，尤其是在服务领域和对企业营销（B2B）领域中。涉及建立、发展和维持成功的关系交换的所有营销活动也被称为关系营销。如今，营销学者已经一致认同，管理有利可图的顾客关系应当是营销管理的目标，而交易是关系的一个特例，关系通过传递价值和顾客满意得以构建。表1-3列出了交易营销和关系营销的比较。

表 1-3 交易营销和关系营销的比较

项目	交易营销	关系营销
时间维度	短期导向	长期导向
价格弹性	顾客对价格敏感	顾客对价格不太敏感
质量维度	产出的质量	互动的质量
管理重点	监测市场份额	管理顾客资产
顾客满意的测量	事后的顾客满意调查	即时的顾客反馈系统
内部营销的角色	对成功不很重要	对成功至关重要

1.2.4 市场提供物

顾客的需要和欲望通过市场提供物（提供给市场以满足需要、欲望和需求的产品、服务、信息或体验等的集合）得到满足。市场提供物不仅仅局限于有形产品，还包括无形的且不涉及所有权转移的服务或体验。从广义上说，市场提供物包含满足顾客需求、承载顾客价值的全部有形和无形的内容，包括产品、服务、信息、人员、场所、事件、创意等。数字化时代，随着企业和顾客的线上互动越来越频繁和方便，能否提供独特和令人愉悦的顾客体验将成为企业竞争的关键。

顾客体验是一个多维概念，聚焦顾客在整个购买旅程中对企业提供物产生的认知、情感、行为、感觉和社会反应。体验超越了产品和服务的范畴，可以包含企业提供物的每一个元素，例如产品、服务、场所、氛围、员工等。在互联互通的数字世界中，企业需要将先前以产品为中心的业务流程转向以顾客为中心的体验管理，并使业务流程与体验管理的目标保持一致。需要注意的是，以顾客为导向的企业关注的应该是整个顾客旅程，并努力寻求为顾客打造多触点的、无缝连接的、一致化的体验。

┊营销链接┊

2021 年 10 月 31 日，中国新能源汽车企业蔚来在宁波开设了第 31 家蔚来中心。蔚来正在通过打造线下体验店的方式为每一位车主打造一个车以外的基于社交的生活化平台，让用户在购车后仍然能获得令人愉悦的体验服务。蔚来中心被定义为与用户分享快乐、共同成长的生活方式社区，通常选址在各大城市的黄金地段。蔚来车主可以免费使用这些位于王府井商圈、陆家嘴商圈、西湖商圈等寸土寸金区域的蔚来中心。蔚来中心为用户提供具备各种功能的场所，这些场所按照不同的生活场景可以划分为会议室、图书室、咖啡厅、开放式厨房、儿童活动室等。如果没有蔚来汽车的元素，你会想到这里和汽车有什么关系吗？这里是为车主们提供的多元化社交场所，你可以和朋友一起坐着喝杯咖啡聊聊天，可以与工作伙伴来一场头脑风暴，可以和朋友举办分享会、生日派对、开设自己的瑜伽课堂，还可以参与大咖演讲和关于设计、生活方式等方面的主题活动等，这对很多人来讲具有重要的意义。
资料来源：蒋海霞根据网络资料编写。

1.2.5　市场

1. 市场的概念

在经济学的视角下，市场被认为是买主和卖主进行商品交换的场所。市场营销学通常将市场定义为某种产品或服务的实际购买者和潜在购买者的集合。市场主要包括三个要素：具有某种需要的人或组织、购买意愿、满足购买意愿所需的购买能力。只有三个要素同时存在，才能构成现实的市场，才能决定市场的规模。

在新兴的市场环境下，网络、信息技术、数字化技术正在创造无所不在的联结性，生产和消费不再完全分离；在服务领域、互联网及移动社交平台，企业和顾客可以通过个性化的互动创造独特的消费体验；市场不仅仅是提取经济价值的场所，也逐渐成为特定时刻企业和顾客共同创造体验和价值的互动场所。

2. 市场的分类

按照购买者的类型及其购买目的的不同，可以将整体市场划分为以下四个类型。

（1）消费者市场。消费者市场是指为满足生活需要而购买的家庭和个人。消费者的年龄、性别、收入、受教育程度、民族等各不相同，因此会产生不同的需求和欲望。

（2）企业市场。企业市场是指为营利而购买的企业单位。企业市场按其职能的不同，可以划分为采掘企业、加工企业、流通企业、服务企业等类型。

（3）政府市场。政府市场是指为行使管理国家职能而购买的从中央到地方的各级政府机关、事业单位和军队。为了节省经费和防止贪污，政府市场通常采取招标方式进行采购。

（4）非营利组织市场。非营利组织市场是指为增进社会公共利益而购买的学校、医院、图书馆、博物馆、慈善机构等单位。它们既不以营利为目的，又非政府机构，是社会上的第三部门。营销者要研究其特点，更好地满足它们的需要，从而实现营销目标。

1.3　市场营销观念的演进

营销管理导向是市场营销的一个重要问题。营销管理者希望能够建立、发展和维系有价值的长期顾客关系。但是，应该以什么哲学指导企业的营销活动呢？应该如何平衡顾客、企业和社会的利益？企业用什么样的观念去指导整体市场营销的实践活动，关系到企业的兴衰与成败。

自20世纪以来，随着经济的发展和市场商品供求关系的变化，企业营销管理导向经历了从生产观念、产品观念、推销观念、市场营销观念到社会营销观念的转变。

1.3.1　生产观念

生产观念是一种传统的、古老的经营指导思想，在发达国家，这种指导思想在20世纪20年代以前居主导地位。生产观念是在卖方市场条件下产生的一种企业经营指导思想，在卖方市场情况下，产品供不应求、不愁销路。顾客关心的重点是价格低、方便购买的产品，生产者关心的重点是降低成本，增加产量，因此经营上必然是"以产定销"——"我们能生产什么，就卖什么"。在20世纪80年代以前，由于经济发展相对落后，我国企业经营决策者大都持有此种经营观念。

迄今为止，生产观念在某些情境下依然是行之有效的。但采用这一导向的企业面临极大的风险：过于狭隘地聚焦于自己的生产而迷失真正的目标——满足顾客的需要和建立有价值的顾客关系。

1.3.2　产品观念

产品观念认为，顾客会偏好那些高质量、多功能和富有某种特色的产品。在产品观念指导下的企业，营销管理者总是致力于进行产品持续改善，生产优质产品并使之日臻完善。

产品观念产生于市场供不应求向供过于求的转变期。在这样的市场环境下，企业的营销管理者认为，顾客喜欢那些质量好、有特色的产品，他们能够鉴别产品的质量和功能，并且愿意为质量上乘的、功能卓越的产品付出价格溢价。

产品观念指导下的企业在设计产品时很少让顾客介入。它们相信本企业的工程师知道该怎样设计和改进产品，甚至不考察竞争者的产品。产品观念容易引发"营销近视症"。例如，铁路营销管理者认为乘客需要的只是火车而非运输，因而忽略了航空、公共汽车和轿车日益发展所带来的挑战；计算尺制造商认为，工程师需要的是计算尺而不是计算能力，以至于忽略了袖珍计算器的挑战。在这些企业营销管理者应当朝窗外看的时候，他们却总是喜欢对着镜子看。

1.3.3 推销观念

推销观念是在生产观念基础上发展的一种经营指导思想。20 世纪 30 年代至第二次世界大战结束前后，企业营销管理者大都在这种观念的指导下从事营销活动。这是在买方市场条件下产生的一种经营观念，尤其出现在产能过剩、商品库存严重时。在这种市场环境下，企业面临的主要问题是产品的销售问题，企业热衷于运用各种推销技术和广告来推销产品。

推销观念可概括为"我们做什么，就努力去推销什么"。推销观念认为，如果企业采取强有力的推销措施，就有可能促使顾客购买更多的商品；商品销售能否成功，关键取决于企业的推销能力，借助强有力的推销、刺激、诱导，顾客就会产生购买行为。

推销观念与生产观念相比，已经有了很大的进步，但从生产者与消费者的关系看，仍属于生产者导向的旧的经营指导思想。

1.3.4 市场营销观念

市场营销观念是一种全新的经营指导思想。第二次世界大战以后，美国急剧膨胀的军事工业转向民用工业。同时，随着第三次科技革命的深入，劳动生产率大幅度提高，市场可供产品的数量剧增、花色品种日新月异。市场进一步供过于求，顾客需求和欲望不断变化，竞争更加激烈。外部环境变化给市场营销学提出新的课题，促使市场营销观念发生了深刻的变化。在买方市场条件下，企业仅仅靠推销和广告已经无法解决销售问题了。

从根本上解决销售问题的途径在于按照顾客的需求去组织生产。于是，现代市场营销观念应运而生，这种观念主张"顾客需要什么，企业就生产什么"。这可以被称为企业营销观念的一次"革命"。这次"革命"把市场在生产过程中的位置颠倒了过来。按照过去人们对市场营销的理解，市场是生产过程的终点，营销的职能只是推销已经生产出来的产品；而新的营销观念强调买方的需求、潜在的需求，市场则成为生产过程的起点，营销的职能首先应当是调查、分析和洞察顾客的需求和欲望，将信息传递到生产部门，据此提供适宜的产品和服务并在满足顾客需求的基础上获利。

市场营销观念要求企业开展响应营销和创造营销。响应营销是寻找市场上已知的但尚未满足的需求并满足它；创造营销是发现并解决顾客尚未提出的潜在需求，一旦企业可以开发出能够激发潜在需求的产品或服务，顾客就会欣然接受。以前，没有人对智能手机、自动售货机和有导航系统的汽车有需求，而今天这些需求都带来了巨大的利润。市场营销观念将会使企业的营销管理过程发生质的变化，由于企业的营销管理过程从顾客需求出发，企业设计和开发的产品或服务将会最大限度地适应顾客的需求，因此会大幅度提高企业的销售量和利润，使企业经营和发展步入良性循环的轨道。

奉行市场营销观念通常不仅要求企业对顾客明确表示的愿望和显而易见的需求做出反应，还应深入地研究顾客未明确表示的愿望甚至洞察他们的潜在需求。在很多情况下，顾客并不清楚自己到底想要什么，甚至是可以要什么。这些情境要求企业和市场营销人员要比顾客自己更好地理解需求，并创造产品和服务满足现有和潜在的需求。

1.3.5　社会营销观念

随着全球空气污染、环境破坏、资源短缺等问题日益严重，要求企业在追求经济利益的同时顾及消费者利益与社会利益的呼声越来越高，人们对以往市场营销实践忽略消费者短期利益与长期福利之间可能存在的冲突也提出质疑。在此背景下，社会营销观念开始被越来越多的企业所接受。

社会营销观念强调企业在整个生产经营过程中不仅要通过满足消费者的需求获利，还需要朝着生态、经济和社会的可持续发展方向努力，朝着与消费者建立长期关系、平衡社会经济发展与改善环境质量的方向发展。随着人们对健康、环境和社会效益的关注，传统的消费方式正在被可持续的生活方式所替代，企业正在重新审视它们的营销实践与人类社会、自然环境的和谐共生关系。与市场营销观念相比，社会营销观念契合全球社会、环境和经济发展新阶段要求，强调企业在发展过程中应当合理兼顾自身经济利益、顾客利益与社会效益三个方面。如今，无论是消费者还是投资者，都希望自己选择的企业要有可持续的社会责任感。ESG（环境、社会责任和企业治理）成为衡量企业是否具备可持续社会责任感的重要标准，包括以下三个维度。

（1）环境（Environment）：考察企业是否具有较强的环境保护意识和较低的碳足迹。

（2）社会责任（Social Responsibility）：主要考察企业与政府、员工、顾客、债权人及社区内外部相关利益相关者的期望和诉求，关注企业的利益相关者之间能否达到平衡与协调。

（3）企业治理（Corporate Governance）：主要考察董事会结构、股权结构、管理层薪酬及商业道德等问题。

如今，具有前瞻性的企业开始持续承担越来越多的社会责任，并将社会责任行为视为一种机会，诸如华为、鸿星尔克等企业已经成功树立了具有社会责任的品牌形象，努力创造和分享经济与社会价值，甚至帮助人们树立可持续消费理念。这些企业关心的不仅仅是短期经济利益和顾客价值，还包括自己的生产和销售活动对社会、环境和人类福祉的影响。

┊ 营销链接 ┊

　　在经济欠发达地区，疾病往往成为造成贫困的一个重要原因。这些地区的眼疾患者看病难的情况普遍存在，各类眼疾患者基数庞大、治疗率低。针对这种情况，爱尔眼科借助独特的分级连锁和交叉补贴形成的可持续眼健康公益生态模式，开展眼健康精准扶贫。爱尔眼科的眼健康精准扶贫模式的特色在于"分级连锁 + 交叉补贴 + 合伙人计划"，在分级的基础上，为高端病人提供高端服务，用高端医疗服务所获的利润补贴低收入群体，为"金字塔"底部人群提供低收费甚至不收费的眼科手术。同时，其依托合伙人计划，吸引眼科医生向贫困地区流动，满足基层眼疾患者需求，从而低成本、大规模地有效解决我国防盲治盲问题，逐步消除可避免的视力损伤。2020 年，爱尔眼科深入广东、重庆、湖北等 30 个省市地区，为患有白内障、青光眼等眼疾的贫困患者在眼健康知识普及、眼病普查的基础上提供手术救助。在新冠疫情期间，更是有 2400 余名爱尔眼科医护员工投身防控一线，其中 230 名医护人员直接参与了武汉方舱医院新冠患者的救治工作。

资料来源：蒋海霞根据网络资料编写。

◈ 重要概念

市场营销　市场　欲望　价值　市场提供物　生产观念　产品观念　推销观念
市场营销观念　社会营销观念

◈ 复习思考题

1. 如何理解市场营销的概念？
2. 如何理解需要、欲望及需求的关系？
3. 市场提供物包含哪些方面？
4. 市场营销和推销有什么区别？
5. 如何理解市场的构成要素？
6. 市场营销管理观念经历了哪几个阶段的演变？
7. 请辨析推销观念与市场营销观念。

◈ 经典案例

好孩子：专为宝宝健康

　　1989 年，最早是校办企业的好孩子在苏州昆山成立，它在成立之初无数次面临着没有资金、没有技术、没有人才的窘境。但 30 多年过去了，好孩子非但没有衰败，反而成为国内甚至全球领先的儿童用品公司。在全球童车市场中，每三辆童车里就有一辆是好孩子。经过多年的发展，好孩子这个"隐形冠军"早已从幕后走向台前。那么，好孩子是如何经久不衰，牢牢坐稳第一宝座的呢？

早在 1994 年，好孩子就进军国际市场，通过对比日本、美国、欧洲市场的情况后，它选择美国市场作为进军国际市场的第一站，并创造了一种新的销售模式：OPM 模式，即用自己的产品去寻找合作伙伴，借助对方的品牌，发挥各自的优势，实现合作共赢。在美国，好孩子选择与 COSCO 公司合作，并在美国上市新产品"爸爸摇 / 妈妈摇"，该产品一经上市便成为美国销量第一的产品。在之后的欧洲市场，好孩子也采取相同的模式并取得了巨大的成功。此外，好孩子通过 OPM 逐渐发展到在美国和德国开设自己的研发中心和工厂。

经过多年的经营，创始人宋郑还意识到要想真正站稳国际市场，必须顺应全球化。2014年，好孩子并购了两家公司，一家是德国的高端儿童用品公司 Cybex，另外一家是美国的百年儿童用品公司 Evenflo。这两笔并购不仅使好孩子形成了全方位的自有品牌体系，更使好孩子完成了欧美市场的本土化布局，拥有了当地市场成熟的品牌、营运体系以及优秀的本土化经营的团队，成功实现了向一家全球化公司的转变。在 21 世纪初激烈的市场竞争环境下，好孩子开始寻求营销战略的突破点，围绕儿童目标市场，不断延伸产品链条，力争通过多产品系列冲破市场份额的瓶颈，其产品策略可以概括为以下几方面。

（1）无空隙战略。好孩子的并购为该战略打下了基础，形成一个价值链的闭环。如今，母婴市场品类繁多、品牌林立，好孩子却同时拥有 Cybex、gb、HD，涵盖高、中、低档三大战略品牌，布局高、中、低市场，满足各消费层次的用户购物需求的同时也可满足母婴消费者全线产品的购物需求。在好孩子的自主品牌及代理品牌中，童车系列、童装系列、玩具系列和母婴用品系列这四大儿童用品系列构成一个完整的婴童产品体系，为消费者提供"一站式"的儿童用品购物服务。

（2）联合现有品牌。为了降低进入新市场领域的风险、延伸产品链条，好孩子在自主研发新产品类别的同时，与其他企业合作。1999 年，好孩子与英国 PARAGONG 合资生产奇妙鸭牌纸尿裤，获得良好成效。好孩子与国际知名品牌 Tommee Tippee 和 Nuby 合作，使得哺育用品系列从奶瓶、奶嘴、发梳、剪子到若干种衍生产品的销量都取得突飞猛进的增长。

（3）科技赋能产品。好孩子保持与国际先进技术前沿接轨，这为安全座椅市场的发展奠定了基础。由于安全座椅市场混乱，安全标准欠缺，事故频发，好孩子发现这一市场空白，开发了一系列诸如摇篮式安全座椅、超宽宝宝头等舱座椅等安全座椅产品，为 9 个月至 12 岁不同年龄段儿童的出行提供便利。2015 年，好孩子还主动开辟新品类市场——高速儿童安全座椅，提升儿童乘车安全保障，在第三方测评中表现卓越。

（4）坚持创新。宋郑还说："我们坚持了 30 年原发性创新，做世界上没有的东西。你只要坚持，然后投入，一定就会有效果。"自创立以来，好孩子开发了一系列智能时尚的新产品，如在特殊材料里内置传感器并能够用 app 监测婴儿呼吸、心跳及提示尿裤已湿的智能床垫，遥控按钮便能自动折叠或打开的婴儿推车等。坚持不断创新的好孩子时刻走在时代前沿，持续助力母婴行业的发展。

三孩生育政策的实施无疑为母婴产品行业的发展带来新的机遇和挑战，好孩子是否还能在新一轮的浪潮中突出重围、稳坐第一的宝座还有待市场的检验。

资料来源：蒋海霞根据网络资料整理。

思考题：

1. 好孩子是如何进入国际市场的？
2. 好孩子是如何满足消费者的需求的？
3. 好孩子是如何突破市场份额的瓶颈的？
4. 好孩子在产品上还有哪些创新方向？
5. 好孩子应如何抓住三孩生育政策带来的机会？

第 2 章
CHAPTER 2

营销管理过程

§ **本章提要**

　　本章将阐述市场营销管理的基础、过程及其与价值传递的关系。首先，阐述市场营销管理在企业战略体系中的位置，并介绍企业使命、战略业务单位、新业务发展等内容。其次，解析营销计划的概念与内容、营销组织的类型与组织模式、营销执行的概念与过程、营销控制的概念与步骤。最后，介绍营销战略与策略的定义与主要类型，并展示营销过程与价值传递的关系，对比顾客让渡价值与顾客感知价值，为后面的章节安排奠定逻辑基础。

2.1　营销管理的基础：企业战略

　　企业战略从上到下依次为公司战略、业务战略和职能战略。营销战略是一种具体的职能战略，决定着营销管理的方向。

2.1.1　企业战略及其层级

1. 战略与企业战略

　　"战略"最早被用于军事领域。从字义看，"战"是竞争、战争，"略"是方法、谋略。"战略"的英文"strategy"源于希腊语"strategos"，译为"军事将领"，后来演变为军事术语，是指军事上的重大部署。春秋时期孙武著的《孙子兵法》堪称"兵学圣典"，被认为是中国最早对战略进行全局筹划的著作。

　　自 20 世纪 40 年代起，"战略"逐渐从军事领域拓展至经济管理领域。1944 年，约翰·冯·诺依曼（John von Neumann）和奥斯卡·摩根斯特恩（Oskar Morgenstern）合著《博弈论与经济行为》，指出战略是一个全面计划，即在所有可能出现的不同情况下如何做出选择。1962 年，艾尔弗雷德·D. 钱德勒（Alfred D. Chandler）在其著作《战略与结构》中将战略定义为"一个企业的长远战略发展方向和目标的抉择，所采取的一系列措施，以及为了实现这些目标对资源进行的分配"。1965 年，伊戈尔·安索夫（Igor Ansoff）的《公司战略》出版，是现代管理学中第一本专注于战略的著作。此后，不断涌现出迈克尔·波特（Michael Porter）、加里·哈默尔（Gary Hamel）、詹姆斯·穆尔（James Moore）等战略管理大师。

学者们对企业战略的理解不同，所以企业战略的定义并未统一。例如，企业战略是使企业保持和增进其绩效的某种资源配置模式；企业战略是企业与环境的联结手段，是一系列决策中反映出的某种模式；企业战略是对能够创造和增强企业竞争优势的某种行动计划的有意搜寻；企业战略是将组织的主要目标、政策和行动序列整合于一个有机整体的计划模式；企业战略是一个企业通过理性的资源使用，采取必要措施来实现企业目标并提升企业绩效，并与环境构成和谐关系的动态方案。简单来说，企业战略是指为了实现预定目标，企业所做的全盘考虑和统筹安排。

2. 企业战略的层级

根据企业内部层级，企业战略从上到下依次为公司战略、业务战略和职能战略，如图 2-1 所示。三个层次的战略都是企业战略管理的重要组成部分，但侧重点和影响的范围有所不同。

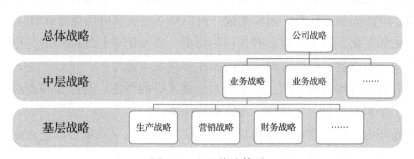

图 2-1　企业战略体系

公司战略是企业的总体战略，它需要根据企业使命等，选择企业参与竞争的领域和范围，合理配置企业经营所必需的资源，使各项业务之间相互支持、相互协调。因此，公司战略是企业最高层级的战略，主要由企业高层制定与实施。

业务战略是企业的中层战略，涉及事业部、子公司等二级单位组成的战略业务单位。其主要任务是将公司战略所包括的企业目标、发展方向和措施具体化，形成各个业务单位具体的竞争与经营战略，如推出新产品或服务、建立研究与开发设施等。

职能战略是企业的基层战略。企业运用各种专业职能，使企业所开展的经营活动更有效地适应内外环境，确保实现公司战略和业务战略。职能战略包括生产战略、营销战略、财务战略、组织战略、人力资源战略等。

战略决定企业的成败。自2012年起，回力在振兴民族品牌思想的指导下，实施"电商平台建设＋终端直供平台建设"的双轮驱动战略，实现销量的突飞猛进。此外，在电商市场处于饱和状态的情况下，拼多多一反常态，瞄准国内三、四、五线城市的消费用户，通过极致低价吸引这些用户，实现了"农村包围城市"。而淘宝、京东看到拼多多的发展势头，则是纷纷准备下沉市场，抢占其领地。然而拼多多再次调整战略，通过"百亿补贴"获取一、二线城市用户，实现战略升级。战略决定企业的发展高度，人亦是如此，正如李开复去硅谷的 Uber、Airbnb、谷歌总部考察后说："中国创业者和美国创业者最大的区别在于两点，即大格局、大战略的能力。"

资料来源：徐琪锋根据网络资料编写。

2.1.2　企业使命

企业的发展是由使命推动的。企业使命实际上就是企业存在的意义和价值，为企业目标的确立与战略的制定提供依据。

正如彼得·德鲁克所认为的，企业要回答：我们的企业是干什么的？我们的顾客是谁？我们对顾客的价值是什么？我们的业务将是什么？我们的业务应该是什么？这些看似简单的问题，正是企业必须时时做出回答的最大难题。企业要经常向自己提出这类问题，并慎重、全面地做出回答。通常来说，可以从下述五个方面思考和界定企业使命。

（1）历史和文化。每个企业都有自己的历史，以及历史积淀的组织文化。企业应尊重和发扬历史上的成就，挖掘组织文化内涵并将其发扬光大。

（2）所有者和管理者的意图。董事会对企业发展的考虑、高层管理者对未来的看法和追求，都会影响人们对企业目的、性质和特征的认识。

（3）市场环境。微观和宏观市场环境会给企业带来机会或威胁，企业在选择使命时要因势利导，善于抓住机遇，避开威胁。

（4）资源情况。企业的人、财、物、技术、信息、信誉等资源各不相同，企业在确定使命时要善于扬长避短，发挥优势资源的作用。

（5）独特的优势。企业在决定使命时，要知己知彼，充分挖掘本企业的特色，依靠"人无我有"来确保使命的竞争力和生命力。

使命和愿景是比较容易混淆的，但是它们却有着本质的区别。愿景可以简单地理解为企业的理想，是要成为什么样的企业，而使命是存在的原因和理由，即企业为什么存在，为什么要去实现企业愿景。

好的使命宣言往往具有五个显著特点：一是集中在有限目标上，不要面面俱到；二是强调企业政策和价值观，对员工的自主范围加以限制，以使员工行为与企业目标保持一致；三是明确企业参与的主要范围和领域；四是立足于长远视角，具有持久性；五是尽可能简单易记和意味深长。

2.1.3　战略业务单位

1. 界定战略业务单位

人们通常会从产品视角来理解企业的业务。例如，施乐公司的业务是生产复印设备。然而，基于产品来界定业务并不科学，因为产品是短暂的，会被市场淘汰。一项业务必须被看作一个顾客满足过程，而不是一个产品生产过程。企业应该基于顾客需求来界定业务。据此，施乐公司的业务应该是帮助顾客提高办公效率。

此外，业务界定会影响竞争分析。例如，如果可口可乐将其业务界定为生产碳酸饮料，那么其竞争者就是其他的碳酸饮料生产商。如果可口可乐将其业务界定为解决口渴问题，那么碳酸饮料、瓶装水、果汁、咖啡等生产商都是竞争者。业务界定还能帮助企业找到潜在机会。例如，柯达公司从一个胶卷公司重新定义为影像公司，IBM 公司从硬件和软件制造商转变为"网络系统的建设者"。

大型企业往往同时经营一系列不同的业务，而且每项业务都有着独特的战略。战略业务单位是为企业专门制定经营战略的最基本的业务管理单位，它应具备以下特征：① 它是一项独立的业务或相关的一组业务，它能与企业其他业务分开而单独规划。② 它有自己的竞争者。③ 它有专门的经理，负责战略计划、利润业绩，并控制影响利润的资源。

企业划分战略业务单位的目的，就是要制定独立的战略并配置相应的资源。而安排业务投资的前期工作是对战略业务单位进行评估。

2. 规划战略业务单位

企业必须对战略业务单位进行评估与资源配置。为此，波士顿咨询公司开发出"市场增长率 – 相对市场占有率"矩阵（波士顿矩阵），帮助企业进行战略业务单位规划决策。其中，市场增长率是指企业经营单位所在市场的年增长率；相对市场占有率是指企业经营单位的市场占有率相对于最大竞争者的市场占有率的比率。在图 2-2 中，圆圈代表企业的战略业务单位，圆圈直径大小表示战略业务单位的规模。每项业务的位置表示它的市场增长率和相对市场占有率。

按照市场增长率和相对市场占有率两个要素，波士顿矩阵分成四个区域并对应于不同的业务类型。

第一类，明星类业务。此类业务是市场增长率和相对市场占有率双高的业务，但仍然需要大量资

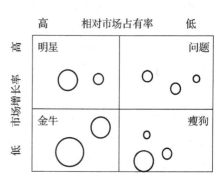

图 2-2　波士顿矩阵

源投入，以跟上市场增长并抗衡竞争者。该类业务短期内不会带来可观的回报，但是最具潜力的业务，很可能转变为金牛类业务。

第二类，金牛类业务。此类业务是处于低市场增长率、高相对市场占有率的业务。这类业务为企业带来大量的现金收入，而且由于市场增长率低，也无须增大投资，因而能够支持问题类、明星类、瘦狗类等业务的发展。

第三类，问题类业务。此类业务是市场增长率高而相对市场占有率低的业务。大多数业务都是以问题类业务开始的。问题类业务需要投入大量资源，以跟上迅速增长的市场需要。

第四类，瘦狗类业务。此类业务是市场增长率和相对市场占有率双低的业务。其特点是利润率低，处于保本或亏损状态，负债比率高，无法为企业带来收益。

基于对战略业务单位的分析，企业需要规划战略业务单位，可以采取以下四种战略。

（1）发展。发展战略适合于问题类业务。当其市场份额有较大增长时，它有可能变为明星类业务。

（2）维持。维持战略适用于强大的金牛类业务，可以使企业继续产生大量的现金流。

（3）收获。收获战略的目的在于增加短期现金收入，而不考虑长期影响。例如，取消研发费用，不更新设备，减少广告支出等。这一战略适用于处境不佳的金牛类业务，也适用于一部分问题类和瘦狗类业务。

（4）放弃。放弃战略是指出售或清算此类业务，其目的在于把资源转移到更有利的业务上。这一战略适用于常常拖企业盈利后腿的瘦狗类和问题类业务。

┊┊营销链接┊

比亚迪公司处于明星产品的业务有：新能源乘用车、手机部件及组装。针对明星产品，比亚迪采用的发展战略是：积极扩大经济规模，把握市场机会，以长远利益为目标，提高市场占有率，加强竞争地位。处于金牛产品的业务有：纯电动乘用车、纯电动出租车、二次充电电池。对这一象限内的大多数产品，可采用收获战略，即所投入资源以达到短期收益最大化为限。例如，把设备投资和其他投资尽量压缩；采用榨油式方法，争取在短时间内获取更多利润，为其他产品提供资金。处于问题产品的业务有：光伏业务、金属部件业务及云轨。对问题产品应采取选择性投资战略：先确定对该象限中那些经过改进可能会成为明星的产品进行重点投资，提高相对市场占有率，使之转变成"明星产品"；对其他将来有希望成为明星产品的业务则在一段时期内采取扶持对策。处于瘦狗产品的业务有：传统燃油车。对这类产品应采用撤退战略：首先应减少批量，逐渐撤退，对那些市场增长率和相对市场占有率均极低的产品应立即淘汰。其次是将剩余资源向其他产品转移。最后是整顿产品系列，最好将瘦狗产品部门与其他事业部合并，统一管理。图2-3为比亚迪波士顿矩阵。

资料来源：徐琪锋根据网络资料编写。

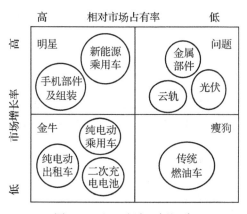

图 2-3 比亚迪波士顿矩阵

2.1.4 新业务发展

企业不仅要对已有业务进行规划，而且还要考虑发展新业务。如果企业现有业务构成的销售额与期望的销售额之间存在缺口，就必须制订一项发展新业务的计划，以便弥补缺口。

1. 密集型增长

密集型增长是指企业在现有的业务领域寻求未来发展机会。按照安索夫"产品－市场扩展方格"（见图 2-4），企业在寻求新的发展机会时，首先应该考虑现有产品是否还能得到更多的市场份额；其次应该考虑是否能为其现有产品开发一些新市场；最后考虑是否能为其现有市场发展若干有潜在利益的新产品。

图 2-4 产品－市场扩展方格

（1）市场渗透，即企业设法在现有市场上使现有产品扩大市场份额。企业可以促使现有顾客增加购买次数和购买数量，可以争取竞争者的顾客，还可以吸引从未购买过本企业产品的顾客。

（2）市场开发，即企业设法为现有产品开发新市场。企业可以在现有销售区域内寻找新的细分市场，如原来以企事业单位为顾客的电脑企业开发家庭、个人市场，也可以开发新的销售区域。

（3）产品开发，即企业推出新产品或改进现有产品，以满足现有市场上顾客发展变化的需求。企业可以在花色、品种、规格、功能、材料等方面不断改良现有产品。

2. 一体化增长

一体化增长战略是指企业利用自己在产品、技术和市场上的优势，向企业外部扩展的战略，分为三种形式：后向一体化、前向一体化、水平一体化，如图 2-5 所示。

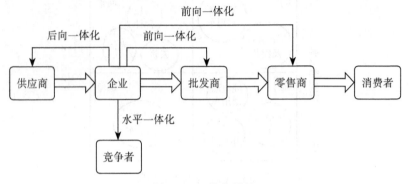

图 2-5　一体化增长

（1）后向一体化。企业通过投资、收购、兼并原料、材料、配件供应商，拥有或控制供货系统。后向一体化，也称供产一体化，它可以避免原材料短缺，摆脱供应商的控制，为企业争取发展和盈利的机会。

（2）前向一体化。企业通过投资、收购和兼并批发、零售企业，拥有或控制分销系统。前向一体化也称产销一体化，它可以获得流通领域的利润，并及时了解市场信息，也可避免中间商的控制。

（3）水平一体化。企业通过投资、收购、兼并同类型具有竞争性的其他企业，以扩大生产规模。这种发展战略可以增强企业实力，享受规模带来的效益。

3. 多样化增长

如果企业在目前业务范围以外的领域发现了营销机会，而企业又具备跨行业经营的条件，则可以实施多样化增长战略，如图 2-6 所示。

图 2-6　多样化增长

（1）同心多样化。企业利用原有的生产技术条件，制造与原产品用途不同的新产品。如汽车制造厂生产汽车，同时也生产拖拉机、柴油机等。原产品与新产品的基本用途不同，但它们之间有较强的技术关联性。企业在原有核心能力的基础上发展新业务，可以发挥优势、易于成功。

（2）水平多样化。企业采用不同的技术生产新产品销售给原有市场的顾客，以满足他们新的需求。如原来生产拖拉机的企业，现在为原买主生产农药、化肥。原产品与新产品的基本用途不同，但它们之间有密切的销售关联性。企业在技术上进入一个全新领域，会增加经营风险。

（3）跨行业多样化。企业开发与现有技术、产品和市场毫无关联的新业务。如冶金企业发展电子业务，百货公司发展房地产业务。新领域与原产品、技术、市场无关。企业实施此战略在获取较大的发展和盈利机会的同时，面临较大的经营风险。

营销链接

习近平总书记在 2018 年 8 月 21 日至 22 日召开的全国宣传思想工作会议上指出："中华优秀传统文化是中华民族的文化根脉，其蕴含的思想观念、人文精神、道德规范，不仅是我们中国人思想和精神的内核，对解决人类问题也有重要价值。"企业在产品开发时应该注重我国的优秀传统文化。目前越来越多的消费者关注国货，拥有文化自信，企业可以从此角度入手进行产品开发，满足现有市场上顾客的需求，并向世界展示我国优秀传统文化。2018 年纽约时装周，李宁品牌作为国内第一家亮相纽约时装周的运动品牌，以"悟道"为主题，把国人"自省、自悟、自创"的精神内涵融入设计理念，用运动的视角表达对中国传统文化和现代潮流时尚的理解，向全世界展现了中国李宁原创态度和时尚影响力。其中，"心之悟"以中国文化中的"天人合一"为灵感，将运动本身与中国传统文化、复古潮流融会贯通，以刺绣印章贯穿整个系列；"型之悟"是中国哲学"包容之道"的极致表达，实现了古与今、中与西、虚与实、功能与潮流的交汇融合，赋予了该系列产品全新的生命力。此外，李宁品牌标志的方正的中国汉字，更是惊艳了全世界。这是国内的企业与品牌应该学习与借鉴的：在产品中融入中国元素，向世界展示中国文化，彰显我们的文化自信。

资料来源：韩云静根据网络资料编写。

2.2 营销计划、组织、执行与控制

营销计划、组织、执行与控制是营销管理的重要组成部分。营销计划是开展营销活动的重要依据。营销组织是实施营销计划的载体。此外，在执行营销计划时，要对营销活动进行实时控制。

2.2.1 营销计划

1. 营销计划的概念

从静态视角看，营销计划是一份描述企业计划如何实现营销目标的文件，也就是营销计划书。从动态视角看，营销计划是企业基于对内外部环境的全面分析，制订出科学合理的营销决策与资源配置方案，从而实现营销目标的一系列过程或活动。

营销计划不同于商业计划。首先，目的不同。营销计划旨在为营销目标设计出行动计划或方案，而商业计划主要是通过商业模式、战略规划与未来前景等内容来获得风险投资。其次，范围不同。营销计划的范围相对较窄，通常是针对产品或品牌层面，而商业计划是针对企业整体及其不同发展阶段的全方位规划。最后，内容不同。商业计划中的内容非常丰富，涉及企业简介、产品及竞争、管理层及骨干、融资方案与投资回报等。营销计划内容相对简单，通常包括营销环境分析、营销策略制定、销售与费用预测等。

不同规模的企业对营销计划的重视程度有所差别。中小型企业可能会轻视营销计

划，制订较短或不规范的营销计划，而大型企业会在营销计划上投入充足资源，形成高度规范和结构化的营销计划。

2. 营销计划的内容

（1）执行概要。开头部分要有关于营销计划主要目标和措施的概括性说明，这有利于上级主管在审核时迅速了解并把握计划的要点。

（2）营销环境。通过对内外部营销环境的调研，给出有关销售、成本、市场、竞争和宏观环境因素的背景资料。

（3）SWOT 分析。从营销环境资料中，按照自身的优势（S）和劣势（W）以及市场的机会（O）和威胁（T），归纳出核心观点，绘制出 SWOT 矩阵，从而明确下一步的战略方向并为营销目标设定做准备。

（4）营销目标。这是营销计划的核心部分，决定着随后的营销战略和策略以及行动方案。营销目标分为财务目标和市场目标。由于只有完成销售才能回收资金，所以财务目标必须转化为市场目标，即销售收入、市场占有率、品牌知名度等。

（5）营销战略与策略。为实现上述营销目标，必须采取的基本方法，主要包括目标市场、市场定位、营销组合策略等。

（6）行动计划。将营销战略与策略转化为具体的活动流程，即谁来做、应该做什么、如何做、何时开始、何时结束、预算多少等。

（7）预算编制。根据上述行动计划，要编制出各项活动收支的预算。在收入方面，要说明预计的销售量及单价等；在支出方面，要说明生产成本、分销与营销费用等。收支差额即利润。据此，可以作为原料采购、生产安排与营销费用支出的依据。

（8）营销控制。该部分规定如何对计划实施过程进行控制。基本做法是将计划规定的目标和预算按季度、月度或更小的时间单位进行分解，以便主管部门对计划执行情况进行有效监督和检查。

3. 需要注意的内容

（1）营销环境分析不足。营销内外部环境分析是营销计划的依据，如果缺乏某些有关市场需求、顾客特点、竞争对手或宏观环境的重要信息就会导致计划的短视。

（2）营销战略制定不当。这表现为照搬往年的战略，没有看到市场环境和企业条件的改变；或者在投资领域及产品发展规划方面与当前企业状况和市场条件不吻合；或者营销目标偏高偏低。营销战略不当会从根本上危及营销计划的实现。

（3）营销策略缺乏可操作性。即使营销计划中的战略和目标都完全正确，如果营销策略考虑得不够完备，缺乏明确性、具体性和可操作性，也会导致计划执行的失败。

（4）计划未能及时实施。如果制订了完善周密的计划却没有及时实施，延误了时机，而市场环境或企业条件发生了变化，计划就失去了执行的价值和实现的可能。

（5）出人意料的竞争者。如果竞争者采取了有针对性的反击策略，而企业无法采取有效的应对策略，就会导致营销计划落空甚至惨败。在营销计划制订时，应当尽可能地考虑竞争者可能采取的各项对策，事先制订应对方案以留有余地来调整计划和预算。

2.2.2　营销组织

1. 营销组织的概念

营销组织是企业为了制订和实施营销计划、实现营销目标而建立起来的部门或机构。伴随着营销观念的不断发展，营销组织经历了由低级向高级、由单一功能向复杂功能、由反应迟钝向反应灵敏的演变。

（1）简单销售部门。20 世纪 30 年代，占主导地位的经营思想是生产观念，企业通常设有四个职能部门，即财务、会计、生产和销售。财务部门负责资金筹措和管理，会计部门管理往来账务和计算成本，生产部门负责产品制造或提供劳务，销售部门负责出售产品。由一名副总经理主管销售，兼管市场研究和广告宣传等活动，这些活动主要是聘请外部力量帮助完成。销售部门的主要任务是将已经生产出来的产品销售出去，对产品的品种、规格、数量、价格等问题几乎不去过问。

（2）销售部门兼有营销职能。自 20 世纪 30 年代以后，市场竞争日益激烈，很多企业以推销观念替代了生产观念，以强化销售为中心，经常性地开展推销、广告、促销和营销研究活动。销售部门的营销职能不断扩大并发展成为专门职能，主管销售的副总经理就要聘用广告经理、市场研究经理等执行营销功能，并委派专门负责人统一规划和管理营销部门。

（3）独立的营销部门。随着企业规模和业务范围的进一步扩大，原来作为附属性工作的营销研究、新产品开发、广告促销和为顾客服务等营销职能的重要性日益增强。于是，营销部门成为一个相对独立的职能部门。市场营销部门由主管市场营销的副总经理领导，与销售部门平行。销售部门主要考虑如何建立销售队伍，培训销售人员，运用适当的报酬和竞赛等方式激励销售人员，提高销售效率。营销部门主要考虑影响产品销售的因素、如何制定营销战略与营销策略等。销售部门与营销部门互相配合，为企业发展发挥不同的职能。

（4）现代营销部门。销售与营销作为平行的职能部门应该互相配合，但在实践中，由于考虑问题的角度不同，双方往往发生矛盾和冲突。如销售经理比较重视短期目标，满足于完成销售任务；营销经理则更注重企业的长远发展，着眼于开发适销对路的新产品和制定营销战略。他们之间的分歧实际上是推销观念与营销观念的对立。如何解决这两个部门之间的矛盾，企业面临着两种选择：一种是将营销部门撤销，归销售部门管理，这是走回头路。另一种是加强营销部门，由营销经理负责包括销售业务在内的全部营销活动。实践中，大多数企业选择了后者，这就形成了现代营销部门。

（5）现代营销型企业。一个企业可能有一个出色的营销部门，但在营销上依然可能会失败。如果企业没有树立以顾客为中心的思想，其他各部门不积极配合，把市场营销和开拓市场单纯看作营销部门的事情，营销职能就不可能有效地执行。只有全体员工都认识到他们的工作是选择该企业产品的顾客所给予的，一切部门的工作都应"为顾客服务"，企业才能成为现代营销型企业。营销不仅仅是一个职能部门的名称，而是一个企业的经营哲学。

2. 营销组织的模式

随着企业营销组织的演变，营销组织的模式也不断发展。营销组织的主要模式有：职能型、地区型、产品型、市场型、产品/市场型和事业部。

（1）职能型组织。这是一种最常见的营销组织形式，它按照各种营销职能分别设立部门，如广告、销售、市场调研、新产品开发等，由营销经理负责协调各职能部门的活动。职能部门的类型与数量根据实际需要确定。该类组织的主要优点是分工明确，易于管理。但是，没有一个职能部门对某一具体的产品或市场负责，各部门都强调各自的重要性，争取获得更多的经费预算和决策权利，致使营销经理无法进行协调管理。

（2）地区型组织。大型企业在全国或跨国范围内开展营销，可以按照国家、地区或区域进行营销组织设计。比如，某企业设立华东、华南、华北、西北、西南、东北等大区市场经理，在每个大区下设各省市的区域经理，再往下设立地区市场经理。地区型组织有利于各区域经理掌握本地的情况，进而制订与所在地相匹配的营销计划。由于不同地区的市场往往具有不同的需求特点，也为了更好地管理各地的营销渠道，许多企业都采用了地区型组织。不过，地区型组织只适宜经营品种比较简单的企业。

（3）产品型组织。如果企业生产多种产品，并且产品间差异很大，那么适合采用产品型组织。营销组织由产品经理负责，下设产品线经理，再下设品牌经理。该类组织的优点在于每个产品都有人负责，即使小产品也不会被忽略；产品经理可以随时掌握各种产品市场和销售的信息，对市场变化做出迅速的反应。但是，也存在一些缺陷，如产品经理的责任超出了他的职权范围，不得不说服其他职能部门合作；各个产品经理相互独立，难免出现为利益相互竞争，从而损害了企业整体利益的情况。另外，这种组织模式的管理层次过多，会增加营销费用。

（4）市场型组织。不少企业将同一类产品销往不同的细分市场，如钢铁企业将钢材出售给铁路、建筑、和公用事业等行业。当企业按照不同的细分市场来安排其组织结构时，市场型组织就应运而生。为某类市场设立一名专职市场主管经理，下设若干子市场经理。市场经理开展工作所需要的职能性服务由其他职能性组织提供。市场型组织的优点是企业的营销活动完全按照满足各个细分市场的需要进行组织和安排，有利于加强产品销售及市场开发。但这种组织结构与产品型组织类似，也存在着多头领导与权责不清的弊病。

（5）产品/市场型组织。经营多种产品，供应不同市场的企业在确定营销组织结构时常常遇到两难的选择：采用产品型组织，还是市场型组织？能否吸收两者的优点，同时克服两者的弊病呢？于是出现了产品/市场型组织，既设产品经理，又有市场经理，实行矩阵式管理。产品经理负责制定该产品的销售规划和进行产品改进，市场经理负责该市场的开发，双方密切配合。这种组织形式虽然在一定程度上解决了多元化经营的矛盾，但是仍然存在着管理费用高，容易产生内部冲突的问题，例如，销售队伍如何组织？销售人员按产品分工，还是按市场分工？再有，由谁负责制定价格，产品经理还是市场经理？

（6）事业部组织。企业事业部组织把产品管理部门升格为独立的事业部，下设若干职能部门和服务部门。这样会产生营销职能的分工问题，企业总部应该保留哪些营销服务和营销活动？实行事业部组织可以选择以下三种模式：企业总部不设营销部门，各事业部设立自己的营销部门；企业总部设规模很小的营销部门，只负责协助最高管理层全面评价市场机会、应邀向事业部提供咨询服务，帮助解决营销方面的问题；企业拥有强大的营销部门，为事业部提供各种营销服务，如营销调研、人员培训、广告、公关、渠道、销售管理等。

┆营销延伸┆

搜狗公司旗下的搜狗浏览器和搜狗输入法两款产品根据产品特性来制订营销计划，很好地体现了产品型组织的营销特点，从而发挥出 1+1 > 2 的效果。搜狗手机浏览器安卓版推出以"用你一分行动，圆 TA 两分梦想"为主题的"心语心愿，搜狗孤儿圆梦行动"公益项目。用户将其在搜狗手机浏览器上的浏览时长兑换成公益金，捐赠给那些失去父母的孤儿，为他们送上一份梦想礼物。发音不准的唇腭裂儿童，很难向他人表达自己的想法。搜狗输入法联合北京嫣然天使儿童医院推出年度公益广告《得喜》，以真人为原型展现了唇腭裂儿童的现状，引入大部分家长只能通过搜狗输入法的语音输入功能来评估孩子发音进度的场景。搜狗希望更多人关注唇腭裂儿童，同时也希望科技产品能够与人性完美结合，让科技为那些生活中需要帮助的人发挥应有的价值。这些根据不同产品特性开展的营销计划不仅提升了搜狗的知名度，还有力推动了社会价值向公益领域加速流动和聚集，助推公益事业发展，是"互联网＋公益"的一个创新样本。

资料来源：简翊竹根据网络资料编写。

2.2.3 营销执行

1. 营销执行的概念

营销执行是将营销计划转化为行动和任务的过程，并保证这种任务的完成，以实现营销计划所制定的目标。即使有一个好的营销计划，如果执行不当，就会使整个计划失败。

分析营销环境、制定营销战略是解决企业营销活动应该"做什么"和"为什么要这样做"的问题；而营销执行则是要解决"由谁去做""在什么时候做""怎样做"的问题。有效的营销执行要求建立一个有很强执行能力的组织，将资源分配给对营销计划起关键作用的活动上，制定出相关的营销政策，建立起完善的运作程序和有效的监控评估体系，使得计划执行过程中任何问题都能快速得到解决，任何偏离行为都能得到及时纠正和改善。

2. 营销执行的过程

（1）制订行动方案。为了有效地执行营销计划，必须制订详细的行动方案。这个方案应该明确营销计划执行的关键性决策和任务，并将执行这些决策和任务的责任落实到小组或个人。另外，还应包含具体的时间表，定出行动的确切时间。

（2）建立组织结构。企业的正式组织在营销执行过程中产生决定性的作用，组织将战略实施的任务分配给具体的部门和人员，规定明确的职权界限和信息沟通渠道，协调企业内部的各项决策和行动。具有不同战略的企业，需要建立不同的组织结构。也就是说，组织结构必须同企业战略相一致，必须同企业本身的特点和环境相适应。

（3）设计业务管理制度。为执行营销计划，还必须设计相应的业务管理制度。这些制度直接关系到计划执行的成败。就企业对管理人员工作的评估和报酬制度而言，如果以短期的经营利润为标准，则管理人员的行为必定趋于短期化，他们就不会有为实现长期目标而努力的积极性。

（4）开发人力资源。营销计划最终是由营销人员来执行，所以人力资源的开发至关重要。这涉及人员的考核、选拔、培训和激励等问题。在考核选拔人员时，要注意将适当的工作分配给适当的人，做到人尽其才；为了激发员工的积极性，必须建立完善的工资、福利和奖惩制度。此外，企业必须决定行政管理人员、业务管理人员和一线员工之间的比例。

（5）建设企业文化。企业文化是指一个企业内部全体人员共同持有和遵循的价值标准、基本信念和行为准则。企业文化体现了集体责任感和集体荣誉感，它甚至关系到员工的人生观和他们所追求的最高目标，它能够起到把全体员工团结在一起的"黏合剂"作用。因此，塑造和强化企业文化是执行营销计划过程中不容忽视的一环。

（6）确定管理风格。有些管理者的管理风格属于"专权型"，他们发号施令、独揽大权、严格控制，坚持采用正式的信息沟通，不能容忍非正式的组织和活动。另一些管理者的风格属于"参与型"，他们主张授权下属，协调各部门的工作，鼓励下属发挥主动精神和进行非正式的交流与沟通。这两种对立的管理风格各有利弊。不同的战略要求不同的管理风格，具体需要什么样的管理风格取决于企业的战略任务、组织结构、人员和环境。

2.2.4　营销控制

1. 营销控制的概念

营销控制用以衡量和评估营销计划的执行情况，可以及时发现问题、分析原因，采取适当的解决办法，以确保营销目标的完成。

在营销计划执行过程中，难免会出现一些小偏差，而且随着时间的推移，小错误如果没有得到及时的纠正，就可能逐渐积累成严重的问题。营销控制不仅是对企业营销过程的结果进行控制，还必须对企业营销过程本身进行控制，而对过程本身的控制更是对结果控制的重要保证。因此，营销管理者必须依靠控制系统及时发现并纠正偏差，以免给企业造成不可挽回的损失。

此外，营销计划从制订到执行通常需要一段时间。在这段时间里，企业内外部的情况可能会发生变化。各种变化都可能会影响营销计划，甚至有可能需要重新修改营销计划以符合新情况。高效的营销控制系统，能帮助营销管理者根据环境变化情况，及时对自己的目标和计划做出必要的修正。一般来说，目标的时间跨度越大，控制也越重要。

2. 营销控制的步骤

（1）确定控制对象。这是确定对哪些营销活动进行控制。管理人员在确定控制对象的时候，必须决定控制量——频率和范围。控制的范围广，企业可获得更多的信息，有利于营销管理。但是，任何控制活动都需要一定的费用。因此，决定控制对象时应权衡利弊，使控制成本小于控制活动所带来的效益。

（2）确立衡量标准。一般情况下，企业的营销目标决定了它的控制衡量尺度，如目标销售收入、利润率、市场份额、销售增长率等。但还有一些问题则比较复杂，如销售人员的工作效率可用一年内新增加的客户数目及平均访问频率来衡量，新媒体广告效果可以用受众的阅读量、点赞量、转发量等指标来衡量。

（3）确立控制标准。对衡量标准进行量化，用数字来表示控制对象预期活动范围或可接受的活动范围。如规定每个推销员全年至少应增加 30 个新客户；某项新产品在投入市场 6 个月之后应使市场份额达到 3%；市场调查访问每个用户的费用每次不得超过10 元，等等。控制标准一般应允许有一个浮动范围，如上述新产品的市场份额在 2.8%也是可以接受的，访问用户的费用标准是每次 10 元，最高不得超过 12 元等。

（4）确定检查方法。检查方法的种类很多，如观察法、统计法、访问法、调查法等，可根据实际需要加以选择。采用不同的方法将控制标准与实际结果相对照，以便及时发现差距。任何检查都是在一定的频率和范围前提下进行的。频率是指检查的时间间隔，它取决于控制对象是否经常变动；范围是决定检查的涉及面，是将全面情况与计划相比较，还是进行局部的、单项的检查，这要根据实际需要做出选择。

（5）分析偏差原因。执行结果与计划出现偏差的情况是经常发生的。产生偏差可能有两种情况：一是执行过程中的问题，这种偏差比较容易分析；二是计划决策过程中的问题，确认这种偏差通常易出差错。这两种情况往往交织在一起，致使分析偏差的工作很可能成为控制过程中的一大难点，也是对管理和分析人员的一大考验。要避免因缺乏对背景情况的了解，做出以偏概全的错误评价。

（6）采取改进措施。找到问题的症结，采取相应的改进措施，纠正偏差，提高工作效率，这是营销控制的最后一个步骤。如果在制订计划时，还制订了应急计划，改进就能更快。例如，计划中有"某部门一季度的利润如果降低3%，就要削减该部门3%的预算费用"的条款，届时就可自动启用。不过，在很多情况下并没有这类应急措施，这就必须根据实际情况，迅速制定补救措施加以改进，或适当调整某些营销计划目标。

2.3 营销管理与价值传递

在营销管理过程中，最关键的两项内容就是营销战略与策略，并且这两部分与价值传递紧密相关。

2.3.1 营销战略与策略

1. 营销战略

营销战略是指企业为实现其经营目标，对一定时期内市场营销发展的总体设想和规划。企业应高度重视市场营销战略的制定，它关系到企业的竞争优势与长远发展。主要涉及的营销战略如下所述。

（1）STP战略。STP战略中的S、T、P三个字母分别是Segmenting、Targeting、Positioning三个英文单词的首字母，即市场细分、目标市场选择和品牌定位的意思。STP战略是现代市场营销战略的核心。

（2）品牌战略。品牌战略是企业将品牌作为核心竞争力，以获取差别利润与价值的营销战略。品牌战略包括品牌化决策、品牌模式选择、品牌识别界定、品牌延伸规划、品牌管理规划等内容。

（3）竞争战略。企业不是孤立地存在于市场上的，可能面临来自同行业的竞争和来自满足同一需求的不同企业的竞争。企业应明确本企业的竞争地位，选择恰当的战略参与竞争并从中获胜。

（4）客户关系管理战略。以客户为中心的战略，建立客户生命周期管理的闭环，从企业投放市场吸引潜在客户，经过营销培育找到意向客户，到完成销售过程建立用户关系，并通过良好的客户服务体验留住客户持续消费。

（5）新产品开发战略。在充满变化的市场上，没有永恒的产品。为了支撑企业长盛不衰，企业必须高度重视新产品开发工作。企业要研究新产品开发的风险和成功的要素，要管理好新产品开发的各个阶段。

2. 营销策略

营销策略是在营销战略指引下为实现营销目标而执行的各种营销安排。随着营销理论的发展，出现了多种营销策略理论，表 2-1 列出了营销策略的基本内容。

（1）4P 营销策略：由麦卡锡（John McCarthy）于 1960 年提出，包括产品（Product）、价格（Price）、渠道（Place）、促销（Promotion）。

（2）4C 营销策略：由劳特朋（Robert F. Lauterborn）于 1990 年提出，包括顾客（Customer）、成本（Cost）、便利（Convenience）、沟通（Communication）。

（3）4R 营销策略：由舒尔茨（Don E. Schultz）于 2001 年提出，包括关联（Relevancy）、反应（Reaction）、关系（Relationship）、回报（Reward）。

（4）4V 营销策略：由吴金明于 2001 年提出，包括差异（Variation）、功能（Versatility）、价值（Value）、共鸣（Vibration）。

表 2-1 营销策略的基本内容

策略类型	基本内容
4P	产品策略：包括产品组合、产品生命周期、产品包装、品牌等内容 价格策略：包括定价目标、定价过程、价格调整等 渠道策略：包括渠道模式和中间商选择、冲突管理等 促销策略：包括推销、广告、营业推广、公共关系等
4C	顾客策略：忘掉产品、记住顾客的需求和期望，以顾客为中心 成本策略：忘掉价格、记住成本与顾客的费用，让顾客在成本上相对满意 便利策略：忘掉地点、记住方便顾客，为其提供方便的购买通道 沟通策略：忘掉促销、记住与顾客沟通，培养其忠诚度
4R	关联策略：与顾客建立关联，提高其满意度和忠诚度，减少顾客流失 反应策略：提高市场反应速度，倾听和满足顾客的需求与渴望 关系策略：与顾客保持合作关系、建立长期而稳固的关系 回报策略：注重利润回报与价值回报
4V	差异策略：根据顾客差异化需求，提供满足其差异化的产品 功能策略：根据消费要求的不同，提供不同功能的系列化产品供给 价值策略：在提供基本价值的基础上，更要增加产品的附加价值 共鸣策略：将企业的创新能力与消费者所珍视的价值联系起来

┆营销链接┆

随着外资的"入侵"以及新兴品牌的挤压，在中高端市场几近饱和的情况下，鸿星尔克为了避开巨头们的锋芒，将三四线小城市作为主战场，那么它是如何开辟自己的"蓝色大海"呢？首先是确定产品市场的范围。认为穿运动服装舒服而购买的普通大众，以及正值青春期、运动量大的大、中学生是对运动用品需求比较多的群体。该如何去满足这部分消费群体的需求，正是鸿星尔克一直关注的问题。其次是确定目标市场。近些年来，鸿星尔克为了避开主流市场的竞争，将目标用户群体精准地定位到下沉市场之中，针对下沉人群的"价格敏感属性"来制定商品售价。最后进行市场定位。鸿星尔克最开始的定位是"网球运动领域的 No.1"，也曾试图定位于时尚潮流品牌，但都没有取得很好的成效。鸿星尔克在 2021 年 4 月发布了"做强县级，做优地级"品牌战略，开始"深耕下沉市场"。伴随着对年轻消费者消费观念变化的敏感捕捉，鸿星尔克开始做黑科技，研发国潮系列，寻找新的市场定位。

资料来源：徐琪锋根据网络资料编写。

2.3.2　营销与价值传递

在传统营销观念指导下，企业基于自身情况先生产产品，然后再促进产品销售。在买方市场和激烈竞争的条件下，企业必须传递优于竞争对手的价值，才能赢得顾客和市场。为此，营销管理的核心其实就是价值传递的过程。

（1）理解价值。企业要通过营销信息系统获取数据资料，对营销环境进行全面的分析，从竞争者、企业自身与顾客三个层面分析价值，进而识别出各种营销机会。

（2）选择价值。企业要根据适合的标准，对市场进行细分，形成各类细分市场，再依据自身优势等因素从中选择想进入的目标市场，最终确定在目标市场中希望提供给顾客的价值。

（3）创造价值。在选择好价值的基础上，企业要据此将抽象的价值具体化为能满足市场需求的产品，这就需要对品牌、产品、包装、价格等进行系统性的规划设计。

（4）传播价值。企业要充分利用和全面协调其拥有的广告、销售促进、人员推销、公共关系、新媒体等沟通工具，传递明确一致的、打动人心的品牌和产品信息。

（5）交付价值。企业要决定采用何种渠道将产品交给顾客才能令其满意。其中，对于电子产品还会涉及物流配送决策。

2.3.3　顾客让渡价值与顾客感知价值

顾客价值是顾客就某种产品或服务满足其需求的能力所做出的评价。在买方市场的条件下，顾客会挑选其认为具有最高价值的产品或服务。在时间、信息和收入的制约下，顾客搜寻并购买价值最大化的产品或服务。

1. 顾客让渡价值

顾客通常从那些他们认为提供最佳顾客让渡价值的企业购买产品。顾客让渡价值实际上是顾客总价值与顾客总成本之差。顾客总价值就是顾客期望从某一特定产品或服务中获得的一组利益，包括从产品价值、服务价值、人员价值和形象价值四个方面获取的利益；而顾客总成本是在评估、获得和使用该产品与服务时而引起的顾客的预计费用，涉及货币成本、时间成本、体力成本和心理成本四个方面（见图 2-7）。因此，营销人员可以通过提高产品、服务、人员和形象的价值，或降低货币、时间、体力和心理的成本，来提升顾客所获得的价值。

2. 顾客感知价值

顾客感知价值是顾客在对比了其他竞争产品的基础上，对拥有和使用某种产品或服务的总价值和总成本进行衡量后的差额价值。例如，使用梅赛德斯轿车的顾客，获得的主要利益是安全、经久耐用和自豪感。顾客在做出购买决策之前，将权衡所付出的高昂价格、大量的精力和所获得的利益，还要与其他品牌的轿车进行比较（如雷克萨斯轿车），然后挑选出能够为其带来最大价值的轿车。

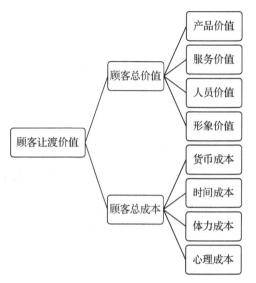

图 2-7　顾客让渡价值

3. 让渡价值与感知价值的区别

顾客让渡价值和顾客感知价值都是拥有某种产品或服务的差额价值。不同的是，顾客让渡价值没有强调与竞争产品的对比，或者说没有明确强调与竞争产品的对比这一核心内容。而顾客感知价值则具备"顾客在对比了其他竞争产品的基础上"这一前提条件。因此，这两个营销学上的重要概念是有区别的，不应该混为一谈。

从营销人员的角度讲，由于顾客让渡价值和顾客感知价值都是顾客总价值与顾客总成本这两部分之差，所以营销人员都可以通过提高产品或服务的价值，或降低产品或服务的成本，来实现顾客所获得的价值的提升。但是，营销人员若要提高顾客感知价值，就必须做得比竞争对手更优秀，因为顾客是在对比了其他竞争产品的基础上，才做出购买决定的。

◆ 重要概念

战略　企业战略　企业使命　战略业务单位　波士顿矩阵　相对市场占有率　密集型增长　市场渗透　市场开发　产品开发　一体化增长　多样化增长　同心多样化　水平多样化　跨行业多样化　营销计划　营销组织　营销执行　营销控制　营销战略　营销策略　顾客让渡价值　顾客感知价值

◆ 复习思考题

1. 企业战略的层级有哪些？
2. 战略业务单位具备什么特征？
3. 如何使用波士顿矩阵评估战略业务单位？
4. 企业发展新业务的方式有哪些？

5. 企业如何制订有效的营销计划？

6. 营销组织模式有哪些类型？

7. 试述营销执行的主要步骤。

8. 试述营销控制的主要步骤。

9. 试述营销战略与营销策略的主要类型。

10. 辨析顾客让渡价值与顾客感知价值。

◆ 经典案例

元气森林如何走向星辰大海

2021 年 4 月 9 日，元气森林官宣完成最新一轮融资。在外行人看来，出身互联网游戏企业的元气森林，初出茅庐便大展身手，更是一度成为网红饮品界的顶流。成功的背后，元气森林创始人唐彬森做出了怎样的努力呢？

唐彬森关注到健康、养生、身材焦虑等名词的热度越来越高，大众的健康消费意识逐渐觉醒。摄糖过度会直接导致肥胖、糖尿病、衰老加速等疾病，而高糖高卡的饮料已经成为人们日常摄入不健康糖分的重要元凶之一。"看来健康饮品是个机会"，唐彬森心想。于是元气森林推出了以瘦身和美容为主题的两款饮料，但推出后却并未获得消费者的青睐，唐彬森心里犯起了嘀咕，"不应如此呀，会是什么原因呢？"经过一番努力，他发现是因为产品甜度太低，口感体验不好，所以产品表现不温不火。他意识到，无论做什么产品，都应该把用户体验放在第一位，研发一款能够兼顾口感和健康的饮品才能解决用户的需求痛点。

解决了用户痛点，唐彬森又开始琢磨起了用户爽点，将目光投向了产品包装。他认为当展示的图片被肯定和夸奖时，用户会产生极大的满足感和优越感。同时，简约清新的包装风格使得产品成图率高，能够很好地融入用户的社交语境，促使用户自主分享产生裂变，发挥品牌"社交货币"价值。

元气森林原料选用代糖，口感清淡解腻的同时又带有甜味，做到了消费者心中的健康且好喝。"0 糖 0 脂 0 卡"的价值主张引领了一种轻松、无负担的生活方式与状态，是唐彬森对年轻消费者饮品诉求的精准匹配、精准定位，使得元气森林成为名副其实的"无糖专家"。在营销层面唐彬森也同样坚持从用户出发，分析年轻群体对于产品获取和产品接收的习惯，构建从消费心理搭建到消费行为产生的完整闭环，在内容上坚持打造产品差异化，给予用户独特口感和健康饮食的理念，在渠道上则实施全盘布局，从大屏广告到博主推广，致力于完成对健康观念的全面普及。

渠道全盘布局。元气森林线下专注于便利店和超市，线上则与王一博、李佳琦等热门明星合作推广，并在天猫、京东等平台首页广告推送，以完成品牌的第一步"登台"。在用户心中打响口碑后，通过小红书中部 KOL 进行进一步的有效推广，助力品牌知名度的提升。接着联动深受年轻人喜爱的 B 站、抖音等平台，掀起了成分测评、场景多元化等热潮，保证品牌传播的全面铺开，获客更容易。

借助综艺营销。如何进行综艺营销呢？唐彬森给出了这样一套打法：首先，元气森林并不满足于简单的独家冠名，而是深度捆绑节目 IP 打造多样化玩法，积极拓展及参与年轻人偏好的内容场景。例如，元气森林搭载《元气满满的哥哥》，节目上配合游戏环节、场景布置、内容主题，将产品本身及理念融入节目，实现了更自然、更高效的曝光安利，帮助品牌大大节省了认知和传播成本。其次在社交平台上发起花式互动，趣味话题、元气福利社、哥哥元气榜等，激活粉丝活跃度，建立起品牌与粉丝交流的有效联结，进而有效促进引流转化。

跨界联合宣传。《和平精英》与元气森林有着高度重叠的目标受众。于是唐彬森一鼓作气说干就干，并紧跟热点推出元气森林与《和平精英》的夏日限定版苏打气泡水。元气森林跟《和平精英》的联名产品也成为虚拟游戏和真实世界的独特联结点，游戏里的售货机和节目里的一模一样，有种穿越虚拟与现实的神奇体验。最终，元气森林利用游戏对垂直领域用户的影响力，撬动了跨圈层的巨大流量，获得了用户的一致好评。

商场如战场，瞬息万变，错综复杂。在元气森林走向星辰大海的时候，众多巨头也冲劲十足，纷纷加入无糖气泡水赛道，开发"喜小茶""微泡""轻零"等新产品。变幻莫测之下，元气森林的路在何方？元气森林能否成为真正的"无糖专家"？如果你是唐彬森，你会怎么做呢？

资料来源：中国管理案例共享中心，无糖饮料专家：元气森林的一骑绝尘之路，2021-05-08.

思考题：

1. 元气森林是如何抓住消费者的痛点的？
2. 元气森林是如何对自身进行定位的？
3. 元气森林是如何进行线上线下渠道的融合的？
4. 请谈谈元气森林在品牌宣传推广上的创新做法。
5. 元气森林下一步该走向何方，请运用所学知识出谋划策。

第 3 章
CHAPTER 3

市场营销环境

§ **本章提要**

　　市场营销环境是指企业的营销部门无法控制的但又能够影响其与目标顾客建立并保持良好关系能力的各种因素。市场营销环境由微观环境和宏观环境两部分组成。本章将探讨市场营销环境的微观环境和宏观环境，进而全面、深入地理解营销环境，为制定营销战略和执行策略奠定基础。

3.1　企业的微观环境

　　企业的微观环境由直接影响和制约企业服务顾客能力的各种要素构成，包括企业内部环境、供应商、营销中间商、顾客、竞争对手和公众等，如图 3-1 所示。

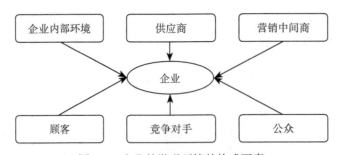

图 3-1　企业的微观环境的构成要素

3.1.1　企业内部环境

　　企业内部环境主要是指营销部门所在企业的管理高层、研发部门、技术部门、采购部门、生产部门和财务部门等。它们共同构成了企业的内部环境，并且直接影响营销部门为目标顾客创造价值的能力。管理高层通常是指企业的董事会、最高经理层和监事会，其确定企业的宗旨和目标，规划企业的整体战略。营销部门是在整体战略目标的指导下制订具体的营销计划，并进行执行。

营销部门还必须与企业其他职能部门密切合作，将企业每一个职能部门都视为企业价值链上的一个环节。营销部门为目标顾客创造价值能力的强弱取决于价值链上最薄弱的一个环节。研发部门负责设计既安全可靠又有吸引力的产品；采购部门关注如何获取原材料和零配件等生产资料；生产部门致力于生产出既定质量和数量的产品，财务部门为营销计划的实施筹措资金，提供营销方案可行性的财务判断，并评估营销投资的效率。

现代商业组织经过长时间的发展，发生了诸多变革，特别是进入 21 世纪以来，产生了新的商业模式，如平台型企业、生态型企业等。这些新商业组织的组织架构发生了巨大的变化，在这些组织中的市场营销部门，需要及时调整并适应组织变革，提升营销效率。

3.1.2　供应商

供应商是向企业及其竞争对手供应各种所需资源的企业和个人，包括提供原材料、设备、能源、劳务等。供应商分成交易型、战略型和大额型。交易型供应商是指数量多但交易数额小的供应商；战略型供应商是指支撑企业战略发展的供应商；大额型供应商是指交易数额大，对企业影响巨大的供应商。

供应商是整个顾客价值传递系统中的重要环节。在现在的市场中，有的企业甚至没有自己的生产、技术与研发部门，完全依靠供应商提供产品与服务，企业本身仅仅提供品牌、服务与营销，这就使得合作伙伴在价值传递体系中的地位尤其重要。

┆营销链接┆

代工最初是制造商为了降低制造成本的一种选择。当制造成本上升时，为了降低成本，制造商开始向其他低成本的地区转移。随着低成本地区的制造成本的上升，为了解决质量和制造成本的问题，制造商开始考虑将一些技术过时的产品外包，选择那些制造能力强而制造成本低的企业代工。随着制造业的发展，出现了纯代工企业，如富士康和伟创力，品牌企业只负责设计开发产品，制造企业负责生产。后来，代工厂负责设计和制造，让一些著名的企业贴牌去销售它们的产品，这样它们可以获得更多的利润。例如，小米选择代工模式，可以节约制造的成本和节约时间。如果小米最开始就选择自己制造产品，小米手机最少要晚 2 到 3 年才能上市，就失去了市场机会。小米选择代工是理性的选择，这是苹果已经证实的成功之道。

资料来源：吴传喜根据网络资料编写。

3.1.3　营销中间商

营销中间商是指帮助企业促销、销售以及分配产品和服务给最终用户的组织和个人。它由中间商、物流公司、营销服务机构和金融机构组成。

中间商是指帮助企业寻找最终用户并向他们销售产品和服务的分销渠道机构，包括批发商和零售商，他们为卖而买。随着"互联网＋"和电子商务的快速发展，原有的中间商正在逐渐转型和被替代。一方面，渠道日趋扁平化；另一方面，随着新业态的产生，很多新型的中间商涌现，比如电商代运营机构、直播机构等，这些新型中间商，会在未来的营销中起到重要的作用。

物流公司是指协助制造商储存产品并把产品从原产地运送到目的地的公司，主要包括仓储公司和运输公司。随着电子商务的发展，物流公司在价值交付中的作用越来越重要，物流服务已经成为营销体验的重要环节，会直接影响消费者的满意度。营销部门应该从成本、速度、安全、价格和服务体验等方面进行综合考虑，选用物流公司。

营销服务机构是指协助生产公司选择恰当的目标市场并促销其产品的组织或个人，包括营销调研机构、广告代理公司、广告媒介公司和市场营销咨询公司。这四类营销服务机构分别从事市场细分、广告策划、广告登载及营销战略规划等业务活动。由于这些机构的业务内容繁杂、组织治理结构各异且规模相差甚远，它们在服务质量、收费标准和创新能力等方面参差不齐。因此，营销部门在决定委托专业机构办理这些事务时，需要慎重地做出选择。同时，营销部门还应该定期检查其工作，倘若发现某个专业机构不能胜任工作，则必须另找其他代替专业机构。

金融机构是指各类商业银行、保险公司、商业信贷公司以及其他从事投融资业务活动的组织机构。金融机构在买卖双方之间起着桥梁和纽带的作用，为买卖双方提供各种信息和信用担保以及融通资金、支付货款等一系列金融业务服务。

营销部门不仅应该把供应商视为创造和传递顾客价值的合作者，还应该把营销中间商也视为顾客价值创造的合作者。合作的方式可以包括：①营销活动方面的资金支持；②消费者调研资料和调研结果的共享；③向对方派驻跨职能团队，协助其解决某些棘手问题；④通过大数据等手段，委托第三方公司对营销服务机构的服务效果进行监督和评估，提升营销服务效率。

3.1.4　顾客

营销部门与供应商和营销中间商建立密切的伙伴关系的目的，是为目标顾客创造优质价值。因此，营销部门需要认真研究其所面对的顾客。知萌咨询发布的《2022中国消费趋势报告》指出，如今的消费者更加关注内在的自我，期待更专注地思考内心、更极致地表达自我、更简单地身心体验、更多元地探索世界。

3.1.5　竞争对手

竞争对手一般是指那些与本企业提供的产品或服务相似，并且所服务的目标顾客也相似的其他公司。市场营销者要在市场环境中与竞争者展开竞争，竞争对手的战略、目标、品牌和产品都会对营销者产生影响。企业在制定营销策略的时候，要充分考虑竞争对手的要素，针对竞争对手的营销策略有的放矢。

3.1.6　公众

企业的市场营销环境还包括各种公众。公众是对组织实现其目标的能力有实际或潜在利益关系或影响的任何群体。

（1）金融公众。金融公众影响企业的融资能力。银行、投资公司和股东是主要的金融公众。

（2）媒体公众。媒体公众控制新闻、报道和社论，主要包括电视台、报纸、网站和其他社交媒体。

（3）政府公众。企业管理层必须考虑政府的要求。政府会制定相关政策、规章制度来规范企业营销活动。

（4）民间团体公众。企业的市场营销决策也许会受到行业协会、消费者组织、环境保护团体的影响。

（5）地方公众。地方公众包括企业所在地的居民和城镇、街道及社区组织。他们并不一定购买企业的产品，但他们的生活环境质量，如空气和饮用水等的质量可能受到企业的生产活动的影响。负责任的企业通常设专人与地方公众沟通以处理和解决其提出的各种问题。

（6）普通公众。普通公众是指所有可能直接或间接购买企业产品和服务的组织和个人。他们对企业的看法和态度对其决定是否购买企业产品有着重要影响。因此，营销部门应该密切关注企业在普通公众中的形象，树立良好的口碑。

（7）内部公众。内部公众由企业的董事会、管理层、职员和生产工人组成。他们的态度也会影响市场营销策略的制定。

3.2　企业的宏观环境

宏观环境因素既给企业带来机会，也给企业造成威胁。与微观环境相比，宏观环境对企业营销的影响虽然是间接的但更加深远、持久。宏观因素环境包括人口环境、经济环境、社会文化环境、自然环境、技术环境、政治法律环境六个方面，如图3-2所示。

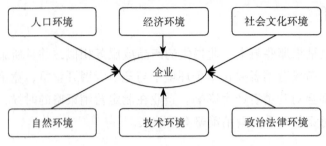

图 3-2　企业的宏观环境的构成要素

3.2.1　人口环境

1. 世界人口状况

截至 2021 年，全球人口总数约为 78 亿人，到 21 世纪中叶，世界人口将增长到近 100 亿人。在 20 世纪 70 年代初，平均每个妇女有 4.5 个孩子；到 2015 年，世界总生育率已降至每名妇女 2.5 个孩子以下；与此同时，全球平均寿命已经从 20 世纪 90 年代初的 64.6 岁上升到现在的 70.8 岁，生育率和预期寿命发生了巨大变化。

此外，世界正在经历高度的城市化，移民加速。2007 年是城市地区人口多于农村地区的第一年，到 2050 年，约 66% 的世界人口将居住在城市。

19 世纪到 20 世纪世界人口的巨大增长主要是现代医学进步和生活水平提高的结果。这些都大大降低了婴儿、儿童和产妇死亡率，有助于延长预期寿命。虽然生育率有所下降，但下降速度与死亡率水平不同。

世界人口将在未来几十年内继续增长。但预计 2060 年后，人口增长几乎完全将由世界最不发达国家的生育率水平推动。

总体人口趋势掩盖了各国之间的巨大差异。一边是世界最不发达国家，它们的生育率仍然很高。预计到 2053 年，世界最不发达国家的人口将翻一番，在一些国家甚至将增加两倍。另一边是高收入国家，它们正在经历缓慢的人口增长或根本没有人口增长。前者继续拥有大量不断增长的年轻人，而后者则拥有大量且不断增长的老年人口。还有一些国家的人口规模下降，原因包括更替率不足、移民和高死亡率。

虽然国家一级的人口结构差别很大，但总体趋势对可持续发展具有全球影响。例如，无论温室气体排放到哪里，全球气候都会发生变化。可持续地满足不断增长的世界人口的需求和愿望的努力将对所有国家产生影响，如果不能满足这些需求，也将产生影响。

虽然人口激增将带来挑战，但它们也代表着人类的成功。死亡率和生育率从较高到较低的转变反映了在卫生、教育方面取得的成就。生育率水平的下降也为各国实现人口红利创造了机会，即当工作年龄人口增加和受抚养人数量减少时可能发生的经济增长。

2. 我国人口状况

2021 年 5 月 11 日，第七次全国人口普查结果公布，全国人口共 141 178 万人，与 2010 年的 133 972 万人相比，增加了 7 206 万人，增长 5.38%；年平均增长率为 0.53%，比 2000—2010 年的年平均增长率 0.57% 下降 0.04%。数据表明，与 2010 年相比，我国人口 10 年来继续保持低速增长态势。0 ～ 14 岁人口占 17.95%，15 ～ 59 岁人口占 63.35%，60 岁及以上人口占 18.70%，65 岁及以上人口占 13.50%。

（1）户别人口。全国共有家庭户 49 416 万户，家庭户人口为 129 281 万人；集体户 2 853 万户，集体户人口为 11 897 万人。平均每个家庭户的人口为 2.62 人，比 2010 年的 3.10 人减少 0.48 人。家庭户规模继续缩小，主要是受我国人口流动日趋频繁和住房条件改善年轻人婚后独立居住等因素的影响。

（2）人口地区分布。东部地区人口占 39.93%，中部地区占 25.83%，西部地区占 27.12%，东北地区占 6.98%。与 2010 年相比，东部地区人口所占比重上升 2.15%，中部地区下降 0.79%，西部地区上升 0.22%，东北地区下降 1.20%。人口向经济发达区域、城市群进一步集聚。

居住在 31 个省（自治区、直辖市）并接受普查登记的香港特别行政区居民 371 380 人，澳门特别行政区居民 55 732 人，台湾地区居民 157 886 人，外籍人员 845 697 人，合计 1 430 695 人。

（3）性别构成。男性人口为 72 334 万人，占 51.24%；女性人口为 68 844 万人，占 48.76%。总人口性别比（以女性为 100，男性对女性的比例）为 105.07，与 2010 年基本持平，略有降低。出生人口性别比为 111.3，较 2010 年下降 6.8。我国人口的性别结构持续改善。

（4）年龄构成。0 ～ 14 岁人口为 25 338 万人，占 17.95%；15 ～ 59 岁人口为 89 438 万人，占 63.35%；60 岁及以上人口为 26 402 万人，占 18.70%（其中，65 岁及以上人口为 19 064 万人，占 13.50%）。与 2010 年相比，0 ～ 14 岁、15 ～ 59 岁、60 岁及以上人口的比重分别上升 1.35 个百分点、下降 6.79 个百分点、上升 5.44 个百分点。我国少儿人口比重回升表明生育政策调整取得了积极成效。同时，人口老龄化程度进一步加深，未来一段时期将持续面临人口长期均衡发展的压力。

（5）受教育程度人口。具有大学文化程度的人口为 21 836 万人。与 2010 年相比，每 10 万人中具有大学文化程度的由 8 930 人上升为 15 467 人，15 岁及以上人口的平均受教育年限由 9.08 年提高至 9.91 年，文盲率由 4.08% 下降为 2.67%。受教育程度的持续改善反映了 10 年间我国大力发展高等教育以及扫除青壮年文盲等措施取得了积极成效，人口素质不断提高。

（6）城乡人口。居住在城镇的人口为 90 199 万人，占 63.89%；居住在乡村的人口为 50 979 万人，占 36.11%。与 2010 年相比，城镇人口增加 23 642 万人，乡村人口减少 16 436 万人，城镇人口比重上升 14.21 个百分点。随着我国新型工业化、信息化和农业现代化的深入发展和农业转移人口市民化政策落实落地，10 年间我国新型城镇化进程稳步推进，城镇化建设取得了历史性成就。

（7）流动人口。人户分离人口为 49 276 万人，其中，市辖区内人户分离人口为 11 694 万人，流动人口为 37 582 万人，其中，跨省流动人口为 12 484 万人。与 2010 年相比，人户分离人口增长 88.52%，市辖区内人户分离人口增长 192.66%，流动人口增长 69.73%。我国经济社会持续发展，为人口的迁移流动创造了条件，人口流动趋势更加明显，流动人口规模进一步扩大。

（8）民族人口。汉族人口为 128 631 万人，占 91.11%；各少数民族人口为 12 547 万人，占 8.89%。与 2010 年相比，汉族人口增长 4.93%，各少数民族人口增长 10.26%，少数民族人口比重上升 0.40%。

┊营销链接┊

2022 年，复旦发展研究院传播与国家治理研究中心与多机构联合发布了《中国青年网民社会心态调查报告（2009—2021）》。该调查在新浪微博通过分层抽样抽取了 4 556 个出生于 1990—2005 年的来自不同区域、年龄层和教育层级的活跃青年网民作为研究样本，抓取其 2009—2021 年发布的贯穿其电子生命周期的所有博文近千万条展开基于监督型机器学习的大数据分析。课题组对样本用户在奋斗、收入、就业、婚恋、生育、圈层关注、环保、动物保护等专题板块的 189 个指标进行取值和研究，形成报告。报告指出，青年网民群体生育意愿整体消极，持消极生育意愿的人数是持积极生育意愿的人数的 4 倍左右。在所有样本青年中，仅有 7.6% 的青年网民群体对生育议题持积极态度并表达出生养小孩的意愿；高达 29.4% 的青年网民群体对生育持显著的规避和抵制态度，明确表示未来不想生养小孩。数据显示，男性比女性持更低的生育意愿；受教育程度越高，生育意愿越低；相比于其他地区的青年，东北地区青年网民的生育意愿相对最为积极，具有更大比例"愿意生育"的青年和更小比例"不愿生育"的青年；"00 后"比"90 后"生育意愿更低。

资料来源：吴传喜根据网络资料编写。

3.2.2 经济环境

经济形势和购买力会影响市场的现状。经济环境由各种影响消费者购买能力和支出模式的因素构成。市场营销者需要时刻关注全球和各国市场的经济发展趋势与消费者收入情况。

1. 国民生产总值

国民生产总值（Gross National Product，GNP）是一个国家（或地区）所有常住单位在一定时期（通常为一年）内收入初次分配的最终结果，是一定时期内本国的生产要素所有者所占有的最终产品和服务的总价值。国民生产总值往往代表着一个国家的经济发展水平，国民生产总值较高的地区，往往以高新产业为主，比起价格，消费者更在乎质量、外观、性能；国民生产总值较低的地区，往往以劳动密集型产业为主，比起品质，消费者更在乎价格。因此，营销人员需要因地制宜。

2. 收入因素

收入因素对消费者的支出和购买行为有着巨大的影响。在收入快速增加的情况下，消费者更愿意去消费，对价格的敏感性较低。在收入减少的情况下，消费者的消费意愿也会降低，且会减少奢侈品和高价格商品的消费。市场营销者在关注收入水平的同时，还需要关注收入的分配情况。不同收入的社会阶层，在消费时会产生不同的倾向，对价格的敏感度也不同。根据收入不同做出不同的市场细分、生产不同的产品是市场营销的常用方法。例如，很多企业会推出高收入人群的高端品牌，这些高端品牌的产品价格远高于同一个企业旗下的中低端品牌。其价格的差异远远大于产品本身性能的差异，但是依然有高收入人群去选择高价格的品牌。

3. 产业结构

产业结构是指各产业的构成以及各产业之间的联系和比例关系。影响产业结构的因素有消费结构、资源结构、投资结构、科学技术进步、劳动力素质和数量、产业间的关联方式。其中最重要的影响因素就是消费：生产决定消费，消费制约生产又促进生产，消费对生产的这种反作用充分反映了生产对需求的依赖性。因此，营销人员需要因时因事不断调整产业结构，如此才能保证生产与消费的适配性。

┃营销延伸┃

新中国成立以来，中国居民收入快速增长，2022 年居民人均可支配收入达 3.69 万元，比 1949 年名义增长 742.46 倍。从新中国成立之初的"一穷二白"，到成为世界第二大经济体，中国人民创造了经济奇迹，自身收入也发生了翻天覆地的变化。居民人均可支配收入是评价一国国民贫富程度的重要指标。新中国成立之初，城镇和农村居民年人均可支配收入只有不足 100 元和 50 元，到 2022 年，增至 4.93 万元、2.01 万元。收入分配格局明显改善，农村居民收入持续较快增长，居民收入在城乡、地区间的差距不断缩小。居民增收的途径越来越多，居民的"钱袋子"里不只有工资收入，还有经营性收入、转移性收入、财产性收入……财富管理市场总规模从 2007 年的 6.59 万亿元升至 2022 年的 115 万亿元。节节攀升的收入水平大大提升了居民消费能力。居民人均消费支出从 1956 年的 88 元跃升至 2018 年的 24 538 元。收入增长带来生活质量的提高，2022 年农村居民平均每百户拥有移动电话 257 部、计算机 26.9 台、汽车 22.3 辆、空调 65.2 台、热水器 68.7 台、微波炉 17.7 台……中国人不再操心温饱，而是有更多闲钱去休闲旅游、健康养生。未来，随着中国经济转向高质量发展，新的增长点不断显现，居民收入将稳步增长，生活水平也将水涨船高。

资料来源：吴传喜和简翊竹根据网络资料编写。

3.2.3　自然环境

自然环境是指市场营销者需要投入的或受到市场营销活动影响的物质环境和自然资源，比如矿产资源、林木资源、土地资源和水力资源等。自然环境中的各个要素，从气候变化到自然灾害，都可能影响企业及其营销策略。对于营销管理者来说，应该密切关注自然环境的变化趋势，并从中分析机会和威胁，制定相应的对策。

1. 自然资源分析

自然资源分为可再生资源和不可再生资源。可再生资源是指在一定时间内可以再生长出来的资源，如森林、农作物等；不可再生资源是指使用后不能再生的资源，如煤炭、石油、天然气、矿产资源等。

由于过度开发和使用，使得自然资源短缺，从而导致原材料价格上涨，加大了企业的成本压力，这对于营销来说是不可忽视的一大威胁。威胁压力的存在，迫使企业正视资源短缺的事实，不断进行资源创新，这又为企业提供了新的机会。

2. 地理气候分析

我国幅员辽阔，地区与地区之间受到地理纬度位置、海陆位置、地形以及大气环流等的影响而差异巨大，气候复杂多样。此外，未来的气候环境可能更加复杂多变，比如极端高温、极端干旱、频发洪水以及全球气候变暖等。

以上地理气候的发展趋势，造成了南北市场的产业差异，营销人员要因地制宜，因时而卖，同时也要积极寻找机遇，在气候变化严重的地区挖掘新的产业机遇，积极创新物流冷链等新技术。

3. 环境污染分析

随着经济的发展，企业的生产活动对自然环境造成的负面影响不言而喻，比如大气污染、水污染、土壤污染等。同时，环境污染也给市场营销带来威胁。

从另一个角度想，环境污染治理也为企业提供了巨大商机：一是从污染物中回收有用资源用作原材料，降低成本；二是企业可以创新保护环境的产品和设备，加强技术改造；三是从污染治理行政管理部门获得的各种治污优惠政策带来的经济利益；四是成为环境友好型企业后，可以从社会大众和消费者获得形象和公共关系方面的利益。

4. 政府干预分析

自然资源短缺和环境污染加重的问题，使各国政府加强了对环境保护的干预，颁布了一系列有关环保的政策法规。政府对自然资源干预政策，往往与企业的经营效益相矛盾。

例如，为了控制污染，推动产业升级，我国政府在治污和产业调整方面加强力度，关停小规模造纸厂、化工厂、水泥厂，淘汰落后产能，导致大批企业面临转型挑战。企业可以通过产业结构调整与合理布局，发展高新技术，实行清洁生产和文明消费，协调环境与发展的关系，注重发展绿色产业、绿色消费、绿色营销。

根据自然环境的诸多趋势和变化，我国企业也采取了一些应对措施，其中成效最为显著的就是绿色营销：一种能辨识、预期及符合消费的社会需求，并且可带来利润及永续经营的管理过程。绿色营销观念认为，企业在营销活动中，要顺应时代可持续发展战略的要求，注重地球生态环境保护，促进经济与生态环境协调发展，以实现企业利益、消费者利益、社会利益及生态环境利益的协调统一。

这就要求企业注重社会利益，并且明确定位于节能与环保，立足于可持续发展，放眼于社会经济的长远利益与全球利益，以绿色产品为载体，为社会和消费者提供满足绿色需求的绿色产品。

营销链接

如今，消费者对于环境和能源的保护越来越重视。2022 年第一季度新能源汽车行业总体延续了快速增长的势头，比亚迪集团旗下的新能源汽车销量更是创下了历史新高，比亚迪公布的销量数据显示，3 月销售新能源汽车 104 878 辆，同比增长 333.06%；而 1—3 月份累计销售新能源汽车 286 329 辆，同比增长 422.97%。随着新能源汽车销量的爆发，比亚迪也已决定彻底停产燃油车，自 2022 年 3 月起停止燃油汽车的整车生产，将专注于纯电动和插电式混合动力汽车业务，并继续为现有燃油汽车客户提供服务、售后和零配件供应。

资料来源：吴传喜根据网络资料编写。

3.2.4 技术环境

技术环境是指创造新技术、新工艺、新产品和市场机会的力量的总和。技术创新是推动人类社会进步的主要力量之一。对企业营销而言，新技术是既拥有创造性又具有毁灭性的一种力量，因为技术上的任何重大突破，都会创造出一个崭新的行业同时淘汰一个传统的行业。新技术对市场营销的影响主要体现在以下几点。

（1）新技术促进营销行业和产品的更新换代。每一种新技术的出现都会给行业创造新的市场机会，因而会产生新的产品；同时还会给某个行业造成威胁使这个旧行业受到冲击甚至被淘汰。例如，互联网的出现使报刊、广电行业受到冲击；电子商务技术的发展，冲击了线下实体行业。

（2）新技术改变消费者决策过程。个性化推荐技术、内容聚合技术、移动营销技术等使得消费者能够对信息进行简单聚集，从而迅速、全面地了解某一产品的价格、性能、售后服务、用户评价等方面的相关信息，最终简化消费者的决策过程，使决策过程变得理性化、个性化。

（3）新技术引起企业经营管理的变化。新技术是企业管理改革的动力源泉，信息管理系统、三网融合等技术改善了企业的经营管理，提高了管理效率，使得员工数字化的未来场景指日可待。

3.2.5　社会文化环境

社会文化环境会对企业市场营销活动产生重要影响。因为文化是人类的全部社会遗产，社会文化因素决定消费者的口味和偏好，进而决定了消费者对产品的选择和购买。社会文化环境因素包括：风俗习惯、宗教信仰、价值观念、审美标准、教育水平等。它们之间存在着复杂的内在联系，是一个有机的整体。因而市场营销人员必须全面地研究社会文化环境的诸要素，才能适应目标市场的文化环境的需要，使顾客更容易接受公司的产品。

1. 风俗习惯

风俗习惯是指代代相传、积久而成的风尚、礼节、习俗等。企业的营销人员若对此不熟悉，可能会给其市场营销活动造成不利的影响。例如，各国仅在问候礼节方面就存在巨大的差异，日本人会在握手后再鞠一躬，而且依据对方的重要程度来决定鞠躬的时间长度和深度；印度人用双手合拢且稍微弯腰来表示问候，但视男性触碰女性为不礼貌行为。我国有 56 个民族，每个民族都有自己的风俗习惯。例如，汉民族最重要的节日是春节，藏民族最重要的节日则是藏历新年等。另外，各民族对服装的样式、颜色等方面的要求也不尽相同。因此，企业在制定市场营销战略时，必须综合考虑上述各种社会文化因素，把握市场机遇，才能获得最佳经济效益。

应强调的是，各种风俗习惯本身并不存在优劣，营销人员只有了解和尊重不同的风俗习惯，才能顺利开展市场营销活动。

2. 宗教信仰

宗教信仰影响着人们的生活习惯和消费行为。例如，宗教禁忌对于公司市场营销活动也有着巨大的影响。例如，印度教视牛为神，禁食牛肉，所以在印度的麦当劳店里，如巨无霸之类的牛肉汉堡原料会换成鸡肉或羊肉。此外，宗教也是影响企业市场营销活动的重要因素。我国人民拥有宗教信仰的自由，但不同的宗教对其信众们都有不同的要求和规定，这些要求和规定影响或左右教徒们的消费习惯。

3. 价值观念

价值观念指的是一个社会或一个群体对客观事物的评价标准，即人们用以判别事物好坏、是非曲直的标尺。它包括人们对自我、他人、时间、财富、创新、自然、组织等的态度。人们几乎是在不知不觉中接受了社会对这些问题的看法，它又直接影响着人们的消费行为和方式。因此，熟悉目标市场消费者的价值观念，是决定企业市场营销活动成败的关键。

（1）自我观。人们对如何实现自我满足有着不同的看法，而这些看法又制约着人们的消费偏好。追求快乐的人，喜欢享受人生、看电影、看电视、参加各种娱乐活动、热衷购物等。追求自我实现的人，为理想而努力学习和工作，他们花费较多时间读书、工作、进行户外健身活动或制作工艺品等。进取心较弱的人，消费比较保守和量入为出。

（2）他人观。人们对他人的不同态度影响人们的消费行为。注重与他人交往的人，乐于参加各种各样的俱乐部和宗教活动，为从事与此活动有关的企业提供了市场机会。而不喜欢与他人交往的人，更可能将时间花费在看电视、玩电子游戏机和浏览网页等活动上。

（3）时间观。消费者在时间观念上的差异对产品的市场营销活动有着直接的影响。一般来讲，随着市场经济的不断发展，人们的生活和工作节奏会逐渐加快，更加注意节约时间，提高生活效率。在我国，随着社会主义市场经济的发展和人民生活水平的提高，能够节省时间的产品逐渐受到消费者青睐。例如，各种带预约、菜谱功能的智能家电就受到消费者的广泛欢迎。

（4）财富观。人们对财富的不同看法也会影响他们的消费行为和对商品的评价标准。在崇尚节俭的社会里，人们将很大一部分收入储蓄起来，而高级消费品的市场规模和潜力比崇尚高消费的社会要小一些。

（5）创新观。人们对创新产品的态度决定他们接受新产品的速度，而态度则受社会环境、年龄结构、技术水平等因素的影响。

（6）自然观。人们对自然的态度由人类利益优先向生态利益优先转换。以人类利益为中心的思想贯穿人类的发展史，在这种思想指引下人类在与自然界的抗争中不断发展和壮大。而可持续发展思想，则是人类从世界观层次上对资源日益短缺和环境日益恶化进行反思后在认识上的飞跃，为资源节约型产品和环境友好型产品提供了巨大的市场需求。

近年来，社会文化环境也发生了许多新的变化。互联网时代的匿名性和多样性给消费者带来了多元发声的机会，使得亚文化抬头，从而带来了小众产品的异军突起和消费者需求多元化。独特的利基产品在市场的占有率不断上升，从而使得其在长尾消费中形成了巨大的商业交易流量，在不断下沉的消费市场中形成了去中心化的流量分配机制，使得消费者个性化体验向好。

｜营销延伸｜

2022 年 4 月 20 日，临近世界地球日，快手在青岛海边以《没有一条鲸鱼想这样告别》为主题，举办了一个长达 48 小时的冰雕鲸环保展览，冰雕鲸长 7.4 米，重 25 吨，在上万人的注视下，于烈日之中迅速融化，默默迎接着"死亡"的降临，而当其皮肤褪去，露出的是由人类丢弃的塑料垃圾填满的腹部的场景。这则直播宣传视频发布后，在 2 天内就获得了近

2.6 万条转发，话题讨论 1.6 万次，取得了较好的宣传效果。或许这座冰雕并不完美，但是其背后企业自然观的渗透和宣传，却达到了更瞩目的效果。快手的这次绿色营销，在内容上采取的是灾难式的广告风格，借此引起人们的悲伤、恐惧情绪来警示人们关注海洋污染问题。

资料来源：简翊竹根据网络资料编写。

4. 审美标准

各国、各民族由于文化背景和习惯的不同，审美标准也不尽相同。市场营销人员必须了解消费者不同的审美标准，尤其是目标市场消费者的审美观点，才能设计出消费者喜爱的广告、包装、产品款式等，否则将会遭到消费者的抵制和排斥，致使企业的营销活动失败。

5. 教育水平

教育水平的不同会影响营销者用何种方式来进行营销活动。受教育程度不同，对生活的态度、关注的事情不同，群体中流行的文化、风格和形式也会有所不同。一般来说，受教育程度越高的用户，往往对营销内容也会更挑剔。

3.2.6 政治法律环境

政治环境通常是指对企业营销产生影响的外部政治形势和状况以及国家方针政策的变化。

1. 政治环境

（1）政治形势。国家政局稳定与否会给企业营销活动带来重大的影响。当前，我国社会稳定，生产发展，人民安居乐业，会给企业提供良好的营销环境。经过多年的努力，我国解决了十几亿人的温饱问题，在中华大地上全面建成了小康社会，人民美好生活的需要日益广泛，不仅对物质文化生活提出了更高要求，而且在民主、法治、公平、正义、安全、环境等方面的要求日益增长。

（2）经济政策。国家制定的经济发展方针以及经济政策不仅会影响本国企业的营销活动，而且还会影响外国企业在本国市场的营销活动。这些政策包括扩大内需消费政策、人口政策、金融政策、财税政策、创新政策、进出口政策、投资政策、价格管制政策、能源政策等，以及囊括这些政策工具的产业政策。

2. 法律环境

法律环境泛指对企业市场营销产生作用的法律、法规等法律性文件的制定、修改和废除。企业营销人员应了解和熟悉我国全国人民代表大会、国务院及有关政府部门发布的各项法律和规定，弄清其对企业市场营销的影响，以便运用法律手段为企业谋取正当的利益。法律环境对企业市场营销的影响主要表现在以下几个方面。

（1）有关市场活动法规的制定。改革开放以来，我国政府制定了一系列法律和法规，特别是党的十四大确定建立社会主义市场经济以后，我国立法机关加快了立法进程，先后发布有关市场经济方面的法律法规上百部，初步形成了我国社会主义市场经济法律体系的框架。

中国社会主义市场经济法律体系框架主要包括以下 5 个方面。

一是规范市场经济主体方面的法律。如《中华人民共和国公司法》《中华人民共和国注册会计师法》《中华人民共和国企业破产法》《中华人民共和国广告法》《中华人民共和国劳动法》等。

二是规范市场行为方面的法律。如《中华人民共和国反垄断法》《中华人民共和国反不正当竞争法》《中华人民共和国对外贸易法》《中华人民共和国仲裁法》《中华人民共和国会计法》《中华人民共和国房地产管理法》《中华人民共和国银行法》《中华人民共和国消费者权益保护法》等。

三是规范政府行为方面的法律。如《中华人民共和国预算法》《中华人民共和国统计法》《中华人民共和国税收征收管理法》等。

四是保护知识产权方面的法律。如《中华人民共和国著作权法》《中华人民共和国专利法》《中华人民共和国商标法》等。

五是涉及社会保障方面的法律。如《中华人民共和国劳动法》《中华人民共和国社会保险法》等。

商业立法进一步完善，可以维护市场公平竞争秩序，保障消费者权益免受不公平企业行为损害，保护社会利益免受企业活动损害。从市场营销角度分析，企业营销管理者熟悉上述有关法律、条例、规定且守法经营，就可以运用相关法律、法规维护本企业的合法权益；否则，就会因法盲或法律意识淡薄而违法，这势必会给企业造成重大损失。

（2）法律体系之间的差异。从总体上讲，世界各国法律体系可划分为两大类型。一是普通法体系，起源于英国法，英国、美国、加拿大以及曾经处于英国影响之下的国家都属于普通法体系。普通法体系的特点是以过去的惯例和法律先例为判别基础。二是大陆法体系，起源于罗马法，现为绝大多数西方国家所采用。它由包容一切的条款规定所构成。

市场营销人员必须了解两种法律体系之间的差异，才能与在我国从事生产经营活动的数以万计的外商投资公司开展正常业务并保护自身的合法利益。例如，在实行普通法体系的国家内，一般将"不可抗力"解释为洪水、雷击、地震和其他类似自然灾害，当此类不可抗力造成无法履约时，可以免除执行合同规定的义务；而在实行大陆法体系的国家内，"不可抗力"不但包括上述的自然力，还包括罢工和暴动等人类行为。又如，在一些大陆法体系国家，销售协议必须经过公证后才有强制执行力；而在普通法体系国家，同样的协议，只要能证明其存在，就有强制执行力。

（3）司法管辖权。由于世界上不存在处理不同国家公民之间的商事纠纷的司法机构，所以在出现这类争执时，必须确定哪国法律体系拥有司法管辖权。一般来讲，国际上通用的确定司法管辖权的方法有：按照合同中包含的司法管辖权条款来确定；按照合同条款的履行地点确定；按照合同签约的地点来确定。在大多数情况下，只要市场营销人员在合同内写进了有关司法管辖权的条款，就能在将来发生争议时确定司法管辖权。但是，有时即使有专门的条款规定司法管辖权，如果合同不是在该条款指定的国家内履行，有些法院也会视该条款为无效。因此，市场营销人员必须对此予以特别注意。

■ 重要概念

市场营销环境　微观环境　供应商　营销中间商　宏观环境　人口环境　经济环境
社会文化环境　自然环境　绿色营销　技术环境　公众价值观念　政治法律环境

■ 复习思考题

1. 微观环境的构成因素包括哪些？
2. 宏观环境的构成因素包括哪些？
3. 辨析营销环境中的微观环境与宏观环境。
4. 营销中间商由哪些组织构成？
5. 社会文化因素包括哪些内容？
6. 论述法律环境对市场营销的影响。
7. 论述人口环境对市场营销的影响。
8. 论述自然环境对市场营销的影响。
9. 论述经济环境对市场营销的影响。
10. 论述技术环境对市场营销的影响。

■ 经典案例

泸州老窖再出发

在"2018全球烈酒品牌价值50强榜单"上，中国白酒品牌仅有5个上榜。但在由英国品牌评估机构"品牌金融"发布的"2022全球烈酒品牌价值50强榜单"上，中国名酒品牌数量已翻番至10个，不仅有6个中国品牌进入了前十佳，前4名更是全部由中国名酒包揽。其中，泸州老窖以72.66亿美元的品牌价值位列全球烈酒品牌价值榜单的第三位。"中国名酒强势回归"，"品牌金融"对此点评分析称。泸州老窖聚焦双品牌、三品系和一个核心大单品的打造，取得了丰硕成果，它的营收超过200亿元，创造了新的历史纪录。

"强势回归"的背后蕴藏的是经历风霜的实力和底气。泸州老窖历史底蕴深厚，是全国白酒行业中少有的"双国宝"单位。正是因为有数百年的历史沉淀，才让消费者和白酒爱好者在今天依然能够享受到它的甘洌美酒。据泸州老窖股份有限公司相关负责人介绍，泸州老窖酒的传统酿造技艺发于秦汉，经元、明、清三朝而创制、定型、成熟，历24代传人，持续传承690多年。而后经几百年师徒相承，口口相述，传承至今。1996年，始建于1573年的国宝窖池群被国务院批准为行业首家全国重点文物保护单位。2006年，泸州老窖酒传统酿制技艺入选"首批国家级非物质文化遗产名录"。泸州老窖酒传统酿制技艺与"1573国宝窖池群"并称为泸州老窖的文化遗产"活态双国宝"。作为中国白酒的"浓香鼻祖"，泸州老窖不仅在国内有极高的品牌知名度和崇高的行业地位，在国际上，也有大量"粉丝"，斩获国际大奖，饮誉全球。守正的同时更要创新，才能与时俱进。为了顺应瞬息万变的消费市场，吸引更多年轻消费力，泸州老窖推出用"洋酒化"方式饮用白酒的新概念。截至2022年9月，泸州老窖已在全球60多个国家和地区实现布局，成为海外能见度最高、分布最广的中国白酒品牌之一。

虽荣耀等身，但泸州老窖并不封闭，而是将自己的经验无私奉献出来，引领行业前行。泸州老窖酒传统酿制技艺第18代传承人陈奇遇标新酒类品级，开创白酒尝评勾调先河，为白酒工业发展奠定了勾调标准。与此同时，泸州老窖还集合专家之力，收集了大量的泸酒史料，总结传统生产工艺，编写出版了新中国第一本白酒酿造专业教科书《泸州老窖大曲酒》，不仅用于企业内部学习，还将其积极推广传播。在泸州老窖开班授课的指导下，一共产生了41位国家级酿酒大师、50多位国家级评酒委员，浓香型白酒酿制技艺在全国遍地开花。对此，白酒酿制技艺专委会第一届理事会主任，泸州老窖集团党委书记、董事长刘淼直言，挖掘和保护中国白酒传统酿制技艺的文化基因、文化内涵和文化价值，是促进非物质文化遗产更好地走进人民群众生活，进一步满足人民日益增长的美好生活需求的必由之路。泸州老窖将一如既往秉承"文化同源"理念，主动担当，积极作为，坚定维护行业守正创新的发展格局，为文化繁荣赋能、为技艺传承赋能、为产业振兴赋能，助推白酒产业高质量发展，共同谱写中国白酒非物质文化遗产保护与传承事业的新篇章。

资料来源：中国小康网，泸州老窖再出发！助推白酒产业高质量发展，2022-09-01.

思考题：

1. 请谈谈你对中国白酒文化的理解。
2. 人口环境对泸州老窖的发展产生了哪些影响？
3. 社会文化环境对泸州老窖的发展产生了哪些影响？
4. 泸州老窖的主要竞争者是谁？为什么？
5. 结合市场营销环境相关理论，对于泸州老窖的发展，你有何具体的建议？

第 4 章
CHAPTER 4

消费者购买行为

§ **本章提要**

　　本章将阐述消费者市场的特点以及消费者市场的主体即消费者的购买行为。首先介绍消费者市场的特点，其次分析消费者的购买行为模式以及影响消费者购买决策的因素，最后阐述消费者购买行为类型与消费者购买决策过程，为接下来介绍企业目标市场营销战略的制定以及营销策略的选择奠定重要基础。

4.1　消费者市场与购买行为模型

4.1.1　消费者市场的需求特点

　　与组织市场相比，消费者市场的需求特点如下所述。

1.购买目的具有非盈利性

　　消费者购买是非盈利性的，目的是满足个人或家庭的某种生理或心理需要，取得使用价值是消费者购买的最终目标。与消费者市场相比，企业市场是以盈利为目的的，通常是买进来，加工或者未加工再转卖出去，以获得利润为目标。而政府市场和非营利组织市场主要是以提供社会服务或者进行社会监督等为目标。

2.需求差异大、购买具有多样性

　　消费者的需求，由于受年龄、性别、职业、收入、受教育程度、居住区域、民族、宗教等方面差别的影响，不仅不同的消费者需求各异，而且同一消费者因需求时间、场合等客观因素的不同也存在着差别。由于消费者需求的差异性大，导致了消费者对不同商品和同种商品的不同品种、规格、质量、外观、服务、价格等产生了多种多样的要

求，且这种需求的多样性随着经济的发展和消费水平的提高有不断扩大的趋势。

3. 购买的规模较小但频率较高

消费者的购买目的是满足自身需要，因而其购买是随用随买。特别是日常生活必需品，由于不易保管和储存等原因，购买规模一般不会很大，交易数量较小，因而使购买更加频繁。

4. 多数商品需求价格弹性较大

需求价格弹性是指市场上商品的需求量对价格变化做出反应的敏感程度，通常用需求量变动的百分比与价格变动的百分比的比值来表示。消费者市场相较组织市场而言，对价格变化较为敏感。当商品或服务价格上涨时，需求量会明显下降；当商品或服务的价格下跌时，需求就会受到刺激而增加。这种因价格变动而导致需求量的伸缩，在高档奢侈品中体现得最为显著。

5. 购买具有非专业性和可诱导性

消费品花色、品种繁多，质量、性能各异，消费者不可能掌握各种商品的专业知识，大多数购买活动属于非专业性购买。由于对商品知识缺乏了解，消费者在购买商品时，很大程度上会受到卖方营销活动的影响，即消费者购买行为有很强的可诱导性。

┃营销链接┃

我国消费者有以下几个特点。一是我国消费者的购买行为会受到政策因素的影响。比如，在我国号称"天价"的学区房，即使是经济或市场情况不太好，房市相对萧条的时候，学区房的房价仍相对容易维持。二是我国消费者容易受到他人的影响。消费者在无法独立做出决策时倾向于向他人咨询意见，例如在生活中女性消费者购物时喜欢结伴消费、新婚夫妻购房时往往会向父母征询意见等。三是我国消费者注重性价比。"精打细算"一直都是我国消费者的重要特征，在做出购买决策前消费者往往会对产品进行性价比评估以确保能用最合适的价钱买到最合适的产品。四是我国消费者的"大我"情怀消费。我国消费者看重民族情怀和爱国情怀，进而衍生出了一种"爱国消费"。比如在众多方便面品牌中，人们发现只有白象坚持拒绝外资入主，一心一意做国货品牌，并且其 1/3 的员工都是残疾人，因此白象敬业、大爱无私的品牌形象更加深入人心，使得白象品牌方便面持续畅销。

资料来源：周欣悦 . 消费者行为学 [M]. 2 版 . 北京：机械工业出版社，2021.

4.1.2　消费者购买决策的内容

在现实生活中，其实我们每个人都是消费者。请你试着回忆最近一次购买行为。在这个决策过程中，你都做了哪些决策和行为呢？如果我们对生活中每次购买经历进行分析，你会发现：消费者购买决策的内容包括 6 个要素：Why（为什么买）、What（买什么）、How Many（买多少）、When（何时买）、Where（何处买）以及 How（怎么买）。

第一，为什么买。消费者在做出任何一项购买决策前，都要知道自己"为什么买"。对于这个问题的回答直接决定了另外 5 个要素。

第二，买什么。消费者具体需要购买什么，就是需要决定商品的细节，大到品类或品牌，小到颜色、口味、尺寸、产地、材料、价格、售后服务项目、物流时效等。

第三，买多少。消费者需要确定单次购买的数量以及以什么样的频率来购买。"买多少"的决策，会受到消费者的能力（如个人的支付能力和储存能力）、市场供应能力和商家促销活动（如"2 件 8 折、3 件 5 折"或者"满 500 减 100"）的影响。

第四，何时买。"何时买"的决策取决于以下 4 个因素：消费者特征（如消费者此刻的资金是否充裕或者是否喜欢冲动购买）、产品特征（如产品是否需要保鲜以及是不是全新产品）、购买任务的紧急程度以及购买环境（如购买地点的远近）等。

第五，何处买。"何处买"的决策包含决定购买的地点以及选择在哪个平台或者商家购买。在"何处买"的决策上，消费者会遵循"可到达性"的原则，即可得性和便利性。"随时随地"是消费者对"可到达性"的极致要求。

第六，怎么买。包括购买方式（如网络购物）、付款方式（如现金支付）以及产品钱款付清方式的选择（如先试用后付款）。

4.1.3　消费者购买行为模型

根据心理学"刺激—反应"理论，在通常情况下，人的行为是受心理活动支配的，消费者首先是受到了某些外部刺激，而后产生了对某种商品或服务的购买动机，这个过程属于消费者的内在心理活动范畴，是一个他人无法了解的"黑箱"。我们可以通过"刺激—反应"模式解释消费者的购买行为模型，如图 4-1 所示。

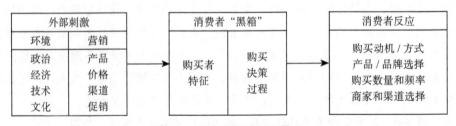

图 4-1　消费者购买行为模型

对于外部刺激，存在环境和营销两个方面的刺激。环境刺激包括政治环境、经济环境、技术环境和文化环境等。例如，政府颁布了公共场所禁烟条例，开始有越来越多的消费者购买电子烟。营销刺激包括产品策略、价格策略、渠道策略、促销策略。例如，有一天消费者突然看到某企业推出的新款手机广告，发现新款手机具有折叠屏的特点，一下子就产生了换手机的想法。

　　通过对消费者购买行为模型的剖析，以下两个方面对消费者购买行为至关重要：其一是影响消费者购买的因素，其二是消费者购买决策过程。

4.2　消费者购买行为的影响因素

　　消费者的购买行为经历了由刺激引发需求、产生动机，然后做出购买行为的过程。在这个过程中，许多因素影响着消费者的购买行为，决定了消费者购买活动的特征和差异。这些因素既包括文化和社会等外在因素，也包括个人和心理等内在因素，具体如图 4-2 所示。

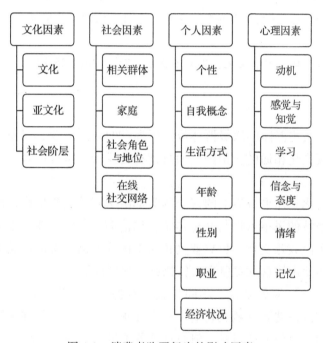

图 4-2　消费者购买行为的影响因素

4.2.1　文化因素

1. 文化

　　文化是指人类从生活实践中建立起来的价值观念、道德、理想和其他有意义的象征的综合体。它是一种看不见、摸不着的观念，通过价值观、思维方式、宗教信仰、审美观等支配着人们的日常行为。人类的行为大部分是由后天学习而来的。一个人在成长过程中，会通过家庭和其他机构的社会化过程学到一系列基本的价值、知觉、偏好和行为的整体观念。比如，我国的文化传统是仁爱、信义、礼貌、智慧、诚实、忠孝。

┃营销延伸

近年来，"国潮"悄然兴起，遍及食品、饮料、美妆、服装等行业。以美妆行业为例，花西子、完美日记和橘朵三个国风品牌通过用心运营大放异彩。何谓"国潮"？"国"，即中国文化、中国IP（具有高辨识度、顶级流量、强变现能力、长变现周期的文化符号）、中国元素。至于"潮"，清华大学文化创意发展研究院发布的《中国之潮——国潮研究报告》将"潮"划分为两个方面：供给端的"潮流"和消费端的"风潮"。具体而言，供给端的"潮流"，是指传统国货完成了新时代的新演绎，新兴国货通过满足当代需求确立位置；而中国品牌正在进行集体品类创新、产品出新和品牌革新，在市场中掀起集体潮流。而消费端的"风潮"是指消费者对新国货的消费习惯开始形成，对新国货的认知和消费心理发生了从漠不关心向争相追逐的转变。提倡"东方彩妆，以花养妆"的花西子，抓住了中国文化特色的国风文化深受年轻人喜爱的机会，通过聚焦年轻人崇尚的个性化消费，将国风融入品牌经营中，成功赢得了年轻人市场。

资料来源：快乐JK星球，国潮文化：国潮不止于"潮"，2022-05-10.

2. 亚文化

亚文化是指某文化群体的次级群体成员所拥有的共同信念、习惯及价值观等。亚文化不仅具有与主流文化相通的价值观，而且拥有自身的独特价值观。典型的亚文化有以下几种。

（1）民族亚文化。几乎世界上的每个国家都由不同的民族构成，而每个民族都或多或少地拥有自己独特的风俗习惯与文化传统，如信仰、消费习惯、审美意识以及生活方式等，从而形成了民族亚文化。民族亚文化对本民族的消费者的产品偏好和购物行为具有重要影响，比如蒙古族喜欢穿蒙袍，饮奶茶，喝烈性酒等。

（2）种族亚文化。简单来说，不同种族都有各自的人生态度、文化传统和生活方式，因而不同种族的消费者在购物行为上也存在很大差异。比如在美国，黑种人在家具产品上的支出比例比白种人低得多，但对食品需求量却比白种人高很多。

（3）宗教亚文化。世界上有许多宗教，比如伊斯兰教、基督教、佛教、印度教等。宗教信仰作为信徒持有的根深蒂固的观念，通过不同的教规和戒律，会对信徒的消费行为产生较大的影响。比如印度有80%～90%的人口信奉印度教，而牛在印度教中被视为神，因此禁食牛肉。开在印度的麦当劳餐厅顺应这一宗教亚文化对消费的影响，特地为印度人推出了世界上独一无二的素食汉堡，绝不会在当地售卖牛肉汉堡。

（4）地理亚文化。由于地理位置带来的地理环境的差异，使居住在不同地区的人有不同的风俗、习惯和爱好，在消费行为中表现出明显的地域色彩。比如，按照地域划分的中国八大菜系，就各自有自己的特色。此外，还有传统的咸甜豆腐脑之争、到底枣粽还是肉粽是黑暗料理等。

3. 社会阶层

社会阶层是指具有相同或类似社会地位的成员所组成的相对稳定持久的群体。依据消费者的收入、职业、所受教育程度和居住区域的不同，可以将其划分为不同的社会阶层。无论在发达国家还是在发展中国家，社会阶层都是存在的。社会阶层具有以下三个特点。①同质性。同一社会阶层的社会成员具有相对类似的财富水平、社会地位、价值观等；②多维性。能否进入某一社会阶层并不取决于单一指标，而是由收入水平、受教育程度、价值观和生活方式等多种因素共同决定的，其中收入通常被看作最重要的判断依据。③动态性。社会阶层是可以改变的，可以从较低阶层升到较高阶层，也可能从较高阶层降至较低阶层。

不同的社会阶层在价值观、生活方式、生活态度、生活目标、语言方式、思维方式上存在很大差别。这些差别也导致了不同的消费需求和购买行为的差异。比如较高社会阶层的人更容易进行地位消费、超前消费、炫耀消费或奢侈品消费，而较低社会阶层的人更容易进行保守消费或实用消费。较高社会阶层的人可能有更多的资源和更大的能力进行投资，从而更富有；但较低社会阶层的人受限于当前生活的窘迫，可能无暇顾及明天，缺乏投资，长此以往更有可能难以扭转困难的局面。

4.2.2 社会因素

1. 相关群体

相关群体，又称参照群体或参考群体，是指个人在形成购买或消费决策时用以参照、比较的个人或群体，包括个体实际所属关系或心理所属关系的群体。相关群体可以分为两类：直接相关群体和间接相关群体。直接相关群体是指对群体成员有直接影响的群体，又称为成员群体。直接相关群体按照关系的紧密程度和交往频次可分为首要群体和次要群体。首要群体是指某人经常接触的一群人，如家庭成员、亲戚、朋友、同事、同学或邻居等，他们对于消费者购买行为的影响是最大的。次要群体是不经常接触但一般较为正式的群体，比如宗教组织、职业协会等。间接相关群体是指对消费的行为产生影响的无形群体，某人推崇或者希望加入的群体被称为崇拜性群体，某人厌恶或者希望保持一定距离的群体被称为离异群体。

相关群体对消费者行为的影响，主要表现在以下三个方面。

（1）信息性影响，即消费者将相关群体的观念、意见或其他行为作为有价值的信息加以参考并做出相关决策。例如，个人向可靠的朋友寻求建议或者观察专家的行为，主要是为了规避风险，提高消费知识和决策效用。

（2）功能性影响，即消费者通过迎合相关群体的偏好和规范来获得奖励或者避免惩罚。这主要是出于顺从的动机，当消费者预期购买某个品牌或者某种消费行为可以得到群体的接纳，就会进行相应产品的消费。如消费者购买名牌包或奢侈品，哪怕是伪名牌，其实是为了赢得较高社会阶层的认可。

（3）价值表达影响，即消费者将相关群体的某些行为方式和价值观进行内化之后，在不需任何外在因素的作用下，就会按照某种行为方式和价值观行事或做出决策。价值表达的影响主要是消费者出于心理满足的动机，通过消费选择体现自己向往的社会群体身份，一方面可以通过模仿该相关群体，使个体的自我概念更接近参照群体的形象和价值观，强化自我身份；另一方面能满足消费者属于某个参照群体的需求，表达对参照群体的喜爱。例如，某个明星的死忠粉受价值表达的影响，会无偿声援和积极参加喜欢的明星的任何活动。

2. 家庭

家庭是指以婚姻关系、血缘关系及收养关系为纽带结成的拥有共同生活的社会基本单元。作为首要参照群体，家庭对消费者的产品偏好和消费行为影响很大。这具体表现在以下两个方面。

（1）家庭权威中心。家庭权威中心在家庭决策中占有主体和中心地位。通常家庭权威中心对其他消费者的消费决策产生重要影响。按照家庭权威中心的不同，可以分为以下几类。第一，各自做主型。在这种情况下，家庭没有权威中心，每个家庭成员可以独立根据自己的想法做出消费决策。典型的消费决策包括手机、电脑、车、护肤品等。第二，共同决策型。在这种情况下，每个人都是权威中心，共同协商做出家庭决策。典型的消费决策包括购房、度假等。第三，丈夫支配型，是指丈夫作为家庭权威中心，家庭最终的购买决策权在丈夫手中。典型的消费决策包括游戏房或书房的设计、资产的配置方案等。第四，妻子支配型，是指妻子作为家庭权威中心，家庭最终的购买决策权在妻子手中。典型的消费决策包括家里的装修风格、各种家具和家居用品等。

（2）家庭生命周期阶段。家庭生命周期是指一个家庭从产生到消亡的全过程，一般分为五个阶段：单身、新婚、满巢、空巢、解体。当家庭处于不同阶段的时候，消费者的需求和决策的重点是不同的。第一，单身阶段。消费者还没有结婚，没有组成家庭，因此其他方面的负担或支出较少，可支配收入相对较多。这些收入可以用来支付房租、度假、购买个人护理用品、孝敬父母、娱乐和休闲等。第二，新婚阶段。消费者开始正式组建家庭，需要购买家具、厨房用品、旅游度假等。该阶段相对来说负担较轻，可以按照自己的意愿去购买。第三，满巢阶段，开始于夫妇的第一个孩子出生，结束于所有孩子长大单独成家。孩子出生，家里新增一部分开支，负担开始加大，因此这一阶段的消费者开始向早期大众或晚期大众转变。由于满巢阶段持续时间较长，根据孩子的年龄大小，又可细分为：满巢 1 期（孩子在 6 岁及以下）、满巢 2 期（孩子在 6 ~ 18 岁之间）和满巢 3 期（孩子在 18 岁以上到单独成家之前）。满巢 1 期，孩子较小，主要是婴幼儿衣服、食品、玩具、用品的支出增多；满巢 2 期，孩子在上学，主要是教育有关的支出会增加，比如学费、文教用品、体育用品等。家庭的食品、服装和日用品的支出也会增加；满巢 3 期，家庭的经济状况明显改善，消费质量有所提高，会购买新的家具或家居用品、旅游度假、大量食品和日用品等。孩子开始上大学，教育费用仍是重要支出。第四，空巢阶段，开始于孩子独立组成家庭生活，结束于夫妇中一方过世。在这一阶段，孩子不在身边，夫妇时间自由，可能会考虑外出旅游或者接受继续教育等。消费者有能力购买一些高档商品，开始关注健康和安全，购买更多的医疗和保健用品。第五，解体阶段，开始于夫妇中的一方过世。在这一阶段，消费者会继续购买大量的医疗用品和保健品，由于孩子的支持和照料，家庭对更多关爱和照看等的特殊需要会增加。

3. 社会角色与地位

一个人在一生中会参加许多群体，如家庭、团体和各种组织，在不同群体中的角色不同。比如，一个成年男子可以有以下诸多角色：父母的儿子、妻子的丈夫、孩子的父亲、企业的经理、桥牌协会的会员等。当消费者的角色改变时，购买行为也会发生变化。每一种身份都附有一种地位，反映社会对他的总体评价，这就是消费者的地位。人们常常通过购买商品、使用商品的方式来表明其社会地位。不同阶层选择的商品或购买行为有所不同。因此，企业应研究、了解和识别消费者在社会上充当的角色，发现角色与购买行为的内在联系，有针对性地开展营销活动。

4. 在线社交网络

随着互联网和智能手机的普及，在线社交网络（Online Social Network）飞速发展，并越来越多地影响人们的消费决策。社交网络的形态已经从博客、微博、论坛、贴吧等互动社区，发展到微信、QQ、小红书、豆瓣等各类平台。微信的朋友圈信息流广告、小红书博主推荐、直播带货博主推荐和大众点评推荐官等，已经成为很多消费者做消费决策时的主要参考依据。因此，很多企业开始利用社交网络来开展营销活动。

4.2.3　个人因素

消费者的需求和购买行为还会受到个人因素的影响。个人因素主要包括消费者的个性、自我概念、生活方式、年龄、性别、职业、经济状况等。

1. 个性

个性是指决定和折射个体如何对环境做出反应的内在心理特征。个性对消费者行为的影响是多方面的。比如，一个人是趋于感性还是理性，会直接决定这个人是否容易进行冲动性消费；一个人是否喜欢冒险，能够接受多大程度的风险，会影响这个人是否喜欢购买创新产品；一个人是否具有较高的独特性需求，会影响这个人是否愿意购买独特性产品等。

营销链接

　　一个人吃火锅或一群人吃火锅，你觉得哪一行为能给你带来更多快乐？要回答怎样的消费选择更能让消费者幸福这一问题，需要考虑消费者自身的性格。每个人都是一个独立的个体，性格也千差万别。现代生活中有一类"孤勇者"，他们习惯于独处，安静享受自己的时光。海底捞以优质的服务、顾客至上的理念在火锅品牌中持续爆火。针对喜欢独处的人士，海底捞特地推出了 88 元的单人套餐，让喜欢独处的人也能走入火锅店，享受自己安逸的火锅时光。有时海底捞为顾客提供的贴心服务也会带给顾客不一样的体验，例如在顾客庆生时会主动为顾客唱生日歌，让顾客享受生日的喜悦，个性开朗的顾客面对这样的场面会从容接受，而性格胆小的顾客则会觉得尴尬、害羞。

资料来源：谢佳根据网络资料编写。

2. 自我概念

　　自我概念是指人们对自己所拥有特点的信念。这种信念是多方面的，包括个体对自身的所有知觉、了解和感受的总和。自我概念回答了"我是谁"这一经典问题。比如"我是一个有拖延症的人""我是一个乐观开朗的人""我是一个对外表不那么自信的人"等。自我概念对消费行为的影响表现在：消费者一般会倾向于购买与自我概念一致的产品，这种一致性能够提升消费满意度。如果我是一个对外表不够自信的人，我就会避免选择太过花哨或者独特的衣服，尽可能选择比较普通的衣服，这样穿起来会让我觉得舒服。

3. 生活方式

　　生活方式是指人们在世界上的生活模式，集中表现在人们的活动、兴趣及看法上。例如，从"衣"方面来说，人们已经不满足于有衣穿，而更关注于它的品位、层次、适合度；从"食"方面来说，以前人们只满足于最基本的温饱，而现在更注重食物的营养成分，如何搭配食物能有更高的营养成分，什么样的食物更有利于身体的健康；从"住"方面来说，人们更多追求的是质量，选择一个面朝大海的房子，更有利于身心愉悦；从"行"方面来看，现在有各式各样的代步工具，如自行车、小轿车、房车、电动车等，人们可以根据实际需要来选择使用交通工具。为此，营销者提供实现不同生活方式的产品或服务，可以使消费者按照自己的偏好，选择最适当的生活方式。

4. 年龄

　　消费者随着年龄的增长，所购买的主要商品和服务是不同的。例如，儿童是玩具的主要消费者，青少年是文体用品、快餐、衣服的重要消费者，成年人是家具和家居用品、休闲度假的重要消费者，而老年人是保健用品和医疗产品的主要消费者。随着互联网和移动终端技术的发展，不同年龄层的消费行为展现出越来越明显的代际差异（王永贵，2022）。

"70 后"（生于 1970—1979 年）消费者出生于经济建设起步期，家庭观念极强，正处于事业丰收期和家庭稳定期，开始关注自己的健康。此时孩子已成年，"70 后"无过大的压力，生活品质显著提高，具有较强的消费实力。

"80 后"（生于 1980—1989 年）消费者出生于经济繁荣期，是社会与经济结构调整的顺应者，是首批独生子女，经历了社会经济向互联网时代迈进的阶段。"80 后"基本上进入抚育子女阶段，他们具有较大的生活压力，是社会消费的中坚力量、注重品质和价值的精神消费主义奉行者。

"90 后"（生于 1990—1999 年）出生于经济稳定腾飞期，是经济与互联网快速发展背景下的新一代，只不过比"80 后"接触互联网的年龄要早，经历的变化较多、较快，是第二代独生子女。他们大多享有优越的生活条件，接受过良好的高等教育。"90 后"的品牌观念开始淡化，更加追求刺激，喜欢用高科技产品，注重性价比和兴趣消费。

"00 后"（生于 2000—2009 年）出生于中国经济增长速度最快的时代。"00 后"中的大部分人仍处于学生时代，也有一些刚刚迈出校门并投身社会。借助对互联网的熟悉和相关应用的得心应手，他们将移动网络以及数字设备从单纯的工具转化成了生活体系和思维方式。"00 后"倡导"娱乐至上"，在游戏、听歌、阅读、看剧等娱乐方面，以及潮鞋、手办、汉服、美妆护肤、服饰穿搭等领域的消费意愿明显比较高，更注重自身"形象"的外在体现。

5. 性别

因为生理特征的不同，男性和女性的消费行为表现出根本的差异。例如，女性需要消费卫生巾等女性用品，男生需要消费剃须刀等。在环保消费上，相比于男性，女性对环境表现出更多的担忧，觉得环境问题比较严重，对环境具有更强的责任感，因此，会更多地购买绿色环保产品（Lee，2009）。

此外，性别身份和性别角色也会影响消费行为。性别身份是个体对于自身性别文化含义的理解。例如，威猛先生采用男性性别身份对品牌进行推广，即用有力、勇猛等来表达该品牌的清洁效果好。性别角色是指人们觉得怎样的行为对男性和女性而言是合适的。例如，七匹狼男装将自己的品牌服装与"狼"联系在一起，体现品牌具有野性、独特、富有冒险和挑战的特点。

6. 职业

职业对消费者的需求和偏好也会产生重要影响。企业经理人和工人的需求不同，大学老师和出租车司机喜欢的商品也有很大差异。知名化妆品品牌 Max Factor 的宣传语"化妆师的化妆品"，直接采用了定位职业的宣传方法。

7. 经济状况

经济状况是由消费者可支配的收入、储蓄、资产和借贷等能力共同决定的。经济状况越好，人们的消费越自由，决策时间越短，购买力越强，营销难度就越小；相反，如果经济状况较差，消费会受很多限制，对价格会更加敏感，对购买时机会更挑剔，营销难度会更大。

4.2.4　心理因素

消费者的需求和购买行为还会受到个体心理因素的影响，主要包括：动机、感觉与知觉、学习、信念与态度、情绪和记忆。

1. 动机

动机是一种升华到足够强度的需要。动机引起行动、维持行为，并引导行为去实现需求目标。人们的行为受动机支配，而动机来源于需要。每个人在任何时刻都有许多需要。有些是生理上的，如饥饿、口渴。有些则是心理上的，如被他人认可、尊重和归属等。人的某种需要会产生导致行动的驱动力，需求越强烈，产生的驱动力越大。这种心理上的内在张力的释放需要通过某种刺激物（如商品、服务等）的获得来解决，即产生了购买动机。在一定时期内，人们的需要是多种多样的，动机也不会只有一个，但动机的强弱程度各不相同，往往只有那些最强的"优势动机"才能支配人们去真正购买。

如图 4-3 所示，美国著名心理学家亚伯拉罕·马斯洛（Abraham·H. Maslow）将人们的需要按照从低到高的层次依次分为生理需要、安全需要、社交需要、尊重需要和自我实现需要，如图 4-3 所示。①生理需要，是人类为了维持生命所必需的需要，包括但不限于食物、水、空气、住所等。当生理需要未被满足的时候，这些事物的需要将占据首要地位，其他层次的需要都无足轻重。②安全需要，是指人们追求对生活和环境的控制力，包括对秩序、规则、健康等的追求。例如，雾霾天气增大了人们对于健康的担忧，此时净化器广告就更能迎合此时追求安全的需求。③社交需要，是指人们作为一种社会性动物，对爱情、友情、亲情、归属感和被接受的需要。哈根达斯的著名广告语："爱她就请她吃哈根达斯"就提倡满足人们的社交需要。④尊重需要，是指消费者寻求个人价值的内在和外在被认同。消费者购买奢侈品主要是为了寻求更高社会阶层的认可。⑤自我实现需要，是指个人实现了自己的潜力，成为自己期待成为的人。2020 年 8 月 24 日，为了纪念科比，耐克发布了 *Better* 广告片，其主题就是曼巴精神让我们永远

图 4-3　马斯洛需要层次理论

做得比昨天更好，要敢于在生活中大胆追逐梦想，不断提升自我挑战极限。

马斯洛的需要层次理论指出：第一，只有未满足的需求才会形成动机，促进人们接下来的行为；第二，一般来说，需要的强度与层次的高低成反比，即需要的层次越低，则需要的强度越大；第三，人类的需要从低级到高级具有层次性，只有低一级的需要得到相对满足后，人们才会追求高一级的需要。但事实上，现在社会中存在一些违反第三原则的例子，比如虔诚的信徒，他们常常衣衫褴褛，食不果腹，更没有固定的住所，但为了精神层次的满足，放弃了基本的生理和安全需要的满足。

消费者的动机也是多种多样的，常见的动机包括求实动机、求新动机、求名动机、求廉动机、求易动机等。①求实动机是指消费者侧重追求商品或服务的使用价值。在求实动机的支配下，消费者会倾向于购买物有所值的产品，重视产品的质量和效能，而对外观、独特性等特征并不看重。②求新动机是指消费者看重商品或服务的时尚性、新颖性和奇特性。在求新动机的支配下，消费者看重商品的款式、外观、时尚性、奇特性或新颖性等，相反对实用性等并不看重。③求名动机是指消费者看重商品或服务带来的无形价值。在求名动机的支配下，消费者喜欢购买名牌商品或高档次的商品，进行炫耀性消费等，而不关注商品的实用性或新颖性等。④求廉动机是指消费者对价格极为敏感，希望用尽可能低的价格买到合适的商品或服务。在求廉动机的支配下，消费者对价格非常敏感，往往愿意为了买到物美价廉的产品付出很多的时间和精力，甚至愿意等待商家促销。⑤求易动机是指消费者看重购买商品或服务过程中的便利性。受求易动机的支配，消费者非常看重购买商品或服务所需要花费的时间和精力，非常看重购物的效率。

2. 感觉与知觉

每个人都有五种基本的器官来获得感官线索，分别是：眼睛获得视觉信息，耳朵获得听觉信息，身体或皮肤获得触觉信息，鼻子获得嗅觉信息，嘴巴获得味觉信息。

感觉（Sensation）是消费者知觉（Perception）的第一阶段。例如，在餐厅中有个小朋友突然喊了两声，这个声音会被小朋友父母和在场的其他客人听到，他们的耳膜都会感受到震动，这是感觉；但是客人觉得这个声音很烦，而父母可能觉得这个声音很悦耳，这是客人和父母对同一"感觉"产生的完全不同的"知觉"。因此，感觉是指人们的感受器（眼、耳、鼻、口舌、皮肤）对光线、色彩、声音、气味等基本刺激的直接反应，而知觉是对这些感觉进行选择、组织和理解的过程。

知觉过程又可以分为三个阶段，即选择性注意、选择性曲解和选择性记忆。首先，只有当刺激进入个人感官的范围时，暴露才会产生。即使一个人的感官已经接收到了这些刺激，但因为注意力的有限性，他可能只会选择性地注意到其中几个而忽视掉其他的，这就是选择性注意。能否注意到这些刺激，取决于刺激本身的特征和个体当时的状态。其次，消费者注意到企业营销信息刺激物，也并非一定会达到企业预期的效果，原因在于每个人总是按自己既有的思维模式来接受信息，这就是选择性曲解。选择性曲解是指人们趋向于将所获得的信息与自己的意愿模式结合起来的思维倾向。选择性曲解说明人们接收外界刺激物信息后要经过主观加工来理解的过程，即人们一般是要按先入为主的思维定式来解释信息的。在实际购买中品牌忠诚者的出现就属于这种情况，即使新品牌在性能、质量等方面可能更好，但某一品牌忠诚者不会轻易改变其品牌偏好。最后，人们往往会忘记大多数所接触过的信息，只会记住那些符合自己态度与信念的信息，这就是在选择性曲解基础上的选择性记忆。这使人们大都只记忆自己所偏好的品牌、商店、超市或服务提供者的优点，而忽视了其他同类供应者的优点。

3. 学习

学习是指受到经验影响的相对永久性的行为改变。心理学领域有关人类学习的理论有很多，既包括聚焦于刺激–反应模式的行为学习理论，也包括将消费者视为复杂问题解决者的认知学习理论。学习是一个持续的过程，因为人们对于世界的认识一直在发展和更新，随着在生活中不断遇到新刺激，并不断将新刺激容纳到自身的知识结构里，再去不断应对新刺激。消费者学习是指消费者获得与购买相关的知识和经验，并将这些知识和经验运用于其以后的行为中。"吃一堑，长一智"生动地描绘了学习对行为的影响。

4. 信念与态度

通过之前的经历和不断地学习，人们获得了自己的信念与态度，而这些信念与态度反过来会影响人们的购买行为。信念是指一个人对某些事物所特有的描述性思想。而态度是指人们长期保持的对于某种事物或者观念的是非和好恶。消费者一旦对某种产品、品牌或企业形成一种态度往往很难改变，要想改变某一消费者对某产品或某品牌及某企业已经形成的态度，企业需要付出相当大的营销努力，进行全方位的营销调整，甚至革新。

5. 情绪

情绪是个体受到外界刺激后所产生的心理和生理上的激动状态，具有情景性、暂时性和明显的外部表现。情绪包括生理层面的唤醒（如心跳加速、肌肉紧张）、主观体验（如喜怒哀乐），以及表达层面的外部行为（如痛哭流涕或开怀大笑）。情绪是一个复杂的概念，当一个人假装愤怒时，虽然有愤怒的外在行为，但缺少内在的主观体验和生理唤醒，也不能称作愤怒。基于情绪性质的研究范式，情绪可以分为积极情绪和消极情绪。基于具体情绪的研究范式，情绪不仅存在积极和消极两种对立的性质差异，而且不同的具体情绪都具有异质性，会对个体的态度和行为产生差异化的作用。例如，愤怒的人会认为他人具有强的控制力，且由他人承担主要责任；而后悔的人会认为自己具有强的控制力，且由自己承担主要责任。

6. 记忆

记忆是大脑对客观事物的信息进行编码、储存和提取的认知过程，通常可以分为感觉记忆、短时记忆和长时记忆。其中，长时记忆又可以分为情境记忆和语义记忆，前者是存在于特定场景的知识或信息，而后者是一些可以独立于场景之外的知识或信息。人们的决策和行为会受到记忆的影响。例如，在购买决策中，消费者会根据记忆中的经验来决定是否购买。

4.3 消费者购买决策分析

4.3.1 消费者购买决策的参与者

在一项购买决策中，消费者可能会扮演下列角色中的某一种角色或身兼几种角色。

第一，发起者，即首先提出购买某种商品和服务的人。

第二，影响者，即直接或间接影响最后决策的人。

第三，决策者，即在是否买、买什么、买多少等方面能够做出完全或部分最终决策的人。

第四，购买者，即实际执行购买决定的人。

第五，使用者，即直接使用或消费所购商品或服务的人。

举例来说，妈妈快过生日，曹一想给妈妈买个礼物，但不知道买什么好，所以问了姐姐的意见，最终需要爸爸付钱完成购买。在这次买礼物的决策中，曹一是决策的发起者，即提出购买某种商品和服务的人；姐姐是影响者，即直接或间接影响最终决策的人；曹一是决策者，即最终决定是否买、买什么、买多少的人；爸爸是购买者，即实际执行购买决定的人；妈妈是使用者，即直接使用或消费所购商品或服务的人。

4.3.2 消费者购买行为的类型

消费者的购买行为是多种多样的，基于介入度高低以及品牌差异程度大小的四分法，将消费者的购买行为分成四种类型，如表 4-1 所示。

表 4-1 消费者购买行为类型

品牌差异 ＼ 介入程度	高	低
大	复杂型购买行为	多变型购买行为
小	协调型购买行为	习惯型购买行为

1. 复杂型购买行为

复杂型购买行为是指消费者在购买介入度高且品牌差异大的情况下所做的购买决策。当消费者购买的产品功能复杂、价格比较高昂、有比较大的风险以及具有重大意义的不经常购买的产品或服务时，一般介入度比较高。而此时各个品牌差异比较大，意味着消费者需要学习这些产品和品牌知识，需要慎重地对购买方案进行分析、整理和对比，用以降低风险。例如，买车、买房、出国留学、报名培训班等。营销人员需要制定出相应策略，帮助消费者了解这类产品的各种属性，了解这些属性的相对重要程度，了解企业的品牌在比较重要的属性方面的声誉以及能为消费者带来的利益，从而影响消费者的最终选择。

2. 习惯型购买行为

习惯型购买行为是指消费者在介入度低且品牌差异小的情况下所做的购买决策。面对产品功能简单、价格相对低、购买频率相对较高、产品同质化严重的场景时，消费者往往会进行习惯型购买。在此类决策中，消费者不会经历完整的决策过程，简单考虑便利，遵循平常的习惯购买。例如，购买油盐酱醋、普通日用品等。通常来说，消费者不会广泛搜集商品及品牌信息，也不评价品牌的特性，更不对购买何种品牌进行取舍选择，购后也不会加以评价。对此类购买行为运用价格策略和促销策略更加行之有效。

3. 多变型购买行为

多变型购买行为是指消费者在购买介入度低且品牌差异大的情况下所做的购买决策。通常在这种情况下，商品的价值不高，购后风险小，但消费者为了寻求多样化而尝试变换品牌或口味，只是单纯寻求新鲜和变化。例如，购买酸奶、薯片、袜子等。消费者在该类购买行为中频繁地转换品牌并非是对产品不满意，而是在寻求消费的多样化。据此，市场领导者可通过不断开发新产品，占据有利货架位置、避免脱销及提示性广告来鼓励消费者转变为某品牌的习惯型购买者。而市场挑战者品牌应通过创新、低价、优惠、赠券、免费样品及强调试用新产品的促销活动来鼓励消费者寻求多样化，以降低领导者品牌的顾客忠诚度，吸引更多的新顾客。

4. 协调型购买行为

协调型购买行为是指消费者在购买介入度高且品牌差异小的情况下所做的购买决策。消费者通常要购买那些不经常购买且购买风险很大的产品，因而容易出现购后认知失调而需要商家及时协调化解。介入度高是因为消费者对该类产品不熟悉且存在一定的风险，但由于品牌差异不大，消费者一般不会花费很多时间收集不同品牌的信息来进行评价，购买行动比较迅速。但由于决策草率，消费者经常在购后发现所购产品的缺陷或者其他品牌更优越的地方，因此，容易产生心理失衡感。为此，消费者会再度搜集有关已购产品的有利信息，设法证明自己购买行为的正确性，重建心理平衡。为此，一方面要通过调整价格、选择适当的销货地点和干练的售货员影响消费者的品牌选择；另一方面，还应通过各种渠道与消费者进行沟通，及时提供关于商品的全面信息，尽量减少其失衡感，使其坚定购买正确性的信心，提高对自己购买的满意度。

4.3.3　消费者购买决策的过程

消费者购买决策过程是由一系列相关联的活动构成的。在复杂型购买行为中，消费者的购买决策过程要经过：确认需要、收集信息、评价方案、购买决策、购后等待（适用于网络购物决策）和购后行为，如图4-4所示。但对于其他类型的购买决策，并非都必须经过上述六个阶段，随着消费者在购买时介入度的降低，某些阶段可能会被忽略或颠倒。在此，我们仅讨论消费者介入程度最高的也是最困难的复杂型购买行为的决策过程。

图 4-4　消费者购买决策过程

1. 确认需要

购买过程开始于消费者对某个问题或需要的确认。这个需要是由内部刺激或外部刺激引起的。比如饥饿、干渴等都属于内部刺激，当其需要强度达到一定程度就升华为一种购买动力。外部刺激也能引起人们强烈的购买欲望。市场营销者在此阶段的主要任务，是创造能够激发消费者强烈需求的环境，具体路径有两方面：一是掌握本企业产品实际的或潜在的激发消费者需求驱动力的最佳强度；二是由于消费者对某种产品的需求强度会随着时间的推移而变化，企业必须善于适时设计诱因，促使消费者产生强烈的需求，并立即采取购买的行动。

2. 收集信息

确认需要后，就需要收集信息以形成方案来满足需要或解决问题。消费者的信息来源主要包括以下四个方面：个人来源、商业来源、公共来源、经验来源。个人来源包括家庭、朋友、邻居、熟人等；商业来源包括商业广告、推销员、经销商、商品包装、展览等；公共来源包括大众媒体、社交媒体等；经验来源包括产品的处理、检查与使用等。消费者收集信息的积极性，因需要强度的不同而有所变化。需要强度高会非常主动地收集有关信息；需要强度低，不一定会主动地去寻找有关信息。他们需要寻找的信息量，取决于购买行为类型。当消费者对其将要购买的产品完全不了解时，他们需要收集的信息量就大，反之则少。因此，企业要在对市场进行充分调查、分析的基础上，设计和使用恰当的信息传播途径和沟通方式，采用对目标市场影响最大、力度最强的促销组合，方能有效地引导消费者的购买行为。

3. 评价方案

当消费者收集到自认为足够多的、完善的信息后，就进入整理信息进行方案评估的阶段。消费者进行方案评价的过程主要包括以下方面：

第一，明确产品属性，即产品能够满足消费者需求的特性。比如对于电脑来说，核心的属性包括存储能力、运行速度、便携程度、美观程度、续航时间等。不同的消费者可能关注的产品属性不同。

第二，确定属性权重，即消费者对产品的有关属性赋予不同重要性权数。比如对于电脑来说，最看重的属性是运行速度，权重为30%。

第三，明确品牌信念。消费者就每种属性上的各种品牌确定出品牌信念感，而这些品牌信念构成了品牌形象。品牌信念在不同消费者之间存在很大差异。

第四，建立效用函数，即描述消费者所期望的产品满足感随产品属性不同而变化的函数关系。品牌信念是指消费者对某品牌的某一属性达到何种水平进行的评价，而效用函数则表明消费者要求该属性达到何种标准他才会接受，即品牌信念是建立效用函数的基础。

第五，评价期望值模型，即消费者对不同品牌进行评价和选择的程序与方法。大多数消费者会同时考虑多个属性，并赋予不同属性不同的权重。他们将这些权数乘以每个品牌的信念，就得到了每种方案的综合评价值并从中择优选取。

据此，企业营销人员在此阶段可采取如下措施以提高自己产品被选中的可能性。第一，修正产品属性。营销人员应分析本企业产品应具备哪些属性，以及不同类型的消费者分别对哪些属性感兴趣，以便进行市场细分，对不同需求的消费者提供具有不同属性的产品，这既能够满足消费者需求，又最大限度地减少了因提供不必要的属性而造成的资源浪费。第二，改变消费者心目中的品牌信念。营销者可以通过广告和宣传努力消除消费者的心理偏见，树立良好的品牌形象。第三，改变消费者对竞争品牌的信念。当消费者对竞争者品牌信念过高时，应设法改变其不切实际的品牌信念。第四，改变重要性权重。设法改变消费者对产品各种性能的重视程度，千方百计提高消费者对本企业产品优势属性的重视程度，引起消费者对被忽视的产品性能的注意。第五，改变消费者心目中理想产品属性的标准。

4. 购买决策

购买决策是消费者购买决策过程的中心环节。经过方案的评价，消费者形成了对某个品牌或某个产品的偏好和购买意向。购买决策通常有三种类型：消费者认为该品牌或产品均符合自己的需求和购买力，决定立即购买；认为该品牌或产品存在一定瑕疵或自己不喜欢或不接受的地方，决定延期购买；认为该品牌或产品的质量或价格不够好，决定放弃购买。因此，购买意向不等同于购买决策，并不是所有的购买意向都会转化为购买决策。在购买意向朝购买决策转化的过程中，会不同程度地受到他人的态度和意外情况的影响。如果他人的否定态度越强烈，而且与消费者的关系越亲密，消费者越有可能听从他人的意见，由倾向购买转向放弃购买。另外，当消费者确定购买意向后，临时的产品折扣信息、突发的个人情况等也会影响消费者的决策。

营销链接

送礼常常是一件令人头疼的事情，因为礼物的选择有很多，但是选一个既能凸显自己心意又能使对方喜欢的礼物并不容易。礼物可以是有形的、物质性的（如饰品），也可以是无形的、体验性的（如音乐会门票）。社会距离的远近决定了消费者是送物质性礼物还是体验性礼物。社会距离是指两个人之间关系的亲密程度，包括互动的频率、互动的多样性以及互动的强度。当社会距离比较近时，即消费者的朋友与自己的关系比较亲密，那么更有可能选择体验性礼物；相反则会选择物质性礼物。如果消费者的朋友与自己关系比较亲密，那么消费者对朋友的喜好了解得也更加清楚，此时选择体验性礼物为宜。这是因为体验性礼物是更加独特和个性化的，能够给朋友带来更大的快乐，也更有利于加强双方的社会关系。

资料来源：1. GOODMAN J K, LIM S, MORWITZ V, et al.When consumers prefer to give material gifts instead of experiences: the role of social distance[J]. journal of consumer research, 2018(2): 365-3820.

2. 周欣悦 . 消费者行为学 [M]. 2 版 . 北京：机械工业出版社，2021.

5. 购后等待

在网络购物决策过程中，消费者在做出购买决策或购买行为后，通常还需要等待发货和商品送达，即购后等待。这种等待时间包括两部分：感知订单处理时间（即发货速度）和感知商品配送时间（即配送速度）。不管是感知订单处理时间还是感知商品配送时间，如果超过了消费者的预期，就会引发等待不满，进而导致愤怒或后悔，可能导致顾客转换品牌或者产生负面口碑。因此，营销人员要想方设法提高效率，从而缩短购后等待时间，让消费者获得最佳购物体验。

6. 购后行为

消费者购买行为结束，并不代表着决策过程的结束，消费者的购后行为才是消费者购买决策过程的最后一个阶段。消费者在购买产品后，通过自己的使用体验以及他人的看法对所购商品进行评价，得出满意与否的感受。购买者对本次购买的满意度是指相比于产品的期望，该产品的实际绩效或表现如何。如果产品的实际绩效等于对产品的期望，消费者就会满意；如果产品的实际绩效大于对产品的期望，消费者就会非常满意；但如果产品的实际绩效小于对产品的期望，消费者就会不满意。影响消费者产品期望的因素有很多，比如商业来源和个人来源。因此商家不应在宣传产品过程中过度夸大产品的优势，让消费者建立过高的期望，否则消费者就会失望、不满意。消费者在购后是否表现出满意，对企业的影响意义重大。满意的消费者很可能会发生重复购买，还有可能会将本次好的消费体验分享给朋友或家人，甚至分享到网络上。

营销延伸

在日常生活中提倡量入而出、适度消费，这也是中华民族的传统美德。适度消费并不是提倡不要消费，而是要学会控制自己的欲望，根据自己的切实需求选择合适的物品，不要为了一时的面子而购买超出自己承受范围内的东西。过度消费是一种极端方式。有时候，过度消费是因为对物品抱有执念，而摆脱这种执念的方式就是让自己的生活变得简单、纯粹。另外，过度消费也经常被作为发泄情绪的方式，此时或许可以考虑更换其他的情绪发泄方式，比如跑步或者唱歌来替代消费。过度消费容易导致储蓄不足。当重大事情发生的时候就会变得被动，没有选择权，没有应急资金，很多事情只能采取极端方式，从而给生活带来很大的负面影响。

资料来源：搜狐网，年轻人，请理性消费，2021-12-13.

◈ 重要概念

消费者市场　消费者购买行为模型　刺激-反应理论　文化　亚文化　社会阶层　家庭生命周期　自我概念　性别身份　性别角色　马斯洛需要层次论　感觉　知觉　情绪记忆　复杂型购买决策　习惯型购买决策　多变型购买决策　协调型购买决策

◈ 复习思考题

1. 消费者市场与组织市场的区别是什么？
2. 消费者市场的典型特征有哪些？
3. 消费者购买行为模式的内容是什么？
4. 影响消费者购买行为的因素有哪些？
5. 文化因素对消费者购买行为的影响是怎样的？
6. 社会因素对消费者购买行为的影响是怎样的？
7. 个人因素对消费者购买行为的影响是怎样的？
8. 心理因素对消费者购买行为的影响是怎样的？
9. 请谈谈消费者购买行为类型。
10. 请谈谈消费者购买决策过程。

◈ 经典案例

泡泡玛特"盲盒热"

盲盒是指消费者不能提前得知具体产品款式的玩具盒子，具有随机属性。2019 年，有着湖蓝色大眼睛、傲娇嘟嘟嘴的潮玩角色 Molly 作为泡泡玛特旗下的自主 IP，带来了超过 4.5 亿元人民币的收益。2021 年，泡泡玛特全年业绩实现了 44.9 亿元的营收，同比增长 78.7%。随着泡泡玛特的走红，盲盒成为当代年轻人的时尚新宠，潮玩也以这种新的购买方式占得商机，打开了大众市场的大门。

消费都是有目的的，买盲盒是为什么呢？泡泡玛特国际集团有限公司副总裁兼海外业务总裁文德一说：通过他们对一些电商平台、SNS 平台的用户画像和分析，无论是海外市场还是国内用户，用户结构中女性占 75%，男性只占 25%。从年龄结构来看，大多是 15 ~ 35 岁的年轻人。很明显，女性和年轻人都是更具有好奇心、更喜欢礼物感的群体。泡泡玛特的产品大多是小巧精致的摆件，没有多少使用价值，但盲盒本身充满了惊喜的体验感；泡泡玛特的花式 IP 给人新鲜感，"固定款＋隐藏款"的模式，更是制造了超预期的惊喜。大家买的是"好奇"，是猎奇心理，给盲盒提供了发展的生机。

对泡泡玛特，消费者不仅喜欢购买，还喜欢收集。消费者在购买商品后，会根据使用感受决定是否复购，"提升复购率"是许多商家绞尽脑汁想解决的问题，但有意思的是，盲盒很轻易地做到了。2021 年会员贡献销售额 92.2%，即 41.4 亿元，会员复购率 56.5%，超过一半的会员发生了 2 次及以上消费。系列型的角色，充分刺激了消费者的收藏欲，让消费者有了想要全部购买的欲望，从而提高了用户黏性，刺激用户不断购买。

人们永远对未知和不确定性的东西充满了无穷的向往，就像《追忆似水年华》里说的："唯一有吸引力的世界，是我们尚未踏入的世界。"每个年代都有属于这个时代的收集品，从零食里的小卡片、小卖部前的扭蛋玩具到夹娃娃机里的布娃娃。不知不觉，盲盒已经成了当代消费者一种特殊的情怀。

资料来源：郭孟迪根据网络资料编写。

思考题：

1. "盲盒热"抓住了什么样的消费心理？
2. 购买盲盒属于什么类型的购买决策？
3. 消费者为什么愿意收集泡泡玛特盲盒？
4. 消费者购买泡泡玛特盲盒的影响因素有哪些？
5. 泡泡玛特盲盒为什么能让消费者持续复购？

第 5 章
CHAPTER 5

营销信息系统与市场调研

§ **本章提要**

　　本章将探讨企业如何利用信息和数据了解顾客，洞察市场机会。首先，阐述市场信息的价值，以及营销信息系统的内容，包括内部报告系统和营销情报系统等；其次，介绍市场营销调研的内容与程序；最后，介绍大数据的内涵与作用、大数据时代市场调研的特点与数据中台。这些知识为企业基于数据进行营销决策以及精细化运营提供了指导。

5.1　市场信息与营销信息系统

5.1.1　市场信息

　　要想为顾客创造价值并与他们建立可盈利的关系，企业必须首先获得关于顾客需要和欲望的新鲜的、深入的洞察，并运用这种顾客洞察来建立竞争优势。尽管顾客洞察和市场洞察对创造顾客价值和建立顾客关系非常重要，但是要获得这些洞察并不容易。顾客需要和购买动机常常不明显——常常连顾客自己也不能准确地说出需要什么以及为什么购买。为获得优质的顾客洞察，企业必须有效地管理来自各种渠道的信息。信息就是事物的存在方式、运动状态及其对接收者的效用的综合反映。信息量的大小取决于该信息所反映事物的不确定程度的大小，不确定程度越大，信息量也越大。

┊ **营销链接** ┊

　　奇瑞汽车通过市场信息挖掘，洞察用户潜在需求。奇瑞汽车找到典型用户，深入用户生活，拍摄了一组微型纪录片：用户怎么买车，怎么与家庭的成员生活、娱乐，怎么开车接送孩子、老人，怎么带家人旅游……小到个人爱好，大到工作梦想，都装在这个视频里。纪录片在奇瑞的食堂里循环播放，通过反复观看，各部门的工作人员都获取了市场信息，都知道要服务的是这样一个鲜活的人，公司的产品嵌入他的生活，扮演着重要的角色，各部门对用户有了共识。细节涌现出用户的隐形需求，例如坐车的舒适度、空间更宽敞，在广告策划中更加强调车的内部空间和舒适度。

资料来源：曹海英根据网络资料编写。

市场信息是指在一定时间内和一定条件下，与企业营销有关的各种事物的存在方式、运动状态及其对接收者效用的综合反映。市场信息除具备一般信息的特征外，更具有营销信息的特殊性，这主要表现在以下几方面。

1. 目的性

在产出大于投入的前提下，为营销决策提供及时和准确的信息。及时性包括速度和频率，在激烈的竞争环境中，信息传递的速度越快就越有价值，且频率要适宜。准确性要求信息来源可靠、收集整理信息的方法科学，能够反映客观实际情况。

2. 系统性

营销信息系统不是零星、个别的信息的汇集，而是若干具有特定内容的同质信息在一定时间和空间范围内形成的系统集合。其在时间上具有连续性，其在空间上具有广泛性。

3. 社会性

市场信息反映的是社会经济活动。在竞争性的市场上，无数营销活动的参与者以买者和卖者的身份交替出现，他们既是信息的发布者也是信息的接收者，市场信息已经渗透到社会经济生活的各个领域。伴随着市场经济的发展和经济全球化，营销活动的范围将扩展至全国性、国际性和全球性市场，市场信息的传播将更加广泛。

| 营销延伸 |

《夷坚志》载，宋朝年间，一次临安城失火，一位姓裴的商人的店铺也随之起火，但是他没有去救火，而是带上银两，网罗人力出城采购竹木、砖瓦、芦苇、椽桷等建筑材料。火灾过后，百废待兴，市场上建房材料热销缺货，此时，裴姓商人趁机大发其财，赚的钱数十倍于其店铺所值价钱，同时也满足了市场和百姓的需要。因此，在生活中，市场信息无处不在，市场调查与预测至关重要，营销人员需要对顾客需求进行深入洞察、对市场环境进行准确评估才能获得有利的市场信息。敏锐的观察力和准确的判断力是经商者获取财富的源泉，也是经商者必备的能力之一。

资料来源：谢佳根据网络资料编写。

5.1.2　营销信息系统

市场营销调研和市场信息的真正价值在于如何运用于其提供的顾客洞察之中。基于这一认识，很多企业着手重构和重新命名市场信息和调研部门。他们创建"顾客洞察团队"，其工作内容是依据市场信息建立可行动的洞察，与营销决策制定者合作共同运用这些洞察。

因此，企业必须设计有效的市场营销信息系统，为管理者在恰当的时候、以恰当的形式提供恰当的信息，以帮助他们运用这些信息创造顾客价值和更加有利的顾客关系。营销信息系统（Marketing Information System）由人和程序构成，致力于评价信息需要，开发所需信息，帮助决策制定者使用这些信息以获得和证实可靠的顾客和市场洞察。在营销决策过程中，营销决策者需要了解宏观和微观环境的各方面信息，企业营销信息系统的主要任务是评估决策者的信息需求并适时地为其提供所需要的信息，其构成如图5-1所示。

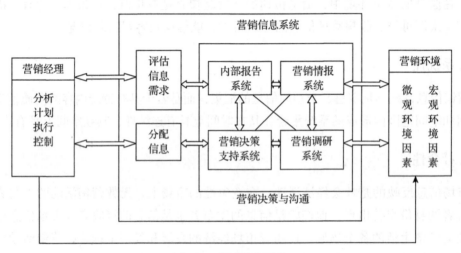

图 5-1　营销信息系统

1. 内部报告系统

营销决策者依靠内部报告系统提供订单、销售额、价格、成本、存货水平、应收账款、应付账款等信息，通过分析这些信息，他们能够发现重要的机会和问题，及时比较实际与目标的差异，采取切实可行的改进措施。内部报告系统包括订单－收款循环系统和销售信息系统两部分。

内部报告系统的核心是订单－收款循环系统。订货部门要及时处理推销员、经销商和顾客提交的订单，仓储部门及时发货。发票副本、运单和账单或其复印件，应及时分送相关的部门。

销售信息系统主要是记录和反映经销商和竞争者的活动情况。该系统向营销决策者及时提供全面、准确的生产、经营信息，以利于企业掌握最佳时机，处理好进、销、存的关系，使企业在竞争中处于有利地位。新型的销售报告系统设计，应符合使用者的需要，体现及时、准确、简单、实用、规范和有针对性的原则。

2. 营销情报系统

内部报告系统为管理人员提供结果数据，而营销情报系统则为管理人员提供发生的数据。营销情报系统（Marketing Intelligence System）是使企业经理获得日常的关于营销环境发展的恰当信息的一整套程序和来源。营销决策者通过阅读书籍、报刊和同业公会的出版物，与顾客、供应商、分销商或其他企业经理交谈收集情报。企业可以采取几个步骤改进其营销情报的质量。

第一，可以训练和鼓励销售人员发现和报告新的发展情况。销售人员在收集信息方面的重要性处于一个有利的地位，是其他方法不能取代的，但他们非常忙，常常不能及时转告重要的信息。所以，企业必须向销售人员"推销"一个观念：作为情报来源，销售人员是最重要的。销售人员也应该知道各种信息应送给什么负责人。例如，到学院向教师推销教科书的销售代表，就是该企业重要的信息来源。他们可以让编辑了解许多事情，如书中应写些什么、谁在做能引起轰动的研究和谁想订购尖端学科的书。

第二，可以鼓励分销商、零售商和其他中间商提供重要的情报。

第三，企业还应该购买竞争者的产品以便进一步了解竞争者，参加公开的商场和贸易展销会，阅读竞争者的出版刊物，和竞争者的前雇员、目前雇员、经销商、分销商、供应商、运输代理商交谈，收集竞争者的广告，在互联网上寻找关于竞争者的报道等。

第四，可以建立一个顾客咨询小组，他们由顾客代表、企业的最大客户、企业最重要的外部发言人、技术复杂的顾客组成。例如，日立数据系统公司每 9 个月与 20 位顾客咨询小组成员举行为期 3 天的会议。他们共同讨论服务问题、新技术和顾客对战略的要求。讨论的气氛是自由的，双方都收益不少：企业获得有价值的顾客信息，由于企业倾听了他们的意见，顾客感到企业离他们更近了。

第五，可以从外界的情报供应商和信息研究公司购买信息。这些调研公司收集的事例与消费者数据要比企业自己收集信息的成本小得多。

第六，利用公司内部传送的营销情报。由职员们扫描互联网和重要的出版物，摘录有关新闻，并制成新闻简报送给营销决策者参阅。此外，可以建立一个有关信息的档案并协助经理们评估新的信息。

3. 营销调研系统

本部分内容将在第 5.2 节中详细阐述。

4. 营销决策支持系统

越来越多的企业为了帮助营销决策者做好决策，设立了营销决策支持系统。营销决策支持系统（Marketing Decision Support System）是一个组织，它通过软件与硬件支持，协调数据收集、系统、工具和技术，解释企业内部和外部环境的有关信息，并把它转化为营销活动的基础。该系统是企业以先进技术分析营销数据和问题的工具的总和。完善的营销决策支持系统包括资料库、统计库和模型库三部分。

（1）资料库。有组织地收集企业内外部资料，以备营销管理人员随时抽取数据分析。内部资料包括销售、订货、存货、推销访问和财务信用资料等；外部资料包括政府资料、行业资料、市场研究资料等。

（2）统计库。它是指一组随时可用于汇总分析的特定资料统计程序。营销管理人员为测量各变数之间的关系，经常需要运用以下分析技术：回归、相关、判别、变异分析以及时间序列分析。

（3）模型库。模型库是由高级营销管理人员运用科学的方法，针对营销决策的问题建立的，包括描述性模型和决策模型的数学模型。描述性模型主要用于分析实体分配、品牌转换、排队等候等营销问题；决策模型主要用于解决产品设计、厂址选择、产品定价、广告预算和营销组合决策等问题。

5.2　市场营销调研

5.2.1　市场营销调研的概述

市场营销调研是一个系统地进行信息设计、收集、分析和报告，用以解决企业某一营销问题的工作过程。高质量的市场营销调研是营销方案成功的基础。企业可以自己实施市场营销调研，也可以外包给专业的调研公司。一个好的营销调研应具有如下特征：方法科学、创意新颖、方法多样、模型准确、成本收益分析、合理的怀疑与遵守道德规范。

1. 市场营销调研的方式

（1）委托学生或教师进行设计和实施市场营销调研。学生可以从中得到亲身体验和锻炼，而企业则获得解决问题的新视角。使用这种方法的企业的支出不多。

（2）利用互联网。企业可以用非常低的成本，通过浏览竞争对手网站、评估一些公开出版资料的方式来收集所需信息。

（3）观察竞争对手。许多小型企业会定期访问竞争对手以掌握它们的业务变化。

（4）与专业伙伴合作。营销调研公司、广告公司、分销商和其他营销伙伴可以分享他们所拥有的相关市场知识。大多数企业使用多种方式来实施营销调研以研究所从事的行业、竞争对手、顾客和渠道战略。企业的营销调研预算大部分支付给企业所委托的专业营销调研公司。

┊营销延伸┊

零点有数的前身零点调研是国内调研数据分析领域中早期创业企业的代表。其数据曾多次作为素材出现在国家公务员考试中，在市场营销、公共管理学课堂上也被多次引用，许多大学生也都曾做过零点调研的兼职访问员。2016 年，零点调研正式更名为零点有数，进一步发展出多源数据分析和数据智能分析业务，成为我国领先的数据分析与决策支持服务机构之一，是国务院多个部委相关工作的第三方评估机构、国务院参事室社会调研中心发起成员单位等。零点有数将科技创新与调研咨询业务进行深度融合，其开发的在线数据集成技术，能获得更加丰富、准确的多源数据，在有限时间内快速触达大量调查样本，提升信息采集效率和效果、数据深度和广度；垂直应用算法，针对不同的应用场景，可在线重复使用与快速调用已收集数据。在公共事务领域，零点有数在政务服务、城市管理、市场监管、营商环境等领域为客户提供数据分析与决策支持服务，助力提升其决策水平、治理水平和服务水平。在商业领域，零点有数为消费品、金融、汽车、房地产等行业中的客户提供客户定位与描摹、产品定位与开发、服务体验管理与优化、销售管理与优化、渠道布局与管理优化等方面的数据分析与决策支持服务。

资料来源：陈昌洁根据网络资料编写。

2. 市场营销调研的内容

（1）市场需求容量调研。市场需求容量调研主要包括：市场最大和最小需求容量；现有和潜在的需求容量；不同商品的需求特点和需求规模；不同市场空间的营销机会以及企业和竞争者的现有市场份额等方面的调研分析。

（2）可控因素调研。可控因素调研主要包括对产品、价格、分销渠道和促销方式等因素的调研。

第一，产品调研。包括有关产品性能、特征和顾客对产品的意见和要求调研；产品生命周期调研；产品的包装、名牌、外观等给顾客的印象调研。

第二，价格调研。包括产品价格的需求弹性调研；新产品价格制定或老产品价格调整所产生的效果调研；竞争对手价格变化情况调研；实施价格优惠策略的时机和实施这一策略的效果调研。

第三，分销渠道调研。包括企业现有产品分销渠道状况调研，中间商在分销渠道中的作用及各自实力调研，用户对中间商尤其是代理商、零售商的印象等调研。

第四，促销方式调研。主要是对人员推销、广告、公共关系等促销方式的实施效果进行分析、对比。

|营销链接|

T3 出行是南京领行科技股份有限公司打造的智慧出行生态平台，以"科技引领，愉悦出行"为使命，致力于成为能够为客户和政府提供"安全、便捷、品质"出行服务的科技创新型企业。目前，T3 出行已进入全国 7 大区域、85 座城市，绑定车辆超 50 万台，独立 app 业务规模行业第 2，峰值日订单突破 300 万份。为了解 T3 出行平台的 NPS（Net Promoter Score，净推荐值，又称净促进者得分，亦可称口碑，是一种计量某个客户将会向其他人推荐某个企业或服务可能性的指数）现状，2022 年 5～7 月，策点调研受 T3 出行平台委托，通过对覆盖国内一、二、三线城市的中高频网约车使用者进行定量问卷调研和定性深度访谈，获取客观数据最终的报告，输出用户对企业产品及服务的需求与期望，并与行业内同类型企业 NPS 得分进行对比，评估 T3 出行平台在行业内的水平，找准 T3 出行平台的优势和短板，挖掘企业 NPS 的各项影响因素，结合 T3 出行平台的实际情况，优化服务体系。

资料来源：曹海英根据网络资料编写。

（3）不可控制因素调研。

第一，政治环境调研。包括对企业产品的主要用户所在国家或地区的政府现行政策、法令及政治形势的稳定程度等方面的调研。

第二，经济发展状况调研。主要是调研企业所面对的市场在宏观经济发展中将产生何种变化，调研的内容包括各种综合经济指标所达水平和变动程度。

第三，社会文化因素调研。主要是调研一些对市场需求变动产生影响的社会文化因素，如：文化程度、职业、民族构成、宗教信仰、民风、社会道德与审美意识等方面。

第四，技术发展状况与趋势调研。主要是为了解与本企业生产有关的技术水平状况及趋势，同时还应把握社会相同产品生产企业的技术水平的提高情况。

第五，竞争对手调研。在竞争中要保持企业的优势，就需要随时掌握竞争对手的各种动向，主要是关于竞争对手数量、竞争对手的市场份额及变动趋势、竞争者已经并将要采用的营销策略、潜在竞争者情况等方面的调研。

3. 市场营销调研的类型

（1）探测性调研。企业在情况不明时，为找出问题的症结，明确进一步调研的内容和重点，需进行初步调研，收集一些有关的资料进行分析。即收集初步的数据，来探索问题的性质、大小或为求得解决问题的思路所做的调查研究。

（2）描述性调研。公司在已明确所要研究问题的内容与重点后，拟订调研计划，对所需资料进行收集、记录和分析。公司一般要进行实地调研，收集第一手资料，摸清问题的过去和现状，进行分析研究，寻求解决问题的办法。如电视机生产企业对下一年国内市场的具体需求量大小进行调研，调研方法多采用定量方法。

（3）因果关系调研。为了弄清市场变量之间的因果关系，收集有关市场变量的数据资料，运用统计分析和逻辑推理等方法，判明何者是自变量（原因），何者是因变量（结果），以及它们变动的规律。如销售与促销费用、价格有因果关系，在确定了这样的关系后，就可以在具体销售指标要求下，正确预估促销费用。

5.2.2　市场营销调研的程序

市场营销调研的程序（见图 5-2）包括确定问题和研究目标、制订调研计划、收集信息、分析信息和陈述研究结果五个步骤。

图 5-2 市场营销调研程序

1. 确定问题和研究目标

该步骤把握着调研的方向，即确定需要调研的主要问题和要达到的目标。但并不是所有调研都有明确目的的，如探索性调研主要以揭示问题的原因为主，描述性调研以定量描述为主，这些都不需要制定调研目标。

2. 制订调研计划

市场营销调研的第二阶段是制订一个收集所需信息的最有效的计划。首先需要估计该调研计划的成本，其次要考虑资料来源、调研方法、调研工具、抽样计划、接触方法。

（1）资料来源。企业可以利用和主动寻找资料来源。资料可分为一手资料和二手资料。一手资料是指企业为调研某问题而收集的原始资料；二手资料是指已存在且为调研某问题而收集的资料。一般来说，一手资料获取成本高，但资料适用性强，二手资料则相反。

（2）调研方法。收集一手资料的调研方法：第一，观察法，即观察有关的对象和事物；第二，焦点访谈法，即选择 6 ～ 10 人组成小组对有关营销问题进行讨论；第三，调研法，即采用统计方法对客户的认识、信任、偏好和满意等进行定量描述；第四，行为数据法，即通过商店的扫描数据、分类购买记录和顾客数据库来记录顾客购买行为；第五，实验法，即选择匹配的小组，分别给予不同的营销刺激，在剔除外部环境的影响后，观察实验样本的反映，这是一种最科学的调研方法。获取二手资料的方法有：第一，内部资料如企业的资产负债表、利润表、销售报告、存货记录等；第二，政府文件如统计年鉴、行业资料统计等；第三，期刊专业杂志资料；第四，专业信息公司资料。

（3）调研工具。营销调研人员在收集一手资料时，可以选择以下主要的工具：调研问卷、心理学工具、仪器和定性测量。

（4）抽样计划。营销调研人员在决定了调研方法与工具后，必须设计一个抽样计划，需要做出三个决定：一是抽样单位，即向什么人调研？二是样本大小，即向多少人进行调研？三是抽样程序，即怎样选择被调研人员？

（5）接触方式。一旦抽样计划被确定以后，营销调研者必须决定如何接触被调研对象：邮寄、电话、面谈或网上访问。

3. 收集信息

营销调研的数据收集阶段是一个花费最多也是最容易出错的阶段。在进行调研时会出现四个主要问题：有些被调研者恰好不在家，但必须再度访问；有些人会拒绝合作；还有些人可能会给予有偏见或不诚实的回答；有些访问人员也偶尔会带有偏见或不诚实。

然而，在现代电讯和电子技术的影响下，数据收集方法正在迅速变化。

4. 分析信息

调研人员可以运用营销决策支持系统中的统计方法和模型方法对收集的信息加以编辑、计算、加工、整理，去伪存真、删繁就简。最后用文字、图表、公式将资料中潜在的各种关系、变化趋势表达出来。

5. 陈述研究结果

最后一步，调研人员要提供研究结果。调研人员应该提出与营销决策有关的主要调研结果。

5.3　大数据时代的市场调研

5.3.1　大数据的内涵与作用

1. 大数据的内涵

随着信息技术的迅猛发展，企业可以产生和生成大量的市场信息。市场营销领域充满了各种来源的海量信息，甚至消费者本身就能产生大量的市场信息。他们通过电子邮件、短信、博客、微信、微博和其他数字渠道，自发地向企业提供并与其他消费者分享大量信息。

实际上，大多数市场营销人员根本不缺乏信息，而是由于数据载荷太大，甚至常常被淹没其中。"大数据"（Big Data）的概念很好地总结了这一问题。大数据是由如今日趋成熟的信息生成、收集、存储和分析技术所产生的大量复杂数据，是指无法在一定时间范围内用常规软件工具进行捕捉、管理和处理的数据集合，是需要新处理模式才能具有更强的决策力、洞察发现力和流程优化能力的海量、高增长率和多样化的信息资产。每年，世界上的人和系统产生大约 1 000 万 MB 字节信息，这些数据足以灌满 2.47MB 张旧式 CD-ROM。大数据给市场营销者带来机会的同时，也提出了严峻的挑战。有效利用大数据的企业能够获得丰富、及时的顾客洞察。但是，评价和挖掘如此多的数据几乎是无法完成的任务。市场营销者不是需要更多的信息，而是需要更好的信息，他们需要更好地利用已有的信息。

最早提出"大数据时代"到来的是全球知名咨询公司麦肯锡，其宣称："数据，已经渗透到当今每一个行业和业务职能领域，成为重要的生产因素。人们对于海量数据的挖掘和运用，预示着新一波生产率增长和消费者盈余浪潮的到来。"在维克托·迈尔－舍恩伯格（Viktor Mayel-Schonberger）和肯尼思·库克耶（Kenneth Cukier）编写的《大数据时代》一书中，大数据是指不用随机分析法（抽样调研）这样的捷径，而对所有数据进行分析处理。大数据具有 5V 特点，即大量（Volume）、高速（Velocity）、多样（Variety）、真实性（Veracity）、低价值密度（Value），具体如下。

（1）数据体量巨大。大型数据的规模集一般在 10TB 规模左右，但在实际应用中，很多企业用户把多个数据集放在一起，已经形成了 PB（1PB=1 024TB）级的数据量；百度资料表明，其新首页导航每天需要提供的数据超过 1.5PB，这些数据如果打印出来将超过 5 000 亿张 A4 纸。

（2）处理速度快。由于计算机技术的不断发展，处理数据的速度也越来越快。即使只是用个人电脑，在数据量非常庞大的情况下，也能够做到数据的实时处理。数据处理遵循"1 秒定律"，可从各种类型的数据中快速获得高价值的信息。

（3）数据类型多样。数据来自多种数据源，数据种类和格式日渐丰富，已冲破了以前所限定的结构化数据范畴，囊括了半结构化和非结构化数据。现在的数据类型除了文本形式，更多的是图片、视频、音频、地理位置信息等多类型的数据，个性化数据占绝大多数。

（4）数据真实性高。大数据是通过消费者的网络行为沉淀下来的数据，这些网络行为都是消费者真实的、可靠的行为，因为绝大部分消费者不会故意去掩饰自己的消费行为，因此大数据是真实的、可靠的。

（5）数据价值密度相对较低。随着物联网的广泛应用，信息感知无处不在，信息海量，但价值密度较低，如何通过强大的机器算法更迅速地完成数据的价值"提纯"，是大数据时代亟待解决的难题。以视频为例，1 小时的监控视频，可能有用的数据只有 1～2 秒。

2. 大数据的作用

（1）对大数据的处理分析正成为新一代信息技术融合应用的结点。

移动互联网、物联网、社交网络、数字家庭、电子商务等是新一代信息技术的应用形态，这些应用不断产生大数据。云计算为这些海量、多样化的大数据提供存储和运算平台。通过对不同来源数据的管理、处理、分析与优化，将结果反馈到上述应用中，从而创造出巨大的经济和社会价值。大数据具有催生社会变革的能量，但释放这种能量需要严谨的数据治理、富有洞见的数据分析和激发管理创新的环境。

（2）大数据是信息产业持续高速增长的新引擎。

面向大数据市场的新技术、新产品、新服务、新业态会不断涌现。在硬件与集成设备领域，大数据将对芯片、存储产业产生重要影响，还将催生一体化数据存储处理服务器、内存计算等市场。在软件与服务领域，大数据将带动数据快速处理分析、数据挖掘技术和软件产品的发展。

（3）对大数据的利用将成为提高核心竞争力的关键因素。

各行各业的决策正在从"业务驱动"转变为"数据驱动"。对大数据的分析可以使零售商实时掌握市场动态并迅速做出应对，可以为商家制定更加精准有效的营销策略提供决策支持，可以帮助企业为消费者提供更加及时和个性化的服务。在医疗领域，大数据可提高诊断准确性和药物有效性；在公共事业领域，大数据也开始发挥促进经济发展、维护社会稳定等方面的重要作用。

║营销链接║

海尔是我国最具互联网精神的创新企业之一。早在2012年，海尔创建了会员制，吸引顾客自主注册，建立了一个精准细分、活跃度高的SCRM（社交化顾客关系管理）会员大数据平台。平台定位于打通企业内部的全流程数据，以顾客最佳体验为导向，驱动产品数据、销售数据等全流程数据优化增值，同时与企业外部数据动态连接，最终形成全流程顾客体验生态圈。顾客注册梦享会员后会产生很多数据，存放数据的平台叫SCRM平台。这个数据平台不仅存放会员注册数据，还存放产品销售数据等，只要是和海尔顾客有关的数据，都存在SCRM平台上。据估算，这个平台存有1.4亿名顾客的数据，但这些数据杂乱无章，需要通过SCRM平台进行清洗、融合、识别，筛选出其中有价值的信息，并为每个顾客生成360°顾客画像。这些数据有2个核心用处。第一，采用数据挖掘的办法了解这些顾客什么时候要购买家电，即精准营销；第二，寻找活跃顾客并与之交互，满足他们的需求，连接交互创新。海尔以顾客数据为核心，全流程连接企业运营数据，全方位连接社交行为数据，目的是精准洞察用户。互联网背景下各大企业对于数据处理的需求同样也对信息产业起着一定的催化作用，无论是硬件还是软件都在这种催化下飞速发展。

资料来源：李炳旭根据网络资料编写。

5.3.2　大数据时代市场调研的特点

1. 大数据时代改变了调研方式

在大数据出现以前，尽管大家都知道普查是了解市场最好的一种调研方式，但是由于普查的范围太广，成本太高，往往导致企业没办法组织普查。大数据的出现，让传统最常用的抽样调研方法的地位受到了挑战。现在许多行业都能很容易地以非常低的成本获得大数据，例如服装公司可以从天猫、淘宝、京东等公司获取大数据，然后对大数据进行挖掘分析，以此来更加精准地洞察顾客需求。在这个背景下，许多传统的市场调研方式就会被大数据挖掘所取代。企业很容易获得全部消费者的大量数据，也就不需要抽样，可以直接进行全面调研。

2. 大数据时代实现了对市场信息的实时监控

在大数据时代到来以前，不管采用何种调研方式，基本都没办法实现对变化的市场信息实时监控。尽管企业可以通过ERP（Enterprise Resource Planning，企业资源计划）软件对中间商的销售和库存情况进行实时监控，但是没有办法了解实时的市场信息。大数据时代让企业对市场信息实时监控成为可能。例如，在天猫经营一家商店，企业可以实时监控消费者进店的流量信息、跳转率、平均停留时间等这些关键的店铺经营数据。通过购买高级数据分析工具，也可以实时监控整个品类的营销信息，然后再根据这些信息迅速地调整店铺的营销手段。

3. 大数据时代改变了市场调研的重点

传统的市场调研往往比较关注对因果关系的探索，例如我们会问消费者为什么喜欢红色而不喜欢蓝色？而随着大数据时代的来临，市场调研变得越来越关注相关关系而不是因果关系。消费者为什么喜欢可能并不是最重要的，啤酒跟什么搭配会更好卖会成为大数据时代关注的热点，当然也有一部分原因是因为大数据时代的市场调研很难做这种因果关系的分析。商品是否跟性别、年龄、生活习惯有关等会成为大数据分析时代的市场研究的热点。当然，如果需要进一步探寻因果关系，也可以继续采用传统的市场调研方式深入下去。

5.3.3　数据中台：信息化的下一站

伴随云计算、大数据、人工智能等技术的迅速发展，以及这些技术与传统行业的快速融合，企业数字化、智能化转型的步伐逐渐加快，每个行业的增长都会受到数字产品与服务、数据化运营的驱动。数字化转型成功的企业，其内部和外部的交互均以数据为基础。业务的变化快速反馈在数据上，企业能够迅速感知并做出反应，决策与考核基于客观数据，而数据是活的，是流动的，越用越多，越用越有价值。随着数据与业务场景的不断交融，业务场景将逐步实现通过数据自动运转和自动优化，进而推动企业进入数字化和智能化的阶段。

在传统 IT 建设方式下，企业的各种信息系统大多是独立采购或者独立建设的，无法做到信息的互联互通，导致企业内部形成多个数据孤岛。2014 年进入数据技术时代，即"人类正从 IT 时代走向 DT（Data Technology）时代"。互联网、移动互联网的发展带来很多新的业务模式，很多企业尝试通过服务号、小程序、O2O 平台等新模式触达客户、服务客户。然而，新模式是通过新的平台支撑的，产生的数据与传统模式下的数据也无法互通，这进一步加剧了数据孤岛问题。分散在各个孤岛的数据无法很好地支撑企业的经营决策，也无法很好地应对快速变化的前端业务。因此，需要一套机制，通过这套机制融合新老模式，整合分散在各个孤岛上的数据，快速形成数据服务能力，为企业经营决策、精细化运营提供支撑，这套机制就是数据中台。

数据中台是一套可持续"让企业的数据用起来"的机制，是一种战略选择和组织形式，是依据企业特有的业务模式和组织架构，通过有形的产品和实施方法论支撑构建的一套持续不断地把数据变成资产并服务于业务的机制。数据来自于业务，并反哺业务，不断循环迭代，实现数据可见、可用、可运营。

通过数据中台把数据变为一种服务能力，既能提升管理、决策水平，又能直接支撑企业业务。数据中台不仅仅是技术，也不仅仅是产品，而是一套完整的让数据用起来的机制。既然是"机制"，就需要从企业战略、组织、人才等方面来全方位地规划和配合，而不能仅仅停留在工具和产品层面。每个企业的业务与数据状况各不相同，对数据服务的诉求也不同，因而数据中台的建设将呈现出不同的特点，没有任何两个企业的数据中台是完全相同的。数据中台的实施不仅需要一整套技术产品，更需要针对不同业务、数据、应用场景的体系化的实施方法和经验，过程中涉及企业战略、组织、技术、人才等方面的全面保障和配合。

2019 年是我国数据中台爆发的元年，围绕数据中台的各种展会、发布会、产品纷至沓来。一些互联网科技公司做的是云计算基础设施，当客户要做云计算的时候，它们就会给出解决方案。同样，数据应用也需要基础设施，当企业需要数据应用时，数据中台就会给出整体解决方案，真正实现"让企业的数据用起来"。数据中台的需求不是来源于外部，而是来自内部，来自企业对自身未来发展的担忧。数据中台是增援未来，是以发展的观点解决企业面临的问题，面对不确定的未来，企业无法确认今天的数据在未来会怎么用，会产生什么样的价值，所以才需要数据中台。现在把数据源源不断地接收进来，源源不断地进行资产化、服务化，未来当企业看清楚业务场景，把对数据的需求输入数据中台时，才知道原来数据可以这样使用，才知道怎么去适配。数据中台是对未来场景的能力支撑，是增援未来的能力。

营销延伸

从 1995—2015 年的 20 年间，互联网科技改变了众多面向个体用户端"2C"的生产关系，通过构建线上平台，方便了人们的衣食住行，丰富了人们的生活体验。而在同样的时间里，在企业内部有一群为了企业生产力而奋战的技术人士，他们利用 IT 技术提升企业内部的生产力。2014 年，"DT"（Data Technology）的概念被提出，"人类正从 IT 时代走向 DT 时代"。IT 时代是以自我控制、自我管理为主，而 DT 时代是以服务大众、激发生产力为主。这两者之间看起来似乎是技术的差异，实际上是思想观念层面的差异。2015 年，"互联网+"行动计划的提出，让企业内部 IT 与企业外部互联网思维产生火花，云和 SaaS（Software as a Service，软件运营服务）形态的应用开始出现，从 IT 到 DT 正式有了广泛的落地实践。1995—2015 年，互联网科技在中国从萌芽到提出"互联网+"行动计划，用了 20 年时间。从 2015 年"互联网+"提出到 2019 年"智能+"提出，用时仅 4 年。我们惊叹于这演进的速度之快，就像一个常常被提及的例子："从整个地球史来看，人类科技进化速度的陡峭曲线，可以类比成一个猿人扔起一根骨头，等掉下来的时候骨头已经变成了火箭。"
资料来源：曹海英根据网络资料编写。

1. 数据中台必备的核心能力

数据中台需要四个核心能力，即数据汇聚整合能力、数据提纯加工能力、数据服务可视化能力和数据价值变现能力，这样才能让企业员工、客户、伙伴方便地应用数据。

（1）汇聚整合能力。

随着业务的多元化发展，企业内部往往有多个信息部门和数据中心，大量系统、功能和应用重复建设，存在数据资源、计算资源和人力资源的巨大浪费，同时，组织壁垒也导致数据孤岛的出现，使得内外部数据难以全局规划。

数据中台需要对数据进行整合和完善，提供适用、适配、成熟、完善的一站式大数据平台工具，在简便有效的基础上，实现数据采集、交换等任务配置及监控管理。

数据中台必须具备数据集成与运营方面的能力，能够接入、转换、写入或缓存企业内外部多种来源的数据，协助不同部门和团队的数据使用者更好地定位数据、理解数据。同时，数据安全、灵活可用也是绝大多数企业看重的，他们期望数据中台能协助企业提升数据可用性和易用性，且在系统部署上能支持多种模式。

（2）提纯加工能力。

数据就像石油，需要经过提纯加工才能使用，这个过程就是数据资产化。企业需要完整的数据资产体系，围绕能给业务带来价值的数据资产进行建设，推动业务数据向数据资产转化。传统的数字化建设往往局限在单个业务流程，忽视了多业务的关联数据，缺乏对数据的深度理解。数据中台必须连通全域数据，通过统一的数据标准和质量体系，建设提纯加工后的标准数据资产体系，以满足企业业务对数据的需求。

（3）服务可视化能力。

为了尽快将数据用起来，数据中台必须提供便捷、快速的数据服务能力，让相关人员能够迅速开发数据应用，支持数据资产场景化提纯加工能力的快速输出，以响应客户的动态需求。多数企业还期待数据中台可以提供数据化运营平台，帮助企业快速实现数据资产的可视化分析，提供包括实时流数据分析、预测分析、机器学习等更高级的服务，为企业数据化运营赋能。

此外，伴随着人工智能技术（AI）的飞速发展，AI 的能力也被多数企业期待能将 AI 应用到数据中台上，实现自然语言处理等方面的服务。数据洞察来源于分析，数据中台必须提供丰富的分析功能，数据资产必须服务于业务分析才能解决企业在数据洞察方面的短板，实现与业务的紧密结合。

（4）价值变现能力。

数据中台通过打通企业数据，提供以前单个部门或者单个业务单元无法提供的数据服务能力，以实现数据的更大价值变现。

企业期待数据中台能提升跨部门的普适性业务价值能力，更好地管理数据应用，将数据洞察变成直接驱动业务行动的核心动能，跨业务场景推进数据实践。同时，企业对于如何评估业务行动的效果也十分关注，因为没有效果评估就难以得到有效反馈，从而难以更新数据应用，难以持续为客户带来价值。

数据中台是一套持续地将企业的数据用起来的机制。而要想把数据更好地用起来，四个核心能力都需要不断迭代和提升。从战略上来看，汇聚整合、提纯加工、服务可视化和价值变现的能力是数据中台最核心的竞争力，也是企业真正将数据转化为生产力、实现数据化转型和商业创新、永葆竞争力的保障。

2. 数据中台的业务价值与技术价值

（1）业务价值：从洞察走向赋能业务创新，形成核心壁垒。

在以客户为中心的时代，数据中台对数字化转型具有重要作用，以数据中台为基础的数据系统将位于企业应用的核心，通过数据从企业降本增效、精细化经营等方面为企业带来巨大收益，具体包含以下三个层面。

第一层面，以客户为中心，以洞察驱动企业稳健行动。在以客户为中心的时代，客户的观念和行为正在从根本上改变企业的经营方式以及企业与客户的互动方式。

数据中台建设的核心目标就是以客户为中心的持续规模化创新，而数据中台的出现将会极大提升数据的应用能力，将海量数据转化为高质量数据资产，为企业提供深层次的客户洞察，从而为客户提供更具个性化和智能化的产品和服务。例如，数据中台能够汇聚全渠道的数据，在标签管理、营销圈人、效果分析等应用上实现全域闭环，优化对客户全生命周期的理解。此外，以数据中台为基础，通过数据化运营提升客户留存、复购和忠诚度，也得到诸多企业的认可。

第二层面，以数据为基础，支持大规模商业模式创新。只有依托数据和算法，将由海量数据提炼的洞察转化为行动，才能推动大规模的商业创新。数据中台在通过算法将洞察直接转化为行动、实现大规模商业创新方面的能力令人瞩目。数据无法在业务中得以应用的一个原因是数据没办法变得可阅读、易理解。信息技术人员不够懂业务，而业务人员不够懂数据，导致将数据应用到业务变得很困难，数据中台需要考虑打破信息技术人员与业务人员之间的障碍：信息技术人员将数据变成业务人员可阅读、易理解的内容，业务人员看到内容后能够很快应用到业务中去，这样才能更好地支撑商业模式的创新。

此外，数据中台可提供标准的数据访问能力，简化集成复杂性，促进交互操作性。同时，在快速构建服务能力、加快商业创新、提升业务适配等方面，数据中台也将发挥重要的作用。

第三层面，盘活全量数据，构筑坚实壁垒以持续领先。在以客户为中心的时代，只有赢得客户的企业才能在竞争中保持优势。企业能否真正做到"客户至上"，并不断加快对客户的快速响应力来满足客户的需求，甚至引领市场潮流，持续推进规模化创新，将决定企业能否在充满挑战和机遇的市场上发展壮大，长久保持生命力与竞争力。面对纷繁复杂而又分散割裂的海量数据，数据中台的突出优势在于：能够充分利用企业内外部数据，打破数据孤岛的现状，打造持续增值的数据资产，在此基础上，能够降低使用数据服务的门槛，繁荣数据服务的生态，实现数据"越用越多"的价值闭环，牢牢抓住客户，确保竞争优势。

（2）技术价值：能力多、成本低、应用广。

数字化转型的需求必将催生多元化的数据场景，而多元化的数据场景将会带来以下技术需求，使得企业数据中台建设势在必行。

第一，应对多数据处理的需求。针对不同的数据应用场景，企业需要能够快速应对多数据处理需求。比如：要保持原来的报表需求，需要保持批量离线计算的能力；针对实时的指标统计和实时推荐，需要实时流式计算的能力；针对决策类业务如海量人群的圈人需求，需要即席计算能力；针对高并发业务场景（如用户画像），需要在线计算能力。因此，企业需要一个统一的数据中台来满足离线 / 实时计算需求、各种查询需求，同时在将来新数据引擎（更快的计算框架、更快的查询响应）出现时，不需要重构目前的大数据体系。

第二，丰富标签数据，降低管理成本。根据全国信标委大数据标准工作组发布的《数据管理能力成熟度模型》，针对数据标准提到的数据分类主要有主数据、参考数据和指标数据，但根据真实的数据建设情况来看，需要对一类数据进行定义和分类，比如标签名为"消费特征"，标签值为"促销敏感""货比三家""犹豫不决"，数据中台能对这类标签进行快速定义和有效管理。

第三，数据的价值能体现业务系统效果而不仅是准确度。过去的数据应用场景主要为报表需求，注重数据的准确性，但在更多数据场景下，特别是对标签数据的应用，越来越多的数据是需要不断优化的，数据本身没有准确与否之分，比如某个会员的数据标签是"促销敏感人群"，其实更多的是指概率。

第四，支持跨主题域访问数据。企业早期建设的应用数据层更多的是为某个主题域所服务的，如营销域、人力资源域、风控域，而企业在数据应用的时候往往需要打破各个业务主题来考虑数据应用，如人（会员、供应商、渠道、员工）和物（商品、仓库、合同），从全域角度设计完整的面向对象的数据标签体系。

第五，数据可以快速复用而不仅是复制。传统的架构中，要将数据应用到业务中，通用的做法是通过数据同步能力，把计算的结果同步给业务系统，由业务系统自行处理，这会带来一个数据管理问题，即无法获取数据在应用场景中的具体价值和热度，整个数据血缘链路也是割裂的。这种方式是复制数据，而不是复用数据。快速复用数据问题可以通过数据中台解决。

数字化浪潮席卷全球，企业正面临着前所未有的挑战和机遇，必须不断加速数字化转型才能生存和保持领先。数据中台能够帮助企业聚合内外部数据，支撑高效的数据服务，最终提升企业的决策水平和业务表现。企业期待通过数据中台把原始数据转化为数据资产，快速构建数据服务，使企业可以持续、充分地利用数据，实现数据可见、可用、可运营的目标，以数据来驱动决策和运营，不断深化数字化转型。一句话总结：数据中台是把数据这种生产资料转变为数据生产力的过程。

◼ 重要概念

市场信息　营销信息系统　市场营销调研　大数据　数据中台

◈ 复习思考题

1. 市场信息的特点有哪些？
2. 阐述营销信息系统的内容。
3. 市场营销调研有哪些类型？
4. 市场营销调研的程序是什么？
5. 大数据的特点有哪些？
6. 大数据的作用是什么？
7. 大数据时代市场调研的特点有哪些？
8. 数据中台必备的核心能力有哪些？
9. 数据中台的业务价值与技术价值是什么？
10. 多元化的数据场景将会带来的技术需求是什么？

◈ 经典案例

靠数据"算"出刷爆网络的生椰拿铁

瑞幸或许是目前我国饮品行业最具爆款持续制造能力的公司之一。自2020年以来，瑞幸已上市陨石拿铁、厚乳拿铁、生椰拿铁、椰云拿铁等产品，以每年1~2款单品爆款的节奏推新。

瑞幸出生面临的就是移动支付全面普及、外卖配送服务高度成熟和AI算法优化让大数据处理的能力越来越强的市场环境。瑞幸董事、大钲资本执行董事刘绍强曾在采访中说道："瑞幸几乎所有的业务和管理都是数据驱动的。"

在瑞幸，每个产品孵化的生命流程会涉及五个产品部门：产品分析部门、菜单管理部门、产品研发部门、产品测试部门和产品优化部门。其中，产品分析部门会根据瑞幸内部系统和外部采购获得的数据，对比行业内的竞品动向、餐饮口味变化、主要消费人群的喜好等信息，定位消费者的地域分布和口味偏好。

以生椰拿铁的研发举例：产品分析部门通过大量市场调研发现生椰口味受到市场欢迎，接下来还需要确认市场上是否存在生椰相关产品的巨头、主打生椰口味的产品爆款，以及近年来我国的生椰产量、产品结构等相关信息，确保该产品如果上市，供应链不会存在短板。这时才能进行到生椰产品立项。

产品立项后，研发团队根据产品分析团队的信息，去市场上寻找类似的口味、配方和调制方法。这时会有3个小组参与生椰产品研发的内部"赛马"，共十余种生椰产品会在每周新品会上同台竞争，并面临瑞幸营销、运营人员的审视——当生椰拿铁还在研发阶段时，它的营销方案和运营计划就已经开始同步制定。研发团队将产品做出来后，会把产品交给测试部门做不同范围的内部测试，再进一步推广到城市维度的外部测试。最后，通过测试部门的产品会进入产品优化部门，瑞幸会在产品配方操作上跟现有门店的SOP（Standard Operating Procedure，标准操作程序）进行磨合，确保终端门店的员工在操作的时候能更便捷，产品口味的稳定性更高。

走过以上步骤，瑞幸研发的新品才会进入产品池。这时"生椰拿铁"才能和它另外几款

"亲戚"产品被存入产品库，等待特定时间节点释放。也因此，瑞幸一次产品研发会积累数个新品配方，一年能推出上百款新品。

瑞幸在财务丑闻后的 2 年扛过了新冠疫情的影响，在最艰难的 2022 年第一季度实现同比接近 90% 的增长和首次全面盈利，在实体萎缩的情况下创下门店数量新高，数字化能力是不可忽视的重要原因之一。长期来看，完成前期重投入的数字化基础搭建后，未来边际成本递减，品牌将具有更强的竞争力。

资料来源：史嘉颖根据网络资料编写。

思考题：

1. 瑞幸能够持续打造爆款的秘诀是什么？

2. 瑞幸是怎样利用大数据完成其产品研发的？

3. 大数据在瑞幸进行产品研发的过程中发挥了什么作用？

4. 你认为瑞幸接下来应该如何利用自身优势保持产品竞争力？

5. 通过瑞幸的案例，请你谈谈对数据驱动决策的理解。

第 6 章
CHAPTER 6

STP 战略

§ **本章提要**

通过分析营销环境，企业会发现市场机会，但是企业不可能满足所有消费者的需求，为此本章将阐述 STP 战略。首先，介绍市场细分的产生与发展，以及市场细分的作用、依据与有效性。其次，描述如何评估细分市场，以及如何从战略高度选择目标市场。最后，介绍市场定位的概念、步骤与方法，以及市场定位实施中存在的问题。

6.1 市场细分

市场细分是企业目标市场营销的第一步。通过市场细分，企业把纷繁复杂的顾客需求进行分类和整合，清晰地勾勒出各子市场的轮廓和每个子市场的需求特点，为企业正确地选择目标市场和制订行之有效的营销方案提供依据。

1956 年 7 月，温德尔·史密斯（Wendell Smith）在美国市场营销协会出版的《营销学报》上发表了题为《产品差异化和市场细分是市场营销的战略选择》的文章，首次提出了市场细分（Market Segmenting）的概念，即以消费者的某些特征或变量为依据，区分具有不同需求的购买者群体的过程。市场细分之后，某一错综复杂的具体市场就被分割成许多子市场，形成细分市场，即对同一组营销刺激具有相似反应、类似需求倾向的消费者群体。市场细分概念一经提出，很快就被纳入市场营销分析体系中，并成为市场营销战略的一个重要组成部分。

6.1.1 市场细分的产生与发展

市场细分的产生与发展经历了以下四个阶段。

1. 大量市场营销阶段

早在 19 世纪末 20 世纪初，西方经济发展的中心是速度和规模，企业市场营销的基本方式是大量市场营销。大量市场营销是指企业大量生产某种产品，并通过众多的渠道大量分销，以求用一种产品吸引市场上所有的消费者。在当时的情况下，企业通过大量市场营销可极大降低生产成本和价格，充分挖掘最大的潜在市场，获得更多利润。

2. 产品差异化市场营销阶段

20 世纪 30 年代，随着科学技术的进步、科学管理和大规模生产条件的应用，企业产量迅速提高；随着资本主义经济危机的爆发，企业面临着严重的产品过剩，推销观念逐渐成为企业营销观念的主流，许多企业纷纷转向产品差异化市场营销。产品差异化市场营销是指企业向市场提供多种外观、式样、质量和型号的产品。但这些差异产品不是建立在市场细分的基础上，也不是为了满足消费者的需要，而是为了与其他竞争者更有效地竞争。

3. 目标市场营销阶段

20 世纪 50 年代以来，买方市场逐渐形成，企业大都奉行市场营销观念，开始进入目标市场营销时代。在目标市场营销的过程中，企业首先要进行市场细分，然后选择其中一个或几个细分市场为目标市场，制定有针对性的营销战略和策略，以满足目标消费者的需求。由此可见，目标市场营销与大量市场营销和产品差异市场营销有着本质的区别，它对市场营销思想和实践的发展具有重要的推动作用。

4. 定制化市场营销阶段

定制化营销是在大规模模块化零部件生产的基础上，通过消费者参与产品的设计和改变，满足不同顾客的不同需求。定制化营销强调充分满足每个消费者的需求，根据消费者的个性化需求对产品设计和经营过程进行重新组合。例如，尚品宅配的 M2C（Manufacture-to-Customer）全屋家居定制，设计师在开始阶段就与消费者进行充分的深度交流，让消费者参与到家居的设计中来。

6.1.2 市场细分的作用

市场细分为企业开展营销活动提供了新的思路，对企业的生存与发展具有重要的作用。

1. 市场细分有利于企业发掘市场机会

通过市场细分，企业可以有效地分析和掌握各子市场需求的满足程度和市场竞争态势。那些需求满足程度低、竞争不很激烈的细分市场是最好的市场机会，可能成为企业新的目标市场。市场细分对中小企业更为重要。中小企业实力相对薄弱，资源有限，在较大的细分市场上，难以同大企业相抗衡，它们可以抓住被大企业忽略的市场空隙，以较小的子市场为目标市场，在激烈的市场竞争中谋求生存和发展。

2. 市场细分有利于企业提高经济效益

市场细分对企业提高经济效益的作用体现在以下两个方面。第一，企业可以根据目标市场的特点，制定和实施有效的市场营销组合策略，并随时保持与目标市场变化的动态适应性，确保产品的适销对路，以达到扩大销售、提高经济效益的目的。第二，在市场细分的基础上，企业可以把有限的资源集中使用于一个或几个细分市场上，开展有针对性的营销，达到事半功倍之效。这一点对中小企业尤为重要，中小企业实力薄弱，无法与大企业进行全方位竞争，但可以通过集中全部资源服务于一个较小的目标市场，把整体劣势变成局部优势，充分发挥资源的潜力，提高资源的使用效率。

3. 市场细分有利于企业提高竞争能力

进行市场细分，可以使企业认清自己在不同细分市场上的竞争地位，充分了解自己在竞争中的优势和劣势，根据避实就虚的原则选择目标市场，达到提高企业竞争力的目的。

┊营销链接┊

在 20 世纪 90 年代初期，碳酸饮料主导饮料市场时，汇源公司就开始专注于各种果蔬汁饮料市场的开发。虽然当时国内已经有一些小型企业开始零星生产和销售果汁饮料，但大部分由于起点低、规模小而难有起色；而汇源公司是国内第一家大规模进入果汁饮料行业的企业，他们先进的生产设备和工艺是其他小作坊式的果汁饮料厂所无法比拟的。汇源果汁充分满足了人们当时对营养健康的需求，凭借其 100% 纯果汁专业化的"大品牌"战略和令人眼花缭乱的新产品开发速度，在短短几年时间就跃升为中国饮料工业十强企业，汇源公司的销售收入、市场占有率、利润率等均在同行业中名列前茅，从而成为果汁饮料市场当之无愧的引领者。汇源公司的产品线也先后从鲜桃汁、鲜橙汁、猕猴桃汁、苹果汁扩展到野酸枣汁、野山楂汁、果肉型鲜桃汁、葡萄汁、木瓜汁、蓝莓汁、酸梅汤等，并推出了多种形式的包装。应该说这种对果汁饮料行业进行广度市场细分的做法是汇源公司能得以在果汁饮料市场竞争初期取得领导地位的关键成功要素。

资料来源：于铭根据网络资料编写。

6.1.3　市场细分的依据

市场细分要依据一定的细分变量进行。细分消费者市场所依据的变量，因企业经营的产品不同而有所区别，但各企业在细分市场时存在一些共同的标准，这就是消费者市场的主要细分变量，包括地理、人文、心理和行为 4 个方面（见表 6-1）。

表 6-1　消费者市场主要细分变量

细分变量	具体指标
地理	国家、地区、城市、社区、人口密度、气候、地形等
人文	年龄、性别、收入、职业、教育水平、家庭规模、家庭生命周期、宗教、种族等
心理	个性、生活方式、需求、动机、态度、自我概念等
行为	购买时机、利益、使用者状态、使用率、忠诚度等

1. 地理细分

地理细分是指企业按照消费者所在的地理位置以及其他地理变量来细分消费者市场。地理变量包括国家、地区城市、社区人口密度、气候、地形等。用地理变量细分消费者市场是最传统和最简单的方法。它的理论依据是：处在不同地理位置的消费者，对于同一种产品会有不同的需求和偏好，对产品、价格、渠道和广告宣传等市场营销活动的反应也有所不同。按照地理变量细分市场，不仅有利于企业研究不同地区消费者的需求特点、需求总量及其发展变化趋势，也有利于企业开拓区域市场，使企业将有限的资源投放到最能发挥自身优势的地区市场中去。但地理变量是一种静态因素，它忽视了由于消费者的经济收入、年龄、个性等不同而造成的同一地理区域内消费者在需求和购买行为上的差异。因此，企业在进行市场细分时，不能单纯使用地理变量，还需要考虑其他因素。

¦营销链接¦

我们通常总结华为创业成功就是"以农村包围城市"，这正是华为早期的细分市场策略。华为进入通信市场的时候，我国的电信市场非常广阔，用户的需求多种多样，繁杂无比，但竞争也比较激烈，尤其面对强大的国外和合资品牌厂商。华为作为市场后来者和挑战者，不可能在市场上与强大对手硬碰硬，所以华为选择了对手的薄弱环节——农村市场作为突破口。这时华为细分市场的依据是"地理差异"，同时也包含了"需求差异"。因此，高质量的市场细分需要建立在对市场和客户需求充分调研的基础上，对客户需求的各种差异反复分析和理解，直到找到既能充分区分需求差异又能与自身能力相匹配的细分维度。

资料来源：杨艳根据网络资料编写。

2. 人文细分

人文细分是将市场按人文变量细分，如以年龄、性别、收入、职业、教育水平家庭规模、家庭生命周期、宗教种族等为基础，划分不同的群体。人文细分的理论依据是消费者的欲望、偏好和使用率，往往与人文变量有一定的因果关系，而人文变量比其他变量更容易测量。

3. 心理细分

心理细分就是按照消费者的个性、生活方式、需求、动机、态度、自我概念等心理变量来细分消费者市场。企业常常发现，按照地理变量和人文变量细分出来的同一消费者群体中，对同类产品的偏好和态度仍有所不同，在欲望、需求和购买行为上也存在差异，这主要是心理因素发生作用的结果，心理因素十分复杂。

4. 行为细分

行为细分是指按照消费者不同的购买行为来细分消费者市场。行为变量包括消费者的购买时机、追求的利益、使用者状态、使用率、对品牌的忠诚度等。

第一，购买时机。这是根据消费者产生需要、购买或使用产品的时机，将他们划分为不同的群体。这种细分可以帮助企业扩展产品的使用范围。如节日来临时，企业可以抓住购物高峰期大力促销以增加产品的销量。

第二，追求的利益。这是根据消费者在购买特定商品时追求的利益来细分市场。以购买香皂为例，消费者购买舒肤佳是因为其洁肤的功效。现代企业可以根据自己的条件，选择追求某种利益的消费者群为目标市场，为其设计和实施一整套营销组合策略，进行有针对性的营销。

第三，使用者状态。许多市场可以根据使用者状态，细分为从未使用者、曾经使用者、潜在使用者、首次使用者和经常使用者等群体。大企业实力雄厚、市场占有率高，为了拓展市场的需要，一般注重吸引潜在使用者；小企业资源有限，大多对吸引经常使用者感兴趣。

第四，使用率。消费者使用商品的频率也是进行市场细分的变量之一。企业按照使用率可把消费者划分为大量使用者、中量使用者和少量使用者三类群体。大量使用者可能在整个目标市场中人数所占比例不大，但却是企业的主要营销对象。

第五，对品牌的忠诚度。企业可以根据消费者的忠诚程度加以细分。具体可以划分为以下四种类型：绝对忠诚者，是指任何情况下都只买一个品牌的消费者；动摇忠诚者，是指同时忠诚于两个或三个品牌的购买者；转移型忠诚者，是指从偏爱一个品牌转移到偏爱另一个品牌，从一种品牌的绝对忠诚者变成另一个品牌的忠诚者；非忠诚者，是指不对任何品牌表示忠诚的消费者。

6.1.4 市场细分的有效性

市场细分的方法有很多，但并非所有的细分都有效。市场细分对于企业来说是一个复杂的创造性过程，成功和失败的可能性都存在，关键是看细分后形成的细分市场是否有效。判断市场细分是否有效的标准如下。

1. 可测量性

可测量性是指细分市场的各种标准可以测量。细分后形成的各子市场的规模、购买水平、顾客特征等应清晰明确，可以通过各种定量和定性分析进行描述和测量。

2. 可进入性

可进入性是指企业有能力和条件进入细分后所形成的子市场，并为之提供有效的服务。企业市场细分的目的是选择目标市场并能够最终为之服务。因此，企业必须能够对细分后所产生的若干子市场具有营销影响力，使企业在选择目标市场时有较大的余地，为成功开展营销创造条件。

3. 可盈利性

可盈利性是指细分市场的规模，即消费者的数量及购买力足以使企业获利。企业营销活动的最终目的在于盈利，如果市场规模太小、购买力不足致使企业无利可图，这样的细分市场就是无效的。

4. 差异性

差异性是指细分市场的边界应该容易区分。对于不同的细分市场，消费者的特征、需求等有明显差异，对不同的营销组合方案会有不同的反应。

5. 稳定性

稳定性是指细分市场的特征在一定时期内保持相对稳定。市场是不断变化的，但各细分市场的基本特征应保持相对稳定，这样才有利于企业制定较长期的营销战略。否则，面对变化过快的子市场，因不确定因素过多，使企业难以把握其动向，就会增大企业的经营风险。

6.2 目标市场选择

市场细分的目的在于识别不同的市场机会，为目标市场决策提供依据。企业在进行有效的市场细分后，必须评价各细分市场并决定服务于哪些细分市场，把有限的资源分配到最有吸引力的市场机会。目标市场选择（Market Targeting），即评价每一个细分市场的吸引力，选择一个或几个细分市场进入。

6.2.1 评估细分市场

目标市场决策的第一步是对各细分市场进行评估，企业必须考虑以下三类因素。

1. 细分市场的规模和发展前景

理想的目标市场应具有适当的规模与企业相匹配，能够达到企业预期的销售额。这里所谓"适当的规模"是一个相对概念。大企业实力强，可以在规模大的市场上自如营销；小企业资源有限，无法在大市场上有效营销，与之相匹配的则是一些中、小规模的市场。另外，细分市场应该具有较高的市场增长率，即有充足的发展潜力。

2. 细分市场的结构性吸引力

仅有一定的规模和发展潜力，还不能成为理想的目标市场，理想的目标市场必须具备长期盈利性。市场的长期盈利性取决于它的结构性吸引力。影响市场结构性吸引力的因素包括行业竞争者、潜在进入者、替代者、购买者和供应者。如果一个细分市场上已有很多实力雄厚的竞争者，则该细分市场的吸引力下降。如果该市场的进入障碍很小，潜在进入者的进入费用不高，其吸引力也会下降。替代品的价格越有吸引力，企业在该细分市场上增加盈利的可能性被限制得越小，从而使该子市场的吸引力下降。购买者和供应者对细分市场吸引力的影响体现在议价能力上，这会对企业价格的上调造成巨大的压力，使企业无法取得高盈利。购买者的压价能力越强，或者现有供应者有能力降低所供应产品和服务的成本，都会使该细分市场的吸引力降低。在企业选择目标市场时，要认真估算每一细分市场的结构性吸引力，当细分市场的结构性吸引力足够大时，才能入围目标市场，否则企业很难达到预计的长期盈利水平。

3. 企业的目标和能力

理想的目标市场，还必须符合企业的长期目标，并与企业的能力相适应。某些子市场或许有较大吸引力，但与企业的目标不一致，因而只能舍弃。同时，企业还必须考虑自身是否拥有在该市场获胜所需的技术和资源。另外，企业与竞争者相比还要拥有相对竞争优势，并在营销中使之得以巩固和发展。

6.2.2　目标市场选择战略

对各个细分市场做出评估之后，企业必须明确将哪几个市场作为服务目标，以及采用何种营销组合策略。目标市场（Target Market）是指企业决定为之服务的、具有共同需求或特点的消费者群体。目标市场选择战略主要有三种类型，分别是无差异性市场营销战略、差异性市场营销战略和集中性市场营销战略。

1. 无差异性市场营销战略

无差异性市场营销战略是指企业忽略各细分市场需求的差异性，采用单一的市场营销组合，力求最大限度地满足所有市场需求，这种大众营销战略的重点是求同存异，注重的是消费者需求的共性而非个性。这种战略的具体做法是：推出一种产品，以同一质量、同一形式、同一花色进行大批量生产；采用一种价格；使用大众化分销渠道；运用大规模促销，投放于广大市场，如图 6-1 所示。

图 6-1　无差异性市场营销战略

在一般情况下，采用无差异性营销战略的企业具有大规模生产线，能够进行大批量生产，有能力开展强有力的促销活动，能够投放大量的广告和进行统一的宣传，有广泛的分销渠道。同时，众多的子市场对其单一的产品有广泛的需求。采用这种战略的优点是通过减少品种、扩大批量，从而大大降低了单位产品的生产成本，同时也降低了储存、运输和促销费用，易于获得规模经济效益。这种战略的缺点是单一产品以同样的方式营销来满足所有消费者的需求几乎是不可能的。特别是当市场上许多企业都实行这一战略时，该领域就会出现过度竞争的局面，以至于市场的差异性被严重忽视，消费者的需求得不到充分满足，企业为目标市场服务的有效程度降低。

2. 差异性市场营销战略

差异性市场营销战略是指在市场细分的基础上，选择多个细分市场为目标市场，并为每个目标市场分别设计和实施不同的营销方案。该战略的具体做法是：设计和生产不同的产品；根据不同的产品制定不同的价格；采用不同的分销渠道；使用不同的市场营销组合，以满足不同细分市场上消费者的需要，如图 6-2 所示。

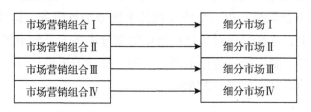

图 6-2　差异性市场营销战略

采用这一战略需要企业的实力比较雄厚，营销管理人员的技术水平较高，有能力进行小批量、多品种的营销。这种战略的优点是能够较好地满足不同目标市场消费者的需求，提高企业的竞争能力，树立良好的企业形象，提高消费者的信任程度和购买频率，有利于增加销售额。该战略的缺点是，企业的经营管理成本会不断攀升，这主要表现在以下几个方面。第一，产品改造成本。企业对产品进行改造以满足不同细分市场的需要，通常需要增加研发、工程设计、特殊模具成本。第二，生产成本。生产多种产量很低的产品，单位产品生产成本要比生产一种产量很大产品的单位生产成本高得多。第三，管理成本。企业必须为每个细分市场制订相应的营销计划，这必然会增加营销调查、预测、销售分析、促销和渠道管理等方面的成本。第四，储存成本。管理多种产品的储存费用，比管理一种产品的储存成本要高得多。第五，促销成本。企业需要对不同的目标市场制订不同的促销方案，从而增加促销和媒体使用成本。

因为差异性营销会导致销售额和成本同时上升，对这种战略给企业带来的效果需要做进一步具体分析。值得注意的是，企业必须防止"超市场细分"的出现，即把市场划分得过细，一旦发生这种情况，应立即运用"反细分"战略，进行细分市场合并，或开拓新的同类市场，以扩大每个细分市场消费者的基数。

┃营销链接┃

差异性市场营销通过细分客群，了解其差异化的需求和关注点，寻找不同领域有影响力的品牌和活动，开展各类跨界合作，推广宣传活动，对目标群体实现精准营销。以农夫山泉为例，该企业拥有敏锐的市场嗅觉，将目标群体定位为年轻一代，又以追星族、文艺青年、手游爱好者、科技发烧友四个团体为青年代表，选取其各自狂热追捧的热点话题作为合作对象，这些热点话题影响力广泛，能够掀起全民热议，使农夫山泉紧跟潮流，而后成为潮流。例如，农夫山泉是热门选秀节目《偶像练习生》的赞助商，随着节目的走红和选手人气的火爆，也给农夫山泉打了广告。除了常规节目中出现的广告语和图像外，农夫山泉为这档节目特设了买水送投票码的活动，购买两箱水送150张票，让观众得以通过买水助推自己的偶像赢得比赛。

资料来源：于铭根据网络资料编写。

3. 集中性市场营销战略

集中性市场营销战略又称密集性市场营销战略，是指企业集中力量只推出一种产品，运用一套营销组合策略，为一个或少数几个细分市场服务。该战略的具体做法是：在市场细分的基础上，选择营销对象比较集中的细分市场为目标市场，进行专业化生产和销售。用一种产品，制定统一价格策略，采用一种分销渠道；运用一套促销策略来满足目标市场消费者的需要，如图6-3所示。

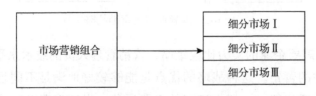

图6-3　集中性市场营销战略

集中性市场营销战略对企业的实力要求不高，适用于资源有限的小企业，或初次进入新市场的大企业。这种战略的优点是：由于服务对象比较集中，可以对市场需求进行深入地了解和研究，在生产和营销方面实行专业化，从而使产品较好地满足目标市场消费者的需求，大大提高了企业目标市场占有率，如果营销成功，可使企业获得较高的投资收益率。其缺点是风险较大，因为目标市场过于集中、营销范围较小，一旦市场发生变化，或企业自身出现某些问题，企业可能会陷入困境。

集中性市场营销的一个极端就是个人营销，也称"一对一营销"或者"大规模定制营销"。真正意义上的个人营销是伴随着智能化生产的发展而兴起的，后者则是由互联网与工业化的快速融合所催生的。个人营销的过程是：企业与目标客户进行一对一的沟通，根据个人需要为其量身定制设计和提供产品和服务，这也使关系营销比以往更为重要。如今，许多企业正对从食品到艺术品、服装、汽车等各种商品进行高度定制化。

营销链接

格力电器成立于 1991 年，是一家集生产、销售、服务、研发于一体的国际化家电企业，拥有 TOSOT、格力、晶弘三大品牌，主营空气能热水器、家用空调、手机、中央空调、冰箱、其他生活电器等产品。格力电器一直专注空调产品的研发，想消费者之所想，致力于满足不同消费者的需求，旗下产品有价格便宜的空调器（三匹窗机）、噪声最低的空调器（冷静王）、制冷效果好的空调器（空调王）等。2013 年各空调厂家集体降价时，格力电器却反其道而行之，推出一款高档豪华空调"数码 2000"，同时具有一氧化碳监测功能和人体感应功能，集环保和智能于一体。事实证明，这款空调虽价格昂贵，却深受中高收入消费者喜爱。除此之外，一般的空调很难在中东地区白天气温最高达 60 多摄氏度、晚上又降到零下几摄氏度的环境下工作。但格力电器针对这一现象进行产品开发，生产出了一款能够在当地气候环境下正常工作的"沙漠空调"，在投放到当地市场后，大受当地居民喜爱。格力电器一直坚持"以顾客为中心"，专注做空调产品，从而实现行业领先。

资料来源：李澳琳根据网络资料编写。

6.2.3　目标市场选择战略的考虑因素

由于三种目标市场营销战略各有利弊，企业在确定目标市场营销战略时，必须对自身和市场的情况进行综合考虑。一般情况下，企业必须考虑以下四个因素。

1. 企业实力

企业经济实力是考虑目标市场营销战略的首要因素。企业规模大、技术力量强、资金较雄厚、有能力覆盖较大市场，可以采用差异性或无差异性市场营销战略；企业规模小、资源有限、没有能力有效地控制庞大的市场，则宜采用集中性市场营销战略。

2. 产品

第一，产品是否具有同质性。同质性很强的产品差异较小，如使用面很广的标准化零部件、粮食、钢材、水泥等，可采用无差异性市场营销战略。对异质性较强的产品，如服装、装饰品、图书等，则可采用差异性或集中性市场营销战略。第二，产品生命周期阶段。产品处在导入期和成长期初期，市场营销的重点是激发需求和建立对新产品的偏好，采用无差异性市场营销战略或针对某一目标市场的集中性市场营销战略较好。当产品进入成长期后期和成熟期时，由于竞争激烈，消费者的需求趋于多样化，应采用差异性市场营销战略建立消费者的品牌偏好，开拓新市场，从而使产品的成熟期延长。

3. 市场特征

要根据市场是否同质而定。同质市场是指市场上的所有消费者在同一时期基本上存在相同的需求，形成了相似的偏好，对同一营销刺激反应基本一致。对于同质性较强的市场，企业可采用无差异性市场营销战略满足消费者共同的需求。对于同质性很差的异质市场，企业应采用差异性或集中性市场营销战略。

4. 竞争对手的战略

如果竞争对手采用无差异性市场营销战略，则企业应采用差异性市场营销战略，提高企业满足消费者需求的深度，从而增强竞争力。如果竞争对手采用差异性市场营销战略，企业就要进一步细分市场，实行更有效的差异性市场营销战略或集中性市场营销战略，但在竞争对手实力较弱的情况下，也可考虑采用无差异性市场营销战略。

企业在确定目标市场的营销战略时，应综合考虑上述因素，权衡利弊做出抉择。目标市场战略确定后，在一定时期内应保持稳定，但当市场和企业实力对比发生重大变化时，要及时对目标市场的营销战略进行调整。

6.3 市场定位

市场定位是目标市场营销的第三个阶段。企业决定进入哪个目标市场之后，需要确定一种价值主张，即为目标市场创造何种独特的价值，并在目标市场当中确立一个与众不同的形象和位置。市场定位是企业根据内部条件和外部环境，为本企业在目标市场上确立地位的战略，在企业的整个营销过程中起着十分重要的作用。

6.3.1 市场定位的概念

1972 年，艾·里斯（Al Ries）和杰克·特劳特（Jack Trout）发表了题为《定位时代》的系列文章，引发了强烈的反响。学者们和各企业积极开展了定位方面的研究和实践，最初是广告定位，进而发展到产品定位，随后发展为市场营销定位，成为营销战略的一个重要组成部分。

市场定位（Market Positioning）是指企业根据消费者对产品或品牌某些属性的重视程度，为产品或品牌塑造与众不同的形象，提供独一无二的利益，从而在目标消费者的头脑当中占据一个清晰、独特、令人向往的位置。定位的实质是使企业与其他竞争者严格区分开来，使消费者明显觉察和认识这种差别，从而建立起对企业和产品的偏好。

6.3.2 市场定位的步骤

1. 了解目前的认知定位

在计划和差异化市场定位时，营销人员首先需要了解消费者在重要的购买维度上对本企业及其主要竞争者的品牌认知和偏好，为打造和传递自己的竞争优势提供基础。这一步骤的中心任务是要回答以下问题。第一，目标市场消费者的需求和满足程度如何？他们最关注的购买变量是什么？第二，本企业和竞争对手的产品或品牌在消费者最关注的需求维度上的表现如何？第三，针对竞争对手的定位和消费者最为关注的利益，企业应该做和能够做什么？

2. 识别可能的差异点和竞争优势

定位的主要任务就是通过差异化使自己从竞争中脱颖而出，其来源就是差异化的竞争优势。因此，企业需要比竞争者更好地理解消费者的需求和传递价值，通过寻找差异点和竞争优势向目标市场提供卓越的价值。

3. 选择恰当的差异点和相对竞争优势

当企业识别出可以提供竞争优势的潜在差异点，就需要从中挑选出可以支持其建立定位战略的差异点，差异点代表了企业相对于竞争者所独有的定位优势，从而独树一帜，将企业的产品与服务同竞争者区分开来。在选择差异点和相对竞争优势的时候应该满足以下原则。

（1）重要性：该差异或竞争优势对目标消费者而言非常有价值。

（2）独特性：竞争者没有或者企业与竞争对手相比具有明显优势。

（3）优越性：比获得相同利益的其他途径更加优越。

（4）可沟通性：该差异或竞争优势便于向消费者进行传递与沟通。

（5）专有性：竞争者无法轻易模仿。

（6）经济性：目标顾客群能够买得起。

（7）盈利性：推广该差异可以为企业带来利润。

4. 确定与沟通定位战略

企业以合适的差异化竞争优势为基础就可以开发整体定位战略，企业整体定位战略可以视作一种价值主张，代表了企业能够为消费者提供的独特价值，也直接回答了消费者的问题——"我为什么要购买你品牌的产品？

一旦确定了定位和价值主张，企业必须采取有力的措施向目标消费者群进行传递和沟通，营销组合策略必须给该定位战略有力的支持，一旦企业选择定位于卓越的质量或服务，就必须让目标消费者群体验到企业所宣称的最优质的质量和服务；如果企业的定位聚焦于优质低价，必须时刻监控成本和市场当中同类产品的价格，以确保向市场传递一致性的价值。因此，良好的定位战略需要更好地执行，一旦企业建立起来理想的定位，就必须通过始终如一的表现和沟通来加以维护，否则历经数年建立起来的定位可能会毁于一旦。企业必须始终密切监控定位，并在需要的时候加以调整，以适应消费者需要和竞争者战略的变化。

6.3.3　市场定位的方法

通过洞察消费者对企业产品和服务的全面体验，企业可以从以下几个方面实行差异化。

1. 产品差异化

第一，根据具体产品的特点进行差异化。构成产品内在特色的因素，如成分、材料、功能、用途、质量、设计等均可成为产品差异化的来源。例如，红罐王老吉凉茶最初被认为是具有清热去湿等功效的"药茶"，在我国广东、广西地区很受欢迎，后来将自己重新定位为预防上火的功能性饮料推广到全国。第二，根据消费者追求的利益进行差异化。这是最敏感的，也是消费者最关心的差别化市场定位依据。第三，根据使用者类型进行差异化。消费者的需求存在差异，企业可把其产品指向特定使用者，以便根据这些消费者的特点或看法塑造恰当的市场形象。

2. 服务差异化

服务差异化也是重要的差异化依据，特别是当有形产品难以差异化的时候。构成服务差异化的因素包括送货、安装、消费者培训和咨询服务等。第一，送货服务。送货服务包括送货的速度、准确性和对产品的保护程度。消费者是否购买产品或服务取决于他们对供应商送货能力的预期，这也就成为区分不同供应商的主要依据。第二，安装服务。供应商在安装服务的质量上是有差异的，客观上形成了服务差异化的依据。第三，消费者培训服务。消费者培训是指对消费者进行免费培训，使之能够正确有效地使用供应商的设备。这是目前服务差异化发展的新项目，它标志着营销发展的方向。第四，咨询服务。咨询服务是销售商向消费者提供资料、建立信息系统并给予指导的服务性支持。第五，维修服务。维修服务是指企业向消费者提供维修业务。维修服务业务的水平在汽车、家用电器、房屋等大件耐用消费品的购买中起着重要的作用。例如，日产企业向顾客保证承担因企业维修不当而造成的一切费用损失。第六，其他服务。事实上，企业还可通过其他工具来区分服务，增加产品价值，如设立消费者奖励等。可以说，企业用于和竞争对手区分的服务项目是无限的。

3. 人员差异化

人员差异化是通过雇用和培训比竞争对手更好的员工来取得竞争优势。人员差异化不仅要求企业精心挑选对消费者直接服务的员工，并且要进行严格的业务、服务、礼仪等方面的培训。受过良好训练的员工，应该具备诚信、礼貌、善于交流等基本素质。企业的竞争需要通过人员来实现，因而人员差异化的运用是提升企业竞争优势的重要途径。

4. 形象差异化

即使其他竞争因素相同，企业也可以通过打造和传递与众不同的鲜明的形象来实现差异化，形象差异化可以来自以下几个方面：第一，品牌个性与形象。个性是企业期望向公众展现的拟人化特征，而形象是消费者对企业的看法。品牌个性可以通过特有的信息传播途径传播出去，形成鲜明的、具有震撼力的市场定位。品牌个性需要通过富有创造性的、艰苦的长期工作去塑造，最后方能在众多品牌中脱颖而出，在消费者心目中形成具有独特风格的形象定位。第二，标志。鲜明的形象应包括易于识别的企业或品牌的一个或多个标志，有助于消费者识别。优秀的标志设计是品牌形象差异化的基石。第三，书面与听觉、视觉媒体。在企业或品牌宣传过程中，书面与听觉、视觉媒体也成为形象差异化的依据之一。如企业的信笺和商业卡片等都可有效地塑造企业及品牌形象。第四，活动项目。企业还可通过赞助的活动项目塑造与众不同的市场形象。

┊**营销延伸**┊

实施乡村振兴战略是实现"两个一百年"奋斗目标和中华民族伟大复兴的中国梦的必然要求，这对处于城乡关键节点的小城镇也提出了新的要求。小城镇的历史文化、区位条件、资源禀赋和产业基础千差万别，其本身发展潜力也各不相同，各地需要因地制宜选择差异化的发展路径和模式。例如，地处河南的建业·华谊兄弟小镇主要有电影大道和太极街两大片区，其中电影大道主要以"老郑州"街区文化为主题，通过特色街区景观，展现了老郑州街区的历史面貌；太极街则结合了华谊兄弟电影《太极》的 IP 和河南的太极文化元素。建业·华谊兄弟小镇通过地域文化和影视文化的多元重叠，打造差异化的旅游体验，进而实现游客的文化共鸣，推动景区发展，提升地区知名度和文化软实力，吸引更多游客。

资料来源：李澳琳根据网络资料编写。

6.3.4　市场定位的问题

企业在实施市场定位战略时，容易出现以下四类问题。

（1）不充分定位。很多企业在市场定位时，由于定位战略选择不当或贯彻定位战略不彻底，导致市场定位模糊，潜在消费者没有真正意识到企业或产品品牌的独特之处。

（2）过分定位。过分定位的主要原因是企业的市场定位过高，在消费者心目中形成了与产品或服务的实际价值相差甚远的形象价值。

（3）混淆定位。由于市场定位战略诉求点过多或者市场定位战略更迭过于频繁，造成市场定位不清，使消费者对企业或产品品牌形象感到困惑不解。

（4）可疑定位。这是选择不恰当的诉求点来体现企业及产品的市场定位。如消费者不相信广告中提及的产品特点、价格水平，最终致使企业或产品的市场定位失败。

企业在制定和运用市场定位战略时，应设法避免以上四类错误，方能有效地开展目标市场营销活动。

◈ 重要概念

市场细分　目标市场　无差异性市场营销战略　差异性市场营销战略　集中性市场营销战略　市场定位

◈ 复习思考题

1. 市场细分有哪些作用？
2. 消费者市场细分的依据有哪些？
3. 对比分析消费者与生产者的市场细分。
4. 论述市场细分有效性的标准有哪些？
5. 如何做好目标市场评估？
6. 论述目标市场选择的战略。
7. 确定目标市场选择战略应考虑的因素有哪些？
8. 市场定位的方式有哪些？
9. 论述市场定位的战略。
10. 阐述目标市场营销的三大步骤。

◈ 经典案例

三只松鼠的突围之路

2012 年，三只松鼠成立在电商红利期，当时的零食界已经呈现三足鼎立的状态——良品铺子、百草味、来伊份平分了市场。而新成立的三只松鼠想在这个市场立足，就不得不另辟蹊径。

三只松鼠把自己定位为一家真实、有温度的企业，公司全体员工扮演的都是一只可爱的小松鼠，必须以松鼠的口吻来与顾客交流，并称对方为"主人"。这种定位方式从未有过，因而使得三只松鼠在零食品类饱和的状态下还能够脱颖而出。在公司成立初期，他们的经营模式受到风投者的青睐，三只松鼠将依靠风投获得的资金大量投放于广告，用于开展动漫制作。三只松鼠的动漫形象、动漫系生动活泼的网站界面、公司装潢处处充满森林的气息，会让你误以为进了一家动漫公司，给客户难忘的视觉体验。三只各具风格的松鼠小贱、小酷和小美代言不同种类的零食，网店的客服，一改以往红极一时的"亲"文化为"主人"文化，他们卖萌，亲热，有问速答，充分体现了其以客户为中心的经营理念。

从百度指数可以看出，三只松鼠的消费主力人群主要集中于 30 ～ 39 岁之间。这一数据跟我们想象的差距很大：零食不该是年轻人的最爱吗？消费的主力人群不该是 20 ～ 29 岁区间的人吗？为什么会是 30 ～ 39 岁之间呢？一种可靠的解释是 30 ～ 39 岁之间的人基本已经结婚生子，而孩子爱吃零食呀！所以他们购买三只松鼠大部分情况都是为了给孩子吃。加上三只松鼠推出同名动画所针对的人群也是儿童，更印证了这个解释。因此，指数上才会显示主要购买人群主要集中于 30 ～ 39 岁之间，孩子没有消费能力，只能是家长替他们消费，所以三只松鼠全力去打造"家"文化的理念。除此之外，三只松鼠在红海中挖掘蓝海，打开知名度，目标客户更是最需要其个性化服务、有消费能力的以白领为代表的都市青年人。

在产品方面，三只松鼠通过原产地直接供货以保证干果的新鲜，包装细致入微，会根据客户分类发出不同的包裹。在物流箱里，除了开果器，还会考虑到产品的不同特点提供湿巾、纸质垃圾袋、封口夹、开口器等确保食用方便称心，还有试吃包让客户体验产品。此外，还提供松鼠形象的精美钥匙扣赠品，在带给消费者附加价值的同时还进行了宣传。他们的价格在同类产品中处于中低端水平，但却不会给人廉价和普通的感觉。客户服务上，他们的客服部叫"全球主人满意中心"，是公司规模最大的部门。该部门的考核指标不是销售额，而是与客户交流的时间，注重的是与客户的沟通，与客户交朋友，从而建立更稳固的关系。

在三只松鼠的品牌战略实施过程中，企业运用各种整合营销传播工具把品牌的文化、理念、使命、愿景向大众、市场以及企业内部人员等各方面进行文化和意识的渗透。三只松鼠发扬自有文化，创造心灵的绿洲以及"一花一果一世界"的企业理念；打造"家"的文化背景，员工都把公司当作自己的家，在公司每人都有一个"鼠"姓名字，员工互相视为家人的融洽环境，使得企业的文化渗透深入。而忠于信仰、不懈坚持、勇于改变、分享协作的企业核心价值观，与创始人章燎原的创业经历相映衬。

资料来源：1. 心魔营销，拆解"三只松鼠"背后的营销套路，2018-07-02.
　　　　　2. 新零售世界，零食市场已经饱和？三只松鼠开始布局其他领域，2020-04-30.

思考题：

1.三只松鼠基于什么进行的市场细分？
2.三只松鼠选择了什么样的细分市场？
3.三只松鼠的市场定位是什么？与竞争者的差异是什么？
4.三只松鼠是如何对市场定位进行有效传播的？
5.三只松鼠还可以抓住哪些市场机会？

第 7 章
CHAPTER 7

品 牌 战 略

§ 本章提要

    品牌是企业用来传递定位信息的重要载体，企业可以通过品牌给消费者留下区别于竞争者的独特印象。本章旨在探讨如何通过建立和管理品牌来最大化企业的品牌资产。首先，阐述品牌的含义和作用，并介绍品牌定位和品牌资产在品牌战略中的意义；其次，解析如何创建品牌资产；最后，介绍品牌战略的制定。

7.1 品牌和品牌资产

品牌作为区分不同制造商产品和服务的工具已经有几百年的历史。从企业视角来看，营销人员最重要的任务之一就是为企业创立、强化和保护品牌。

7.1.1 品牌的含义和作用

1. 品牌的含义

根据美国市场营销协会的定义：品牌（Brand）是一种名称、术语、标记、符号、设计，或是这些要素的组合，其目的是借以识别某个销售者或某些销售者所提供的产品或服务，并使之与竞争对手的产品和服务区别开来。这一定义一方面强调了品牌的符号部分，另一方面强调了品牌存在的意义。而事实上，品牌远不仅仅局限于名称和符号这么简单，它是企业对消费者的契约，对特定利益、质量和价值的承诺，也是企业与消费者关系的关键要素，代表了消费者对这一品牌产品或服务的全部感知和感受。因此，品牌就是相应的产品或服务在某种程度上区别于满足同一需求其他产品或服务的那些部分。这种区别既可以表现为功能性的、理性的或有形的产品性能相关层面，又可以表现为象征性的、情感的或无形的品牌表征相关层面。而与品牌有形方面相比，品牌的无形方面能与消费者和员工建立更为深刻的认同、忠诚和承诺。

随着互联网技术和社交媒体的迅速发展，品牌的含义正在发生深刻的变化。品牌不再是企业告知消费者它是什么，而是消费者之间告知彼此它是什么。一方面，消费者有很多渠道发表自己关于品牌的看法。比如，通过在线购买渠道发表购后评论，通过社交媒体宣传或抱怨品牌或产品。而相较于企业的商业宣传，消费者的口碑往往更有说服力。因此，目前有很多品牌都是借助小红书、B 站、抖音这些社交平台鼓励用户发布品牌相关视频，为其他用户推荐。另一方面，很多企业把消费者作为企业重要的战略资源，构建更多有助于企业和消费者价值共创的方式方法。比如，创建自己的品牌社群，在品牌社群中用户可以发表自己对产品的改进建议、以及关于品牌和产品的想法和感受，企业也可以通过品牌社群中消费者讨论的话题为产品和服务的改进找到新的灵感，通过顾客和品牌的良性互动，实现消费者对品牌的深度认同。

2. 品牌的重要性

品牌对于企业和消费者双方都是极具战略价值的。下面分别从企业和消费者的视角，探讨品牌的重要作用。

（1）品牌对企业的重要作用。

一是易于辨认和识别产品。企业产品创立品牌后，有利于企业内部生产活动的科学管理和产品库存的会计核算，也便于对产品销售和使用情况的跟踪调查。

二是可以合法保护产品。品牌通过商标注册后，品牌拥有者即获得法律赋予的权利，其产品的独特性能或独到之处将受到法律的保护。这也保证了企业在品牌上投资的安全性和投入资金收益的可期待性。

三是赋予产品独特联想。品牌名称为构建和传播有关产品特质的故事提供了基础。品牌可以为企业产品增添独特的含义和联想，从而使之有别于其他竞争产品。比如，一提到海尔人们就会想到张瑞敏砸掉不合格冰箱的故事，这一故事传递了品牌注重产品质量的信息，有助于让消费者把海尔和"产品质量好"联系起来。

四是便于定位于不同细分市场。如果一家企业想要给不同细分市场的消费者提供具有不同产品特性的同类产品，针对不同细分市场采用不同的品牌名称更有利于企业传递符合特定目标市场需求的产品信息。

五是有利于保护企业的竞争优势。企业在生产工艺流程和产品设计方面的竞争优势很容易被竞争对手模仿，但企业的优秀品牌在消费者心目中留下的深刻印象，则是竞争对手难以复制的。优秀的品牌可以和消费者产生独特的情感连接，如大白兔奶糖对于"80 后"而言，是其他品牌不能取代的独特童年回忆。

六是构成企业资产的重要部分。品牌作为企业的无形资产，虽然不在会计报表中反映，但在资本市场上是有价值和可以交易的。许多企业按照溢价被兼并或收购，就是因为它们耗费巨资打造的品牌，在企业被兼并或收购后仍能够持续带来额外收益。

（2）品牌对消费者的重要作用。

第一，降低搜寻产品的成本。消费者了解和熟悉了某些品牌后，可以根据自己的经验做出决策，这样就不用到处搜寻和对比不同品牌的产品，省时省力。

第二，减少购买决策中的风险。消费者在购买不熟悉的产品的过程中会面临诸多风险，例如，产品实际性能低于期望值、产品对使用者健康造成损害、产品质次价高、产品给使用者造成精神上的负面影响等。然而，如果消费者购买曾经使用过的且令其满意的品牌产品，就可以一定程度上规避上述各种风险。一旦产品出现了质量问题，品牌明示了产品的来源或制造商，使得消费者可以要求特定制造商或分销商对产品的缺陷和问题负责。

第三，提供情感和精神上的满足。品牌不仅能够帮助消费者认识自我，还可以帮助消费者将这种认识传递给他人。因为品牌在现实生活中是与特定群体联系在一起的，消费者使用这一品牌是与该群体交流，甚至是自我交流的一种手段。

3. 品牌化

从上述内容不难看出，品牌能够为企业和消费者双方带来巨大的好处和利益。接下来的课题就是如何建立品牌，即如何将企业产品品牌化。品牌化（Branding）是指赋予企业产品和服务以品牌的力量，使企业产品或服务与其他竞争产品或服务之间产生明显的积极差异。

品牌化需要解决三个关键问题：首先，营销人员需要为企业产品选择品牌名称，实际上是在告诉消费者产品是"谁"；其他品牌元素的使用也是帮助消费者识别该品牌。其次，企业还应该告知消费者这个品牌的产品属于哪个行业，也就是产品是"做什么的"。最后，企业应该告诉消费者这个品牌的产品与同行业其他产品有何差异，给消费者关注产品找到一个合适的理由，也就是这个产品"为何特殊""为何与其他竞争品牌不同""为何消费者应该购买它"。

企业产品品牌化的过程归根结底就是促使消费者建立起对企业产品的认知和对品类中不同品牌之间差异认知的过程。正如之前章节中提到的，定位是设计企业提供物和形象以便在目标消费者心中占据一个独特位置的活动，不难理解，企业产品品牌化的过程实质上就是企业在践行品牌定位的过程，既帮助消费者简化决策，又为企业创造价值。而品牌间的差异可以源于品牌自身的属性或利益，也可以出自无形的象征或形象。

因此，成功创建品牌的关键在于，让消费者相信同类产品或服务并非完全相同，而是存在有意义的差别。什么是有意义的差别？首先，差异点是消费者看重的，能满足目标市场的独特需求和偏好的。其次，差异点是真实存在的，是其他企业没有的，且很难被其他企业模仿。最后，差异点是能被消费者感知到的，这就需要企业借助营销组合的所有元素来传递差异点。例如，电脑芯片既不可以通过视觉观察来判断其质量，又不能够通过试用来对其进行评价，但仍然可以被品牌化。

伴随市场的全球化和竞争的白热化，品牌化的范围几乎涵盖了广义产品概念的所有方面，其中主要包括：实体产品（华为手机）；服务（工商银行开户服务）；事件（冬奥会）；人物（雷军）；组织（红十字会）；地点（杭州西湖）；想法（一带一路）。

7.1.2　品牌资产的含义和作用

1. 品牌资产的含义

品牌资产（Brand Equity）是差异化的品牌知识造成的消费者对品牌营销的不同反应。品牌资产反映在消费者关于品牌的想法、感受以及行动方式上，同时也反映在价格、市场份额和利润上。品牌资产是对品牌捕获消费者偏好和忠诚度能力的测量，品牌资产这一概念有三个构成要素。

第一，差异反应。差异反应是指品牌资产之所以存在，是因为消费者会在品牌产品与无品牌产品之间做出不同的反应。如果没有这种不同的反应，品牌产品就会被视为无品牌产品，两者之间的竞争也只能是价格上的竞争了。

第二，品牌知识。品牌知识是消费者在记忆中形成的关于品牌特征、利益、态度、想法、感受、体验的联想，它部分来源于品牌过去的营销活动，比如广告或促销。同时，品牌知识也是产生上述顾客差异反应的原因。可见，尽管品牌资产是企业营销人员在营销活动中创立的，但品牌资产的价值最终还是取决于消费者对品牌感知的积极程度。因此，营销人员必须在消费者心目中建立起积极的品牌联想，如沃尔沃让消费者联想到"安全"，海底捞让消费者联想到"周到的服务"。

第三，消费者对品牌营销活动的不同反应。消费者对品牌营销活动的不同反应体现在与该品牌营销活动各方面有关的消费者的感知、偏好和行动中，如对品牌的选择、对广告的回忆、对品牌延伸的态度、对促销活动的回应等。

2. 品牌资产的作用

品牌资产价值并非是静止的，而是处于不断的变化之中的，而这一变化背后的主要推动力量则是消费者的品牌知识，认识到这一步的重要性具有三个启示意义。

第一，品牌资产是企业以往投资质量的反映。从品牌资产视角分析，企业每年用于生产和销售产品的成本和费用，都可以视为对消费者品牌认知和品牌体验的投资。而这一投资效益的衡量标准应是能否在消费者脑海中建立起积极的消费者品牌知识。如果这些投资使用得当，建立起了积极的消费者品牌知识，企业的品牌资产自然会随之升值。

第二，品牌资产是企业竞争优势的来源。一个强大的品牌有高水平的消费者知晓度、喜爱度和忠诚度。消费者对产品性能的感知提高，则更容易接受它的产品线延伸和品牌延伸，更能容忍它的价格上涨和促销投入的削减；也更愿意在不同的零售商处找到它，也能使公司的营销传播效果更好、有更高的利润率；更不易受到营销危机和竞争性营销活动的影响，可以获得更强有力的商务合作和支持，有机会进行特许经营。

　　第三，品牌资产是企业未来投资的方向。企业的品牌资产是以品牌知识为依托的，而消费者就是凭借品牌知识来设想品牌应该如何发展，或者不应该向哪个方向发展。从此意义上讲，基于品牌知识的品牌资产决定了这一品牌的未来发展方向。如拥有著名品牌李维斯牛仔裤的公司在品牌延伸至李维斯定制套装后失败了。这是因为消费者的品牌知识，即在消费者头脑中与著名品牌李维斯牛仔裤产生联想的所有事物，都与定制套装背道而驰。基于同一原因，空调机制造企业江苏春兰公司在品牌延伸至春兰汽车后也失败了。

　　从上述内容可见，品牌资产给营销人员提供了把过去、现在与未来连接在一起的一种战略思维方式。

7.1.3　品牌资产模型

　　国内外营销理论界和企业界都十分重视品牌资产建设，并创立了许多用于品牌资产建设的品牌资产模型，下面介绍两种较为流行的品牌资产模型，其中"品牌资产金字塔模型"是国内外营销理论界最推崇的品牌资产模型，也是企业界使用最广泛的品牌资产模型之一。

1. 品牌动力模型

Millward Brown 公司开发了品牌动力模型，核心是品牌动力金字塔，如图 7-1 所示。

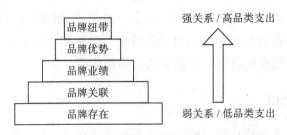

图 7-1　品牌动力金字塔

　　从图 7-1 可见，品牌创建过程是由自下而上的 5 个阶段组成，它是一个渐进的过程，是无法跳跃的，因为消费者对品牌的认识和理解本身就是一个逐渐深化的过程。

　　第一，品牌存在。企业营销人员应该引导消费者在众多竞争品牌中辨认出企业的品牌，也就是说，要解答消费者有关"我是否知晓这个品牌"的疑问。

　　第二，品牌关联。企业营销人员要借助有形和无形的品牌关联，在消费者心目中建立起品牌的完整含义。即营销人员要解答消费者有关"这个品牌产品能够为我提供什么"的疑问。

　　第三，品牌业绩。企业营销人员要协助消费者了解和掌握产品的范围、功能、性价比、用途等。这时，营销人员要帮助消费者回答有关"这个品牌产品能够让渡什么"的疑问。

第四，品牌优势。企业营销人员要使消费者了解企业品牌与其他竞争品牌的不同点，特别是企业品牌的比较优势。这时，营销人员要回答消费者有关"企业品牌产品是否比其他品牌产品更好"的疑问。

第五，品牌纽带。企业营销人员要凭借事实使消费者相信，企业品牌比其他竞争品牌都好。营销人员要回答消费者有关"还有什么品牌能够比得上它"的疑问。

品牌纽带阶段的消费者处于金字塔的顶端，他们与企业品牌之间已经建立起了十分密切的关系，其在企业品牌产品上花费的金钱与较低阶段的消费者相比要多得多。而企业营销人员的任务就是，通过有效的营销活动来促使处在底端消费者登上金字塔的顶端。

2. 品牌资产金字塔模型

品牌资产金字塔模型是从消费者角度出发，探讨企业怎样从无到有、逐步建立起企业的品牌资产。从图 7-2 可见，品牌资产金字塔模型是由 3 部分组成：品牌建设的 4 个不同阶段；从消费者视角描述品牌建设的路径；品牌建设每个阶段的目标。

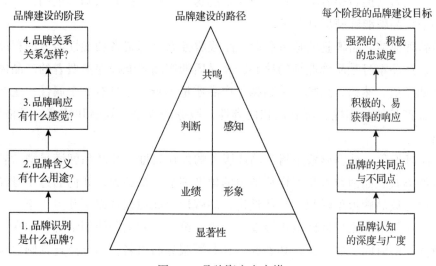

图 7-2　品牌资产金字塔

（1）品牌建设的 4 个阶段。品牌建设的 4 个阶段是一个渐进的过程，它是无法跳跃的，因为消费者对品牌的认识和理解只能是一个逐渐深化的进程，而深化进程本身就不可能一蹴而就。

第一，品牌识别。企业营销人员要在消费者脑海中，把品牌与某产品类别或消费者需求联系在一起。如促使对食品保鲜有需求并计划购买电冰箱的消费者想起海尔品牌的电冰箱。

第二，品牌含义。企业营销人员要解答消费者有关"这个品牌产品有何用途"的疑问。例如，海尔品牌电冰箱的营销人员，应该在消费者心中建立起海尔品牌电冰箱与"节能""智能控制""绿色环保""最佳售后服务""外观设计高雅""性价比高"的有形和无形的品牌联想。

第三，品牌响应。企业营销人员要促使消费者对其能够辨认出的并已经在头脑中建立起完整意义的那个品牌做出积极反应。这时，营销人员要帮助消费者回答有关"就这个品牌产品而言，有何印象或感觉"的疑问。此时，海尔品牌电冰箱的营销人员应引导消费者向他人表达自己对海尔品牌电冰箱的良好印象和感觉。

第四，品牌关系。企业营销人员要促使消费者在做出对某品牌的积极反应的基础上，进而与该品牌建立起积极和忠诚的关系。这时，营销人员要回答消费者有关"就那个品牌产品而言，我与它有怎样的联系、关系如何"的疑问。此时，海尔品牌电冰箱的营销人员，应引导消费者与企业品牌建立起深厚的感情，以购买海尔品牌产品为荣，成为海尔品牌产品的忠实顾客。

（2）基于消费者的品牌建设路径。在消费者视角下，品牌建设有两条自下而上的不同路径，图 7-2 中品牌建设的理性路径是在金字塔的左边，感性路径在金字塔的右边。

一是品牌显著性。品牌显著性测量的是品牌的认知程度，即在各种购买、消费和使用情境下，消费者能否很容易辨认出或回忆起这一品牌。品牌认知程度的提升，可以使消费者相信该品牌能够满足其需求。

二是品牌业绩。品牌业绩是指企业产品或服务满足消费者功能性需要的程度。应该强调的是，产品本身是品牌业绩的核心，高品质的产品才能确保消费者的产品体验达到或超过其期望值。然而，品牌业绩超越了产品质量本身，它具有 5 个属性：主要成分和次要特色；产品的耐用性、可靠性和便利性；服务的效果、效率和情感；风格与设计；产品价格。

三是品牌形象。品牌形象是指产品或服务的外在属性，涉及品牌满足消费者心理和社会需求的方式。如消费者是怎样从抽象的角度理解一个品牌，如何通过亲身经历或信息传播渠道形成品牌形象联想。具体地讲，品牌形象联想包括以下几点。第一，用户形象。例如，小红书的用户群体以年轻女性为主。第二，购买和使用情境。如在何种活动中使用及使用的时间、地点，如必胜客以其餐厅服务而出名，而比萨连锁则以快速递送而著名。第三，个性与价值。如海尔的个性是真诚，这一个性的形成与海尔长期的广告宣传不无关系，而宝马体现的价值是高贵。第四，历史、传统和体验。如产品的原产国是日本会使消费者联想到高质量，产品制造商是微软会使消费者联想起创新，商场装修的蓝色调会使消费者联想到高雅。

四是品牌判断。品牌判断主要是指消费者对品牌的个人看法和评价。消费者对品牌的判断主要有 4 种类型。第一，品牌质量。它是指消费者对品牌的整体评价，如消费者对喜来登酒店的特有联想是外观设计优美、地点便利、房间舒适、员工服务周到等。第二，品牌信誉。它是指消费者依据可靠性和吸引性对品牌的可信度的判断。第三，品牌考虑。即消费者是否真正打算购买该品牌产品，这与品牌的强有力的、带有偏好的联想密切相关。第四,品牌优势。它是指企业品牌与竞争品牌相比,是否更具有独特性。

五是品牌感知。品牌感知即促使消费者在情感上对品牌做出某种反应。例如,贺曼品牌能够使消费者感到温暖和挚爱,这与该企业"彰显人性善良和诠释人类爱与被爱的美好"这一企业宗旨有密切关系;迪士尼品牌能让消费者体会到愉悦、开心、痛快、轻松等情感;在一些职业女性眼中,国际名牌服装、首饰能够产生社会认同感,让周围的人都认为自己很成功。

六是品牌共鸣。品牌共鸣指的是消费者感觉到与品牌融合为一体的程度,即消费者成为品牌粉丝的痴狂程度。在金字塔中,品牌共鸣是品牌建设的最高境界,它是由品牌与消费者的心理联系的深度和强度来测量的,它由四个维度构成。第一,行为忠诚度。表现为重复购买同一品牌产品的频率和数量。第二,态度依附。即消费者认为该品牌是其最喜爱的品牌,甚至把它视为自己的心爱之物。第三,群体归属感。即消费者因共同的品牌偏好而走到一起,如喜爱哈雷·戴维森品牌摩托车的消费者组成俱乐部,举行集体活动。第四,积极参与。即表现为消费者自觉自愿地投入时间、精力和金钱以参加与该品牌有关的一切活动。

(3)品牌建设的阶段目标。每个阶段的品牌建设目标为以下几点。

第一,品牌认知的深度与广度。品牌建设第一阶段的目标是使品牌认知达到一定的深度和广度。品牌认知的深度是指品牌元素在消费者头脑中出现的容易程度。如果一个品牌能够很容易地被消费者回忆起来,而另一个品牌消费者只有在亲眼见到时才能够回忆起来,那么可以说前者的品牌认知深度就比后者的要更深一些。

品牌认知的广度是指品牌购买和使用情境的范围。如饮料包括非酒精类的果汁、牛奶、豆浆、软饮料和酒精类的啤酒、葡萄酒、香槟酒等,而消费者在任何场合和时间下需要饮用饮料时,记起来次数最多的那种饮料,就是品牌认知广度最广的品牌。这里,我们假设消费者在任何场合和时间下需要饮用饮料时,想起来次数最多的是软饮料可口可乐,那么,可口可乐的品牌认知广度就是最广的。

第二,品牌的共同点与不同点。品牌建设第二阶段的目标是通过对比企业品牌与竞争品牌各自的相同和不同之处,在消费者脑海中树立起企业品牌与竞争品牌的比较优势。

第三,积极的、易获得的响应。即要促使消费者对其能够辨认出的那个品牌,做出快速的回应,向他人表达自己对企业品牌的良好印象和感觉。

第四,强烈的、积极的忠诚度。即消费者自发地参与该品牌有关的各项活动,成为该品牌信息传播的使者。

┊营销链接┊

如今,所有的消费者都可以在社交媒体上即时发声,品牌与消费者之间的关系已经发生了本质性改变,如何塑造好在社交媒体上的品牌形象,对于品牌价值的塑造越来越重要。微博自 2009 年创立以来,经过不断的发展和演进,已经成为一个具备多重属性的综合社交媒体平台，并发展成品牌构建社交影响力的核心阵地。一方面，微博有着公共的社会舆论场特性，是热点话题和流行风尚的发源地和发酵场；另一方面，微博聚集了活跃的明星资源、行业媒体、KOL和各个圈层的意见领袖，可以实现高效的品牌"种草"、内容引爆、跨界破圈、粉丝沉淀和用户运营。同时，微博还具备从长短图文到长短视频的内容融合能力，可以帮助品牌进行立体式多形态的内容建设。由于这些属性和独特性，也让微博成为品牌社交资产建设的首选平台之一。因此，依托微博推出衡量品牌社交资产的"品牌V力榜"，不仅高度符合微博的价值属性，同时也填补了社交媒体时代以更多元的视角衡量品牌资产的空白。

资料来源：趋势观察，这份榜单，揭示了品牌社交资产建设的方法，2021-04-20.

7.2　品牌资产创建

创建品牌资产需要创建一个让消费者熟悉的品牌，并且能让消费者形成积极的、强烈的、独特的品牌联想。要想让消费者形成积极的、强烈的、独特的品牌联想，企业最先做的就是要有清晰明确的品牌定位。在品牌定位清晰明确的基础上，营销人员创建品牌资产的活动主要涉及3个方面：选择恰当的品牌元素、运用正确的品牌联想和设计整体营销方案，其中设计整体营销方案涉及产品、价格、沟通和渠道的整体配合，会在后续章节中详细阐述，此处只介绍品牌元素选择和品牌联想运用两个部分。

7.2.1　品牌元素选择

品牌元素指的是那些用以识别和区分品牌的特别设计，包括：品牌名称、品牌标志与符号、品牌形象代表、品牌口号、品牌广告曲、品牌域名和包装等。大多数国际著名品牌都使用多种品牌元素，例如，耐克的品牌名称"耐克"取自希腊胜利女神，品牌标志为具有独特寓意的"翱翔"，品牌口号是"愿意做就做"。

1. 品牌元素选择标准

营销人员选择品牌元素所依据的标准主要有6个，包括：易记性、意义性、喜爱性、柔韧性、适应性和保护性。前3个标准是进取性标准，用于创建品牌资产；后3个标准是防御性标准，用于维护和增强品牌资产。

（1）易记性。按照易记性标准，营销人员选择品牌元素时，应考虑消费者能否很容易地回忆和识别这一品牌元素。20世纪60年代，上海某制鞋公司创立的"回力"品牌，在购买和消费场合就非常容易被识别、记起和朗读出来。

（2）意义性。意义性标准有两层含义：一是品牌元素应该能够传递给消费者有关品类的信息，如"农夫山泉"传递给消费者有关品类的信息是"矿泉水"，消费者一看见"农夫山泉"就想起"矿泉水"；二是品牌元素应该能够传递给消费者有关品牌属性和利益的信息，如"立白"使消费者联想到"性能好、见效快"的品牌属性和利益。

（3）喜爱性。喜爱性标准要求品牌元素拥有美学意义上的冲击力，能够在视觉或听觉上吸引消费者。即便脱离产品，品牌元素自己就能够使消费者愉悦，如"娃哈哈""好利来""可口可乐"。

（4）柔韧性。柔韧性标准要求品牌元素有助于企业推出同类或非同类的新产品，即品牌元素有利于产品线和品类延伸。一般地讲，品牌名称越宽泛，品类之间的转换越方便。例如，通用电器在民用设备与医疗设备之间的转换几乎是无障碍的；亚马逊在线借助世界第一大河流宏伟气势的隐含联想，在图书与其他商品之间平稳转换。对于一些跨国或跨文化经营的品牌来说，品牌元素是否能用于其他地理区域或不同文化之中也是要考虑的问题。

（5）适应性。适应性标准是指品牌元素在一段时间内，要既能够随消费者价值观和理念的变化而变动，又能够随市场潮流而更新，具有很好的可塑性。如可口可乐公司在过去的 100 年中，曾经 27 次改变品牌口号，平均不到 4 年改变一次。

（6）保护性。保护性标准包括法律和竞争两个层面。一方面，营销人员应该选择能在法律上受到保护的品牌元素，及时向权威法律机构登记和注册，密切关注和积极防范他人对企业品牌的侵权行为；另一方面，营销人员选择品牌元素时，要充分考虑到竞争对手模仿的可能性，尽量增加被模仿的难度。

2. 品牌元素的开发利用

从创建品牌资产的角度分析，不同品牌元素各自扮演着重要角色，它们共同构成品牌识别，都在树立消费者的品牌认知和品牌形象中发挥关键作用。营销人员在品牌创建活动中，应该充分发挥品牌元素的整体作用，使元素之间相互呼应，并便于在企业市场营销方案中运用。品牌元素开发应坚持的原则包括以下几点。

第一，发挥品牌元素易记忆和寓意深长的作用。普通消费者在购买过程中并不愿意花费很多时间去收集和分析信息，而往往是被动接收信息。这时企业产品的品牌元素若能方便记忆，就可以迅速建立品牌的认知度和品牌联想，从而为企业节省大量的营销传播费用。

第二，发挥品牌元素令人愉悦的作用。品牌元素若具有美学意义上的风格和主题，包括视觉上的颜色、线条、形状和字体，听觉上的声调和响度，触觉上的组织和材料等，同样能够迅速建立品牌的认知度和品牌联想，在营销传播上起到事半功倍的作用。

第三，发挥品牌元素的隐喻作用。在有些情况下，品牌传递的利益很难非常具体，这时品牌元素隐喻作用的发挥就显得至关重要。保险、证券业公司在创建品牌中就面临这一难题，此类公司常常使用象征安全和力量的品牌元素，如以"平安"为保险公司的品牌名称，以"平安保险，保平安"为品牌口号。

第四，发挥品牌元素无特定含义的作用。应该承认品牌名称拥有特定含义虽有许多好处，但也有缺点，即灵活性降低了，很难重新定位或增添新的寓意。营销人员可以通过创造全新的词汇来增加品牌元素的灵活性，如施乐、京东等品牌本身没有特定含义，但有极强的可塑性。

┃营销链接┃

　　钟薛高雪糕的名字来源并没有大家想象的那么复杂，钟薛高之所以取这个名字是采用了"中雪糕"的谐音，表达的含义为"中国的雪糕"。不仅如此，钟薛高采用独特的中式瓦片型设计，顶部外加上"回"字花纹，意为"回归"本味。收罗来自全球的不同食材，制造鲜活雪糕，还原食材风味。钟薛高从产品外包装到雪糕盒，再到雪糕棒全部都是环保材料，雪糕棒采用以秸秆为原材料制作的环保棒签，100% 可降解。此外，还在棒签上设计不同文案，为用户创造了个人专属的情感体验。

资料来源：梅涛根据网络资料编写。

7.2.2　利用品牌知识创建品牌资产

　　品牌知识是由与该品牌有关的所有想法、感受、印象、体验和信念等组成的。消费者的脑海中原本就存在大量的有关品牌事物的知识，公司在创建品牌资产过程中应该充分利用其中的相关知识，引导消费者运用现有的关于事物或品牌的知识，推论出公司品牌的特征并产生品牌联想。

　　营销人员利用消费者头脑中已存的关于品牌事物的知识，引导其推论出品牌的特质，应注意以下 3 点。

　　第一，事物本身的强度和知名度。如果消费者对事物已经形成积极的判断和感受，并拥有强烈的品牌偏好和联想，这对于创建企业品牌资产十分有利。否则，就没有什么可传递的知识了，比如有很多粉丝的明星、受人尊敬的企业家、享誉盛名的原产地。

　　第二，品牌联想的价值。如果事物能够引发积极的联想、判断或感受，还要分析相关知识对品牌资产创立的价值。比如新西兰以盛产优质羊毛闻名，一家羊毛制品公司将其产品定位在以新西兰羊毛为原料，则很容易形成强烈的、有价值的联想。

　　第三，联想传递的可能性。如果确实存在较大的价值，就要进一步考察与品牌的关联性。一般来讲，消费者在事物与品牌之间发现的相同之处越多，他们将这些事物的特征顺延至品牌上的可能性就越高。

　　营销人员利用消费者头脑中已存品牌联想来创建品牌资产的方法有 4 个，如图 7-3 所示。

1. 与关联品牌联想

　　营销人员利用关联品牌来创建品牌资产，具体包括：

　　第一，企业品牌。拟创建品牌与企

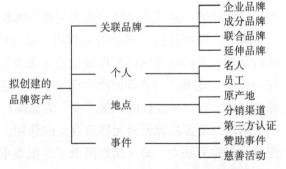

图 7-3　品牌资产联想的连接对象

业品牌之间的关系有 3 种情况：①直接采用企业品牌或稍加修改后采用；②新品牌与企业现有品牌的结合；③一个全新品牌，与企业现有品牌没有直接联系。如果是上述前两种情况，那么消费者已有的品牌知识会同样地传递给新品牌，成为品牌资产的重要来源。这时企业现有品牌传递给新品牌的联想涉及消费者的态度、产品属性和利益、企业形象、市场价值、产品的口碑等。但如果是最后一种情况，拟创建品牌与企业品牌之间的传递效果将是很差的。另外，企业产品的品类和所处行业对联想的传递也有直接影响。医药行业企业进入食品行业，其拟创建品牌与企业品牌之间的传递效果甚至是负面的。

第二，成分品牌。即为产品中的关键原材料、部件或元件创建品牌资产。如果品牌产品采用有强大品牌资产的关键原材料、部件或元件，那么消费者就能将产品品牌与成分品牌联系起来，形成关于产品品牌的积极联想。如手表制造商采用知名品牌手表机芯、羊绒衫制造商采用知名品牌羊绒。成分品牌可促使消费者对品牌产品产生强烈的认知和偏好，使消费者不购买不含该成分的其他产品。

第三，联合品牌。联合品牌利用多个品牌的联想力量创建品牌资产，可以收到事半功倍的效果。一家种植橙子的著名果业公司与一家生产蛋糕的著名食品公司合作或合资生产一种水果蛋糕，采用联合品牌的方法创立新的品牌资产。优点是：为新品牌树立了更具魅力的差异点或共同点，降低新产品的市场导入成本，增加消费者潜在的接受意愿，拓宽品牌的内涵和消费者的接触点。

第四，延伸品牌。延伸品牌是指为了快速创建品牌资产，把一个新产品与已拥有广泛品牌联想的企业的现有品牌联系在一起。许多企业利用现有品牌推出不同品类的新产品，获得了良好的效果。

2. 与个人联想

营销人员利用个人来创建品牌资产，具体包括以下两点。

第一，名人。许多著名品牌通过与名人之间建立牢固的品牌联想来提升品牌资产。名人可以把消费者的注意力转移到企业的品牌上，并借助消费者对该名人的了解，引导消费者对品牌做出推断，形成对该品牌的联想。理想的名人应具有特长，并且这一特长与企业产品相关，还应具有独特魅力、令消费者产生丰富的感受和判断。如迈克尔·乔丹为运动鞋、运动饮料、快餐店、麦片、内衣等品牌代言，而这些商品都与他密切相关。

第二，员工。用企业员工影响消费者以创建品牌资产。这种方法虽然没有名人的轰动效应，但也有许多优势。例如，迪士尼员工的友好、礼貌和好客对增强迪士尼品牌资产发挥了重要作用。新加坡航空公司的空中服务人员高雅和周到的服务，既是该公司文化的一部分，又引导了旅客对公司品牌的积极联想，为公司培育了积极向上的公司文化，从而增添了公司品牌资产的内涵。此外，依靠员工创建品牌资产的成本要远远低于名人的成本。

3. 与地点联想

营销人员利用地点来创建品牌资产，具体包括以下两点。

第一，原产地。产品的原产地或地理区域能够引发消费者对品牌的联想。这是因为伴随经济和竞争的全球化，许多国家或地区在某一或某些领域的竞争中胜出，以生产某一或某些品类的产品而著称。消费者则会根据他们对不同国家产品质量、性能、品牌形象等的感知，选择来自世界各地的商品。消费者对某些国家产品质量、性能、品牌形象的认同会逐渐上升为品牌偏好，形成对原产地的强烈信念。许多品牌都借助原产地联想提升品牌资产，如宝马（德国）、帝王威士忌（苏格兰）、李维斯牛仔裤（美国）、欧米茄（瑞士）、波特利橄榄油（意大利）。另外，营销人员还可以利用原产地来激发消费者的爱国情感，使其将本国品牌视为自己的身份象征。

第二，分销渠道。产品和服务的出售地点往往是消费者推断其品质的依据之一。因为零售商的地理位置、商品品类及商品搭配、价格和促销水平、购物环境、服务态度、信用政策，已经使消费者在心目中形成了对零售商的品牌形象。同一件产品因其在专卖店、高级商场或者廉价卖场出售，会在消费者心中产生不同的联想。零售商对其所销售产品的品牌资产具有直接的正面或负面影响。有些高档品牌为了扩大市场份额，进入连锁超市一类的大众卖场，但利润却不升反降，就是忽视了零售商对企业品牌资产可能造成的负面效应。

4. 与事件联想

营销人员利用事件来创建品牌资产，具体包括以下几点。

第一，第三方认证。营销人员可以用多种方式把品牌与第三方资源联系在一起，建立起企业品牌的联想。20 世纪 80 年代初期，日本汽车在美国汽车市场上快速建立起高质量的品牌形象，与在美国权威机构和报纸及杂志的消费者满意度指数、质量认证、企业及产品的评级等方面的优秀表现有密切关系。

第二，赞助事件。赞助事件本身就是一系列联想的源泉，在特定的条件下可以与赞助品产生某些关联，提升赞助品的品牌资产。营销人员通过参与赞助活动，可以为品牌建立新的次级联想，或者提升品牌现有联想的独特性和强烈程度。营销人员在事件赞助中，应注意的是选择与品牌关联度高且影响力大的事件，合理设计营销方案，确保将整个赞助活动与品牌资产的创建工作有机地联系在一起。

第三，慈善活动。慈善活动彰显着人性的善良本质，得到广大消费者的赞扬和褒奖，可以提升企业的品牌资产。许多大型企业都经常参与各种慈善活动，如对艾滋病和癌症的预防、干旱地区的抗旱、病残人员和孤儿的救助、突发灾害的救灾等，逐渐在消费者心目中树立起了良好的企业形象，从而为企业的品牌资产带来积极的影响。

┊营销延伸┊

敦煌文化艺术又称莫高窟文化艺术，被誉为"东方世界的艺术博物馆"。以"敦煌石窟""敦煌壁画"闻达天下，素有"敦煌在中国，敦煌学在世界"之说。2016年年初，敦煌博物馆开始着手文创IP项目的打造，将中西方文化、传统与现代文化相融合作为核心思路，让更多年轻人了解并喜欢上了敦煌文化。2017年，敦煌研究院与合作伙伴达成战略合作，发起了一项名为"敦煌数字供养人"的计划，并携手打造了5集动画剧，并与大热手游王者荣耀合作开发了游戏皮肤，在年轻人中大获好评。2019年，敦煌博物馆与JUSTICE滑板联名打造了伎乐天滑板，这款有双方加持的滑板迅速出圈，登上微博热搜，货品一度供不应求，为敦煌博物馆打响文创产品的第一枪。2020年，敦煌博物馆与《这就是街舞3》热门综艺跨界合作，与腾讯出品的纪录片《新国货》联合进行内容打造，并联合天猫开展"掘色敦煌"专题活动，采用直播的形式推广敦煌IP，让敦煌文化更加流行。据《2020天猫"双11"IP电商指数报告》显示，在"双11"中，敦煌IP授权商品多点开花，一举超越故宫抢占IP销售电商指数第一位。敦煌的走红之路，背后透露出民族品牌的力量。

资料来源：原仓数据，国潮正当时，博物馆IP是如何破圈的，2021-11-24.

7.3 品牌战略的制定

企业的品牌战略是指企业为其所生产和销售的各种各样的产品和服务所采用的相同或不同的品牌元素的数量和特质。品牌战略关系到企业的存亡和未来，因为它是企业引导消费者知晓和偏爱其产品和服务的主要手段和途径。也正是因为品牌战略具有如此重要的战略意义，使得品牌化在全球范围得以迅速普及，几乎没有哪种品类产品没有使用品牌。这个客观现实反映在营销理论研究上，则是在有无品牌问题上的争论得以解决，使用品牌成为理论界的共识。品牌战略决策的全过程包括：品牌名称决策、品牌延伸决策、品牌投资组合决策、品牌聚分决策和品牌资产战略决策，如图7-4所示。

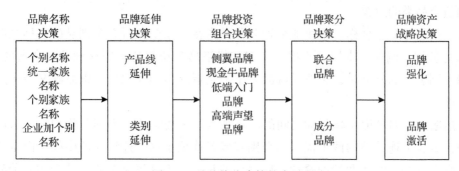

图7-4 品牌战略决策的全过程

7.3.1 品牌名称决策

企业决定为其生产和销售的产品和服务建立品牌后，所面临的选择就是采用什么品牌名称，通常可供选择的品牌名称有4种类型。

（1）个别名称。个别名称是指企业在同一品类中针对不同产品分别使用不同的品牌名称，也就是说个别名称仅限于在一个品类之中使用。例如，食品制造商为其生产的糕点品类中的玉米片、煎饼、薯片、咸脆饼分别命名。通用磨坊公司为其制造的麦片粥、爆米花、墨西哥食品、麦片饼分别冠以不同品牌名称。

个别名称策略的好处在于：企业的整体声誉不受某一产品声誉的影响，如果某一产品失败或出现质量事故，不至于造成一损俱损的后果；生产高端产品的企业在引入低档产品时可使用全新的品牌名称，有助于企业维护已有品牌资产的价值；有利于企业产品向多个细分市场渗透。

（2）统一家族名称。统一家族名称是指企业所生产和经营的全部产品都使用统一品牌名称，也就是说企业品牌是其所生产和经营的全部产品的唯一品牌。例如，通用电气和亨氏公司的所有产品都使用企业品牌名称。

企业使用统一家族名称的好处在于，企业形象的积极联想能够直接影响消费者对产品的感知和判断。如企业以诚信、创新和专业著称，则消费者会对产品产生同样的认知和联想，而且这种认知和联想是即刻的；使消费者对企业品牌的联想更加广泛，涉及企业的社会角色、与有关利益群体的关系、企业规划与价值观、产品属性与利益等，因而更容易激发和启动消费者的联想；因无须研究品牌名称和建立消费者认知而节约大量的费用；因使用唯一的品牌而使企业品牌价值最大化。

（3）个别家族名称。个别家族名称是指企业将其生产和销售的产品和服务按品类命名，每一个品类单独使用一个品牌。这是因为品类之间的差异很大，使用统一家族名称无法区分品类之间巨大的差异，如同时生产药品和化妆品两个品类产品的企业。

企业使用个别家族名称的好处包括：可以为相互独立的多个品类产品建立独有的品牌联想；降低新产品的导入费用并提高其成功率。但如果品类中的一个产品出了问题，会影响整个品类的声誉。

（4）企业加个别名称。企业加个别名称是指在一家企业所有个别品牌名称之前冠以企业品牌名称。例如，本田、索尼、惠普和凯洛格公司都是采用这种品牌命名的方法。企业加个别名称的好处是，企业品牌激发了消费者众多的联想，个别品牌又暗示了产品的独特性。

概括地讲，如果把品牌名称之间的关系视为一个连续体，个别名称和统一家族名称就分别代表这个连续体的两个极端。个别家族名称位于这个连续体的中间，而企业加个别名称则是这个连续体两端的叠加。应强调的是，并不是每家企业仅从上述4种品牌名称战略中选取一种使用，更多是以一种品牌名称战略为主，同时兼用其他品牌名称战略。

7.3.2　品牌延伸决策

在经济全球化和竞争日趋激烈化的环境下，许多成功上市的新产品都是得益于企业著名品牌的延伸，苹果iPod数字音乐播放器、汰渍柔顺洗衣液、索尼太阳能随身听、小米电视。这些新产品成功背后真正起作用的力量是企业宝贵的品牌资产，虽然它是无形的，但却能够发挥巨大的杠杆力量。

1. 品牌延伸的概念

品牌延伸指的是企业凭借已建立的品牌名称推出新的产品。从品类角度分析，品牌延伸可划分为两类。一是产品线延伸。它是指推出的新产品与原品牌产品属于同一品类的产品，如蒙牛乳品公司推出纸袋装的蒙牛脱脂奶。产品线延伸还可以向上延伸至高端细分市场和向下延伸至低端市场。二是类别延伸。它是指推出的新产品与原品牌产品不属于同一品类的产品，如著名摩托车制造商本田公司推出本田割草机。

2. 品牌延伸的优劣势

品牌延伸已经成为大多数企业的共识，接下来将探讨何时、何地和如何延伸品牌，才能最大限度地发挥品牌延伸的优势和回避其劣势。

（1）品牌延伸的优势。

1）促使新产品更容易被市场接受。具体地讲，使消费者可以即刻形成对新产品的预期。消费者依据对母品牌已有的了解以及新产品与原品牌产品的相关性，对新产品的质量、性能和使用效果可以立刻做出推断和预期，并可以迅速做出购买决策。如索尼推出品牌延伸的个人计算机，借助消费者对企业品牌的信赖，马上得到市场的青睐。

2）降低消费者的感知风险。母品牌内涵中的企业先进程度和信誉度，是品牌延伸时具有重要价值的联想。如大众、海尔、松下这些品牌代表着高质量、经久耐用等品质，这就降低了消费者做出错误决策的可能性。

3）降低促销和分销的成本。品牌延伸产品在广告宣传上与母品牌具有互补效应，因而可节省大量促销费用。在分销过程中，由于零售商依据母品牌的声誉可较为准确地推断产品的市场前景，使得说服零售商进货较为容易。

4）节约与创立新品牌相关的支出。这涉及消费者调研费用、聘用专业人员设计品牌的费用及与包装和标签制造有关的费用等支出。

5）为品牌带来积极的回报利益。具体地讲，品牌延伸拓展了母品牌的含义。例如，新奇士原本是柑橘品牌，延伸到维生素和果汁后，品牌的含义由"柑橘"拓展到"有益健康"。

第一，提升品牌的形象。品牌延伸为母品牌增添了新的属性、利益及联想。例如，耐克由运动鞋延伸到运动服装和运动器械后，强化了"最佳表现"和"运动"的联想。

第二，扩大品牌的市场覆盖范围。例如，云南白药原本是外用药，推出口服药后，扩大了母品牌的市场覆盖面，不仅面向外伤出血的病人，还面向内脏器官出血的病人。

（2）品牌延伸的劣势。

第一，品牌延伸可能会导致消费者对品牌的识别弱化。例如，吉百利品牌原本在消费者脑海中代表的是巧克力和糖果，但在品牌延伸到汤料、奶粉、土豆泥后，消费者就不再将吉百利品牌与巧克力和糖果联系在一起了，且在购买巧克力和糖果时也逐渐忘记了该品牌，品牌识别弱化严重时会伤害到母品牌的形象。

第二，品牌延伸可能会损害企业与零售商的关系。包装类消费品的品种数量的增长，远远快于零售商货架面积的增长。宝洁仅洗发水就有多个品牌，其中海飞丝洗发水又有30多个品种，金宝汤公司仅汤料就有100多种口味，佳洁士牙刷有42种不同型号，这使得任何超市或大卖场都无法提供某一品类中所有品牌的全部产品品种。面对品牌泛滥，零售商不得不经常从货架上撤下许多商品，这会影响其经营效率。

第三，品牌延伸可能错过开发新品牌的机会。延伸品牌产品与母品牌在承诺和形象上保持一致，可能使其失去品牌定位的灵活性，使得消费者产生厌倦。通用汽车公司推出新品牌"土星"，以与公司其他现有品牌完全不同的面目投入市场，在消费者心中创造了全新的形象和联想，获得了品牌延伸无法得到的认知和利益。

3. 品牌延伸的原则

消费者对品牌延伸产品的评价，通常是基于其对母品牌的认知和对延伸品类的了解。从此意义上讲，营销人员在做出品牌延伸决策时应该遵循以下原则。

（1）消费者记忆中对母品牌已存在较多的认知和积极的联想。否则，消费者就不会对延伸品牌产品产生良好的期望。

（2）母品牌的积极联想可以传递给延伸品牌产品。母品牌的积极联想向延伸品牌产品的传递是有条件的，要求两者之间相近或十分匹配，这时消费者才有可能对延伸产品产生类似对母品牌的、同等强度的感知和联想。两者之间的匹配涉及属性、利益、使用情境和用户类型。

（3）母品牌的负面联想不会传递给延伸品牌产品。营销人员应考虑消费者可能想到母品牌的哪些负面属性和利益，并考虑延伸产品是否可以避免这些负面联想。若无法避免，则应放弃品牌延伸。

4. 品牌延伸决策过程

品牌延伸决策既关乎新产品的成败，又影响母品牌的声誉，因此营销人员需要全面、审慎地考虑各种情况，并应遵循以下步骤。

（1）设定传播消费者品牌知识的目标。消费者对延伸产品的品牌知识，来源于其对企业品牌的认知和联想的强度、偏好性和独特性。营销人员对此要进行认真分析和确认，同时还要了解消费者购买产品所追求的核心利益。据此，营销人员可以描述消费者现有的品牌知识水平，并设定传播消费者品牌知识的目标。

（2）制订品牌延伸方案。营销人员可采用调研法和头脑风暴法，向消费者调查哪些品类与他们心中的母品牌形象相一致，然后再确定品牌向哪些品类延伸。例如，凡士林品牌通过调查消费者的品牌联想，得到药品、洁净、护肤、香料4个联想后，相应地设计了向消毒剂、纱布、防晒霜和香水4个品类延伸的方案，获得巨大成功。

（3）评估品牌延伸方案。营销人员可以从消费者、企业和竞争对手 3 个方面对延伸方案进行评估，具体涉及：消费者感知利益和目标顾客与品牌延伸的相关程度；企业资产的使用效率；竞争对手可能做出何种反应等。

（4）制订品牌延伸的营销方案。营销人员应该为上述延伸方案制订相应的营销方案，包括：设计定价、渠道、传播和推拉策略，提升次级品牌联想等内容。

（5）评估品牌延伸的效果。对延伸品牌资产和母品牌资产的增值程度进行评价，可使用财务指标、市场份额指标和顾客资产指标。

┋营销链接┋

2022 年 2 月 17 日，话题 "全国第一家邮局咖啡店正式营业" 引起了广泛的讨论。据 "邮局咖啡" 微信公众号消息，全国首家邮局咖啡落地厦门国贸大厦，于 2022 年 2 月 14 日正式营业。邮局咖啡将原有的国贸邮政支局进行了全新升级，改造后在保留邮政普遍服务的基础上叠加咖啡饮品和邮政文化创意服务。邮局不再是单纯的邮政服务场所，更变成了一个可以社交、品尝优质咖啡、体验邮政文化的全新场景。中国邮政已不是第一次跨界食饮领域。2021 年 6 月，"中国邮政成立奶茶店" 登上微博热搜，引发网络热议。位于福建省的一家中邮大药房开出了一家名为 "邮氧的茶" 奶茶店，提供的品类包括纯茶、奶茶等 14 种不同茶饮。作为快递巨头，中国邮政也有着转型发展的优势和底气，中国邮政拥有全国最多的网点，服务网点乡镇覆盖率达到 100%。邮政网点积极推动转型发展，以 "普遍服务 + 业务叠加" 的模式，实现传统普服网点向邮政综合服务平台转型。邮氧的茶、邮局咖啡等新叠加的业务，就是这一转型的积极成果和亮点。未来，邮政网点还将继续推进业务转型，以 "叠加叠加再叠加，代理代理再代理" 为核心，推动邮政网点转型发展。

资料来源：封面新闻，从奶茶到咖啡 中国邮政为啥老跨界？ 2022-02-17.

7.3.3 品牌投资组合决策

品牌延伸显然具有诸多好处，但也是有限度的，因为任何品牌都是有边界的，其背后逻辑是企业的不同目标细分市场因需求和偏好的迥异，消费者不可能同时喜欢同一品牌。从这个意义上讲，企业营销人员若要进入多个细分市场，就必须同时使用多个品牌来满足消费者差异化的需求。

1. 品牌投资组合概念

品牌投资组合是指企业向目标细分市场提供的所有品类产品使用的品牌的集合。例如，通用汽车公司面对 7 个目标细分市场，推出凯迪拉克、雪佛兰、别克、庞蒂亚克、土星、悍马和 GMC 7 个品牌的汽车，每个品牌又下含不同的型号，如悍马有 H1、H2 和 H3 三种型号的汽车。品牌投资组合方法是通用汽车公司首创的，而宝洁公司把这一方法运用到极致。

2. 品牌投资组合的优劣势

企业采用品牌投资组合策略的好处包括以下几点。

第一，可以分别进入不同价格档次的细分市场。消费者对绝大多数商品价格的要求是有很大差异的，企业按照价格档次提供不同品牌的产品，便于消费者对品牌形成清晰一致的品牌认知和联想。例如，假日酒店依照价格要素从高端到低端推出4个品牌的连锁酒店——皇冠假日酒店、商务假日酒店、传统假日酒店和快捷假日酒店，分别满足不同类型顾客的需求，品牌之间的边界十分清晰，不会给顾客造成任何困惑和麻烦。

第二，密切与零售商的关系。伴随企业推出的品牌增多，零售商进货的品种和数量也在增加，从而使零售商对企业的依赖程度加深，加强了企业在渠道中的地位。同时，企业因品牌增多，在零售商货架上的陈列范围也随之扩大，企业可以从中获得了促销宣传的利益。

第三，留住了寻求多样化的消费者。许多消费者对于日常消费品往往希望经常更换品牌以满足求新的欲望，企业为同一品类产品提供众多品牌，可满足消费者的求新心理。宝洁公司能够保持连续几十年占据美国市场的高份额，与他们在每一品类中都推出大量的品牌产品不无关系。

第四，促使企业内部形成良性竞争。企业内部按品牌建立组织机构，并成为利润中心，有利于激发相关部门的积极性，从而提升企业的品牌资产。

企业采用品牌投资组合策略可能遇到的问题包括：增加了品牌的构建和导入成本以及企业的品牌管理费用等。

3. 品牌投资组合设计原则

营销人员在设计品牌投资组合时应遵循的原则包括以下几点。

第一，追求最大的市场份额。只有市场份额扩大了，才有可能顾及市场上的所有潜在消费者。

第二，追求品牌之间重叠的最小化。营销人员应确保每一个新品牌都有各自的目标市场和清晰的市场定位，避免不同品牌针对同一消费者群体。

第三，以利润为标尺来衡量品牌投资组合的规模。如果增加品牌数目能够增加利润，品牌投资组合规模就不够大；如果减少品牌数目能够增加利润，品牌投资组合规模就过大了。

4. 品牌投资组合元素

品牌投资组合元素由侧翼品牌、现金牛品牌、低端入门品牌和高端声望品牌构成，营销人员在设计品牌投资组合时，应充分考虑每个组合元素的特点，选择最优组合。

第一，侧翼品牌。侧翼品牌也称为拳击手品牌，是指向消费者提供与竞争品牌属性和利益相近的产品，以阻击竞争品牌对企业核心品牌的进攻。在侧翼品牌的保护下，企业核心品牌可以在其理想的定位之处正常经营。例如，宝洁用芦芫士品牌尿不湿对抗竞争产品，其核心品牌帮宝适尿不湿的高溢价定位，基本上没有受到竞争产品的冲击。

第二，现金牛品牌。现金牛品牌是指在没有企业营销支持和销售额逐渐下降的条件下，仍然能够保持住相当数量的消费者和一定水平盈利的产品。许多老字号企业伴随时代的变迁和科学技术的进步，市场已经转移到了其新品牌上，但其传统品牌仍然保留了一定数量的忠实顾客。对于此类顾客，即便撤销传统品牌，他们也不会转向企业的新品牌上，所以保留这些现金牛品牌对企业更有利。

第三，低端入门品牌。低端入门品牌是品牌投资组合中价格处于低端的品牌产品。它们经常扮演吸引消费者到品牌产品销售地点的角色，即属于"创造客流"的商品。例如，许多汽车经销商将很多装具与整车分开销售，先以较低价格吸引顾客惠顾，然后再劝说其增加装具。

第四，高端声望品牌。高端声望品牌是品牌投资组合中价格处于高端的品牌产品，他们为整个品牌投资组合增加声望和可信度。如服装专卖店的顶级豪华品牌服装提高了专卖店的形象和威信。

7.3.4　品牌聚分决策

营销人员在做出品牌聚分决策时，面临是否采用联合品牌和成分品牌的决策。在7.2节讨论"营销人员利用关联品牌来创建品牌资产"时，曾作为关联品牌提到过"联合品牌和成分品牌"，在此详细探讨这两种品牌决策。

1. 联合品牌

联合品牌又称为品牌联盟或品牌包或双重品牌，是指把两个或两个以上的品牌合并用于同一个产品或以某种方式共同销售，联合品牌的形式主要有4种。

第一，企业内部联合品牌。企业内部联合品牌是指一家企业用其现有的两个品牌来推出一种新产品，例如，乳品公司用其现有的2个酸奶品牌推出一种新产品。

第二，合作伙伴联合品牌。合作伙伴联合品牌是指生意上有往来的2家或以上的企业联合推出一种新产品。例如，花旗银行、万事达卡和壳牌三家公司用3个品牌共同推出一种新产品。

第三，零售商联合品牌。零售商联合品牌是指2家业务上互补的零售服务业企业联合创立一个新品牌产品，例如，麦当劳与迪士尼合作共同推出联合品牌产品。

第四，投资人联合品牌。投资人联合品牌是指2家或以上企业共同推出新品牌产品。例如，中国一汽与天津夏利共同投资生产新品牌汽车。

2. 联合品牌的优劣势

联合品牌的优势包括以下三点。

第一，定位上独树一帜。一个产品使用多个品牌，使其拥有了更具魅力的差异点和共同点，这是其他方法无法做到的。因此，它既可以在现有市场上扩大产品销售，又可以打入新的细分市场和消费群体。

第二，降低新产品的市场进入成本。潜在消费者因对 2 个著名品牌有良好的认知和印象，而乐于接受新品牌产品。

第三，带来额外收益。如利用他人的品牌资产扩展了本企业品牌的内涵，增加了销售收入。

联合品牌的劣势包括：可能对新品牌丧失控制权、面临企业品牌资产稀释的风险、品牌边界可能因过大而不清晰、企业战略的集中度降低等。

3. 成分品牌

成分品牌是指为企业品牌产品中的关键原材料、部件或元件创建品牌资产。企业借助成分品牌创建品牌资产应注意的是：①使消费者体验到该成分对品牌产品质量和性能的积极影响；②让消费者相信该成分是同类成分中最优秀的；③为该成分设计一个独特的标志或象征。

4. 成分品牌的优劣势

成分品牌的优势包括以下两点

第一，使产品"成分"的供求双方都获得了利益。从供应方看，成分的品牌化会形成消费拉动效应，增加销售量和利润；从使用方看，成分品牌会增加公司品牌资产。

第二，降低风险。成分品牌的同质性和可预测性使消费者可以放心购买。例如，羽绒服中的"填充物"若是品牌产品并得到消费者的信赖，那么消费者购买羽绒服的风险就减小了。

成分品牌的劣势包括：因产品"成分"的供求双方目标出现差异而容易产生冲突，并可能给消费者传递不一致的信息。

7.3.5　品牌资产战略决策

市场营销环境总是处于变化之中，因为宏观经济发展进程、政府管理经济的方针政策、行业竞争力量、消费者购买行为等营销环境要素本身就在不断变化。在此条件下企业基于顾客的品牌资产的保值和增值，就是营销人员的重要任务。在品牌资产战略决策制定过程中，营销人员所面临的课题是如何进行品牌强化和品牌激活。

1. 品牌强化

品牌强化是指营销人员为了品牌资产的保值和增值，持续不断地向消费者传递品牌认知和品牌形象的市场营销行为。品牌强化与品牌生命力密切相关，比如可口可乐、箭牌至今已享有百年盛名，就是企业长期坚持品牌强化的结果。

实际上，营销人员的市场营销活动，与消费者的品牌知识之间存在因果关系。营销人员以往的市场营销活动形成当前的消费者品牌知识，营销人员当前的市场营销活动形成新的或成为未来的消费者品牌知识。与此同时，这一品牌知识对营销人员未来的市场营销活动的效果还具有影响力。具体地讲，营销人员进行品牌强化涉及以下内容。

第一，传递品牌的主要利益。即告知消费者品牌代表何种产品、能够满足消费者的哪些需求、可以向消费者提供哪些利益，以便使消费者心中有关品牌的含义十分清晰。例如，可口可乐的营销活动促使消费者建立起"清新""年轻""廉价""方便购买""充满亲近感"的品牌联想。

第二，传递品牌的特质。即告知消费者品牌为何与众不同，品牌具有哪些令人难忘的、其他品牌所不具备的独特之处。例如，梅赛德斯·奔驰的营销活动促使消费者建立起"高性能""身份的象征"的品牌联想。

第三，维护好品牌的内在连续性。在品牌发展战略、品牌营销活动支持力度方面应保持一致性。然而，维护品牌的内在连续性并非是一成不变的，如肯德基的桑德斯上校在广告和包装中的服饰变化了许多次，但强调肯德基的美国南部根源这一点始终没有改变。

第四，保护好品牌资产的来源。一般来讲，品牌资产之所以能够建立，是因为在消费者心中树立了一些关键的品牌联想。例如，英特尔在用户心中的关键品牌联想是"安全"和"力量"，若失去了这些关键的品牌联想，英特尔的品牌资产也就基本丧失了。可见，品牌资产的重要来源具有永续性价值。

┃营销延伸┃

2016 年 6 月 10 日，国务院办公厅发布《关于发挥品牌引领作用推动供需结构升级的意见》(以下简称《意见》)。其中，《意见》提出设立"中国品牌日"的倡议最为振奋人心，这也是国务院站在国家层面首次正式提出。同时，《意见》强调，大力宣传知名自主品牌，讲好中国品牌故事，提高自主品牌影响力和认知度。鼓励各级电视台、广播电台以及平面、网络等媒体，在重要时段、重要版面安排自主品牌公益宣传。2017 年 4 月 24 日，国务院印发《国务院关于同意设立"中国品牌日"的批复》，同意自 2017 年起，将每年 5 月 10 日设立为"中国品牌日"。

资料来源：梅涛根据网络资料编写。

2. 品牌激活

如果说品牌强化旨在使品牌永葆青春，那么品牌激活则是让品牌重新焕发青春。实际上，几乎所有品类中的绝大多数品牌的生命周期都是短暂的，即便是那些凤毛麟角的百年品牌也并非一帆风顺，都会陷入困境，只不过是再次崛起。如"百雀羚""大白兔""全聚德"等品牌都需要品牌激活以吸引年轻消费者的注意。

3. 品牌激活的步骤

首先，要了解品牌资产的来源。一般来讲，只要品牌的价值依然存在且十分清晰，品牌就容易被激活。否则，激活的可能性就不大。营销人员在分析品牌资产的来源时，可以从两方面考虑，一是已经失去的品牌资产来源是否可以重新恢复；二是是否可以建立新的品牌资产来源。

其次，可依据基于顾客的品牌资产模型框架，采用两种方法激活品牌。其一，加深消费者品牌认知的深度和广度。营销人员可以通过在购买和消费情境中，强化消费者对品牌的回忆和认知程度来实现这一目标。其二，强化消费者品牌联想的强度、偏好性和独特性。这就需要营销人员改良或重塑品牌形象，为此营销人员必须制订和实施一个新的营销方案，涉及强化衰退的品牌联想、抑制负面的品牌联想和创建全新的品牌联想。

最后，要正确处理企业品牌组合中不同品牌之间的作用和关系。营销人员的目标是让消费者相信尽管经济环境、市场环境和消费者购买行为和偏好发生了变化，企业品牌产品已经积极地应对了这些变化，完全能够满足消费者的需求。

┊**营销链接**┊

虽然羽绒服产品质量处于行业领先水平，但是外界对波司登的品牌认知却与之不符。在这个背景下，2018 年波司登确立了全球热销的羽绒服专家战略方向以及激活品牌的战略方针。首先，公关与硬广打好配合。一是在启动话题公关的前几个月就开始加强了在分众传媒和央视两大媒体的硬广投放，提升消费者对波司登品牌的关注度；二是在话题公关节点，除了门店信息调整之外，还同步配备了不少线上、线下的硬广资源，内容上也基于公关主题进行匹配，强化消费者接触品牌信息的频次。其次，内容上持续给消费者选择的理由。2018 年波司登通过亮相纽约时装周、推出三大设计师联名款、荣获 Outside 2019 年度户外装备大奖，加深了很多消费者对波司登时尚、品质的感知。最后，分众电梯媒体引爆＋央视背书依然是最佳拍档。分众电梯广告在一、二线城市的覆盖率很高，这是波司登薄弱但亟须打开的市场。接收状态方面，电梯的封闭性能够降低干扰，提高单次触达的有效性；触达频次方面，电梯广告一天实现对同一住宅、写字楼消费者 4～6 次的高频触达。波司登在机场也做了一些补充投放，叠加一、二线城市的分众电梯广告，加强对商旅人群的重复触达，此外，机场大幅平面广告也有助于补充波司登的品牌势能。

资料来源：新华网，流量时代，波司登不焦虑，2021-06-07.

◈ 重要概念

品牌　品牌化　品牌资产　品牌知识　品牌形象　品牌共鸣　品牌延伸　产品线延伸
类别延伸　品牌投资组合　侧翼品牌　现金牛品牌　低端入门品牌　高端声望品牌
联合品牌　成分品牌　品牌强化　品牌激活

🔷 复习思考题

1. 品牌对企业的重要作用是什么？
2. 品牌对消费者的重要作用是什么？
3. 解释品牌资产金字塔模型。
4. 创建品牌资产活动的主要内容是什么？
5. 选择品牌元素所依据的标准是什么？
6. 怎样利用消费者头脑中已存在的品牌联想来创建品牌资产？
7. 在做出品牌延伸决策时应该遵循的原则是什么？
8. 品牌延伸决策过程应遵循哪些步骤？
9. 采用品牌投资组合策略可以获得什么好处和可能遇到哪些问题？
10. 请讨论联合品牌和成分品牌的优劣势。

🔷 经典案例

喜茶开创新茶饮行业蓝图

2012 年 5 月 12 日，喜茶（HEYTEA）起源于一条名叫江边里的小巷，原名皇茶（ROYALTEA）。2016 年，喜茶获得 IDG 资本及天使投资人何伯权 1 亿元的投资。2021 年 7 月，喜茶完成了第一轮 5 亿美元的融资。刷新了中国茶饮界的融资记录，估值达到了 600 亿元。在茶饮品牌层出不穷的今天，竞争压力如此巨大的环境下，喜茶是如何闯出一条属于自己的道路的呢？

经过从皇茶到喜茶的转换，喜茶彻底与层出不穷的山寨品牌区分开来。早期由于竞争压力太大，市场不规范，市面上出现了各种各样的仿冒品牌，使得消费者很难从中找到"真的"皇茶。在这样的情况下，创始人聂云宸在 2016 年初花 70 万元买下喜茶商标，全面升级注册品牌喜茶 HEYTEA。每个人都觉得"喜"字寓意很美好，又可以有自己的联想。这一关键的决策，是品牌的重新诠释，也为品牌的延伸做了铺垫。

抓住品牌的产品定位，以颠覆创新的方式引领新时代茶文化。提到茶，常常会给人一种老气陈旧的印象。对于年轻人而言，喝茶常与单调沉闷联系在一起，与他们的生活方式截然相反。因此，茶饮一度被洋气时尚的咖啡、健康营养的奶制品、花样繁多的果汁压制着。为了适应年轻人的口感偏好，喜茶在传统茶饮中加入咸甜浓稠的芝士奶盖、健康的低脂奶、恬淡的抹茶粉，从而摒弃了过去传统中国茶苦涩的口感，让茶饮这一古老文化焕发新的生命力，也为大众留下了奶盖茶融合第一家的深刻印象。

2016 年 10 月，HEYTEA LAB 概念店落地深圳中心城，喜茶首次引入"实验室手冲茶"概念。如多数高端茶饮品牌一样，喜茶也采用 100% 直营模式，而喜茶能发展到目前规模，离不开自身的高要求和高标准。通过"改良产品–品质把控–优化口感–重新定义产品标准–产品研发"这一产品循环，让消费者在想到品质好茶时，都能联想到喜茶。

推动行业规范化，建立茶饮新标准，喜茶成为新茶饮行业龙头企业。2021 年中国连锁餐饮峰会在长沙举行，作为新茶饮时代的开创者，喜茶斩获了 CCFA 连锁餐饮优秀创新案例榜和 CCFA 餐饮金牌店长榜两大奖项。两大企业荣誉加身的喜茶，在会上宣布将从整个行业的整体现状和发展的角度出发，联合 CCFA 共同制定新茶饮行业的团体标准，力求改变行业内规范标准混乱的局面。作为新茶饮的开拓者和探索先锋，喜茶自创立伊始便将品质视为最重要的底线，致力于塑造和传递品牌文化，为消费者提供更健康好喝的茶饮。正是践行了天然材料和品牌文化的标准，喜茶才得到了消费者的长久喜爱。

除了提供优质茶饮，喜茶还致力于探索关于喝茶的更多可能性。坚持原创精神，支持艺术创造，让喝茶成为一种风格、一种生活方式，喜茶的"消费美学"由此诞生。从产品研发到门店终端，喜茶更注重消费者的整体体验。每一家门店的设计，都是一个诠释灵感的过程。结合传统茶饮文化，将"禅意""极简""美学"等元素融入门店设计中，为茶客们带来沉浸多维度感官体验，让喝茶这件事变得更酷、更不一样。除此之外，喜茶还与多位插画师合作，用绘画的语言表达饮茶之趣，创作出一系列符合喜茶品牌理念、饶有趣味的系列原创插画。全线产品包装遵循"酷""简约"的风格，为品牌宣传注入了无限灵感，无论宣传单设计、海报风格、店面设计都渗透了喜茶的理念。

跨界联名，引领茶饮界多变之路，创造万物皆可喜茶。自2017年以来，喜茶联动了包括美宝莲、爱奇艺、威猛先生等近100个不同品类的品牌，被称为"茶饮界的Superme"。2022年初夏，喜茶×梦华录这一现象级联名火爆全网。6月30日喜茶联手《梦华录》正式推出喜茶×梦华录限时茶楼，两款联名奶茶上线首日卖出近30万杯。从微博、小红书等自媒体平台的提前预热，再到选品、包装、限定赠品，从剧情及人物情感出发，生动还原了《梦华录》里女主角赵盼儿茶铺饮茶、斗茶等茶艺情景，也与喜茶自身品牌定位非常契合，而主题茶楼更是让影视氛围感拉满。这一系列操作，不仅为消费者带来线上线下的全方位体验，也让喜茶实现了口碑与销量双丰收。

面对一直被诟病的定价，喜茶布局"双品牌"战略，或将复制华为、荣耀双品牌的成功案例。2020年3月底，茶饮头部品牌喜茶完成新一轮融资，成为首个估值突破百亿的新茶饮品牌，并推出自己的旗下品牌"喜小茶"，此举延续了喜茶的IP名称，将喜茶的积极印象联系了下来，不仅使得喜小茶更容易被消费者所接受，还降低了营销的成本。而且从喜小茶程序上线的产品看，价格主要分布在8～16元间，也将喜茶与喜小茶定位完全划分，使二者成为定位清晰且互补的关系。尽管优势显现，但"双品牌"战略并不是新鲜词，喜小茶是否能复制喜茶的成功，还需要我们拭目以待。

2022年伴随着初夏的到来，喜茶再次迎来降价。事实上，这已经是喜茶在2022年的第3次产品价格下调。从大环境来看，原材料的增加，"邮氧的茶"等品牌的强势入局，赛道同质化严重。喜茶的这波逆势下调价格，又将掀起怎样的疾风骤雨？喜茶这次主动降价撕去固有标签，也意味着行业一波新的"内卷"即将袭来，面对如此局面，喜茶又该如何破局？

资料来源：谯兆静根据网络资料编写。

思考题：

1. 喜茶的品牌含义是什么？
2. 喜茶是如何进行品牌定位的？
3. 喜茶的品牌资产体现在哪些方面？
4. 请你结合品牌相关理论，谈谈喜茶的跨界联名。
5. 在行业竞争激烈的今天，请你谈谈喜茶应该如何破局。

第 8 章
CHAPTER 8

竞 争 战 略

§ 本章提要

　　本章将探讨竞争者分析、竞争地位确定以及竞争战略实施的过程和方法，从而对竞争战略具有更为全面而深刻的把握和理解。首先，阐述竞争者分析的内涵和对企业的重要性，介绍识别和分析竞争者的方法以及企业市场竞争的战略原则。其次，研究如何确定竞争地位以及处于不同竞争地位企业的不同竞争战略选择，并详细陈述如何进行战略实施。最后，介绍三种常用的通用竞争战略，并探讨企业的生态竞争战略。

8.1 竞争者分析

　　作为企业战略分析的方法之一，竞争者分析主要用于分析竞争对手的现状和未来动向，它是指企业通过识别竞争对手，并对他们的战略、目标、优势、劣势、反应模式进行评价。进行竞争者分析的目的是在选择竞争者、确定竞争者类型的基础上，准确地评价竞争对手的战略定位和发展方向，从而更好地确立本企业的竞争战略，因势利导参与市场竞争，构建企业竞争优势。企业进行竞争者分析，首先要认清谁是主要的竞争者；竞争者的战略、目标是什么；竞争者有哪些优势与劣势；他们选择的反应模式是哪一类型，据此决定企业应该攻击谁、回避谁。

8.1.1 识别竞争者

　　识别竞争者是企业进行竞争者分析和战略制定的起点，直接关系着企业的成败。企业只有通过有效竞争环境扫描，识别竞争对手，才能够采取有针对性的反击策略。随着互联网经济的不断发展，信息技术、互联网与传统行业的融合，原来的行业边界变得模糊，竞争信息纷繁复杂，导致市场竞争越来越激烈。竞争对手是谁、他们在哪里等信息成为影响企业竞争成败的关键信息。而识别竞争者并不是一件轻而易举的事情，不像可口可乐公司把百事可乐公司作为主要竞争对手，格力集团将美的集团、海尔集团作为竞争威胁那么简单。事实上，企业面对着众多现实的和潜在的竞争者，例如康师傅的最大威胁并不是来自同行业的大企业，而是来自那些外卖平台；国内银行业所忌惮的外资金融企业并未形成预想中的威胁，反而新兴的互联网金融对他们造成了巨大冲击。明枪易躲，暗箭难防，如果错误地判断了潜在竞争者的方位，低估了其竞争威胁，最终可能会导致企业被自己忽略的潜在竞争对手击败。因此，在技术日新月异、产业持续变革的背景下，企业必须具备长远的战略眼光，从行业结构和市场观念等不同角度来识别竞争者。

1. 行业竞争观念

行业是由一组生产同一类型或功能相近、在使用价值上可以相互替代的产品的企业构成的，同行业的企业互为竞争对手。企业要想在整个行业中处于优势地位，就必须全面了解企业在行业内的竞争格局以及所处行业与其他行业之间的关系，从而确定自己的竞争者范围。图 8-1 是迈克尔·波特在其著作《竞争战略》中提出五力模型，下面将详细阐释。

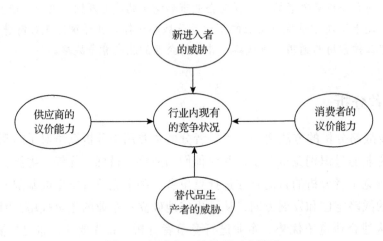

图 8-1 迈克尔·波特的五力模型

（1）行业内现有的竞争状况。本行业内现有的与本企业生产同样产品的其他商家，可以归为直接竞争者。提供同一类产品或服务的企业，或者提供可相互替代产品的企业，共同构成一个行业。同行业中企业产品由于存在相似性和可替代性，彼此间会形成竞争关系。在同行业内部，如果一种商品的价格变化，就会引起相关商品的需求量变化。例如，滚筒式洗衣机的价格上涨，就可能使消费者转向购买其竞争产品——波轮式洗衣机，这样，波轮式洗衣机的需求量就可能增加。反之，如果滚筒式洗衣机的价格下降，消费者就会转向购买滚筒式洗衣机，使得波轮式洗衣机的需求量减少。因此，企业需要全面了解本行业的竞争状况，制定针对行业竞争者的战略。

（2）新进入者的威胁。当某一行业的发展前景被看好时，会引来新的竞争企业。他们是潜在竞争者，带来新的资源、新的生产力等，必然对市场份额有所要求。另外，某些多元化经营的大型企业还经常利用其资源优势从一个行业侵入另一个行业。新企业的加入，可能导致产品价格下降，利润减少。一般来讲，新进入者的竞争程度取决于行业的进入障碍。进入障碍是指行业外部的企业进入这一领域所必须付出的，而行业内的企业无须付出的成本。不同行业的进入门槛有很大差别。一般来说，进入服装制造业比较容易，进入飞机制造业就很困难。主要的进入障碍包括：缺乏足够的资本、未达到规模经济、没有专利和许可证、缺少场地、难以找到理想的供应商和分销商、不易建立市场信誉等。有些障碍是行业固有的，有些障碍则是先前进入的企业为了维护自己的市场地位和利益而设置的。一个行业进入和流动的门槛高，先前进入的企业就能够获得超额利润，其他企业只能望洋兴叹；相反，行业进入和流动的门槛低，其他企业纷纷进入，就会导致产品供过于求，行业的平均利润率下降。

（3）替代品生产者的威胁。替代品是满足同一市场需求的不同产品。与某一产品具有相同功能、能满足同一需求的不同性质的其他产品，都属于替代品。随着科学技术的发展，替代品将越来越多，某一行业的所有企业都将面临与生产替代品的其他行业的企业进行竞争的局面。替代品的存在扩大了消费者的选择余地。短期来看，一种产品的价格和性能都受到替代品的威胁；长期来看，一种产品或者行业的兴起可能导致另一种产品或者行业的消失。例如，燃油车或将被新能源汽车所替代，工业样品和小组件制造商或将被 3D 打印所替代等。

（4）供应商的议价能力。供应商的议价能力是指供应商与企业讨价还价的能力。供应商主要通过提高为企业提供的原材料等投入要素价格与降低单位价值质量的能力，来影响行业中现有企业的盈利能力与产品竞争力。供应商议价能力的强弱主要取决于提供给企业的投入要素，当供应商所提供投入要素的价值构成了企业产品总成本的较大比例、对企业产品生产过程非常重要，或者严重影响企业产品的质量时，供应商对于企业的潜在议价能力就大大增强。

（5）消费者的议价能力。消费者的议价能力是指在购买商品时消费者与企业讨价还价的能力。对于行业中的企业来讲，消费者的议价能力是一种不可忽视的竞争力量。消费者采取压低价格、对产品质量和服务提出更高的要求、使竞争者互相斗争等手段，来影响行业中现有企业的盈利能力。一般来说，满足如下条件的消费者可能具有较强的讨价还价力量：第一，消费者的总数较少，而每个消费者的购买量较大，占了企业销售量的很大比例；第二，企业所处的行业由大量相对来说规模较小的企业所组成；第三，消费者购买的基本上是一种标准化产品，同时向多个企业购买产品在经济上也完全可行；第四，消费者有能力实现后向一体化，而企业不可能前向一体化。

2. 市场竞争观念

企业还可以从市场需要的角度出发来识别竞争者。凡是满足相同的市场需要，或者服务于同一目标市场的企业，无论是否属于同一行业，都可能是企业的潜在竞争者。企业从满足市场需求出发发现竞争者，可以从更广泛的角度识别现实竞争者和潜在竞争者，有助于在更宽的领域中制定相应的竞争战略。企业在确定和调整业务范围时，都自觉或不自觉地奉行一定的营销观念，不同的导向影响着对竞争者的识别和竞争战略的选择。

（1）愿望竞争者。主要是提供不同的产品，满足同一消费者的不同需求。竞争者之间争夺的是同一消费者的购买力。例如，为满足中小学生的学习需求，企业可以生产铅笔、钢笔、圆珠笔、学生平板、书包、实验用具等。

（2）产品形式竞争者。主要是指企业的业务范围限定为经营某种定型产品，在不进行或很少进行产品更新的前提下，设法扩大该产品的市场。主要适用于实力比较薄弱、无力从事产品更新，并且市场产品供不应求，现有产品不愁销路的企业，往往采取目标市场开发的市场渗透战略。产品导向将生产同一品种或规格产品的企业视为竞争对手。

（3）属类竞争者。主要是指企业将业务范围确定为满足消费者的某一类需求，并运用互不相关的技术生产不同类型的产品。需要导向的企业将满足同一需要的企业都视为竞争对手，而不论它们采用什么技术，生产哪类产品。他们选择的竞争战略往往是新产业开发、多角化经营，进入与现有产品、现有技术无关，却是满足同一需求的行业。

（4）品牌竞争者。品牌竞争在20世纪后期最具有代表意义，它在一定程度上折射和包容了其他的竞争形态，成为一种具有典型意义的营销模式。以手机市场为例，苹果、华为、三星、OPPO、小米等众多品牌之间就互为品牌竞争者。

8.1.2　分析竞争者

企业在识别了主要竞争者之后，接下来要做的工作就是分析竞争者的战略和目标。

1. 判定竞争者的战略

竞争者的战略决定着他的经营目标、经营计划和经营活动。正确地判定竞争者的战略，可以提高企业预测竞争者行动的准确性。

在特定的目标市场中推行相同战略的一组企业构成一个战略群体。一个行业常常由若干战略群体构成，同一战略群体内的竞争最为激烈。识别竞争对手的战略可以帮助企业避开竞争强度高的战略群体，选择进入竞争强度相对较低的战略群体。企业一旦进入了某个战略群体，该群体的其他成员就成为企业的直接竞争对手，必须给予密切关注。此外，还应适当注意不同战略群体之间存在的现实或潜在的竞争。因此，企业应当搜集各个竞争者的更详尽的资料，包括每个竞争者的产品质量、特性和组合方式，顾客服务、定价政策、市场覆盖面，人员推销、广告和其他促销策略，以及每个竞争者的研究与开发、制造、采购、财务和其他策略。

2. 了解竞争者的目标

竞争者的目标决定着他的行为动力。可以说，利润是竞争者永远的目标。但是，不同企业对长期利润与短期利润的重视程度不同，对满意利润的判别标准也不同。例如，美国企业多数按照最大限度扩大短期利润的模式来经营，因为企业的经营业绩由股东们判定，而股东们会因为当前盈利不好而丧失信心，抛售股票使得企业资本成本增加。日本企业则按照最大限度扩大市场份额的模式来经营，因为他们从银行获得贷款的利率较低，所以，他们也满足于较低的利润收益。

　　竞争者的目标很可能不是单一的，而是一个目标组合，包括获利能力、市场占有率、现金流量、成本控制、技术领先和服务水平等。了解竞争者的目标就是要探寻竞争者的目标组合的内容、排列顺序及侧重点，并以此为依据预测竞争者对不同竞争行为的反应。企业还应随时关注竞争者的扩展计划，了解竞争者进入新的细分市场或开发新产品的目标。例如，当发现竞争对手开辟了一个新的细分市场时，也就意味着可以产生一个新的市场机会；当发现竞争对手试图打入自己的市场时，就意味着发生了新的市场威胁，以便预先做好准备，制定应对措施。

3. 评估竞争者的优势与劣势

　　分析竞争者的实力主要是了解竞争者的优势和劣势，掌握竞争者实现营销目标的各方面能力，主要通过三个步骤完成。

　　首先，收集信息。企业需要收集大量有关竞争者的资料和信息，包括产品、定价、分销、促销、信誉、成本、技术、组织与人员素质、财务等方面，确认竞争者的强项与弱项。取得这些资料很困难，主要是通过间接途径获得。企业可以对中间商和消费者进行调查，了解竞争对手的情况；也可以采用调查问卷的形式，请消费者将本企业和竞争者的产品在一些重要方面进行对比，并分别打分。这样不仅可以了解竞争者的长处和劣势，还能从中分析出企业与竞争对手在市场地位上的差别。另外，也可以聘请专业的调查公司进行专门的调查。

　　根据理特咨询公司的观点，一个企业在其目标市场中有以下六种竞争地位。

　　（1）主宰型。这类企业控制着整个目标市场，可以选择多种竞争战略。

　　（2）强壮型。这类企业可以单独行动，而且能稳定其长期地位。

　　（3）优势型。这类企业在一定的战略中能利用较多的力量，并有较多机会改善其竞争地位。

　　（4）防守型。这类企业经营现状较好，能继续经营，但发展机会不多。

　　（5）虚弱型。这类企业经营现状不佳，但仍有机会改善其不利地位。

　　（6）难以生存型。这类企业经营现状差，而且没有机会改变被淘汰的命运。

　　其次，分析评价。"扬长避短"是市场竞争的重要原则之一，这就要求企业准确把握竞争者的优势和劣势。表 8-1 显示了一家啤酒公司要求顾客对其 3 个主要的竞争对手 A、B、C 在 5 个属性上进行排名的结果。表中 5、4、3、2、1 分别代表优秀、良好、中等、较差和差。竞争者 A 闻名遐迩，产品质量很好，并由优秀的推销人员进行销售，但其在供货效率和技术服务方面较差；竞争者 B 没有明显的缺陷；竞争者 C 只有供货效率良好，其他方面都一般。通过以上分析，公司可以决策：在供货效率和技术服务方面进攻 A 公司，而在很多方面可以进攻 C 公司。

表 8-1　某啤酒公司的竞争对手的实力分析表

竞争对手	品牌知名度	啤酒口味	销售渠道	技术服务	市场推广
A	5	5	2	2	4
B	4	4	5	4	5
C	3	1	4	3	3

最后，定点超越。定点超越是 20 世纪 90 年代初由西方管理学发展起来的一个新理论。它是指企业将其产品、服务和其他业务活动与自己最强的竞争对手或某一方面的领先者进行连续对比衡量的过程，在此基础上选取改进自己的最优策略，并持续改进，最终实现超越。对比衡量的目的是发现自己的优势和不足，或寻找行业领先者之所以会领先的内在原因，以便为企业制订适当的战略计划提供依据。在分析竞争者的弱点时应特别注意其对市场的错误估计和战略选择方面的失误。例如，有的竞争者认为市场前景看好，采取扩大投资规模、增加产量的策略，而事实并非如此。有些错误观念也会导致战略上的失误，比如错误地认为"生产和经营高档次的产品可以提高企业的声誉""价格是竞争的最好手段""顾客偏爱产品线齐全的企业"等。如果发现竞争者的营销观念存在不符合实际的偏见，企业就可以对其营销的薄弱环节发动进攻，以期取得竞争的胜利。

4. 判断竞争者的反应模式

在市场竞争中，准确地判断竞争者的反应模式是非常重要的。只有这样，企业才能决定下一步的适当对策，在竞争中始终处于主动地位。当企业推出某项竞争战略后，必然会引起竞争者的反应。各个竞争者的不同营销观念、企业文化、战略目标、竞争实力决定了他们的不同反应模式。竞争中常见的反应模式有以下四种。

（1）从容型竞争者。对其他竞争者的攻击没有做出迅速反应或强烈反应。采取这种反应模式的企业可能实力很强，认为竞争者的行为不会危及自己的市场地位；也可能实力很弱，缺乏做出反应所必需的资源条件；还可能因为营销情报系统的效率不高，没有及时把信息传递给决策部门。

（2）选择型竞争者。对某些攻击行为做出反应，而对其他类型的挑战不予理会。他们只对影响到自身核心竞争优势的市场行为进行反击。比如有些企业对竞争对手的降价行为反应激烈，但却并不关注竞争对手增加广告费用的行为。企业遇到选择型竞争对手，就要具体分析竞争者会在哪方面做出反应，以便有针对性地制订最佳进攻方案。

（3）凶狠型竞争者。对所有的攻击行为都会做出迅速而强烈的反应，而且对抗到底。这类竞争者一般具有较强的实力，采取凶狠型的反应模式意在表明其维护自身市场地位的坚定立场，使其他竞争者不敢轻举妄动。

（4）随机型竞争者。对竞争攻击的反应没有固定模式，有无反应和反应强度无法根据以往情况进行预测。仅仅依靠这种竞争者所处的经济地位、历史和其他信息并不能预计他们会如何反应。许多小企业是随机型竞争者，如果他们能负担一场竞争，他们就会在某些前沿进行竞争，如果竞争过于昂贵，他们就会放弃。

8.1.3 市场竞争的战略原则

（1）创新制胜。企业应根据市场需求不断开发出适销对路的新产品，以赢得市场竞争的胜利。

（2）优质制胜。企业向市场提供的产品在质量上应当优于竞争对手，以赢得市场竞争的胜利。

（3）技术制胜。企业应致力于发展高新技术，实现技术领先，以赢得市场竞争的胜利。

（4）服务制胜。企业提供比竞争者更完善的售前、售中和售后服务，以赢得市场竞争的胜利。

（5）宣传制胜。企业应当运用广告、公共关系、人员推销和销售促进等方式大力宣传企业和产品，提高知名度和美誉度，树立良好形象，以赢得市场竞争的胜利。

（6）可行性原则。要求战略目标设定的可行性符合企业内外部环境的条件和创新空间，强调企业目标的客观性和客观标准是企业竞争战略能否实现的重要原则。

┃营销延伸┃

人类生活的世界是一个地球村。"一荣俱荣，一损俱损"，人类命运共同体的连带效应越来越明显。中国发展离不开开放，离不开合作，我国同国际社会的互联互动也已变得空前紧密。与此同时，构建以合作共赢为核心的新型国际关系也成为势不可挡的时代潮流。人们越来越清楚地认识到，唯有合作才能维护世界和平，唯有合作才能促进共同发展。设立在北京的微软公司（中国总部）和汉王科技公司只有一墙之隔，他们在软件领域都有自己的核心技术，他们的人机智能交互技术产品，在同一个市场中竞争。但两家公司在竞争的同时又有合作，微软的产品中有汉王的技术，微软获利，汉王也得到了发展。由此可以看出竞争中有合作，这种竞争中有合作的关系使得两家公司共同发展。合作与竞争是一种相互依存，你中有我，我中有你的关系。只有学会在竞争中合作，才能达到充分的合作和合理的竞争。

资料来源：秦洁和李澳琳根据网络资料编写。

8.2 竞争地位与竞争战略

8.2.1 确定竞争地位

每个企业由于营销目标、资源、实力及发展机会的不同，在市场竞争中居于不同的地位，而不同的竞争地位又决定了不同的竞争战略。因此企业在制定竞争战略之前，应首先进行竞争性定位，即确定企业在市场竞争中的地位。

美国市场营销学家菲利普·科特勒（Philip Kotler）将市场上的营销者按竞争地位的不同分为四种类型：市场领导者、市场挑战者、市场跟随者和市场补缺者。

1. 市场领导者

绝大多数的行业中都有一家企业被公认为市场领导者。这家企业在相关产品的市场上占有最高的市场份额，通常在新产品的开发、价格变动、渠道选择和促销强度等方面对其他企业起着导向作用。比如软饮料市场的可口可乐公司、零售行业的沃尔玛公司、电子计算机市场的 IBM 公司、快餐市场的麦当劳公司等。这些市场领导者的地位是在竞争中自然形成的，但不是一成不变的。市场领导者往往是其他企业挑战、效仿或躲避的对象，但他们稍有疏忽就可能从第一的宝座上滑落下来，沦为第二、第三，甚至更糟。

2. 市场挑战者

市场挑战者是指那些在市场上地位仅次于市场领导者，处于第二、第三位置的企业，比如美国软饮料市场的百事可乐公司。这些企业为了争取更多的市场份额，常常向市场领导者和其他竞争对手发动进攻，希望夺取市场领导者的地位。

3. 市场跟随者

市场跟随者是指在市场上处于次要地位、实力不强的企业。在行业中，这类企业为数不少，但所占的市场份额不大，他们力求在与竞争者和平共处中获得更多的收益。一些在行业中居第二或第三位的大企业如果不主动发起竞争攻势，也属于市场跟随者。

4. 市场补缺者

市场补缺者是指每个行业中的小企业。他们规模小、资金少、实力较弱。在市场竞争中，小企业处于劣势，所以他们往往采取专业化营销，即寻找那些大企业无暇顾及的小的细分市场来实现自己的目标，在大企业的夹缝中求得生存和发展。

上述四种类型，既可用于企业的竞争性定位，也可用于企业的产品线或某种产品的定位，因为同一个企业的不同产品可能处于不同的市场地位，需要不同的竞争战略。

8.2.2　市场领导者战略

市场领导者如果不能取得法定的垄断地位，那么在营销过程中便时刻面临着竞争者的挑战，为了维持自己的统治地位，必须保持高度警惕，并采取适当的战略对挑战者予以反击，否则很可能被竞争者取而代之。市场领导者应把营销战略的重点放在维持和扩大市场占有率上，以保持第一的竞争优势。可供选择的战略主要有扩大市场总需求、保持市场占有率和提高市场占有率。

1. 扩大市场总需求

当某种产品的市场需求量扩大时，受益最大的当属市场领导者。例如在美国，如果汽车的需求量增加，通用汽车公司收益最大，因为他的产品在美国汽车市场上占了一半以上的份额。作为市场领导者的企业应努力寻找扩大市场需求量的途径，包括挖掘产品的新用户、开发产品的新用途和刺激现有顾客增加产品使用量等。

（1）挖掘产品的新用户。每类产品都有吸引新的消费者的潜力，因为任何企业的市场营销组合都不可能是完美无缺的，都有需要改进的薄弱环节。当企业发现自己经营上的薄弱环节并加以改进后，就可大幅提高产品的销售量。挖掘产品的新用户还可以通过扩大产品的销售区域或进入新的细分市场来实现。

（2）开发产品的新用途。开发与推广产品的新用途能够有效地扩大产品的需求量。美国杜邦公司通过不断开发尼龙的新用途，使公司产品在市场上长盛不衰。在很多情况下，是消费者发现了产品的新用途，扩大了产品的消费领域。如凡士林最初只不过是一种机器的润滑油，但消费者对该产品提出了许多新用途，如用作护肤软膏、发蜡等。所以企业应注意监测消费者对产品的使用反馈，以便发现产品的新用途。

（3）刺激现有消费者增加使用量。企业如果能说服消费者增加对产品的使用量或使用频率，就能有效地扩大产品的销售。例如，某些洗发水企业会宣传两天洗一次、一次洗两遍、长期使用效果会更好，进而增加消费者使用频率和促进消费者长期重复购买该产品。

营销链接

我国短视频行业竞争派系有字节跳动系、百度系、腾讯系、阿里系等。其中，当前最火的视频平台之一——抖音就属于字节跳动系。那么抖音是如何保持其市场领导者地位的呢？首先，抖音将目标群体横向拓展，并进行海外扩张，以此挖掘产品新用户。抖音通过打造多个与节日、生活有关且富有高度认同感的视频话题，塑造节日文化，吸引了众多年轻用户的积极参与。又将"家"的精神内涵植入短视频的创作中，充分实现现有年轻用户带动高年龄层用户参与创作的积极性，"长辈参与"、"多人合拍"等模式就是最生动的例子。实现抖音用户的横向增长。并且，从海外用户获取的情况看，海外版抖音 TikTok 通过 Facebook、YouTube 等国外社交软件进行用户导流，也取得了不错的反馈，获取了庞大的用户流。此外，抖音除了搭建短视频、直播推荐、同城页推荐、抖音挑战赛和搜索栏等流量入口之外，还推出"抖客"等工具，帮助抖音直播间从站外引流、增加用户量、促进销量增长。
资料来源：李澳琳根据网络资料编写。

2. 保持市场占有率

在努力扩大市场需求量的同时，市场领导者还应时刻防范竞争对手的挑战，保卫自己的市场阵地。而保卫自己市场阵地的最有效方法是主动出击、不断创新。市场领导者应在产品的创新、服务质量的提高、分销渠道的效益、产品促销的有效性等方面真正成为本行业的领导者，并针对竞争对手的弱点，发起进攻，以巩固和加强自己的市场地位。市场领导者如果不主动发起进攻，就必须严守阵地，堵塞一切漏洞，不给竞争者以可乘之机。堵塞漏洞要付出很高的代价，但如果放弃一个阵地损失可能更大。市场领导者必须准确地判断哪些阵地至关重要，值得耗资防守；哪些阵地风险较小，当防御力量不够时可以放弃。有 6 种防御战略可供市场领导者选择。

（1）阵地防御。这是防御的基本形式，即在现有阵地四周建立牢固的防御工事。这是一种静态的防御，企业必须保持积极的进攻、不断开辟新产品、新市场，才能立于不败之地。

（2）侧翼防御。市场领导者在保卫自己阵地的同时，还应建立一些侧翼或前哨阵地，同主阵地形成掎角之势，当遇到对手进攻时可互相策应，必要时还可作为反攻基地。侧翼往往是防守的薄弱环节，应认真地制定侧翼防御的战略，以防挑战者乘虚而入。

（3）以攻为守。这是一种积极的防御战略，即在竞争对手向企业展开进攻之前，先发制人，主动发起攻击。

（4）反击防御。当市场领导者受到攻击时，必须向对手进行反击。市场领导者面临竞争者降价竞销、广告攻势、产品创新等挑战或销售区域被入侵时，不应该保持沉默，而应选择对手的弱点进行反击。

┃营销链接┃

外卖平台之间的竞争一直未曾平息，而竞争焦点开始从 C 端用户向 B 端商户偏移。2020 年 8 月 27 日，饿了么启动"百亿补贴"活动，这次补贴活动也让外卖平台之间早已平息的补贴战有了重燃的端倪。饿了么宣布扩大"百亿补贴"的覆盖城市范围，由最初的 24 城扩大至 124 城，品类也从餐饮拓展到生活服务等品类，可使用百亿补贴的商家数量和总金额也持续增长，足见饿了么重夺市场份额的决心。就在饿了么上线该补贴活动时，美团外卖同样在当天上线了"百亿饭补"活动，美团外卖在此次活动中表示，"百亿饭补"是平台联合超值联盟商家，通过长期且多样性的优惠活动，一起给予用户的补贴权益。这一活动也被业内解读为美团外卖应对饿了么补贴活动的"反击"。饿了么与美团外卖之间的这场较量是一场进攻者与防御者之间的战争，攻擂者与守擂者谁能拔得头筹，关系着谁能彻底坐稳本地生活领域老大的"宝座"。

资料来源：秦洁根据网络资料编写。

（5）运动防御。这是一种扩大范围的防御战略，它不仅防御自己现有的阵地，而且还要扩展到新的领域，而这些领域在将来可能成为防守和进攻的中心。运动防御战略主要通过拓宽目标市场和多角化经营来实现。

（6）收缩防御。市场领导者在受到全面攻击的情况下，有时候全面防守是不明智的，那样力量太分散，容易被竞争对手蚕食。最佳行动方案是有计划地收缩，放弃疲软的市场和较弱的产品，把力量重新分配到较强的领域。

3. 提高市场占有率

提高市场占有率是增加销售额和利润、增强企业竞争能力的重要途径。美国的一项研究成果显示（见图 8-2），市场占有率是投资收益率的重要变数之一。市场占有率超过 40% 的企业将得到 30% 的投资收益率，相当于市场占有率在 10% 以下的企业的 3 倍。所以，许多企业把扩大市场份额作为追求的目标。例如，通用电气公司决定在他们涉足的每一个市场中至少应成为第一位或第二位，否则就退出。该公司放弃了计算机和空调等产品，因为在这些行业中他们没有取得领先地位。

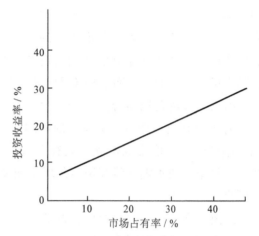

图 8-2　市场占有率与投资收益率的关系

但是，其他一些研究成果得出了与上述观点不同的结论。在许多行业中，市场占有率与盈利率之间存在着"V"形关系（见图 8-3）。在这些行业中，一个或少数几个大企业靠实现规模经济取得成本优势和较高的市场占有率，而一些小竞争者依靠在小的细分市场上填补空白的特殊营销策略获得较高利润。"V"形曲线显示只有那些中等规模的竞争者没有任何竞争优势，所以他们的盈利也最差。与小企业相比，他们不能得到集中竞争的利益；与大企业相比，他们无法享受规模经济效益。那么，是否

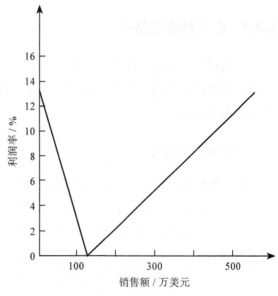

图 8-3　销售额与利润率的关系

由此得出这样的结论：中等规模的企业应该想办法跻身大企业的行列，或者在能发挥自己特长的专门化补缺市场中立足呢？

应该指出的是，不是在任何情况下市场占有率的提高都意味着收益的增长，这主要取决于为提高市场占有率而采取的策略。如果策略不当，会出现为提高市场占有率付出的代价超过所获得收益的情况。因此，不能盲目地追求市场份额的增加，企业必须认真

考虑以下三个因素。

第一，反垄断法。一些国家实施严格的反垄断法，当市场主导者的市场占有率超过一定限度时，可能招致其他企业的指控和法律的制裁。

第二，经营成本。经营成本即为提高市场占有率而付出的代价。随着市场份额持续增加，企业利润随之提高，但当市场占有率达到一个较高水平后，再要进一步提高就要付出很高的成本，此时经营成本的增长速度大于利润的增长速度，企业利润会随市场占有率的提高而下降（见图8-4）。

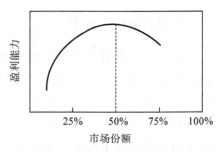

图8-4　市场份额与盈利能力的关系

第三，市场营销组合。一些营销策略对提高市场占有率很有效，却不一定能增加利润。例如，采用大幅度降价争取市场份额。只有在以下两个条件成立时市场占有率同收益率才成正比：一是单位成本随产量和销量的增加而减少，二是产品价格的提高超过为提高产品质量所投入的成本。

总而言之，市场领导者只有善于扩大市场需求量，防御挑战者的进攻，维持和增加市场占有率，才能巩固其市场地位。

8.2.3　市场挑战者战略

市场挑战者的地位仅次于市场领导者，他们的战略目标通常是提高市场占有率，所以他们不断地向其他竞争者发动进攻。市场挑战者必须首先确定进攻对象，然后再选择适当的进攻战略。

1. 确定攻击对象

市场挑战者可以根据自己的战略目标和竞争实力确定竞争对手。一般来说，市场挑战者可以在以下三类竞争者中选择攻击对象。

第一，市场领导者。这是一个既有高度风险又有相当吸引力的战略。挑战者应认真研究市场领导者在营销上的弱点和失误，找准"攻击点"。例如，研究对方的产品还存在哪些缺陷，力争在产品创新上胜过对方，从而争取顾客、争夺市场领导地位。

第二，实力相当的竞争者。这是向势均力敌的对手挑战。如果选择那些资金不足、经营状况不佳的竞争者作为攻击对象，成功的把握更大。企业应仔细研究竞争者是否满足了顾客的需求，发现其营销方面的缺陷，就找到了攻击的目标。

第三，当地的小企业。一些小企业实力不强，产品落后、管理混乱，仅在有限的细分市场上开展经营活动。市场挑战者可以通过竞争争夺他们的市场，甚至兼并或收购他们，例如，青岛啤酒集团公司就是靠兼并地方啤酒企业成长到如今规模。在选择竞争对手时，需要做一个系统的分析，企业必须收集竞争者的最新信息，了解竞争者的战略目标、经营状况、财务状况及优劣势，力争每次挑战都有明确的目标和成功的把握。

2. 选择进攻战略

在确定了挑战对象之后，市场挑战者还需要选择一个正确的进攻战略。可供选择的进攻战略主要有以下五种。

（1）正面进攻。挑战者集中优势力量向对手的主阵地发起进攻。他攻击的目标是对方的主要市场和主要产品，结果取决于双方的力量对比。

（2）侧翼进攻。一般来说，竞争对手对主阵地的防御比较重视，而侧翼或后方的防御较薄弱。市场挑战者可以采取避实就虚的战略，集中力量攻击对手的弱点，出奇制胜。侧翼进攻又分两种情况：一是地理性的侧翼进攻，即向对手力量薄弱的地区发起攻击，占领市场；另一种是细分性的侧翼进攻，即寻找对方尚未进入的细分市场，迅速填补空缺，占领市场。

（3）包围进攻。包围进攻是全面进攻，同时攻击对方的前方、后方和侧翼，使对手防不胜防、顾此失彼。当挑战者在实力上具有较大优势时，就可向对方发起包围进攻。

（4）迂回进攻。这是一种间接进攻的战略，即不与对方在现有阵地上直接交锋，而是绕开对方的阵地进入其他市场。具体做法有三种：一是产品多角化，发展与现有产品无关的新产品；二是市场多角化，以现有产品打入新市场；三是采用高新技术，实现产品更新换代。这种迂回进攻能帮助企业增强自身实力，等待时机成熟，转入正面进攻或包围进攻。

（5）游击进攻。游击进攻是向对方的不同领域进行小规模、间断性的攻击，目的是骚扰对方，打击对方的士气，削弱对方的实力。游击进攻常常是小企业向大企业发起的，因为小企业没有能力发起正面进攻，甚至不能组织有效的侧翼进攻，只能在某些角落发动小范围的攻击。应当指出的是，要想击败对手，光靠游击进攻是不能奏效的，它只能作为一种辅助手段。

上述进攻战略各有利弊，具有不同的适用条件。挑战者应根据实际情况加以选择，通常是设计一套组合战略，使几种进攻战略互相配合、扬长避短，才能取得整体最佳的效果。

8.2.4 市场跟随者战略

并非任何处于次要地位的企业都愿意充当挑战者的角色，如果没有充分的把握就不应当贸然进攻，最好的战略是跟随，即跟在市场领导者之后，维持一种"和平共处"的局面。实践证明，成功的市场跟随者也能获得高额利润。

市场跟随者必须掌握保持现有的市场份额，并争取一些新顾客。同时，还应尽量降低成本，提高产品和服务质量，以更好地满足顾客需求。市场跟随者不应消极地模仿市场领导者的战略，而要确定一套适合自己的战略，既能求得稳定的发展，又不致引起竞争者的报复行为。

1. 市场跟随者的分类

市场跟随者可分为以下四种类型。

（1）伪造者。伪造者完全复制市场领导者的产品和包装，在黑市或通过不良的经销商销售。

（2）克隆者。克隆者效仿市场领导者的产品、名称和包装，但有少许的变动。

（3）模仿者。模仿者从市场领导者产品中复制一些东西，但是会在包装、广告、定价和选址等方面保持差异性。只要模仿者不展开强烈攻势，市场领导者不会太过介意。

（4）改良者。改良者对市场领导者的产品进行调整或改良，他们可能会选择在不同的市场销售产品，但这样很可能成长为未来的挑战者。

2. 市场跟随战略选择

（1）紧密跟随。市场跟随者在诸细分市场及营销组合的各方面都尽力模仿市场领导者，只要不从根本上侵犯市场领导者的利益就不会发生直接冲突。

（2）距离跟随。市场跟随者在主要方面跟随市场领导者，如产品创新、价格制定和分销渠道等方面，在其他方面则保持一定的距离。

（3）选择跟随。市场跟随者在有些方面模仿市场领导者，而在另一些方面又走自己的路。这种战略比较明智，根据企业的目标和实力，选择合适的战略跟随，避免直接竞争。同时又发挥自己的优势和独创性，求得自身的发展。采取选择跟随的企业常常能成长为未来的挑战者。

8.2.5　市场补缺者战略

每一个行业都有为数众多的小企业，他们避免同大企业发生直接冲突，通过专业性经营，为那些被大企业忽略或放弃的细分市场提供有效的产品或劳务，占据有利的市场位置。这些企业被称作市场补缺者。市场补缺不仅对小企业有吸引力，一些大企业中的小部门或小产品也可寻找一个或几个这种既安全又有利的市场位置。

一个理想的市场补缺位置应具有以下特征：第一，具有足够的市场潜力和购买力；第二，对市场领导者和大企业不具吸引力；第三，可获得满意的利润；第四，企业具有进入并占领该市场所必需的资源和经营能力；第五，企业可依靠自身实力和信誉，对抗竞争者的攻击。

市场补缺战略的关键是专业化营销，即企业可以在市场、顾客、产品、渠道等方面实现专业化，下面是可供选择的几种专业化方案。

（1）最终用户专业化。通过市场细分，专门为某类最终用户服务。例如，一家医疗器械公司选中的目标市场是专门为牙科诊所提供检查和治疗牙齿的器械。

（2）垂直专业化。企业致力于某个行业或某种产品供产销中的某个环节，比如专门生产经营某种大型机床的零部件。

（3）用户规模专业化。按用户规模细分市场，选择为某一类规模的用户服务，例如，有些服装公司专门为那些大企业忽视的肥胖人群制作衣服。

（4）特定顾客专业化。只为一个或少数几个有特殊联系的客户服务，例如，一家轮胎厂只为某大型汽车制造公司提供配件轮胎。

（5）地区专业化。专为某一地区的顾客的特殊需要提供服务。

（6）产品或产品线专业化。只经营一条产品线，如某造纸厂只生产作业本。

（7）产品特色专业化。专门生产某种具有特色的产品，如"北京烤鸭"。

（8）质量－价格专业化。专门生产经营某种质量或价格的产品，如苹果公司专门生产优质优价的电子产品。

（9）客户订单专业化。按照每个客户的订单生产特定产品。

（10）服务项目专业化。专门提供一种或几种其他企业没有的服务项目，如家居公司专门提供上门安装和维修服务、银行开办电话贷款业务等。

（11）分销渠道专业化。专门服务于某一类分销渠道，如某食品公司专门生产方便快捷的食品，并且只在加油站销售。

应该指出的是，市场补缺者的专业化营销战略具有一定的风险，如果企业将全部力量集中在一个细分市场的营销上，容易受到竞争者的攻击。因此，多种补缺策略比单一补缺有着更大的回旋余地，同时也为市场补缺者提供了更多的发展机会。

┃营销延伸┃

《论持久战》中写道："敌之战略进攻、我之战略防御，敌之战略保守、我之准备反攻，我之战略反攻、敌之战略退却。"这告诉我们，在不同的发展阶段要认清自己的发展现状，也就是明确自身的竞争地位，确立不同的目标，采取行之有效的战略措施，经过持续长久的奋斗，最终的胜利会属于自己。四季沐歌是国内知名的太阳能热水器品牌之一，但是在市场初期，皇明是太阳能行业的领军品牌。对刚刚起步的四季沐歌而言，如果和众多的小品牌拼价格，面临的是更低的利润和对品牌形象的极大损害。随后，四季沐歌以皇明的产品新概念为引导，顺势推出更高技术的产品，进而实现超越竞争。由此可见，《论持久战》的思想对于企业发展而言也是一样，在企业发展的各个阶段，企业会处于不同的竞争地位，需要采取符合竞争地位的竞争战略，以抵抗竞争对手的攻击或进行防御，最终取得胜利。

资料来源：李澳琳根据网络资料编写。

8.3 通用竞争战略

关于竞争战略，迈克尔·波特指出在激烈的市场竞争中保持优势地位，有三种通用战略：成本领先战略、差异化战略和集中化战略。

8.3.1　成本领先战略

1. 成本领先战略的概念

迈克尔·波特认为成本领先战略是构建竞争优势的基础。成本领先战略也称低成本战略，是指通过一套行之有效的成本收益方案，拥有以最低的成本生产或提供消费者所接受的标准化产品或服务，从而使消费者满意于这类产品或服务，建立一种竞争优势。

成本领先战略要求一个企业就是成本领先者，而不只是争夺这个位置的若干企业中的一员。许多企业未能认识到这一点，从而在战略上铸成大错。当渴望成为成本领先者的企业不止一家时，他们之间的竞争通常是很激烈的，因为每1%的市场占有率都被认为是至关重要的。除非重大的技术变革使一个企业得以彻底改变其成本地位，否则成本领先就是特别依赖于先发制人策略的一种战略。

┇营销链接┇

2021年，吉利已经建成投产的各大制造基地，家用汽车年产能已经超过200万辆。虽然当前汽车消费市场略显低迷，但其产销量仍可以维持在130万辆以上，占据了自主品牌领先地位。然而，合资品牌的规模化效应使其终端产品价格一再下探，国内厂商的成本、价格优势并不弱于吉利。因此，吉利在看到自身成绩的同时，除了要清晰认识到和德系、日系品牌之间的距离，还要灵敏察觉到长城、奇瑞、比亚迪等自主品牌竞争对手的追赶速度。于是，吉利必须发挥其规模效应，一方面其借助CMA架构平台的研发制造优势，全面整合资源，采取科学化、扁平化管理方式，减少生产成本，加大零部件模块化研发强度，以大规模、通用化、批量化生产来降低研发生产成本，提高企业竞争力。另一方面，吉利既提升自主制造核心零部件的能力，还关注与其他部件相关行业的"合纵连横"，如轮胎、玻璃等。由此吉利牢牢把握住了产业链上游的优质资源，进一步为自身发挥规模化效应提供资源优势。

资料来源：李澳琳根据网络资料编写。

2. 成本领先战略的基本思想

成本领先战略的基本思想产生于达到成本领先的相关因素中。

（1）保持竞争优势思想是成本领先战略的动因。从竞争的角度看，不论企业采取何种战略，成本问题始终是企业战略制定、选择和实施过程中需要考虑的重点问题。如何为企业赢得成本优势和竞争优势，是企业战略管理的重要内容，也是成本领先战略的动因。

（2）节约思想是成本领先战略的动力。节约可以以相同的资源创造更大的价值，可以使有限的资源使用时间延长。在市场经济条件下，节约不仅是卖方追求的，也是买方乐意接受的，作为买方期望的是同等质量下价格最低。正是这种追求形成了成本领先战略的原动力。

（3）全员参与思想是成本领先战略的基础。在影响成本的诸因素中，人的因素占主导地位，人的素质、技能、成本意识以及降低成本的主动性都对成本产生重要影响。并且，在企业的经济活动中，每一个人都与成本有关。因此，降低成本必须全员参与，树立起全员的成本意识，调动全员在工作中时刻注意节约成本的主动性，这是成本领先战略的基础。

（4）全过程控制思想是成本领先战略的保障。成本产生于企业经营活动的各个环节，从产品设计、材料采购、产品制造到产品销售及售后服务的全过程中，时刻都有成本发生。因此，控制成本不是控制哪一个环节的成本，尤其不能误认为只需控制制造成本，而必须实施全过程控制，从而达到综合成本最低。只有综合成本最低，才能保障成本领先战略的实施。

3. 成本领先战略的类型

根据企业获得成本优势的方法不同，成本领先战略可以概括为如下几种主要类型。

（1）简化产品型成本领先战略。取得低成本的直接方式就是使产品简单化，简化一些不太必要的功能或服务。

（2）改进设计型成本领先战略。改进产品的设计或构成也能形成成本优势。

（3）材料节约型成本领先战略。企业如果能够控制原材料来源，实行经济批量采购与保管，并且在设计和生产过程中注意节约原材料，也能降低生产成本，从而建立成本优势。

（4）人工费用降低型成本领先战略。在劳动密集型行业，企业如能获得廉价劳动力，也能建立成本优势。

（5）生产创新及自动化型成本领先战略。生产过程的创新及自动化可以作为降低成本的重要基础。

8.3.2 差异化战略

1. 差异化战略的概念

差异化战略又称别具一格战略、差别化战略，是指使企业产品、服务、企业形象等与竞争对手有明显的区别，为获得竞争优势的战略。这种战略的重点是创造被全行业和顾客都视为是独特的产品和服务。差异化战略的方法多种多样，如产品差异化、服务差异化和形象差异化等。实施差异化战略，可以培养用户对品牌的忠诚。因此，差异化战略是使企业获得高于同行业平均水平利润的一种有效的竞争战略。

成功实施的差异化战略成为在一个产业中赢得高水平收益的积极战略，因为它可以建立起防御阵地以对付五种竞争力量，虽然其防御的形式与成本领先战略有所不同。波特认为，推行差异化战略有时会与争取占有更大市场份额的活动相矛盾。推行差异化战略往往要求企业对于这一战略的排他性有思想预备，这一战略与提高市场份额两者不可兼顾。在建立企业的差异化战略的过程中总是伴随着很高的成本代价，有时即便全产业范围的顾客都了解企业的独特优点，也并非所有顾客都愿意或有能力支付企业要求的高价格。

│营销链接│

　　在软饮料消费整体增速放缓的大背景下，主打能量饮料的东鹏饮料业绩却异军突起，背后的原因一方面与功能性饮料自身的高黏性、高增长行业特性有关；另一方面，东鹏饮料作为民族品牌标杆企业，多年来稳扎稳打，在国内功能性饮料格局重塑的背景下站稳了脚跟。在强劲的竞争对手面前，其产品东鹏特饮逆势突围，与其长期以来在战略上的步步为营、稳扎稳打不无关联。在国内功能饮料市场比较混沌和胶着的时代，东鹏特饮曾经以 PET 瓶装一举打破了功能饮料"一罐走天下"的市场局限，写下了饮料史上靠差异化竞争取胜浓墨重彩的一笔。首先，瓶装东鹏特饮双层健康盖的包装首次将卫生、方便、分享等属性融入功能饮料产品中，这种差异化不仅能引领新的消费浪潮，也让东鹏特饮成为功能饮料行业具有自我标识的品牌。东鹏特饮在市场相对成熟时推出金罐特饮，聚焦年轻消费群体，细分消费人群，体现了东鹏特饮战略性差异化的进一步深化。其次，价格差异化。为了避开与红牛的正面竞争，东鹏特饮的销售价格低于红牛，500mL 的东鹏特饮售价只有 5 元，而净含量却是红牛的双倍，极具竞争优势。事实证明，500mL 金罐的市场渗透率提升极快，成为东鹏饮料的最大爆款。

资料来源：秦洁根据网络资料编写。

2. 差异化战略的适用条件

　　企业决定实施差异化战略，必须仔细研究顾客的需求或偏好，以便决定将一种或多种差异化特色结合在一起形成独特的产品、技术或服务以满足顾客的需要。同时，差异化与高市场占有率是不相容的，因而企业实施差异化战略有可能要放弃较高的市场占有率目标。差异化战略适用的外部条件包括：可以有很多途径创造企业与竞争对手产品之间的差异，并且这种差异被顾客认为是有价值的；顾客对产品的需求和使用要求是多种多样的，即顾客需求是有差异的；采用类似差异化途径的竞争对手很少，即真正能够保证企业是"差异化"的；技术变革很快，市场上的竞争主要集中在不断地推出新的产品特色。

　　除上述外部条件之外，企业实施差异化战略还必须具备如下内部条件：具有很强的研究开发能力，研究人员要有创造性的眼光；企业具有产品质量或技术领先的声望；企业在这一行业有悠久的历史或吸取其他企业的技能并自成一体；很强的市场营销能力；产品开发以及市场营销等职能部门之间要具有很强的协调性；企业要具备能吸引高级研究人员、创造性人才和高技能职员的物质设施；与各种销售渠道强有力的合作。

3. 差异化战略的类型

（1）产品差异化战略。产品差异化是指企业在提供给顾客的产品上，通过各种方法造成足以引发顾客偏好的特殊性，使顾客能够把它同其他竞争性企业提供的同类产品有效地区别开来，从而达到使企业在市场竞争中占据有利地位的目的。

（2）服务差异化战略。服务差异化是服务企业面对较强的竞争对手时在服务内容、服务渠道和服务形象等方面采取的有别于竞争对手而又突出自己特征，以战胜竞争对手，在服务市场立住脚跟为目的的一种做法。

（3）人事差异化战略。人事差异化是指通过聘用和培训比竞争者更为优秀的人员以获取差别优势。

（4）形象差异化战略。形象差异化是指在产品的核心部分与竞争者类同的情况下塑造不同的产品形象以获得差别优势。

8.3.3　集中化战略

1. 集中化战略的概念

集中化战略是将企业的经营活动集中于某一特定的购买群体、产品线的某一部分或某一地域性市场，通过为这个小市场的消费者提供比竞争对手更好、更有效的服务来建立竞争优势的一种战略。企业集中使用资源，以快于过去的增长速度来增加某种产品的销售额和市场占有率。

该战略的前提思想是：企业业务的专一化，能以更高的效率和更好的效果为某一狭窄的细分市场服务，从而超越在较广阔范围内的竞争对手。这样可以避免大而弱的分散投资局面，容易形成企业的核心竞争力。集中化战略整体是围绕着为某一特殊目标服务，通过满足特殊对象的需要而实现差别化，或者实现低成本。集中化战略常常是总成本领先战略和差别化战略在具体特殊顾客群范围内的体现。或者说，集中化战略是以更高的效率和更好的效果为某一特殊对象服务，从而超过面对广泛市场的竞争对手，或实现差别化，或实现低成本，或二者兼得。例如，作为乳业的两大巨头蒙牛和伊利的产品线众多，有牛奶、常温酸奶、低温酸奶，主要针对普通消费者，而卡士酸奶聚焦于餐饮渠道，做高端酸奶，以欧式风格的酸奶品牌来做定位，切入了一个比较明确的细分市场做差异化，这就是典型的集中化战略。

2. 集中化战略适用条件与风险

企业在实施集中化战略时，一定要审视自身的状况，看看是否适合集中化战略。集中化战略的实施适用条件如下：具有完全不同的用户群；在相同的目标市场群中，其他竞争对手不打算实行重点集中的战略；企业的资源不允许其追求广泛的细分市场；行业中各细分部分在规模、成长率、获得能力方面存在很大的差异。然而集中化战略也面临一系列风险，如容易限制获取整体市场份额、企业对环境变化适应能力差、成本差增大而使专一化优势被抵消。

3. 集中化战略的实施方法

（1）单纯集中化。单纯集中化是企业在不过多考虑成本差异化的情况下，选择或创造一种产品、技术和服务为某一特定顾客群体创造价值，并使企业获得稳定可观的收入。

（2）成本集中化。成本集中化是企业采用低成本的方法为某一特定顾客群提供服务。通过低成本，集中化战略可以在细分市场上获得比领先者更强的竞争优势。

（3）差别集中化。差别集中化是企业在集中化的基础上突出自己的产品、技术和服务的特色。企业如果选择差别集中化，那么差别集中化战略的主要措施都应该从集中化战略的措施中选取。但不同的是，集中化战略只服务狭窄的细分市场，而差别化战略要同时服务于较多的细分市场。

（4）业务集中化。企业物流业务集中化是企业在不过多考虑成本的情况下，按照某一特定客户群的要求，集中较好企业物流中的某一项业务，如准时制配送、流通加工、仓储等。对于一些非专业性的物流企业如制造企业，如果将物流竞争战略定为物流业务集中化，那么企业物流的其他业务可能就相对弱化，无法满足企业需求。为保证企业发展战略的顺利实施，企业可能会考虑物流外包。

8.3.4 生态竞争战略

1. 生态竞争概述

需求对应的不是产品，而是生活场景、消费方式或消费旅程，且某个场景或旅程通常可以容纳一组互补的产品或服务，进而形成一个立体空间。价值要素亦然，企业不能把眼光局限于某条固有链条上下游。价值要素空间与客户需求空间重在立体，而数字孪生空间与制度创新空间则强调层叠。数字化带来的可能性尽管无限，但其价值潜力依赖于数字世界与实体世界之间反馈和闭环的建立。制度创新亦然，它是理想新世界和存在即合理的旧世界之间的交集地带。在此产业空间情形下，竞争的形式从商业模式竞争上升到生态竞争。

Moore（1993）从生物生态学的角度出发，首次提出"商业生态系统"（Business Ecosystems）概念，即以组织和个人（商业世界中的有机体）的相互作用为基础的经济联合体，是客户、供应商、主要生产厂家以及其他有关人员相互配合以生产商品和服务所组成的群体。Moore（1996）进一步阐释运用生态学理论解释商业运作，用系统观点反思竞争的含义，力求以"共同进化"为目标。他主张跳出"把自己看作是单个的主体"的竞争思维定式,通过构建顾客、市场、产品或服务、经营过程、组织、利益相关者、社会价值和政府政策七个维度的系统成员,以合作演化为主要机制,建立成功的商业生态系统。他强调企业要成功,仅仅完善自身还不够,还要塑造整个商业生态系统的发展,因为其所处生态系统的前景制约着企业的发展。此外,Moore(1996)还指出生态以产业空间为基础又不同于产业空间:一方面,产业空间的高可塑性为企业跨产业整合资源以构建自身生态创造了条件;另一方面,生态不是产业空间,而代表着企业塑造产业空间的努力。在产业融合范畴和深度远超三十年前的今天,生态竞争战略逐渐深入人心。

营销链接

2019年年底,海尔集团开启了第六个战略阶段——生态品牌战略。海尔已经打通了行业界限,建立起多个"生态方"共创共赢的链接。海尔是全球首家提出构建物联网时代生态品牌战略的企业,在海尔看来,物联网时代的用户需求更加个性化,所有数字技术均需服务于用户的个性化体验,而不能把用户的个性化需求视为一个个孤立的信息片段。事实上,通过消费者的几个显性需求,就可以挖掘出其背后的"需求图谱",然而这个图谱不是一成不变的,而是随时变化的。因此,海尔要做的不是提供固定个性化服务解决方案,而是持续为用户动态构建可以满足其需求图谱的整个生态圈,同时不断迭代升级,推动整个生态圈共同增值。从老业务到新物种,每一步变迁都要围绕场景,这意味着,产品与企业不能像以前一样,各自保持孤立状态。产品要转变为场景的组件,企业要转变为生态的组件。产品一定会被场景替代,行业一定会被生态覆盖。张瑞敏表示:"场景品牌是体验迭代的新组合。首先,它是自涌现的,不是由谁来牵头组合的;其次,它强调体验迭代,每个产品、平台都要具备跟着用户体验迅速迭代的能力;最后,它要具备足够的想象力,将不同服务组合起来,形成新组合,进而演化出新物种。"

资料来源:秦洁根据网络资料编写。

2. 生态竞争战略

从系统的角度来讲,企业是整个行业生态系统的一部分。在系统中,企业围绕创新共同发展。同一个行业中的企业之间合作与竞争的共同发展,满足顾客的需求最终引发新一轮创新,陈春花和欧亚菲(2000)基于竞争生态理论,提出了生态竞争战略,并指出行业生态系统发展的四个主要阶段。

(1)出世阶段。企业需要明确顾客想要什么,也就是顾客想要的新产品或服务的价值及最好的销售形式。从领导者的立场来看,合作者特别有助于找出顾客想要的一系列价值。而且通过吸引"跟随者"企业,领导者企业有可能阻止其他生态系统的出现。不仅仅是满足顾客需求,领导者必须鼓励迅速地持续改善过程,吸引整个行业向更美妙的未来前进。在此阶段,企业采取的竞争战略是注意自身的创意未被其他的竞争者获得。

(2)发展阶段。该阶段行业生态系统发展、拓宽到更广泛的新领域。这个阶段的发展满足两个条件：一是大多数顾客认同的行业理念；二是将这一理念推广到更广泛的市场的能力。在发展阶段，成熟的企业在营销及大规模生产上要有足够的实力。在此阶段，企业采取的竞争战略是击败有类似创意的替代方案，以确保自己的方案是市场标准。

（3）领导调控阶段。为控制整个行业生态系统至少要做出以下三方面的努力：一是力求引导行业生态系统的投资方向及确定技术标准；二是确保行业生态系统有稳定的供应商队伍；三是通过控制价值链的关键环节维持自身的讨价还价能力。这种能力取决于企业拥有的核心资源，但是最根本的还是企业的创新能力。在此阶段，企业采取的竞争战略是对生态系统中的其他子系统（关键顾客和有价值的供应商）有很强的讨价还价能力。

（4）自我更新阶段。该阶段企业进行不断的主动创新或将他人创新放入自己的系统，这是保证企业长期成功的关键因素。显然，持续的创新要求企业在进行战略决策时，必须从行业生态角度分析企业目前的状况。比如，企业是否与最好的供应商良好地合作；企业是否将未来的发展放在最有前景的创新上；目前的供应商能否为企业的创新提供帮助；企业如何才能在行业中有足够的讨价还价能力及自主权，以保证高利润回报等。同时，企业也需要对自己的关键竞争者未来可能进行的创新及竞争者未来竞争优劣势的变化进行分析。只有在此基础上，企业才可能在激烈的竞争中战略取胜。可以预计随着企业自身步伐的加快，生态竞争的分析方法也会越来越普遍，但有一条原则必须把握：从生态角度来看，重要的不是哪一个生态系统的生存，更关键的是在激烈而又公平的竞争中只有强者才能生存。在此阶段，企业采取的竞争战略是维持高障碍，防止创新者建立有吸引力的新的生态系统，同时加大顾客转移成本以争取时间创新自己的产品与服务。

营销延伸

当今世界正经历百年未有之大变局，新兴市场国家和发展中国家崛起速度之快前所未有，新一轮科技革命和产业变革带来的激烈竞争前所未有，全球治理体系与国际形势变化之大前所未有，新冠疫情冲击带来的世界格局演变的不稳定性、不确定性前所未有。全球竞争格局正在发生巨大的变化，商业生态系统的竞争已经逐步取代传统经济规模的竞争，成为国与国之间、商业组织之间进行较量的战略重心。当今，一项产品技术的最终成功开发和应用，离不开配套性产品技术的同步开发和应用，一个企业要获得大的发展，更离不开整个技术开发和应用的大环境。现代企业就是处在一个个生态系统中，竞争由单个企业之争演变成区域供应链之争，进而升级为跨国生态系统之争。一个商业生态系统的能量之大超出大部分人的想象，对于一个国家来说，商业生态系统关系到国家的政治和经济安全，越来越多的国家开始将商业生态系统的建设提升为国家战略。对于企业来说，商业竞争的成败越来越依赖于他们所在的商业生态系统。因此，无论对企业还是国家而言，建立或参与到一个持续创新的生态系统中都至关重要，它不仅能促进技术创新，更重要的是它为创新理念提供了一套完整实现方案，提升了整体竞争力。

资料来源：秦洁根据网络资料编写。

◼ 重要概念

行业内现有的竞争状况　新进入者的威胁　替代品生产者的威胁　供应商的议价能力
消费者的议价能力　竞争地位　市场领导者　市场挑战者　市场跟随者　市场补缺者
成本领先战略　差异化战略　集中化战略　生态竞争战略

◼ 复习思考题

1. 什么是波特五力模型？
2. 如何识别竞争者？
3. 企业竞争中常见的反应模式有哪些？
4. 如何依据竞争地位划分竞争者？
5. 试述市场领导者战略。
6. 试述市场挑战者战略。
7. 试述市场追随者战略。
8. 理想的市场补缺位置具备什么特征？
9. 市场补缺者可以选择哪些专业化方案？
10. 试述通用竞争战略的类型及其含义。

◼ 经典案例

简爱酸奶：从籍籍无名到后生可畏

随着国内乳制品渗透率持续上升，酸奶作为乳制品的重要组成部分，人们对其认可度和需求也在持续上涨，其整体规模占比也较之前有了较大的涨幅。相关数据显示，2020年我国酸奶占乳制品消费结构的23.6%，仅略低于饮用奶（39.26%）和婴儿配方奶粉（27.62%）。其中，在低温赛道逐渐崛起并反超众多品牌的简爱酸奶更成为"当红小生"。从籍籍无名的乳业新兵到被誉为"中国无添加剂低温酸奶第一品牌"，简爱酸奶到底经历了什么呢？

在低温乳品界，"去巨头化"的故事已经讲了很久。在常温奶领域，蒙牛和伊利是双寡头。2021年上半年，这两大品牌以高达67.6%的市场份额占据了我国常温奶市场的半壁江山。但是在低温奶市场，由于低温奶对奶源布局、冷链配送和终端的精细化管理有更高的要求以及大规模销售的经销模式，使得行业巨头对这个市场投入的精力并不多。截至2020年，伊利低温奶业务市占率为14.8%，蒙牛市占率仅为11.2%。而其中低温酸奶是一条更小众的赛道，双巨头对这个赛道的态度更多是"不屑"。即使2021年全国低温酸奶总销量达500亿元，但这一数据不过才占到伊利全年营收的1/2和蒙牛全年营收的2/3，这也导致新品牌应运而生，低温酸奶市场也呈现出多元竞争格局。

在低温奶这个存量市场，竞争异常激烈，简爱酸奶却杀出了重围。尼尔森数据显示：2020 年，低温酸奶市场销售额同比下滑 12.5%，而据简爱酸奶透露，2020 年，其销售额上涨超 70%。面临并不乐观的市场形势，简爱酸奶仍然走出了一条与传统乳业截然不同的道路。发掘蓝海，扎根低温赛道是简爱酸奶的第一步。作为乳业后起之秀，简爱酸奶率先在业内提出"无添加剂"的产品理念和纯净天然产品配方，以高品质低温酸奶的定位，切入竞争激烈的乳品市场。对于简爱酸奶这样的"新兵"来说，想要脱颖而出并不容易，除了需要在低温乳制品垂直领域克服品牌、技术的双重困难外，无添加剂酸奶较高的技术壁垒也令以往的原料选择、加工工艺、物流运输经验不再适用，这意味着简爱酸奶需要有足够的耐心去创新、试错，从而实现无添加剂低温酸奶从 0 到 1 的突破。

尽管前路坎坷，简爱酸奶依旧凭借"为家人和孩子做安心好奶"的使命和信念，在自主研发领域不断深耕。前期由于整个团队没有生产无添加剂酸奶的经验，简爱酸奶销毁了大批理化指标符合国家标准，但综合判断口感、状态达不到简爱酸奶严苛上市要求的产品；为了使产品口感更能满足消费者的需求，简爱酸奶成功搭建"无蔗糖不酸"的完善生产制造体系，在不添加额外蔗糖的情况下，确保每个批次的酸奶口感、状态、酸甜度都稳定无差。目前这项技术已经成为简爱酸奶坚实的技术壁垒。正如简爱酸奶创始人在 CANPLUS 无界消费创新营的课堂上所说，新旧势力混战的阶段要更多地往前看，在未来的趋势预判中找到自己的机会。简爱酸奶的成功经验，不仅印证了他们对乳业发展趋势的精准洞察，也为新晋乳业指明了未来的发展道路。

资料来源：李澳琳根据网络资料编写。

思考题：

1. 简爱酸奶的竞争地位是什么？
2. 简爱酸奶可以采取的竞争战略是什么？
3. 简爱酸奶存在哪些竞争对手？为什么？
4. 请采用波特五力模型对简爱酸奶进行分析。
5. 请采用生态竞争战略思路对简爱酸奶的未来发展提出建议。

第 9 章
CHAPTER 9

CRM 战 略

§ **本章提要**

　　本章将探讨客户关系管理战略。首先，阐述客户关系管理战略的发展与理论基础。其次，解析客户关系管理战略的基本概念和本质，区分客户关系管理主要的三个类型：战略型，运营型和分析型。再次，介绍主要的客户关系管理战略模型，包括客户价值模型、客户细分模型、客户价值管理价值链模型及客户生命周期模型。最后，探讨在大数据和社交媒体时代下，客户关系管理战略的发展趋势。

9.1　CRM 战略的发展与理论基础

　　在日益激烈的市场竞争环境中，客户关系管理战略（Consumer Relationship Management（CRM）Strategy）对于组织来说也越发重要。自 20 世纪 90 年代开始，客户关系管理概念被引入，企业从战略角度出发将客户作为最重要的资源，并通过与客户建立联系以应对日益激烈的竞争和不断变化的市场环境。市场环境的演变是客户关系管理发展的重要动因。

9.1.1　CRM 战略的发展

　　客户关系管理是一种管理战略。由于世界经济一体化带来的国际化竞争趋势以及数字化、移动互联网、区块链等新技术的发展，一方面深刻改变了客户的消费偏好和消费行为，另一方面也让企业能够更深入地洞察客户以及他们的需求。外部环境的变化引发企业营销战略重心的转变，从 20 世纪初企业专注于产品开发和渠道分销，到 20 世纪中叶企业青睐于目标营销与品牌建设从而打造差异化，再到 20 世纪 90 年代关系营销概念逐渐风靡，企业更加注重对自己目标客户的关系管理，而营销重心也从"交易导向"转变为"客户关系导向"。

1. 企业竞争环境发生改变

不同的竞争环境直接影响企业的营销战略重心。20世纪初，由于受到生产力的限制，市场上的需求超过了供应，产品稀缺的同时消费需求过剩，企业集中资源尽可能生产更多的产品以满足市场需求。在这个阶段，企业专注于产品的开发、制造能力以及渠道的分销能力，而较少考虑客户需求。因此，以印刷手册、广播广告、邮寄广告和高速公路广告牌为主的大众营销受到企业的青睐。而到了20世纪中叶，生产力得到极大提高，市场上的产品供应已经超过了需求，客户逐渐有了选择权，被动消费的时代宣告结束。企业开始思考他们的客户是谁，客户需要什么，以及如何满足他们的需求。在这个阶段，市场调研、客户数据分析等逐渐被企业重视，并根据客户的人口统计资料（如性别、年龄和户籍等）对其进行细分，从而帮助企业向特定的客户或者潜在客户推广他们的产品或者服务，许多企业开始认真思考以"4P"（价格、促销、产品和渠道）理论为代表的目标营销。到了20世纪80年代中期，经济高度成熟，产品种类多元化，在这种情况下，传统目标营销的表现就不那么令人满意了，因为培养新客户的过程变得非常困难和低效率。这时，企业开始意识到只有客户购买企业的产品或者服务，才能实现企业利润。同时，客户购买产品或者服务都为企业建立客户档案提供信息，企业与客户的互动过程中让企业了解到他们的需求、偏好和满意度等，也为企业提供当下市场和竞争者的动态等。此外，随着全球化的浪潮席卷而来，跨国间的竞争不断升级，产品生命周期也日益缩短，更新迭代的频率更加频繁，而信息、知识和人才等资源的全球性流动势不可挡。因此，全球竞争环境对企业的适应性、竞争能力、创新能力等提出了更高的要求，所以企业需要更好地满足客户需求以应对其他企业的挑战，而客户关系管理也成为企业战略中的重中之重。

2. 高新技术的发展为客户关系管理提供支持

新技术的加持是客户关系管理战略发展的一个重要因素。在20世纪90年代，信息系统等技术得到快速发展，互联网技术让"地球村"变成可能，加速了全球经济一体化的进程。首先，新技术的发展让企业竞争突破地域和时间的限制，每个企业都有可能受到来自地球任何一个地方其他企业的竞争挑战。其次，新技术也带来产品与服务的更新迭代，深刻改变了原有的竞争态势。例如，2007年第一代iPhone的发布导致原先的"王者"诺基亚、索尼等的市场份额下降。因此，在产业结构变动和竞争压力下，企业更需要关注自己的客户。此外，技术的发展使以客户为中心的理念不再停留在理论阶段，深入的客户细分分析可以得到落地和实施，围绕客户进行的各种信息搜集、分析和应用都成为可能。企业营销人员能从大量冗余的数据中找到有效信息，运用机器学习等方法对大数据进行分析，了解客户特征和偏好，预测客户需求行为，帮助企业积累丰富的市场和客户知识，根据每个客户的特征让精准营销成为可能，极大地降低营销费用。

3. 客户消费行为发生改变

外部环境的变化不仅改变企业行为，也深刻改变了客户的消费行为。首先，随着信息技术的改进，客户能从更多元化的渠道了解企业产品或者服务的相关信息，从而累积更多产品和服务知识。一方面，客户将更好地评估企业和其竞争者的产品或者服务，成为信息更完全的客户；另一方面，客户对于产品或服务有更高的期望，更强调个性化的消费体验。其次，客户不再是终端消费者，而更愿意参与到企业的新产品开发和设计、营销等过程中，更渴望与企业进行平等的对话，更希望拥有话语权。最后，客户的影响力变得更加重要，影响力范围也逐步扩大。客户对产品或者服务的口碑会对潜在客户产生影响，从而影响他们对产品或服务的兴趣与期望。

20 世纪 90 年代，企业营销的理念和营销战略也发生了变化，关系营销的理念进入研究者和企业的视野，企业战略从"以产品为中心"转变为"以客户为中心"，客户已然成为企业最重要的资源。企业需要与自己的客户建立长期的、稳定的和互相信任的关系，才能建立自身的竞争优势，在市场竞争中占据有利位置。而客户关系管理则是被广泛认可和实施的战略，用于管理和培养企业与客户的互动，这个管理过程涉及企业销售活动、客户服务和技术支持等流程。可以说，客户关系管理的出现改变了企业的营销战略，甚至是企业的整体战略。

┇营销链接┇

新冠疫情不仅影响了全球经济，也改变了人们的生活、需求、优先事项和消费行为。新冠疫情暴发后，国人大多开始了深居简出的生活，许多消费者也开始热衷于网上购物。为了应对疫情，为消费者提供及时的物流服务，京东展现了非凡的客户关系管理能力和社会责任。京东通过运用大数据分析和预测技术，分析疫情地区的历史订单、细分人群分布，预测未来订单规律。在此基础上，京东主动对重点医院订单优先满足、精准配送，高效的预测能力让京东物流的仓库成为抗击疫情中最稳定的物资库。依托其数据分析能力，京东合理配置资源，能在极短时间内整合资源快速应对需求，服务质量稳定，丰富了客户体验。

资料来源：赵子欣根据网络资料编写。

9.1.2　CRM 战略的理论基础

如上文所述，客户关系管理战略得到学术界和业界的认可与推崇，也得到极其广泛的应用。然而，客户关系管理战略这个概念并不是全新的，而是基于关系营销的观点。并且随着关系营销的进一步发展，演化出数据营销、数据库营销、精准营销和大数据营销等营销理念。这些营销理念都是围绕客户这个焦点，基于关系营销理论并且与客户关系管理战略息息相关。

1. 关系营销

1983 年，得克萨斯农工大学的 Leonard L. Berry 教授（1983）提出关系营销的概念，并将其定义为"吸引、保持以及加强客户关系"。随之 Berry（2002）深化了关系营销的定义：关系营销是为了满足企业和相关利益者的目标而进行的识别、建立、维持、促进同消费者的关系并在必要时终止关系的过程，只有通过交换和承诺才能实现。Jackson（1985）提出，关系营销是指获取、建立和维持与用户的紧密且长久的关系。随着对关系营销理解的不断深入，更多学者基于市场实践提出自己的洞见。例如，McKenna（2003）将关系营销的宗旨归纳为"将客户、供应商和其他合作伙伴整合到企业的发展和营销活动中"。而对于关系营销的对象，Adrian Payne（1993）提出了著名的"六大市场框架"模型，认为企业面临六个市场，即内部市场、客户市场、供应商市场、影响者市场、员工市场和推荐者市场。这些研究表明，企业如果要想获得可持续发展，仅仅关注客户关系是远远不够的，还需要与利益相关者，包括员工、供应商、社会和政府等，建立良性的关系。基于此，关系营销可以被分为狭义关系营销和广义关系营销。其中，狭义关系营销是指企业与客户之间的关系营销，本质是企业与客户之间的双向沟通，以双方共赢为目标的营销活动。广义关系营销不仅仅局限于企业与客户的关系营销，而是企业增进与利益相关者之间的关系，包括与客户、供应商、员工、政府等建立长期稳定的互惠关系。

随着时代发展，关系营销逐渐取代交易营销成为企业的营销战略方向。该理论以系统论的思想，强调客户在企业战略和营销战略中的核心位置，且营销目的从获取短期利益转向与各个利益相关者建立长期稳定的、互惠互利的关系。此外，关系营销吸收了以往其他营销方式的优点，依托于新技术和先进分析手段，关系营销致力于培养企业与客户的优质、亲密、稳定、长期的关系。因此，许多研究者认为关系营销是客户关系管理的理念基石，关系营销推动了客户关系管理理念的形成。

2. 关系营销与客户关系管理

Gronroos（1996）曾提出，客户不仅仅是企业一次交易的对象，而是关系伙伴。由于关系的存在，客户愿意与企业进行多次交易和持续购买。因此，关系营销建构在关系、网络和相互作用的基础上，从而建立客户与企业之间的长期共赢关系。这就需要企业通过与客户合作、互动来发展长期的关系，并运用信息技术将客户的数据进行整合分析，从而制定更有效的市场营销战略，进而维系客户的忠诚度，这也符合企业的长期利益。因此，客户关系管理理论的发展是基于关系营销理论。

客户关系管理战略是关系营销的一部分，是发展中的一个特定阶段。根据Christopher 等（2002）研究者对关系营销理论的总结，从时间和理论演进的角度来看，关系营销理论演化过程如图 9-1 所示：20 世纪 50 年代营销重心是消费者营销，60 年代关注产业营销，70 年代是非营利与社会营销，80 年代是服务营销，90 年代开始关注客户关系管理。由此，关系营销是企业对其他利益相关者，包括客户、供应商、政府和竞争者等一系列互动管理和关系管理，认为企业营销活动是建立与这些群体的良好关系。而客户关系管理则是将营销重心放在客户这一类群体上，由此也发展出服务营销、社会营销等理论。相较关系营销理论，客户关系管理是将通信、数据分析等技术与关系营销战略整合在一起，构建与客户的长期关系，从而提升企业价值。

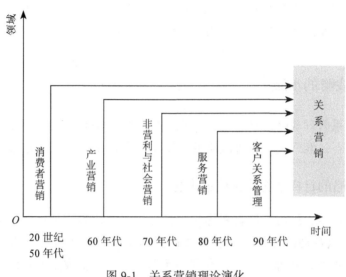

图 9-1 关系营销理论演化

┊**营销延伸**┊

客户关系管理理论的发展是根据不同时代背景下供需关系、客户需求、技术等改变而演化的，而关系营销理论发展与我国经济发展也是相辅相成的。科学发展观的第一要义是发展，核心是以人为本，基本要求是全面协调可持续，根本方法是统筹兼顾。科学发展观对企业提出了更高的要求，它不仅要求企业高瞻远瞩，注意把短期利益与长远利益相结合，还要求企业在抓好经济建设的同时，以发展的眼光，以人为本，实现企业与社会、消费者的和谐发展。因此，需要从科学发展观的角度对客户关系管理理论进行进一步的认识。

资料来源：赵子欣根据网络资料编写。

9.2 CRM 战略的概念与类型

关于客户关系管理的定义，不同研究者或者企业从不同的研究目的和角度提出了不同的见解，尚没有统一的定义。Anton 和 Hoek（2002）认为客户关系管理战略是一项全面的营销战略，它整合了技术、流程和所有围绕客户的业务活动。Becker（2009）则以客户为中心定义客户关系管理，认为是企业保持对客户需求的关注，并将面向客户的方法整合到企业中。而另外一些研究者则强调客户关系管理是一种技术而非管理方式，是帮助企业与数百万客户建立联系，跨越多种渠道并有效实施客户战略的商业流程。但无论是专家学者，还是业界人士，都一致认为吸引和留住最有价值的客户是企业成功的关键。而客户关系管理则是将客户作为企业的战略资源，通过洞察并满足客户需求，实现客户的最大价值，从而实现企业的长期目标。

从以上观点可以看出，客户关系管理战略是一种经营理念，是企业对待客户关系的态度和价值观，以实现客户价值最大化。同时，客户关系管理是一种战略，它通过洞察客户，培养现有以及潜在客户关系，为企业创造更大的价值。

9.2.1　CRM 战略的本质

基于客户关系管理战略的概念可以发现，以客户为中心并为客户创造价值是客户关系管理战略的基石。客户关系管理战略的本质主要表现在以下几个方面。

1. CRM 战略的目标是客户价值最大化

以往企业将资本、厂房、原材料等作为自己的资源，为实现利润最大化，则企业必须将资源进行有效合理的配置。随着人类社会的发展，企业资源不再局限于土地、厂房、车间等有形资产，品牌、商誉、专利等无形资产也转变成企业资源。如今，企业的市场信息搜集能力和洞察能力也成为企业的关键能力，这些信息和洞察经过加工后形成知识，从而更好地服务于企业战略。同时，客户资源也根据外部环境的变化转变成企业的战略资源。

企业若要实施高水平的客户关系管理战略，维持良好的客户关系，就需要实现客户价值的最大化，从而满足客户需求，这有助于提升客户忠诚度、提高客户留存率等。换言之，如果企业无法实现客户价值最大化，很有可能导致客户选择竞争企业的产品，从而造成客户资源流失，这也是企业战略资源的流失。

2. CRM 战略的实质是企业与客户的竞合型博弈

客户关系管理本质上是企业与客户的博弈。对于企业来说，企业要获得可持续发展，就必须进行可持续的生产或者扩大生产力，这都需要企业实现盈利。因此，企业需要交付给客户满意的产品或服务，才能获得客户的回报。而为了在激烈的竞争中获取利润，企业必须寻找投入与收益的平衡点，同时客户也在寻找需求与支出的平衡点，从而更好地满足自己的需求。此外，还存在一个全局平衡，即在信息完全与信息不完全条件下企业与客户之间的需求平衡，在这种同时存在竞争与合作的背景下，企业与客户实现竞合型博弈。客户关系管理战略则指出，企业与客户不是供需关系中对立的双方，而是竞争条件下的合作博弈关系，存在双赢的局面。一方面，企业提供优质的产品或者服务；另一方面，客户则给予企业合适的回报。当双方发展出长期稳定互惠的关系时，双赢局面达成（王永贵，2020）。

3. CRM 战略的特征是企业与客户之间的双向资源投入

Dorsch 和 Carlson（1996）提出，客户关系管理战略是以企业与客户的双向资源投入为特征，是旨在影响客户投资于企业中的资源的努力，是通过达成客户满意，使客户提供资源回报企业的资源组合，即经济投资与社会投资（包括企业声誉、与客户的友谊、使客户忠诚度等）。基于企业对自己客户的精确细分与定位，企业针对不同客户人群实施对应的客户管理，从而推动并优化客户对企业的资源投入。这也意味着，如果一个企业不能为客户带来价值，不能满足客户的需求，则客户不再为该企业提供资源，并转投其他竞争者。因此，客户关系管理是一段双向资源投入的过程。企业可以通过客户关系管理战略有效地管理与客户的关系，可以成功影响客户对于投资企业资源的意愿，从而达成双赢局面（王永贵，2020）。

Storback 和 Lentine（2001）提出企业与客户之间的双向资源投入分为 3 个层面，分别为情感、知识和行为，这三个层面之间相互影响。例如，客户与企业建立起友好关系，则客户更愿意购买企业的产品或服务。而客户的购买行为或者企业对客户的信息搜索行为则进一步为客户和企业提供知识积累和情感形成。

9.2.2　CRM 战略的类型

通过回顾客户关系管理战略的理论脉络和发展过程，客户关系管理战略主要分为三个类型：战略型、运营型和分析型。

1. 战略型客户关系管理

Gartner Group 最早定义了客户关系管理："客户关系管理是代表增进盈利、收入和客户满意度而设计的企业范围的商业战略。"它涉及的范围是整个企业，而不仅仅是一个部门。战略型客户关系管理的重点是企业致力于通过创造和提供比竞争对手更高的价值来赢得和保持客户。企业制定以客户为中心的企业文化，围绕客户设计正式制度。在一个以客户为中心的企业文化中，资源被分配到最能提高客户价值的地方，期望奖励制度能促进员工的行为，以提高客户的满意度和保留率。客户信息能在整个企业内被收集、分享和应用，从而为更好地服务客户提供依据。此外，一个以客户为中心的企业是一个学习型的企业，会不断适应客户要求和竞争条件。有证据表明，以客户为中心的战略与企业绩效密切相关。

2. 运营型客户关系管理

运营型客户关系管理使面向客户的业务流程自动化，通过客户关系管理相关软件应用使得营销、销售和服务功能得以自动化和整合。Rapp（2000）指出：客户关系管理是一套管理软件和技术，目的是通过分析客户的特征和偏好，致力于为客户提供更好的产品与服务。运营型客户关系管理战略由三部分组成，即网络化销售管理系统、客户服务管理系统、企业决策信息系统。Rapp（2000）将客户关系管理视为对客户数据的管理，而基于客户数据的数据库是企业最重要的数据中心，记录了企业在整个市场营销过程中与客户发生的各种交互行为、各类相关活动的状态。其中，营销自动化是将技术运用于营销过程，允许营销人员使用与客户有关的数据，以便在产品开发、执行和评估中获得最真实的市场信息。服务自动化帮助企业管理他们的服务业务，无论是通过呼叫中心、联络中心、现场服务、网络还是面对面提供服务，都能达到很高的效率、可靠性和有效性。

┊营销链接┊

"万物互联""互联网＋"将社会生产生活推向从人到物、到"连接一切"的新生态，"连接"成为数字化时代的基础和特征。中国移动运用自己在通信、客户数据等方面的优势，开展数据化运营，并将数字化融入日常的客户关系管理中。与传统数据运营的核心是产品不同，中国移动建立以客户为中心的数据运营体系。对应到运营平台上，可以分为收入情况分析（探查成本和利润）、客户情况分析（探查细分客户组成和消费趋势）、使用情况分析（探查产品使用情况和预测）、事件活动即时分析（探查针对客户的各种活动营销效果和客户反馈）四个部分。中国移动构建了包含发展情况、使用情况、行业分析、终端销售等模块的统一的产品运营平台，提供全面的数据运营方案，实现以数据赋能企业战略、技术、运营、产品、市场等全线工作。通过建立数据运营体系帮助中国移动将运营优势转为客户服务、营销优势，为客户设计更个性化的产品和服务。

资料来源：赵子欣根据网络资料编写。

3. 分析型客户关系管理

分析型客户关系管理战略涉及提取、存储、集成、处理、解释、分发、使用和报告与客户有关的数据，以提高客户和企业的价值。分析型客户关系管理战略建立在客户相关信息的基础上。与客户相关的数据可以在企业范围内的存储库中找到，包括销售数据（购买历史）、财务数据（支付历史、信用评分）、营销数据（活动响应、忠诚计划）和服务数据。除了这些内部数据，还可以添加来自外部的数据，如来自其他商业组织的地理人口和生活方式数据。这些数据通常是结构化的数据集，保存在关系型数据库中。一个关系型数据库就像一个 Excel 电子表格，其中任何一行的数据都是关于一个特定的客户，每列都表明一个特定的变量，如姓名、性别、年龄等。通过数据挖掘工具的应用，可以对这些数据进行查询和探究：谁是我们最有价值的客户？哪些客户最有可能转投竞争对手？哪些客户最有可能会偏好某个营销活动？

随着技术的发展，大数据也开始运用在客户关系管理中。根据 IBM 的说法，大数据无处不在：从用于收集气候信息的传感器、社交媒体网站上的帖子，到在线发布的数字图片和视频、在线交易记录等。大数据不仅包括结构化数据，如销售额、观看量等，也包括非结构化数据，如文本、音频、视频等。这些非结构化数据也为洞察客户提供了基础。

分析型客户关系管理已经成为许多客户关系管理战略实施的一个重要部分。如果没有关于客户的数据分析，客户关系管理战略就很难达到充分实施的效果。例如，对客户价值或客户购买倾向的了解是许多运营型客户关系管理决策的基础，如：企业应该针对哪些客户提供这个产品？应该以哪些客户为目标来提供这个服务？企业应该把销售工作集中在哪里？

此外，分析型客户关系管理可以帮助企业在不同的客户群中采取不同的销售方式。针对潜在价值较高的客户可能会采用面对面的销售；针对价值较低的客户可能会采用电话销售方式，从而充分有效运用企业的不同资源。从客户的角度来看，分析型客户关系管理可以为客户的问题提供及时的、个性化的解决方案，从而提高客户满意度。从企业的角度来看，分析型客户关系管理提供了更强大的交叉销售和追加销售计划的前景，以及更有效地提高客户忠诚度和获取新客户的方案。

9.2.3　三种类型总结

基于对战略型、运营型和分析型客户关系管理战略的解释，可以发现客户关系管理是一个综合的概念，涉及企业管理、管控、运营和后勤等各个方面。Buttle 和 Maklan（2015）认为，客户关系管理是一种战略，是企业整合内部流程和功能以及外部网络，以创造价值并向目标客户提供价值，从而获得利润。它以高质量的客户相关数据为基础，并运用现代信息技术获取相关客户数据。其中，客户关系管理战略是为企业目标客户创造和提供价值，这也表示客户关系管理不仅仅是关于运营和技术，更是整合企业内部流程和功能的。例如，通过对客户数据的访问和分析，使企业营销、销售和技术支持部门能彼此了解各个部门的运作情况以及彼此与客户的互动情况；而后台职能部门，如财务部门等，可以更好地为服务客户提供支持；外部网络的成员，如经销商、渠道商等，根据企业的战略和目标客户，可以与企业的努力方向保持一致。

9.3　CRM 战略的主要模型

9.3.1　客户价值模型

客户价值理论是美国服务管理研究者 Zeithaml 在 1988 年所提出的一个理论，又被称为"客户可感知价值理论"，该理论指出，客户价值具体呈现为客户对某件商品的付出与他从这件商品中得到的回报比例，如果客户价值高，那么企业能获得更多的市场份额。其他研究者发现，客户并不是因为满意才购买，他们对产品或者服务的感知价值才是决定产品或者服务选择、购买行为的关键因素。

客户感知价值强调以客户为价值判断的主题，要求企业站在客户的角度审视自己产品和服务的价值。首先，客户价值是客户对企业产品和服务的一种感知。这种感知与产品或者服务质量相挂钩。这种感知是客户的主观判断，因此不同客户对同一个产品或服务的感知价值也具有差异性。其次，客户价值的核心是客户对获得利益与其实际付出之间的权衡。如果产品或者服务带给客户的利益低于客户为之付出的成本，那么客户对这个产品或服务的感知价值就比较低。假如客户感知到的产品或者服务的价值高于为之付出的成本，则客户的感知价值就比较高。最后，客户的感知价值具有层次性。从客户知道、查询、购买和使用这个产品或者服务的过程中，客户价值感知也在不断变化，而最终客户对产品或者服务的价值感知是通过整个流程和各个方面最终确认的。

通过客户价值理论，企业能够获得更全面的分析思路。如果企业想要让客户接受自己的产品，就必须从各个方面来对产品进行策略设计和改进，包括提供高质量的服务和合理的定价，从而提高客户价值。所以，客户价值理论对于经营者来说起到维护客户关系、更了解市场的一个风向标的作用。在生产经营的活动中，企业不仅要创造客户价值，更需要关注客户购买商品所付出的成本。因为客户在购买产品的时候总是希望自己所付出的金钱成本或者时间成本是最低的，所以企业还需要通过降低生产成本、改善销售方式、打通销售渠道来为客户提供更多的价值。

9.3.2　客户细分模型

客户细分模型是 20 世纪 50 年代由美国学者 Wendell. R. Smith（1959）提出的，是客户关系管理理论的重要组成部分。该模型的理论依据有两点。首先，客户的需求是具有异质性的。由于不同客户的需求和购买行为等都是多元的，客户需求也呈现出差异性，但分属于同一个细分市场的客户对同一个产品的需求和欲望是相似的。例如，同样是购买房产，有些客户是为了改善居住条件，有些是用来投资，有些是刚需。其次，企业的资源是有限的，市场是有效竞争的。没有一家企业能凭一己之力满足市场上所有的需求。因此，对于企业来说，高效识别自己能有效服务的细分市场，集中企业资源并制定相应的科学竞争策略，从而增强自己的竞争优势。

客户细分模型是指根据客户属性划分的客户集合。客户细分模型可以根据不同客户属性研究客户，从而进行有效的客户评估，合理分配资源，为企业充分获取客户价值提供理论和方法指导。其原理是，不同产品的客户群具有差异性，需要根据客户群的文化观念、消费水平、消费习惯、生活方式等不同细分新的客户类别，从而识别最有价值且企业能最有效服务的客户类别，即目标客户。进行客户细分后，属于某一类型的客户具有一定的相似性，而不同的细分客户群间存在明显的差异性；细分出的类型仍然是客户价值的体现，如客户信用、客户流失倾向等。

客户细分的方法主要从三个方面进行考虑。首先，根据客户的外在属性进行细分。

比如，不同文化背景、不同地域、不同阶层等的客户对同一个产品的需求也不相同。根据外在属性对客户分层是最简单也是最直观的，也比较容易得到相应的数据。但这种细分方法也较为粗放，无法对每一个客户层面进行更精准的细分。其次，根据客户的内在属性进行细分。例如，客户不同的性别、年龄、喜好、兴趣、收入、社会阶层、家庭成员数量、价值观等。这些内在属性影响客户的消费决定。最后，根据客户的消费行为进行细分。在不少行业对消费行为的分析主要从三个方面考虑，即 RFM：最近一次消费（Recency）、消费频率（Frequency）与消费额（Monetary）（图 9-2 是客户价值管理 RFM 模型）。客户上一次是何时到线下消费、上一次根据哪个网站或者 KOL 推荐购买东西、什么时候买的东西，或者他们在店里买东西最近的一次是什么时候。通过对这类消费行为分析，企业能大致画出客户画像，动态地显示一个客户的全部轮廓，为个性化的沟通和服务提供了依据。但是，依据消费行为对客户进行细分只适用于现有客户，企业较难获得潜在客户的消费行为情况，所以无法对潜在客户进行分类。因此，在客户细分方法中，要针对不同情景、产品和客户，选择最高效、最有效的方法找到企业的目标客户。图 9-2 是客户价值管理 RFM 模型。

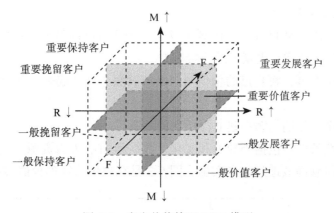

图 9-2　客户价值管理 RFM 模型

营销链接

相较于快消品、护肤品等产品的购买决策流程，房地产作为高价值商品，客户的购买决策流程更长、更为慎重。因此，对于房地产企业来说，客户研究如果做得不到位，会直接影响企业盈利和绩效。许多房地产企业重视对流程的更改和优化，重视客户在房地产开发和设计环节中的重要性，从而设计出更符合客户需求的产品。万科作为国内领先的房地产企业，将客户细分并总结每个细分市场的需求，例如重视功能性需求的客户更关注房产是否能方便他们照顾老人和孩子成长，而情感需求型客户则重视房产是否体现主人的品位。万科用三个坐标系进行客户细分：第一个坐标系以家庭为单位，分出老年家庭、三代家庭、成熟家庭、丁克家庭和单身家庭等；第二个坐标系体现支付能力；第三个坐标系则是房屋价值。根据三个坐标系，客户能被分为十几个细分市场，例如社会新锐、望子成龙、健康养老等。此类细分手段优化了万科在拿地决策、房屋设计、社区设计、销售等环节的效率，提高了其盈利水平。

资料来源：赵子欣根据网络资料编写。

9.3.3 客户价值管理价值链模型

Buttle（2004）提出客户价值管理价值链模型。虽然每个客户都非常重要，但在有限资源的情况下，企业应该寻找最有盈利可能的客户，因为这些客户有更多的销售机会和收入。而客户价值管理价值链模型则能够帮助企业找到最有价值的客户并有效配置资源，与最有价值的客户建立优质的长期关系。该模型包括 5 个主要阶段和 4 个支持性条件，以实现提高客户盈利能力为最终目标。5 个主要阶段分别是客户组合分析、客户关系、网络式发展、价值主张发展和处理关系。在这 5 个主要阶段以及企业的供应商、合作伙伴和其他利益相关者的支持下，企业创造并传递价值给客户。

（1）客户组合分析：帮助企业确定最有价值的客户。

（2）客户关系：整理"具有战略意义的重要客户"列表，找出他们需要什么，以确定如何为他们提供最佳服务。

（3）网络式发展：使目标客户满意不仅需要企业自己的努力，还要通过网络（包括供应商、代理商、员工等）更紧密地连接客户。

（4）价值主张发展：将自己的价值与产品或者服务结合起来，并有效地、一致地传递给客户。

（5）处理关系：长期与客户建立深层次的关系。

而 4 个支持性条件，包括领导力和文化、数据和 IT、人力资源、企业流程，使得客户关系管理战略能够高效地运作和实施。图 9-3 是客户价值管理价值链模型。

客户组合分析	客户关系	网络式发展	价值主张发展	处理关系
领导力和文化				
数据和 IT				
人力资源				
企业流程				

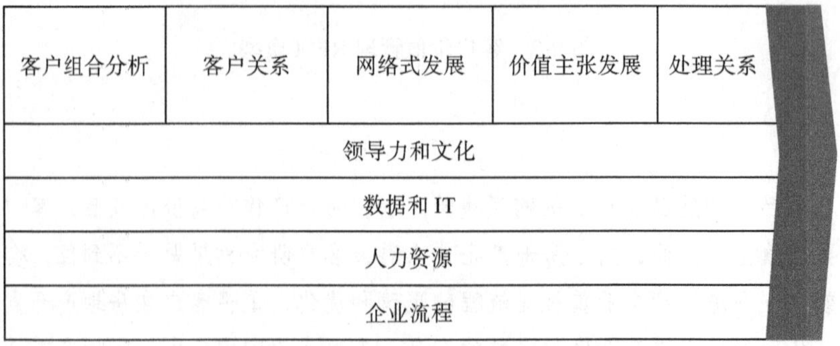

图 9-3 客户价值管理价值链模型

9.3.4 客户生命周期模型

如同产品生命周期一样，客户关系也拥有一个生命周期，从建立关系、发展关系、关系转折到恢复关系或者结束关系。客户生命周期解构了从与客户建立联系到关系终止的整个过程，也描述了每个关系阶段不同的特征，为企业了解客户的重要等级提供了丰富的信息。不同研究者对客户生命周期划分了不同阶段。例如，陈明亮（2002）将客户生命周期划分为考察期、形成期、稳定期、退化期四个阶段，如图 9-4 所示。

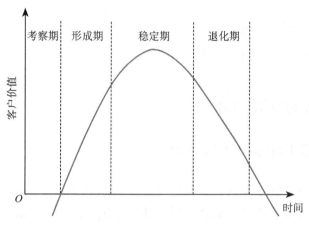

图 9-4　客户生命周期模型

首先，考察期是企业与客户之间关系的孕育期。在这个阶段，客户初次了解企业或者企业的品牌与服务，通过信息搜索、口碑宣传等方式了解产品或服务、品牌以及企业并做出购买决策。而企业则通过客户的购买行为、客户的个人信息进行相关分析，以判断客户是否是自己的目标客户，以及客户的重要等级等。在这个阶段，企业对客户的投入要超出客户对企业的投入。

其次，形成期是企业与客户关系的发展时期。客户通过信息搜索、购买等方式，对企业有一定的了解，而企业也对客户建立了初步的判断。这个时期，企业和客户建立了一定的信任和相互依赖，具体表现为，客户对该企业产品或者服务的价格有一定的忍耐力，企业从客户购买中获得一定的收入并开始盈利。然而，这个阶段企业与客户的关系还较为脆弱。客户依旧会在购买决策前对比其他的竞争产品，比较网上的用户评价，容易受到外界的影响。这个阶段企业需要进一步深入理解客户的需求和对产品或服务的使用感受，并针对客户的特征用恰当的方式将价值传递给客户，从而获得客户的信任，以帮助客户对自己的产品或服务产生偏好。

再次，稳定期是客户与企业关系的最佳时期。在这个阶段，客户与企业已经彼此了解，建立了长期的关系。客户对企业的产品或者服务的购买数量稳定，对价格的容忍度也较高，形成了较高的忠诚度。并且，客户对于企业的产品或者服务具有高水平的信心，对新产品或者新服务的尝试意愿也较高，对于高质量的产品或者服务，客户也会主动对他人进行口碑宣传。而企业在这个阶段的策略是尽量保持或者延长关系的稳定期，让客户更深入了解企业的价值观，提高客户的参与度。往往此时期的企业会与客户一起互动创造更多价值，并增加客户的转移成本以提高客户的忠诚度。

最后，退化期是企业和客户关系的退出时期。在这个阶段，客户对企业产品或服务的购买量下降，这有可能是因为客户对产品或服务的质量不满意，或者新产品迭代速度过慢等。客户再次进行信息搜索，开始搜索企业竞争对手的产品或服务信息。退化期不一定发生在稳定期之后，而是在任一个时期都有可能发生关系退化。如果企业认为客户关系没有必要存在，可以采取客户关系终止策略。如果企业认为客户关系有存在的必要性，则应该采取关系恢复策略，包括基于客户的营销策略制定、价值观共创和有效传递，以及对客户不满意的原因分析和解决方案。

9.4　CRM 战略的发展趋势

9.4.1　基于大数据时代的 CRM 战略

随着移动互联网、5G、区块链、云计算等技术的发展，大数据时代已经到来，为人们生活、企业生产方式和商业模式带来根本性的变化。而在大数据时代，客户关系管理战略也被赋予全新的特征，具体体现在以下 3 个方面。

首先，企业运用互联网等数据工具对客户关系管理呈现出虚拟化的特征。基于互联网，企业能够在短时间内对大量数据进行精准化处理，能够突破时间和地理的限制调研客户的售后体验、产品或者服务体验等。在这些过程中，互联网帮助企业降低沟通成本，提升客户关系，增加客户参与度。

其次，企业可在互联网上将客户关系体系以数字化形式进行处理，营销战略也能以数字化方式解决和实施，从而最大限度地、最精准地满足客户需求。而在管理和沟通成本方面，互联网的应用要比传统的管理体系的成本低很多。因此，采用数字化客户管理体系能够使企业降低客户关系管理交易成本。

最后，企业对客户管理需要对大量客户相关信息进行处理，而大数据处理手段和技术能够方便快捷地对相关的信息进行处理，并获取、提炼有价值的信息，最大限度地提升客户管理效率，提升企业决策科学性。

大数据能大大提高企业客户管理战略的有效性。首先，如今的企业要面对多层次、差异化、个性化的消费群体，如果营销战略并没有根据不同消费群体做出及时、合理的调整，那么营销战略和策划的效果将会大打折扣，出现不协调等一系列问题。精准的客户细分是大数据时代实现客户关系管理战略的重要内容和环节之一，要想实现精准客户细分，就必须对客户差异化的需求了如指掌，也必须要针对客户的真实需求制定出差异化的营销策略。因此，企业必须搜集和汇总大量的客户信息，并基于对信息的分析支撑企业营销策略的制定。大数据时代下大量数据来自不同渠道、不同媒体平台，比如购买渠道网站、口碑网站、社交网络等。因此，企业需要从大数据中深度挖掘客户的触媒习惯、体验和偏好等，针对这些数据做出精准的客户分析，最大限度地了解客户需求，做好客户关系维护工作，最大限度地挖掘潜在客户。其次，面对庞大的客户群体，获取新客户所花费的成本和代价是很高的。因此，要充分运用大数据进行科学、客观的市场前期调研，确保市场信息收集的科学性和真实性。在挖掘新客户的过程中，企业需要将大数据和客户关系管理系统结合起来，准确定位目标客户和潜在新客户，从而提高挖掘新客户的效率，保证营销目标的实现。最后，提高客户感知价值是建立良好的企业与客户关系的基石。在大数据时代，要提升客户的价值，一方面需要运用大数据实施精准营销，满足客户的个性化需求，增加与客户的触点，提升价值传递的效率；另一方面需要运用大数据对客户购买行为等进行分析，并以此提出改进产品和服务的策略，进而推出有利于提升客户价值的产品和服务。

| 营销延伸 |

在大数据时代，个人隐私与商业价值之间的关系更需要得到企业的重视。因此，企业需要在不同层面对客户隐私问题进行保护，这既是对客户的尊重，也是一种客户关系管理手段。企业需要从技术与反技术、群体利益与个体利益等多个视角对待数据隐私问题，树立正确的信息安全观。同时，企业管理者也需要积极学习《中国个人信息安全和隐私保护报告》《儿童个人信息网络保护规定》《个人信用信息基础数据库管理暂行办法》《个人信用信息基础数据库金融机构用户管理办法》《个人信用信息基础数据库异议处理规程》等法律规定。

资料来源：赵子欣根据网络资料编写。

9.4.2 基于社交网络的 CRM 战略

以往，传统的客户关系管理侧重于企业网站、售后服务中心、呼叫中心、售后实体店等渠道的管理解决方案。而今，随着社交网络媒体的发展，企业可以通过在线社交网络，与客户随时进行沟通与互动。基于社交媒体的客户关系管理战略是传统客户关系管理的升级版。如今许多客户在购买产品或者服务以后有疑问，都不再拨打服务热线，他们倾向于通过微信公众号等平台发送消息来反映问题，并且往往能得到企业快速的响应。而客户在做购买决策前，也会倾向于在社交网络上查看其他购买过该产品或者服务的客户的口碑评价。

基于社交媒体的客户关系管理战略能进一步对客户 IP、兴趣爱好、社交行为、影响力等进行更加详细的分析，可有效帮助企业提升营销效率。而在社交平台上，客户不仅仅是企业产品或者服务的购买者，他们更是口碑提供者和传递者，企业会根据客户的影响力将客户分为意见领袖和普通客户。这些角色在帮助企业创造营销价值的时候，出发动力、管理重点、自动化流程等都是很不一样的。因此，基于社交媒体的客户关系管理在计算每个具体的消费者价值上，除了客户收入贡献价值之外，在营销上的参与度、影响力等数据也都会被充分地记录和纳入分析中，以形成最有利于品牌和销售转化的策略和模型。

随着社交媒体的普及，基于社交媒体的客户关系管理战略也成为企业营销的重心。而这种趋势也为企业发展和维护客户关系提供了新的机遇与挑战。

|营销链接|

　　于 2014 年成立的蔚来汽车以为用户创造一种愉悦的生活方式为目标，成为中国赴美上市的首家新能源汽车企业。通过打造一个以车为起点的分享快乐、共同成长的社区，来为用户创造愉悦的生活方式，是蔚来的使命和愿景。与其他的社群运营思路不同，蔚来社群运营的主力并不在已有的大型社交平台（如微信、微博）上，而在于专为蔚来的车主打造的app 上，并广受蔚来车主的好评。该 app 不仅用于车主的售后服务等，还集合了"内容""社交""商场"等其他服务模块。其中内容和社交板块更像是专属于蔚来车主的朋友圈，拥有大量车主关于蔚来汽车的用户生成内容，车主们在这个 app 上进行密切的交流和互动。此外，蔚来汽车也在这个 app 上提供大量活动策划，车主们可以参与各种沙龙、户外、手作等活动，积极加入到蔚来的线上和线下活动中，这也极大地吸引了潜在消费者。蔚来 app 的每一个界面内容在每个车主渐进的体验阶段都发挥着不同的作用，增强了车主在售前、售中以及售后过程与蔚来的联系，在提高了信息透明度的同时，也更进一步提高了车主的满意度，促进了车主的忠诚度。

资料来源：赵子欣根据网络资料编写。

◈ 重要概念

　　关系营销　客户关系管理战略　战略型客户关系管理战略　运营型客户关系管理战略
分析型客户关系管理战略　客户价值管理价值链模型　客户生命周期

◈ 复习思考题

1. 客户关系管理战略的理论基础是什么？
2. 客户关系管理战略的主要类型有哪些？
3. 关系营销与客户关系管理的关系是什么？
4. 论述客户细分模型并举例。
5. 论述客户生命周期模型。
6. 请谈谈对社会化客户关系管理的理解。
7. 请谈谈对大数据时代下的客户关系管理的理解。

◈ 经典案例

驴妈妈玩转客户关系管理

　　驴妈妈创立于 2008 年，是一家总部位于上海的中国知名综合性旅游网站。面对多家旅游网站的竞争（例如携程、飞猪），在自助游发展如火如荼的形势下，驴妈妈选择以景区门票为切入点，双向服务于用户和景区。一方面，驴妈妈打破了景区的门票价格壁垒；另一方面，人流量的增加给景区带来更多的综合利益。随着我国旅游消费升级，旅游产业的竞争格局也在悄然变化。用户从以往的性价比诉求转向对产品品质及出游前中后体验的提升上。在这样的背景下，驴妈妈的商业模式也发生了转变。驴妈妈快速响应用户的新需求并打造"极致用户体验"，进一步挖掘消费升级背景下的旅游市场潜力，把精准网络营销视为重头戏，因此加大了对移动端的布局。

驴妈妈认识到微信等社交平台对于用户的重要性。社交媒体的出现带动信息的流动，产品价格和质量变得更加透明，消费者的视野也变大了、可选择性变多了。同时销售渠道以及与用户接触的通道也得到了扩展，使品牌有了更多的宣传和销售的渠道。社交平台的出现为企业提供了机会，使之能够了解用户并与之展开一对一的互动。基于社交平台上丰富的用户数据，企业深入了解用户并形成新型连接关系。这也帮助企业可以对用户的所在地、兴趣、社交行为、个体影响力等进行更加详细的分析，可有效帮助企业提升营销效率。这些社交平台已经成为企业几乎不可替代的与用户沟通的渠道，从而深刻改变了企业客户关系管理战略。

在微信平台上，驴妈妈建立了社会化客户关系管理（Social Customer Relationship Management，SCRM）体系，即基于社交平台进行客户关系管理，且 SCRM 是以管理用户的社交价值为中心。通过 SCRM，企业信息能更好地、更广泛地被用户接受。传统的客户关系管理，管理对象只针对用户本人，管理的核心数据是用户的交易数据，它的业务核心逻辑是：根据用户的历史交易数据进行自动化分析，然后对用户进行细致的分组，对应推送不同的营销内容，实现营销的自动化和精细化。而在移动社交时代，消费者最大的变化是除了贡献收入之外，每个消费者都通过自己的社交网络，建立起自身的媒体价值和口碑价值。消费者不仅仅是企业的收入贡献者，更是口碑贡献者、品牌信任贡献者、消费热情贡献者。SCRM 相较传统客户关系管理的核心区别就在于，更加以消费者为中心，并且以如何充分发挥每个消费者的社交价值为业务流程创新的重点。

驴妈妈借助用户标签分析方法，对注册用户进行了更精细化的分组管理。根据用户在账号中点击的微信内容、询问的问题和互动的话题等，运营人员在用户基本信息及旅游偏好等信息的基础上，再从消费能力、行为特征、兴趣特征、旅游攻略等不同维度设置标签，最后借助大数据技术为用户画像，结合社交关系数据和其他背景数据，为互动和精准营销提供重要依据，进一步实现更精准的移动广告投放和更个性化的客户服务。通过系列操作，驴妈妈实现了对移动端用户的有效管理和高效转化，提升了客服能力，并与用户建立了长期良性互动，实现了个性化服务，有效降低了用户流失率。

资料来源：王滢根据网络资料编写。

思考题：

1. 试着分析社会化客户关系管理。
2. 驴妈妈是如何使用社会化客户关系管理的？
3. 驴妈妈通过 SCRM 能够实现哪些目标？
4. 辨析客户关系管理与社会化客户关系管理。
5. 请谈谈客户关系管理的工作重点与发展方向。

第 10 章
CHAPTER 10

产 品 策 略

§ 本章提要

本章将阐述关于产品的相关理论。首先，介绍产品的概念和分类，并由此引申出产品组合与产品线长度决策。其次，围绕产品生命周期相关概念阐述各阶段的判定方法以及各自适用的营销战略。再次，陈述新产品的概念与开发中的风险和原因，详细介绍新产品开发的组织和程序。又次，将新产品采用概括成几个阶段，并对采用者进行分类，探究影响采用率的原因。最后，探讨产品的包装与标签。

10.1 产品与产品组合

10.1.1 产品的概念

1. 产品的含义

产品在语言学、经济学和营销学中有不同的含义。在营销学中，产品是指能够提供给市场，以满足顾客需要和欲望的任何东西。

2. 产品的形式

产品可以是有形的，也就是有物质实体，比如盐、面粉等，也可以是无形的，比如服务、体验、理念等。

3. 产品的层次

产品包含 5 个层次，从里到外分别为核心产品、基础产品、期望产品、附加产品和潜在产品。企业在设计产品时，要在不同程度上体现出产品的 5 个层次，每个层次都能够增加顾客价值，构成顾客价值层级，如图 10-1 所示。

（1）核心产品。这是产品为购买者提供的本质属性，即产品的效用或利益。如旅店顾客购买的是"休息的条件"，服装购买者购买的是"遮体、御寒和形象美观"。

（2）基础产品。这是产品满足购买者对核心产品需求的载体，旅店应包括房间、床、卫生间、浴室、衣橱、桌子等。

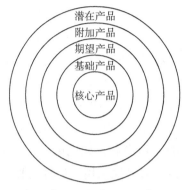

（3）期望产品。这是产品满足购买者在基础产品之上希望达到的一组属性和条件。如旅店的安静房间、干净的床、工作台灯、网络端口通信设施、Wi-Fi 等。

（4）附加产品。这是产品向购买者额外提供的服务和利益。例如，送货、安装、维修、保证、融资、培训等。

图 10-1　产品的 5 个层次

（5）潜在产品。这是产品向购买者提供的未来附加功能和转换功能。例如，电视机预留出连接家庭影院、连接互联网的功能，航空公司在大型客机上增设购物区等。

上述 5 个层次构成了整体产品。整体产品是企业贯彻市场营销观念的基础，是企业在市场竞争环境下满足顾客需求、传递顾客价值的手段。

｜营销延伸｜

　　产品在设计每个层次的客户价值和满足消费者需求的同时，相关负责人要时刻牢记底线和社会责任。一方面，在互联网发展迅速的当今时代，某些违法犯罪活动依托各类不负责任的产品或服务赚取不正当收益，严重危害了消费者利益，常见的有赌博、诈骗、裸贷等；另一方面，要加快产品和技术创新的步伐，破解各种"卡脖子"技术难题，实现各种突破式产品创新。企业产品相关负责人应做到以下几点。第一，增强创新意识。创新是一个民族进步的灵魂，是国家和企业兴旺发达的不竭动力。产品负责人应该以向市场提供原创的、突破性的产品和技术为己任。第二，产品的研发动机必须是正面的。产品能够解决消费者的痛点，但是一定不能伤害消费者，类似赌博、诈骗、裸贷等不良产品或服务就是抓住了人性的贪婪、损失规避等弱点，对消费者造成了永久性的伤害。第三，增强责任意识，用高度的责任感回馈消费者的信任。消费者选择产品是对产品的一种信任，产品负责人需要将这份信任转化成约束自身的重要责任，百度的"魏则西"事件和今日头条的"内涵段子"事件都起因于产品负责人对产品内容监管力度不足，辜负了消费者的信任。第四，增强服务意识。细节体现水平，细节体现效率，细节体现质量，细节决定成败。产品负责人要树立重视服务细节的工作理念，增强把握产品和服务细节的本领。要了解消费者的需求，注意消费者的情绪，想消费者之所想，急消费者之所急，以饱满热情的精神面貌去为消费者服务。

资料来源：李妹根据网络资料编写。

10.1.2　产品的分类

产品可以从不同的角度来分类。

1. 根据产品的耐用性划分

根据产品的耐用性划分，可以分为易耗品和耐用品。

（1）易耗品。消费者经过一次或多次使用或消费，产品的利益可全部消费光。这类产品使用时间一般较短，购买频率高。在营销上应注重消费购买的便利性，尽量在消费者经常光顾的地点提供此类产品，大力开展广告宣传活动，引导消费者和用户优先购买和使用本企业的产品。

（2）耐用品。耐用品是消费者需要通过较长时间或多次使用才能实现全部产品利益的有形产品，如机床、住宅等。经营耐用品通常要注重考虑其长时间或多次使用的特点，较多地采用人员推销和服务的形式，如提供产品使用方法及维护知识，提供可信的维护服务与品质担保等，以使消费者的全部产品利益得到完整实现。

2. 根据产品的有形性划分

根据产品的有形性划分，可以分为有形商品和无形服务。

（1）有形商品。有形商品是指人们感官可以感觉到的客观实在物，如钢材、面粉、汽车等。典型的制造性企业为交换而生产的产品都具有有形商品的特征。

（2）无形服务。服务是无形的产品，它是指为满足消费者的某种欲望或需求而出售的活动或利益，如理发、修理、旅游等。服务这种产品具有无形性、不可分离性、易变性和易消失性的特点，一般来说它需要营销人员提供更多的质量控制和信誉保证。

3. 根据产品的用途划分

根据产品的用途划分，可以分为消费品和生产资料。

（1）消费品。消费品是指消费者为满足生活需要而购买的产品。根据消费者的购买习惯，消费品还可以进一步划分为以下几种。

一是便利品。便利品是指顾客经常购买或即刻购买，并且希望花费最少的时间和精力去获得的消费品，如杂志、报纸、纯净水等。便利品都是非耐用品，且多为消费者日常生活必需品，因而经营便利品的零售商店一般都分散设置在居民住宅区、街头巷尾、车站、码头和公路两旁，以便消费者随时随地购买。大多数便利品只花较少时间和精力去购买。

二是选购品。选购品是指消费者在购买过程中，对产品的适用性、质量、价格、式样等方面有针对性地比较和选择的产品，如家具、电器、保健器具、服装等。由于选购品挑选性强，所以消费者有必要和可能花费较多的时间与精力去选择合适的物品。选购品可划分为同质品和异质品。消费者在选购同质产品时要"价"比三家；而在选择异质产品时，则要"货"比三家。

三是特殊品。特殊品是指具有独特性和品牌标记的产品。一般来说，绝大多数消费者习惯为购买这类产品而付出较多的时间和精力。这类产品通常包括特殊品牌和造型的奢侈品、供收藏的特殊邮票和钱币、名牌服装、摄影器件等。通常，消费者在购买前对特殊品的特点、品牌等均有充分的认识，并且只愿购买特定品牌的某种产品，而对其他品牌不感兴趣。

四是非渴求品。非渴求品是指消费者未曾听说或即使知道也无意购买的产品。非渴求品的特性决定了企业必须加强广告、推销工作，促使消费者对这些产品有所了解并产生兴趣，最终决定购买。

（2）生产资料。生产资料是指企业为生产加工或形成服务能力而购买的产品。根据生产资料进入产品的程度，生产资料可以划分为以下几种。

一是材料和部件。材料和部件是完全转化到成品中去的那一类产品。它又分为：原材料（如小麦、棉花、家畜、水果、蔬菜等农产品）和天然产品（如原油、煤炭、铁矿砂），以及加工材料和部件（包括构成材料和构成部件）。

二是资本项目。资本项目的实体不进入制成品，其价格逐步进入产成品的销售价格中。资本项目包括装备和设备两部分，前者如厂房、办公室，后者如机床、电梯等。

三是供应品和业务服务。供应品又分为操作用品（如润滑油、打字纸）和维修用品（如油漆、钉子）。业务服务包括维修服务（如做清洁和修理复印机）和咨询服务（如中介服务、管理咨询）。

10.1.3 产品组合

企业为了满足目标市场的需求，提高自身的市场竞争力，提供给目标市场的往往不是单一产品，而是产品组合。产品组合由多条产品线组成，每条产品线包含若干产品项目，而每个产品项目又包含不同品种、规格、式样、档次的产品。因此，企业要在产品组合、产品线和产品项目上做出决策，采取积极有效的策略。

1. 产品组合的含义

（1）产品组合。拥有数条产品线的企业存在产品组合。产品组合是指一个特定企业生产或经营的全部产品线和产品项目的有机搭配。例如，海尔集团的"六大知名品牌"即是企业的产品组合。

（2）产品线。产品线是指能满足同类需要，在功能、使用与销售等方面具有类似性质的一组产品。例如，化妆品产品线、炊事用具产品线、洗涤用品产品线等。

（3）产品项目。产品线中不同品种档次的数目。例如，某购物中心经营鞋、服装、包、帽等4大类产品，每大类中又包含若干个具体品种，即产品项目，又如服装产品线中有男装、女装、儿童装3个产品项目。

2. 产品组合的 4 种状态

（1）产品组合的宽度（Width）。产品组合的宽度是指企业拥有产品线的数目。如美国宝洁公司有6条产品线，即洗涤剂、牙膏、肥皂、除臭剂、尿布和咖啡。较宽的产品组合可以满足消费者需要，充分挖掘企业现有资源潜力。多产品线组合通常是企业实施多角化经营战略在产品组合上的体现。

（2）产品组合的长度（Length）。产品组合的长度是指企业产品组合中包含的产品项目总数。如宝洁公司的产品组合中共有31个产品项目。产品组合长度能够反映企业产品在整个市场上的覆盖面大小，总长度除以产品线数即为平均长度。

（3）产品组合深度（Depth）。产品组合的深度是指企业产品组合中某一产品线内某种产品的规格、款式、花色的数目。例如，某品牌牙膏，假设有3种规格和2种配方，则深度为6。产品组合深度一般表现企业某个产品线的专业化程度，同时对于满足同一目标市场的多样化需求，降低成本具有重要意义。

（4）产品组合的黏度（Consistency）。产品组合的黏度也可理解为产品组合的关联性、一致性，是指一个企业的各个产品大类在最终使用、生产条件、分销渠道等方面的密切相关程度。一般说来，产品组合的相关性或一致性程度越高，则各个产品线之间相互支持、共同利用同一资源（如设备、技术、销售渠道、推销队伍、需求群体等）的可能性越大，因而也越容易降低成本，节约费用，取得较高的效益。

产品组合的这些维度为界定企业的产品战略提供了依据，企业可以从这4个方面发展业务，并设计合理的产品组合策略。

3. 产品组合策略

为了适应市场环境和企业资源的情况，企业可以调整产品组合的宽度、长度、深度和黏度，以达到优化产品组合的目的。

（1）调整产品组合的宽度。企业可以通过增加或减少产品线来调整产品组合的宽度。如增加产品线则可以充分发挥企业的资源优势，满足市场多方面的需求，同时还可以降低经营风险，增强企业的竞争力。

（2）调整产品组合的长度。企业可以通过增加或减少产品项目的办法来调整产品组合的长度。

（3）调整产品组合的深度。企业在产品线不变的情况下，可以通过增减每种产品的规格、花色、款式来调整产品组合的深度。

（4）调整产品组合的黏度。企业应设法使本企业的产品线之间在生产、销售和使用上的相关性增强，可以达到资源共享、增强竞争力的目的。

10.1.4　产品线长度决策

产品线长度应适度，企业可以通过调整产品线长度来增加利润。

1. 产品线扩展

产品线扩展有以下三种方式。

一是向下扩展。企业原来生产高档产品，现决定增加生产中、低档产品。企业采取向下延伸策略的主要原因：第一，高档产品增长缓慢，不得不将产品大类向下延伸；第二，高档产品面临激烈的竞争，不得不采用进入中、低档产品市场的方式来反击竞争者；第三，企业当初进入高档产品市场是为了建立其质量形象，然后再向下延伸；第四，企业增加低档产品是为了填补空白，不使竞争者有机可乘。采取向下延伸策略会使企业面临以下风险：可能影响企业原有产品的市场形象及品牌产品的市场声誉；推出低档产品迫使竞争者转向高档产品的开发；需要重新设计销售系统，有可能增加企业营销费用开支。

二是向上扩展。企业原来生产低档产品，现决定在原有产品线内增加高档产品项目，进入高档产品市场。主要原因是：第一，高档产品市场具有较大的潜在成长率和较丰厚的利润；第二，企业估计高档产品市场上的竞争者较弱，易于击败；第三，企业想成为生产种类全面的企业。但采取向上延伸策略也要冒一定风险：可能引起生产高档产品的竞争者进入低档产品市场进行反攻；顾客可能不相信企业能生产高档产品；原有的销售系统缺乏销售高档产品应具备的技能和经验。

三是双向扩展。双向扩展是指原来定位于中档产品市场的企业，在取得市场优势之后，决定向高档和低档两个方向延伸。延伸成功后，企业能大幅度提高市场占有率，占据市场上的领导地位。

2. 产品线填补

产品线填补是在现有产品线的范围内增加一些产品项目。企业采取产品线填补，一是为了增加利润，二是充分利用生产能力，三是成为产品线完整的企业，四是满足顾客的需求，五是防止竞争者侵入。

企业做出产品线填补决策，一定要使顾客能区别本企业同一产品线内的不同项目。如果顾客不能明显地将本企业同一产品线内的不同项目加以区别，抑或产品线填补导致产品项目之间互相残杀，这样的产品线填补也就过头了。

3. 产品线特色化

产品线中的一个项目或几个项目必须具有特色。企业一般先推出最低档或最高档的产品来形成自己的特色。如本田打入美国市场的第一辆摩托车售价仅为250美元，只是当时美国产摩托车1 000～1 500美元售价的零头。一般来说，特色策略是以低档产品吸引消费者，以高档产品树立企业形象和产品信誉。

4. 产品线现代化

产品线现代化是指对那些长度虽然适当，但产品质量、技术水平落后的产品进行升级换代。其目的是实现产品线的现代化，与市场发展保持同步。产品线现代化的基本方法有逐步更新和一次性更新两种。

随着技术的进步，企业的产品线必须跟上科技现代化的步伐。技术含量低的或落后技术下生产的产品，其竞争力自然不可能强大。因此，企业需要适时推出产品线现代化决策。

5. 产品线削减

企业应定期对产品线的市场潜力和获利能力进行分析，淘汰无利可图的产品线或产品项目。例如，联合利华的产品项目已经从 1 600 种削减至 970 种，而且还在继续削减。这种大刀阔斧的精简有助于维持产品组合的聚焦和健康发展。

│营销链接│

黄永鹏在其著作《用户增长方法论》中提到这样一个案例：他们家楼下有一个卖素馅饼的摊位，产品只有两种：酸白菜馅饼和韭菜鸡蛋馅饼。由于价格较实惠，每个 1.5 元一个，销量还可以，但是利润水平一般，仅能维持生计。黄永鹏给他提出一个产品组合策略：第一，增加素馅饼的口味至四种，但素馅饼的价格保持不变，看哪种销量更好，然后把销量不好的淘汰掉，不再销售；第二，增加两种肉馅饼，猪肉馅和牛肉馅的各一种，猪肉馅饼定价每个 2.5 元，牛肉馅饼定价每个 3 元；第三，再增加一款高级限量款小龙虾馅饼，比如每天只供应 20 个，用活的小龙虾展示以说明馅饼的新鲜，并在牌子上告知顾客。半个月后，卖馅饼的老板兴奋地告知黄永鹏，他半个月的收入比过去一个月都多，顾客也明显多了起来。
资料来源：李妹根据网络资料编写。

10.2　产品生命周期

在市场需求变化莫测以及行业竞争环境加剧的情况下，任何产品在推出后都要经历一个生命周期过程，管理者都希望本企业产品能够经历一个较长且顺利的生命周期。虽然企业不指望产品能够长久地在市场上存在，但还是期望它能够补偿开发和推广所付出的努力与所经历的风险，并获得合理的利润。因此，需要针对产品生命周期不同阶段的特点来设计适配的市场营销策略。

10.2.1　产品生命周期的概念

1. 产品生命周期的含义

产品在市场上的销售状况，也同生物一样，有一个从诞生、上市、发展、成熟到衰退的过程。产品生命周期（Product Life Cycle）是指产品从进入市场开始到被市场淘汰为止的全部过程。它一般包括产品导入期、成长期、成熟期和衰退期，如图 10-2 所示。

然而，并不是所有产品都会逐一经历这几个阶段，例如，电子产品作为通用类产品可能会经历整个周期，但某些食品可能连导入期都经历不完整。

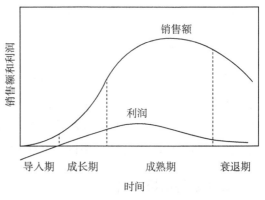

图 10-2　产品生命周期曲线

2. 产品生命周期各阶段的特点

产品生命周期各阶段的特点如下。

（1）导入期的特点。产品导入市场阶段销售额缓慢增长。在这一阶段，由于产品研发费用和市场开发费用巨大，所以基本上是亏损经营，只是在导入期末段，可能产生微量利润。这一阶段，效仿者尚不多，因而竞争并不激烈。

（2）成长期的特点。产品处于成长期，产品已被市场接受，销售额迅速增长。由于规模效应，产品单位成本费用下降，因而利润大幅度增加。在此阶段，因利益所致，竞争强度开始增大。

（3）成熟期的特点。产品处于成熟期，产品已被大多数潜在购买者所接受，因而销售额增长缓慢，到成熟期末段，销售额甚至会有所下降。在这一阶段，由于竞争的日益激化而使利润维持，甚至有所下降。

（4）衰退期的特点。产品进入衰退期以后，销售额明显下降。由于销售的减少和竞争中费用的增加而使利润进一步减少。

认识产品生命周期各个阶段的特点，是为了有针对性地设计营销对策。

3. 常见的产品生命周期的形态

典型的产品生命周期的形态呈钟形。但是也存在大量非典型的产品生命周期形态，它们常表现为："成长—衰退—成熟"形态、"循环—再循环"形态、"扇形"形态。此外，产品生命周期的类型还有风格式、流行式和时髦式等形态。

营销人员可以将产品生命周期的概念作为一个有效的分析框架，用于描述产品和市场的运转。产品在生命周期中的位置决定了最佳的市场营销战略，这个战略反过来又影响产品在后续阶段的表现。因此，为了做出有效的营销战略决策，就需要准确判定产品在生命周期中所处的阶段。

10.2.2　产品生命周期各阶段的判定

研究产品生命周期理论的现实意义在于采取相应的营销策略去有针对性地开展营销

活动。而准确地判定产品所处的生命周期阶段，又是制定相应营销策略的前提。企业可以在参考产品生命周期各阶段特点的同时，运用下列方法加以判断。

1. 类比分析法

类比分析法就是根据已经历全程的类似产品的生命周期的各阶段来判断本产品的生命周期的长短。如黑白电视机在我国市场上大体经历了 15 年就走向衰退，而显像管彩电在经历了近 20 年后才显露衰退迹象。当然，类比法不可能十分准确，因为二者尽管近似，但两种产品毕竟特点不同，其生命周期也不可能完全一样。

2. 年销售增长率法

年销售增长率法是观察某产品的年度销售增长比率，根据销售增长率的高低来判定产品所处的生命周期阶段。在一般情况下，销售增长率在 0.1% ～ 10% 为导入期或成熟期，销售增长率大于 10% 为成长期，销售增长率小于零为衰退期。年销售增长率法局限于判断销售比较稳定的产品，不适用于判断季节性特征明显大幅度变化的产品。

3. 产品普及率法

产品普及率法是根据产品销量所达到的普及程度来判断产品生命周期阶段的一种方法。在一般情况下，产品普及率在 10% 以下为导入期，普及率在 10% ～ 60% 为成长期，普及率在 60% ～ 90% 为成熟期，普及率出现趋势性下降为衰退期。运用产品普及率法来判断产品生命周期阶段也有局限性，由于技术进步，有的产品还未普及就可能遭到新产品的淘汰。

因此，企业在判断产品生命周期阶段时应综合运用多种方法，使判断增加可靠度。企业在对产品生命周期各阶段准确判断的前提下，就可以在产品生命周期不同的阶段相应地实施适当的营销战略。

10.2.3　产品生命周期各阶段的营销战略

1. 导入期的营销战略

新产品首次导入市场，销售成长处于缓慢发展状态。企业将价格和促销活动作为战略侧重点。导入期的营销战略可以有以下 4 种组合方式，如图 10-3 所示。

（1）快速掠取战略。这种战略采用高价格和高促销费用的方式，以求迅速扩大产品的销售量，并获得较高的市场占有率。采用该战略必须具备下列市

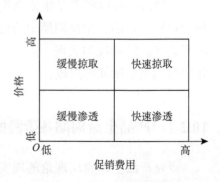

图 10-3　导入期的营销战略

场环境：大多数潜在的消费者还不了解这种产品；已经了解该产品的消费者急于求购，并愿意高价购买；企业面临着潜在的竞争威胁，需要尽快地建立消费者的品牌偏好。

（2）缓慢掠取战略。这种战略就是以高价格、低促销费用的形式进行经营，获取尽可能高的市场占有率。采用该战略应具备下列市场环境：总体市场规模有限；市场上大多数消费者已熟悉该产品；购买者愿意支付高价；竞争者的加入有一定困难，潜在的竞争威胁不大。

（3）快速渗透战略。这种战略是以低价格、高促销费用方式推出产品，以求达到最快的市场渗透和最高的市场份额。采用该战略的市场环境为：市场容量大；消费者对产品不熟悉；大多数消费者对价格反应敏感；潜在竞争十分激烈，需要抢先建立品牌偏好；产品成本会随产量的增加和生产经验的积累而下降。

（4）缓慢渗透战略。这种战略是以低价格、低促销费用的方式推出新产品。低价格可以使市场较快地接受该产品；而低促销费用又可以降低营销成本，使企业获取更多的早期利润。采用该战略的市场环境为：市场容量大；消费者熟悉这种产品；消费者对价格反应敏感；存在一些潜在的竞争者。

2. 成长期的营销战略

针对成长期的特点，企业为了争取持续和较高的市场增长率，获取更大的市场份额和利润，可以采取以下几种战略。

（1）寻找并进入新的细分市场。通过市场细分，找到新的尚未满足的细分市场，根据需要组织生产，并迅速进入这一新的市场。

（2）不断提高产品质量，增加产品式样和特色。企业增加产品的新功能和花色品种，逐步形成本企业的产品特色，提高产品的竞争能力，以增强产品对消费者的吸引力。

（3）在适当的时机降价。企业应在适当的时机降低价格，以激发那些对价格较为敏感的潜在消费者产生购买动机并采取购买行动，从而扩大产品市场份额，增加产品销售量。

（4）进入新的分销渠道。当产品进入成长期后，为了适应产品扩大销售的需要，企业应开拓市场，这就需要利用更多的中间商，以及利用不曾用过的分销渠道模式，如利用代理形式的渠道或直接性渠道。

（5）适时改变传播目标。企业的广告目标，应从介绍和传达产品信息与建立产品知名度转移到树立品牌形象、说服和引导消费者偏好和购买产品上来。

3. 成熟期的营销战略

产品进入成熟期以后，企业应将营销重点放在维持并尽量扩大市场份额、战胜竞争对手，采取主动出击的策略，力争延长成熟期。为此，企业应采取以下战略。

（1）市场改良。这不是要改变产品本身，而是要使产品的销售量得以扩大。

一方面，企业应设法扩大产品的使用人数，做法如下：寻求并进入新的细分市场；使市场上未使用过该产品的人接受并使用该产品；争取竞争对手的顾客。实践中，有一些企业就通过进入新的细分市场来扩大产品的使用人数。例如，哈雷摩托和 AXE 香氛等品牌，通常以男性为目标市场，如今开始针对女性消费者推出产品和营销设计方案。

另一方面，寻求能够刺激消费者增加产品使用率的方法：增加产品的使用次数；增加每次的使用量；发现产品所具有的一些顾客不了解或不知道的新用途，通过介绍和宣传，使顾客增加产品的使用量。例如，在增加产品的使用次数方面，牙膏的生产者向顾客说明，要想达到洁齿和去垢的最佳效果，应在每餐饭后刷牙，这样就可以使原来只有早晚刷牙习惯的顾客每天多次使用。又如，在通过宣传产品新用途来增加使用量方面，小苏打的生产厂商就曾发现，小苏打除了能够用作发酵食品的中和剂，还具有两个其他用途：一个是可以用作高效除臭剂；另一个是可以用作对皮肤没有任何伤害的清洁剂。通过采用不同的包装，向顾客表明小苏打的不同用途，从而使顾客对小苏打的使用量成倍增加。

（2）产品改良。产品改良是通过改变产品来满足顾客的不同需要，以扩大产品的销售量，可从以下几个方面着手进行。

第一，改进质量。改进质量的目的是增加产品的功能特性。制造商可以通过"新颖和改进过的"产品来压倒竞争对手，使本企业的同类产品比竞争对手"更强""更大"或"更好"。但是，顾客并不一定接受"改进"的产品。因此，改进质量的关键是质量确有改进，而且买方相信质量被改进。

第二，改进特点。改进特点的目的是增加产品的新特点，扩大产品的功能性、安全性和便利性。改进特点有许多优点：它可以为企业建立进步和领先地位的形象；它能迅速被采用，只要花费很低费用就可以完成改良；它能赢得某些细分市场的忠诚；它还能给企业带来免费的大众化宣传；它会给销售人员和分销商带来热情。

第三，改进式样。改进式样的目的是增加对产品的美学诉求。如引进新的汽车模型，包装食品和家庭用品引进颜色和结构的变化，以及对包装式样的不断更新等。改进式样的优点是每家厂商都可以获得一个独特的市场个性。但是，式样竞争也会带来一些问题：一是难以预料是否有人和有哪些人会喜欢改进的新式样。二是改进式样意味着不再生产老式样，企业将有可能因此而失去喜爱某种老式样的顾客。

营销延伸

文化自信是更基本、更深沉、更持久的力量，坚持文化自信就是要激发人民对中华优秀传统文化的历史自豪感。中华上下五千年传承的优秀传统文化，是中华民族的根和魂，是中华民族的力量源泉。如今，人民的物质生活已经得到基本满足，开始追求精神层面的享受。消费者对文化内涵的追求，促进了国潮和国货品牌的兴起，使得传统文化焕发出勃勃生机。企业在进行产品改良时也应顺应消费者需求变化趋势，坚定文化自信，从中华优秀传统文化中汲取灵感，承担起传承传统文化的责任。

资料来源：唐相群根据网络资料编写。

（3）营销组合其他要素的改进。营销组合改进是成熟期刺激销售的有效办法，一般可以从以下几个方面入手。

第一，企业可以通过直接降低价格、加大价格的数量折扣、提供更多免费服务的项目等办法，保持老顾客的数量或吸引新顾客。

第二，企业可以向更多的分销网渗透或建立一些新的分销网，扩大产品的市场覆盖面，争取一些新顾客或保持原有的市场份额。

第三，企业可以有效地利用广告等宣传工具。在产品的成熟期，企业应检测原有广告的有效性，如果效果并不理想，就应重新进行广告的创意和设计。

4. 衰退期的营销战略

产品进入衰退期以后，企业应视经营实力和产品是否具有市场潜力，对老化的产品及时、谨慎地做出放弃或保留的决策。简单的放弃或不顾实际的保留，都会使企业付出昂贵的代价。在衰退期，企业可以选择的营销战略有：

（1）增加投资。进一步扩大经营规模，使企业在衰退的市场取得支配甚至垄断地位。这一战略比较适宜产品占市场份额最大的企业采用，因为可以抢占某些竞争对手所放弃的市场，或争取其顾客。

（2）维持原有的投资水平。在该行业前景未明确前，采取以静制动的对策。这一战略比较适宜于产品市场份额较大的企业，在产品仍具有一定的潜力或不能清楚地预见市场前景的情况下采用。

（3）有选择地减少投资。放弃某些销售额过小的细分市场，保持或扩大较具潜力的细分市场的规模。这一战略较适于市场份额中等的企业采用。

（4）尽快收回投资。不考虑具体后果，快速从现经营的业务或产品中收回资金。这一策略比较适于市场占有额较小的企业采用。

（5）迅速放弃业务。尽可能采用有利的方式，处理与该衰退产品有关的资产。企业可以采取完全放弃的形式，如把产品完全转移出去或立即停止生产，也可以采取逐步放弃的方式，使其占用的资源逐步转向其他产品。

在产品生命周期的衰退期，企业需要进行准确的判断，决定是否维持或放弃这些业务。管理者也可以对处于衰退期的品牌进行重新定位或注入新的活力，使其重新回到产品生命周期的成长期。例如，匡威为其老品牌全星匡威开发新战略，使其重新焕发市场活力。

┊营销链接┊

处在衰退期的产品市场份额会越来越小，例如移动互联网的发展让很多昔日的内容社区如天涯和猫扑逐渐没落。产品在衰退之前就应该提前规划未来的发展方向。众所周知，受到洗碗机、集成灶等新兴品类的冲击，消毒柜品类已逐渐走向衰退期。受新冠疫情影响，2020年消毒柜销量有所回暖，但是2021年随即又被打回原形。由于消毒柜技术更新迭代缓慢，技术壁垒低，市场接近饱和，在厨房小家电中很难再取得辉煌。但是消毒柜的一个细分小类"母婴"消毒柜在近几年的增长速度较快。在各主流平台搜索"消毒柜"，排名靠前的都是"母婴"功能的消毒柜产品。由于幼儿抵抗力弱，对各类餐具的消毒是刚需且频率高，所以"母婴"消毒柜的使用场景和价值主张非常明确。由于从细分市场的角度抓住了机会，消毒柜实现了衰退期产品的二次增长。

资料来源：李妹根据网络资料编写。

10.3　新产品开发

在技术进步、竞争加剧和市场需求变化的环境下，新产品开发是企业发展的源泉。然而，企业面临一个两难的问题：必须开发新产品，但高失败率又令其望而却步。所以，要创造一个成功的新产品，企业必须理解它的消费者、市场和竞争对手，并且开发出能够向消费者传递优异价值的产品。

10.3.1　新产品的概念

1. 新产品的含义

狭义的新产品是指在世界范围内，首次向市场推出的，能以全新的技术和形式满足人们消费需求的产品。这种新产品也称首创（独创）产品。如世界上第一部电话机，第一台电视机、录音机、录像机、复印机和计算机等产品的出现，无论是对人类进步的贡献还是对营销企业自身的利益来说，其意义都是非常重大的。

广义的新产品，往往是与老产品相对而言的。一般来说，凡是在结构、功能、材质、技术基础或原理、生产技术工艺等某一方面或几个方面有显著改进和提高的产品，都可视为新产品。

2. 新产品的分类

从市场营销的角度，将新产品做如下划分。

（1）新问世产品。新问世产品主要是指应用科技新成果，运用新原理、新技术、新工艺和新材料制造的市场上前所未有的产品。新问世产品一般是由于科技进步或为满足市场上出现的新需求而发明的产品，都具有明显的新特征和新性能，甚至能改变用户或消费者的生产方式或消费方式。

（2）新产品线产品。新产品线产品是市场上已存在的，但本企业根据市场准入原则首次进入的产品线的产品。

（3）现行产品线的增补品。企业在已建立的产品线上增补新规格、新花色、新款式的产品。

（4）现行产品的改进品。这是指通过新的设计或采用新技术、新工艺和新材料，对现有产品的质量、性能、结构、用途、品种及包装等方面，加以全面或部分改进的新产品。这类产品与原有产品的差别不大，易于被消费者接受。目前，市场上销售的大部分新产品均属于这类产品。

（5）市场再定位产品。市场再定位产品是以新的细分市场为目标的现行产品，产品不变、产品的定位发生新变化也属于新产品的一种形式。费列罗的健达奇趣蛋是一个很好的再定位产品例子。巧克力市场的竞争非常激烈，产品的口味和宣传等同质性很强，费列罗没有在此战场进行"死磕"，而是在儿童市场将巧克力和玩具组合在一起，推出了健达奇趣蛋，该产品一经推出就获得了巨大成功，年销售额突破 10 亿美元。

10.3.2 新产品开发中的风险及原因

由于消费者需求不断变化、科学技术日新月异、产品生命周期日益缩短以及竞争与日俱增，新产品开发成为企业十分必要的战略选择。但是，新产品开发也面临着很大的风险。例如，美国无线电公司在它的激光视盘上损失了 5 亿美元；联邦快递在它的邮政区域递送中损失了 3.4 亿美元；英国和法国的协和飞机很可能永远无法收回它的投资。最严重的案例之一是 20 世纪 90 年代摩托罗拉及合作伙伴花费 50 亿美元开发的铱星系统惨遭失败。可见，新产品开发中面临的风险是不可避免的，也极有可能会给企业带来损失，所以要客观分析导致新产品开发失败的原因和影响因素。

1. 新产品开发失败的原因

新产品失败的原因有以下几个方面。

（1）经营决策者过于武断、不顾调查得出的否定结论、强行上马个人偏爱的新产品构思。

（2）对市场需求规模估计过高。

（3）开发后的产品没有达到设计要求。

（4）新产品定位错误，或定价过高，促销不力。

（5）新产品开发成本超过开发预算。

2. 影响新产品开发的其他因素

除了导致新产品开发失败的原因外，还有一些因素影响着新产品的开发。

（1）社会和政府的限制。新产品必须维护生态环境和保障消费者安全，因而可能使创意受到限制。

（2）资本短缺。许多企业没有足够的资本投入产品创新之中。

（3）成功的新产品的市场生命周期逐步缩短。例如，过去索尼公司在竞争中能享用

3 年新产品的领先时间，现在竞争者仿制他们的新产品只需 6 个月。

10.3.3 新产品开发组织

要使新产品开发工作卓有成效，就必须建立并实施严格的组织管理。企业中新产品的组织管理形式主要有以下几种。

1. 产品经理制

把新产品开发工作交给产品经理，即不设立专门的新产品开发机构。但这种方式的缺陷是产品经理们往往对更改和扩充现有产品更感兴趣，而且他们缺乏开发新产品所必需的技能和知识。一般中小企业多采用这种方式，以节省人力和财力资源。

2. 新产品部门制

建立专业化的新产品开发部门，并由专人负责，对指定的产品进行改进和产品线的扩展。

3. 新产品委员会制

由来自营销、制造、财务、工程和其他部门的代表所组成的委员会负责审核和批准新产品计划，同时还要全面协调新产品的开发工作。

4. 新产品试验小组负责制

把新产品开发的主要工作交给由各业务部门人员组成的小组去做，该小组负责把某一特定产品投入市场。

此外，还有的企业采取技术部门负责制和顾问制等组织管理形式来开发新产品。

10.3.4 新产品开发程序

新产品开发过程可以分为创意产生、创意筛选、新产品概念的发展、制定市场营销战略、营业分析、新产品开发、市场试销以及商业性投放 8 个阶段。

1. 创意产生

所谓创意，就是对某种新需求的设想。一般新产品创意的来源有以下几个方面。

（1）消费者和用户。这是新产品创意的主要来源。按照营销观念，消费者的需求和欲望是寻找新产品构思的逻辑起点，也是企业开发新产品最可靠的基础。

（2）营销渠道成员。这是新产品构思的重要来源。批发商、零售商、市场调查机构、咨询机构这些营销渠道成员对市场极为熟悉，并且具备一定的专门知识和信息收集整理能力，特别是他们对于消费者有较透彻的了解，因此营销企业可以利用这一方面的构思。

（3）科研部门和大学院校的科研成果。由于科技机构和大学院校的科研人员长期进行研究工作，对科技发展方向、产品的发展前景有极为丰富的专业知识和判断能力，因此，他们的新产品构思往往具有科技含量高、技术可行性强的特点。

（4）企业内部员工的建议。无论是普通员工还是高层管理人员，他们在长期的营销实践中会不断地产生一些新产品开发的设想和构思。

（5）来源于竞争者的新产品信息。企业应注意竞争对手的新产品开发情况，通过借鉴竞争对手在新产品开发上的成果以及受到的启发，来决定本企业新产品的开发方向。

新产品创意的来源除上述几种之外，还有一些其他渠道，如新闻材料、情报资料、社会性重大事件等。

寻求构思的主要方法有：①产品属性列举法，即列出产品的属性进行引申、改变、扩展、省略、替代、重组等，从而寻求改进每一种属性的方法；②强制关系法，即列举不同物体，考虑它们之间的关系，从而引发出更多新构思和方法；③顾客问题分析法，即通过分析顾客的问题，找到改进产品的方向；④专家座谈法，即事先定好题目，然后邀请专家按特定的规则开会座谈。此外还有头脑风暴等方法。

2. 创意筛选

创意筛选过程要尽可能地留住好的构思，去掉不好的构思。在后续的产品开发阶段成本将大幅上升，因此企业希望进一步开发能盈利的新产品。在具体筛选时要考虑以下几个方面的因素。①新产品的潜在市场有多大？它与老产品市场的相互关系如何？②开发这种新产品所需要的投资，本企业在财务上是否有足够的支持？③开发这种新产品所需要的原材料、能源能否得到充分的供应？④开发这种新产品所需要的设备情况如何？是利用原有的设备，还是需要添置新设备？⑤开发这种新产品所需要的各种人力资源能否得到？⑥新产品投入市场以后的销售渠道如何安排？能否利用原来的销售渠道？⑦新产品的运输条件如何？⑧新产品获利能力的大小等。

上述因素可以通过新产品构思等级评分表（见表 10-1）来评定。

表 10-1 新产品构思等级评分表

产品成功的必要因素	权数（A）	企业实际能力水平（B）											得分（A×B）
		0.0	0.1	0.2	0.3	0.4	0.5	0.6	0.7	0.8	0.9	1.0	
企业信誉	0.20										√		0.180
营销能力	0.20					√							0.120
技术水平	0.20								√				0.140
人事	0.15					√							0.060
财力	0.10								√				0.070
生产能力	0.05										√		0.045

（续）

产品成功的 必要因素	权数 (*A*)	企业实际能力水平（*B*）											得分 (*A* × *B*)
		0.0	0.1	0.2	0.3	0.4	0.5	0.6	0.7	0.8	0.9	1.0	
销售地点	0.05	√											0.005
采购和供应	0.05						√						0.025
总计	1.00												0.645

根据一定标准（如 0 ~ 0.4 为差，0.41 ~ 0.75 为中，0.76 ~ 1.0 为良）对所计算的各种新产品的得分值划分等级，并据此排列从中选出最可行或较为可行的构思。

在筛选阶段，应力求避免两种偏差：一种是对良好构思的潜在价值估计不足，导致因为漏选而失去发展机会；另一种是采纳了错误的构思并仓促投产，从而导致新产品开发的失败。

3. 新产品概念的发展

产品创意经过筛选以后，需要将其发展成产品概念。因为产品构思仅仅是一种可能的产品设想，而产品概念则是已成型的产品设想，即用有意义的消费者术语表达产品的构思，最后发展成产品印象，也就是消费者能得到的实际产品或潜在产品的特定形象。例如，某食品公司打算生产一种快餐汤料，这是一种产品创意，为使这种构思发展成具体的产品概念，必须分析：第一，这种产品的目标市场在哪里，它符合哪个地区或哪部分消费者的口味；第二，这种产品能给消费者带来哪些特殊利益，是营养、美味、健体还是方便；第三，这种汤料何时饮用，是早餐、中餐还是晚餐。企业通过选择不同方面的因素，可以得到多种不同的产品概念。

4. 制定市场营销战略

企业的有关人员要拟定一份将新产品投放市场的初步营销战略报告书。该报告书由以下 3 部分组成。

第一部分，描述目标市场的规模、结构、行为、新产品在目标市场上的定位、开始几年的销售额、市场占有率、利润目标等。

第二部分，略述新产品的预期价格、分销渠道及市场营销预算，具体包括给经销商的数量折扣、广告宣传、调查开发等方面的初步设想。

第三部分，说明新产品预期的长期销售额和利润目标，以及产品生命周期不同阶段的市场营销策略。

5. 营业分析

在这个阶段，企业应对新产品预期的销售额、成本和利润的估计进行复查。

（1）销售额估计。企业应对该产品市场进行划分，估计出每一细分市场对该产品的需求量，并将各市场的需求进行汇总，以得到市场潜量，再根据本企业的广告预算、人员推销力量及竞争情况等估计出市场渗透率，然后将两个方面综合起来，就可以得到新产品的销售额。

（2）成本和利润估计。在对新产品的长期销售做出预测之后，可推算出这一时期的生产成本和利润情况。

6. 新产品开发

这是新产品开发过程中较为重要的阶段，即把经过以上各阶段选定的产品概念转交研制部门，投入必要的资金，将产品概念转为实际产品。如果研制出的产品符合下列要求，就可以认为是成功的。

（1）在消费者看来，新产品具备了产品概念所描述的各种特点和属性；此外还要经过严格的技术测试和消费者测试，以征求各方面对新产品的建议。

（2）新产品具有安全性能，并能在既定的生产成本预算范围内生产成品。

7. 市场试销

市场试销是将试制品经小批量生产后，投放到经过挑选的有代表性的市场上进行销售，测试中间商和消费者的反应，以制定今后的市场营销策略。在新产品试销前，公司必须对如下问题做出决策。

（1）确定试销的地区范围和地点。试销地点主要是根据目标市场的地理位置来决定的。当目标市场地理位置不集中或地域过广时，应选择最有代表性的市场地点进行新产品的试销。

（2）确定试销时间。试销时间对新产品检验起着关键的作用，试销时间过短，则不能取得足够的试销资料或得不到正确的试销结论；而试销时间过长，不仅费用高，又易使竞争对手抢得先机，失去市场发展机会。因此，试销时间的长短一般应根据产品的市场再购买期、试销费用、竞争状况等因素来决定。

（3）选择试销方法。在选择试销方法时，一般可根据产品价格的高低进行顺序选择。

一是销售波研究。该方法是将免费样品给消费者试用，然后再以低价提供给消费者试用，同时也提供竞争者的产品给消费者。如此重复 3～5 次（即销售波），进行产品市场效果检验。

二是模拟商店销售。模拟商店销售也称"实验市场"，即选择一定数量的消费者（通常是 30～50 人），先看新产品模拟广告，再请他们到模拟商店随意挑选商品，由企业人员分别统计出他们购买的受测新产品、原有产品及竞争者产品的数值，并请消费者回答购买的理由。

三是控制试销。控制试销也称"微型市场试销"，做法是企业选定数个商店，给店主一定的费用，使他们同意按企业的要求（如新产品、价格、数量、摆放的位置及商店的气氛等）来组织销售，并由企业派工作人员到现场检验试验效果。

四是全面测试。这种方法是最大规模的市场试销。即企业在目标市场所涉及的地理范围内，选择数个有代表性的城市，由营销人员将产品推销给商业部门经销，并争取良好的货架陈列机会，进行全面的测试性的广告和新产品促销活动。

企业在选择试销品的方法时应因产品类型而异。在试销中可采用试用率和再购买率两个指标来考察，并据此决定对试销产品的策略，如表 10-2 所示。

表 10-2　市场试销策略

试用率	再购买率	策略
高	高	将产品商品化
高	低	重新设计改进产品
低	高	增强广告和促销
低	低	放弃该产品

8. 商业性投放

新产品试销成功以后，就可以全面投入市场。这时企业将要花费大量资金，购置生产所需设备，形成生产能力，同时还要支出大量的市场推广费用。在新产品投放市场时，企业需要做出以下决策。

（1）何时推出新产品，即关于何时将新产品投放市场最为适宜：如果某种新产品是用来代替旧产品的，则应等到旧产品的存货销完时再将新产品投放市场，以免冲击旧产品的销售；如果新产品的市场需求具有较强的季节性，则应在销售季节来临时将其投放市场；如果竞争对手相应的新产品开发也宣告结束，则企业有三种策略选择：首先进入、平行进入和后期进入。

首先进入。这样企业可得到"主动者好处"，获取市场声望的领先地位。但如果产品有缺陷，则会成为竞争对手攻击的目标，形成有缺陷的产品形象，使消费者失去对本企业产品应有的信心。

平行进入。与竞争者的产品同时进入市场。如果是急速进入，那么两者都能得到"主动者好处"；如果是慢速进入，则企业有时间改进产品，并且可以与竞争者共同分担促销费用。

后期进入。企业有意推迟新产品上市时间，等竞争者产品进入市场后再进入市场。这样企业既可以减少促销费用，又可以攻击竞争者产品的缺陷，同时还可以精确地了解市场规模，以决定企业应形成多大的生产能力。

（2）何地推出新产品，即在什么地方推出新产品最适宜。对于大多数企业，一般是先在最有吸引力的市场投放，以便占有市场，取得立足点，然后随着时间的推移，再向其他地区扩展。在每次进行产品投放时，企业都应对市场的吸引力做出评价，内容包括：市场潜力、企业的信誉、渠道建设费用、该地区的人口数量及向外再次辐射的能力，并在此基础上形成一个详细的、可分步骤进行的市场扩展计划。

（3）向谁推出新产品。在新产品投放市场时，企业必须将分销和促销目标对准最有希望的购买群体，目的是让他们去带动一般顾客群，从而以最快速度、最少的费用，扩大市场占有率。一般来说，新产品上市时，最理想的目标顾客群应具有以下特征：早期采用、大量使用、对其他购买者能够产生一定的影响。

（4）如何推出新产品。企业应制订新产品投放市场的营销计划，对营销组合策略、营销预算、营销组织与控制等做出规定，从而有计划地开展市场营销管理。

｜营销链接｜

B 企业以生产羊乳制品为主，技术在行业领先，产品质量卓越、营养丰富，销售前景非常好。即使该企业已具备除掉羊奶中膻味的技术，且除膻效果非常好，但是，人们对于羊奶的传统认识是其膻味重，口感不好。B 企业没有提前做市场分析和战略规划，将羊奶制品推向市场后，准备采取试销的方式在企业所在地建立几个销售网点进行销售。销售方式均采用自然销售，主要靠销售人员介绍给朋友的销售方式，无任何促销和宣传。一开始销售情况还比较乐观，但是销售人员觉得介绍销售太辛苦，销售热情下降，因此销售情况也逐渐变差。面对销售逐渐陷入僵局的现状，B 企业并没有认真剖析营销环节的漏洞，而是单纯地认为是产品本身的问题，导致产品在试销环节就被扼杀在摇篮里。

资料来源：李妹根据网络资料编写。

10.4 新产品的消费者采用

10.4.1 新产品采用过程

新产品采用过程有以下 5 个阶段。

（1）知晓。消费者对新产品有所察觉，但缺少有关新产品的信息。

（2）兴趣。消费者受到某种刺激，寻找该新产品的信息。

（3）评价。消费者考虑试用该新产品是否为正确选择。

（4）试用。消费者小规模试用了该新产品，对该产品价值的评价有所改观。

（5）采用。消费者决定全面和经常使用该新产品。

上述过程分析对新产品营销人员的启发在于如何适应消费者的心理过程而开展有效的营销活动。

10.4.2 采用者分类

潜在的消费者怎样认识新产品、试用它们或拒绝它们？以前，新产品的营销人员推出新产品时，一般会应用大众化市场法，但这种方法不仅不够精细，还需要高昂的费用。

埃弗雷特·罗杰斯（Everett Rogers）认为，在不同的产品领域，有人成为消费先驱和早期采用者，也有人成为晚期采用者和落伍者。不同的新产品采用者类别如图 10-4 所示。罗杰斯认为这 5 类采用者的价值导向是不同的。

（1）创新者。他们愿意冒风险试用新产品。

（2）早期采用者。他们被自尊所支配，是社会上的意见带头人，采用新产品较早但态度谨慎。

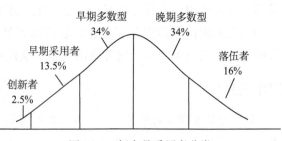

图 10-4　新产品采用者分类

（3）早期多数型。虽然他们态度谨慎，不是意见带头人，但比一般的人先采用新产品。

（4）晚期多数型。他们持怀疑观点，要等到大多数人都已使用后才采用新产品。

（5）落伍者。他们受传统观念的束缚，怀疑任何变革，只有在新产品变成老产品后才采用。

根据上述采用者分类方法，要求开发新产品的企业研究创新者和早期采用者的人文统计、心理统计和媒介使用特征，以及如何具体地同他们互通信息。

10.4.3　影响采用率的产品特征

有些新产品被消费者采用花费的时间极短，而有些则需要花费几十年甚至上百年的时间，这与新产品的特征有很大关系，主要体现在以下几点。

1. 新产品的独创性

新产品的独创性越明显，如新产品功能的改进幅度更大、新产品更便捷、新产品性价比更低等，由于与原有产品相比更有优势，则更有可能被市场快速接受。

2. 新产品的文化适用性

新产品的扩散必须要与目标市场的文化（如消费习惯、价值导向、社会心理等）相匹配，如果与这些文化保持一致，则在市场扩散的过程中受到的阻力较小，反之阻力较大。微波炉的产品采用就经历了漫长的时期。美国一位国防工程师在研究雷达的过程中发明了微波炉，早在 1955 年就推出了商用款。但是，当时的机器非常笨重，而且绝大多数美国公众对"微波"有一种陌生和恐惧感，普遍对微波炉的技术持怀疑态度，认为会有大量辐射；而且家庭主妇对于用微波炉做饭不能接受，认为是对家庭的不负责任。这些都导致了商用款微波炉在很长时间不被市场所接受，直到 30 年以后，很多家庭主妇成为职业女性，美国生活节奏加快，微波炉市场才迎来了春天。

3. 新产品的易用性

一般而言，如果新产品方便易用，且与目标消费者的认知水平一致，新产品的扩散会更顺畅；相反，如果产品设计、使用步骤和维修保养等都很复杂，则不利于新产品的传播。

4. 新产品的可试性

消费者都有规避损失的心理，如果新产品在传播过程中能够提供一些试用品、赠品、展览和示范等，可以在一定程度上提高采用率。

5. 新产品的易被感知性

如果新产品很容易被消费者所感知到，或使用效果立竿见影，容易被消费者观察和描述出来，则新产品的扩散速度较快；反之，如果新产品发挥效果较慢且不容易被感知到，则新产品的扩散速度较慢。

除了上述几点，新产品的其他特征，如品牌知名度、价格等也会影响其采用率。

│营销链接│

跟 20 世纪 80 年代相比，当今年轻人的"幸福生活三件套"由自行车、手表和缝纫机转变成扫地机、洗碗机和干衣机。尤其是洗碗机，连续多年在我国家电市场成为销量增长最快的品类之一，目前在我国正处在快速成长期。其实，洗碗机最开始只是一款非常小众的产品，期初扩散速度非常缓慢。洗碗机最初是由美国女性约瑟芬·科克伦（Josephine Cochrane）在 1883 年发明的，约瑟芬·科克伦申请了专利并成立了洗碗机公司，该产品在当时轰动一时。但是由于体积大、操作不方便等原因，洗碗机并没有被早期的消费者采用，最早被消费者感知已经是 1954 年以后的事了。1978 年自动洗碗机问世，自此洗碗机在欧美市场跨过了创新的鸿沟，开始走向快速成长期、被更多的消费者所接受。而在我国，洗碗机跨越鸿沟走向成长期，并被早期多数型消费者所采用经历了很长时间。

资料来源：李妹根据网络资料编写。

10.5 包装与标签

多数实体产品必须拥有包装和标签。例如，可口可乐的瓶子是闻名于世的。包装和标签能够有效触动消费者的视觉感官，也是促使消费者识别和选购产品的重要因素。许多企业用包装来改变和改进基本产品，如倒立的挤压式番茄酱瓶子、不需漏斗的机油塑料瓶、一次性香料包等。包装改变了消费者对产品的看法，打开了巨大的新市场。你碰到过难以开启的包装吗？你最喜欢哪些包装创意？你认为更好的包装有市场潜力吗？包装甚至已经成为一个专业，如密歇根州立大学包装学院。

10.5.1 包装

1. 包装的概念

包装是指设计并生产产品容器或包裹物的一系列活动。包装可分为 3 个层次。

（1）基本包装又称内包装，即商品的直接容器，例如，装有饮料的瓶子。

（2）次级包装又称中包装，即保护商品基本包装的包装物，例如，用于包装瓶装可乐饮料的硬纸盒。

（3）储运包装又称外包装，即为了便于储存、运输和识别商品的外包装。

2. 包装的作用

现代包装在生活中正扮演着越来越重要的角色，成为商品生产不可缺少的组成部分，在营销中起着重要作用。

（1）保护产品。这是包装最初也是最基本的作用，因为产品从出厂到消费者手中的整个流通过程，都必须进行运输和储存，合理的包装能够保护产品在流通过程中不受自然环境和外力的影响，从而保护产品的使用价值，使产品实体不致损坏、散失、变质和变形。

（2）提高储运效率。包装对小件产品起着集中的作用，包装上有关产品的鲜明标记便于装卸、搬运和堆码，利于简化产品的交接手续，从而使工作效率明显提高。外包装的体积、长宽高尺寸、重量与运输工具的标重、容积相匹配，对于提高运输工具的利用率、节约运力和运费，都具有重要意义。

（3）方便使用。适当的包装能起到方便使用和指导消费的作用。包装上的使用说明、注意事项等，对消费者或用户使用、保养、保存产品具有重要的指导意义。有些包装虽不是消费产品所必需的，但便于用户使用。例如，铁制饼干桶可防止产品受潮和污染，有利于延长饼干的食用期；将药品按服用剂量包装，便于顾客正确使用。

（4）美化产品。设计和制作精美的包装，相较不加包装的产品，更令消费者喜爱并激发顾客的购买欲望。从某种意义上说，包装是否美观精致，也能反映产品生产制造的工艺水平和企业的审美水平。

（5）促进产品销售。产品包装具有识别和诱导购买的作用。包装是产品的延伸，是整体产品的一部分，独特的包装可使产品与竞争产品相区别。经过精心设计与印刷的优良包装不易被仿制、假冒、伪造，有利于保持企业的信誉。在产品陈列时，包装起着"无声推销员"的作用，往往能引起消费者的注意，激发购买欲望。如果包装能伴随产品的全部消费过程甚至延伸到使用结束后，就能发挥长期的广告促销作用。

（6）增加产品附加值。优良的包装与优质的产品相得益彰，避免"一等商品、二等包装、三等价格"的现象，使产品增添魅力，激发消费者更强烈的购买欲望，使之愿意支付较高价格购买。

应当指出的是，包装虽然具有增值功能，但包装设计应与产品质量相符合，切不可过度包装，或者进行欺骗性包装，人为地任意提高包装的附加值。从长远看，这不仅起不到促销的作用，反而会有损企业的声誉，导致产品滞销。对于过分包装的问题，许多国家还以法律形式加以限制，以保护消费者的利益。

3. 包装的设计要求

产品包装的设计应符合下列要求。

（1）以顾客满意为指导思想，针对顾客而设计。

（2）造型美观大方，图案生动形象，独特新颖，不落俗套。

（3）包装要能显示产品的特色和风格，准确传递产品信息。

（4）应与产品价值或质量水平相吻合。

（5）包装的造型和结构应考虑产品销售、使用、保管和携带的方便。

（6）包装上的文字说明应能增加消费者的信任感并指导消费。

（7）包装上的色彩、图案要符合消费者的心理要求，不与民族习惯、宗教信仰相抵触。

（8）包装应符合法律规定。

4. 选择包装策略

包装策略是指对产品包装的形式、结构、方法、使用材料等所采取的各种有针对性和技巧性的对策。常见的包装策略有以下几种。

（1）类似包装策略亦称统一包装策略或系列包装策略，是指企业将其所生产的各种不同的产品，在包装外形上采用相同的材料、图案、近似的色彩以及使其具有其他共同特征。类似包装策略可以壮大企业声势，扩大企业影响力，并节省包装设计费用。

（2）等级包装策略亦称分档包装策略，是指根据产品质量，将预售商品分成若干等级，对高档优质商品采用高档优质包装，对一般商品则采用普通包装。使包装与产品的价值和质量相适应，是一种表里一致、等级分明的包装策略。这种策略的优点在于能够满足不同层次消费者的需求。

（3）双重用途包装策略是在原来包装的产品用完后，包装可转作他用。例如商品包装的瓶、罐、盒就可用作食品罐、玻璃开水杯、糖果盒。这种包装策略可引起用户的购买兴趣，激发购买欲望，还可以发挥广告宣传的作用，吸引用户重复购买，从而增加销售量。

（4）组合包装策略又称聚集包装策略，是指将数种有关联的产品放置在同一包装容器内出售的包装策略。例如，家庭必备的"急救箱"，或将一些日用品、食品组合在一起的"旅行包装"。

（5）附赠品包装策略是指为了迎合顾客的逐利心理，在包装内、外，除主体商品外，附赠其他物品给消费者，以刺激购买和引起重复购买。附赠品包装策略又可分为包装内赠送策略、包装上赠送策略和包装外赠送策略三种。

第一，包装内赠送策略是指将赠品放于包装内附送，此类赠品通常体积较小、价格较低，也可是大规格、高价值的东西。这种策略通常用于儿童食品、美容类产品等，可以为消费者带来打开包装后的喜悦。

第二，包装上赠送策略是指将赠品附在产品包装上。此类赠品种类繁多，如优惠券、优待券等，可以吸引潜在消费者购买。

第三，包装外赠送策略是指将赠品放于零售点的产品附近，方便消费者购买时一并带走。这种赠品通常体积较大，无法与产品包装在一起。如今越来越多的营销人员正在积极寻求更出色的方式，将形形色色的商品投入包装外赠送的行列中。

（6）改变包装策略是指企业根据技术进步、市场变化和消费者需求改进、改变原包装或直接采用新包装。当企业计划开拓新市场、吸引新顾客或当消费者对原包装印象欠佳，引起市场占有率下降、产品销量减少、企业声誉和经济效益受到损害，或产品包装已采用较长时间时，应注意改进包装设计、推陈出新、变换花样。

（7）绿色包装策略。绿色包装是指采用无毒性、无公害、可回收再利用的包装材料设计的包装。随着生态环境的日益恶化，人类逐步树立起"绿色观念"。保护生态环境已成为时代的主题，开展绿色营销已成为现代企业的必然选择。企业通过开发绿色包装博得消费者的信任和厚爱，可以达到促销的目的。例如，亚马逊推出了简易包装倡议，来减少过度包装带来的不良影响。亚马逊通过与联合利华、微软等200多家企业合作，采用更少的塑料盒或尼龙扎带，创造出更小的、易于开启的可循环使用包装。

10.5.2　标签

1. 标签的含义

标签是附在产品上的简易签条或精心设计的作为包装一部分的图案。标签标有品牌名称和有关产品的其他信息，能够帮助推广产品品牌，支持其定位，并吸引消费者。

2. 标签的作用

（1）识别。标签标有产品名称和品牌，可以起到识别的作用。

（2）分等。标签上标明产品的等级，可以起到为产品分等的作用。

（3）描述。标签标明产品的生产企业、产地、生产时间、产品成分、合作方法、安全注意事项等，起到描述和介绍作用。

（4）推广。标签上绘有吸引人的图案，可以起到促进销售的作用。

标签一旦落伍，则需要重新设计。标签设计要符合法律规定并讲求艺术性。

营销链接

在当今的消费环境下，最能体现产品个性的可能就属产品的包装了。由于大部分产品的同质性很强，产品在设计时要想被消费者记住，包装是一个无法避开的话题。一个典型的例子当属小罐茶的崛起：茶叶是同质性非常强的产品，很难在众多的竞品当中脱颖而出。而小罐茶定位于高端茶品，不仅强调"大师作"的高端，而且在包装上也大做文章，邀请苹果公司的设计师来设计门店展示，同时铝合金包装也出自著名设计师之手。江小白的迅速走红也与包装有很大的关系，因为江小白的瓶身文案无形中拉近了白酒这一中年人的专属产品和很多年轻人之间的距离。同样的产品还有很多，比如月饼、粽子等产品都属于大众产品，只有在包装上做文章才有可能在众多竞品中脱颖而出。包装不仅仅是对产品的美化，更像是产品的衣服和灵魂，代表了产品的附加情感和价值。

资料来源：李妹根据网络资料整理。

重要概念

产品　产品组合　产品组合宽度　产品组合长度　产品组合深度　产品组合黏度
产品线　产品生命周期　新产品　包装　标签

复习思考题

1. 如何理解产品的含义？产品包括哪几个层次？
2. 企业如何通过调整产品组合来提高投资效益？
3. 企业产品线长度决策有哪些？
4. 什么是产品生命周期？产品生命周期包括哪几个阶段？
5. 产品导入阶段企业应采用怎样的营销战略？
6. 新产品开发一般包括哪些阶段？
7. 消费者采用新产品有哪几个阶段？
8. 常用的包装策略有哪些？
9. 标签有哪些作用？
10. 如何获得新品创意？

经典案例

安踏：千元跑鞋探索之路

随着经济与技术的不断进步，我国已经发展成世界第二大经济体，国民购买力的提升促使一些国产运动品牌开始了产品转型的探索。以往我们对于国产运动品牌有一些固化的认识，比如"价格实惠""性价比高""中低档"等，这种固化形象使国产运动品牌很难与"高端"品牌形象挂钩。

在运动品牌方面，国产运动品牌在市场占有率上依然有很大的进步空间。安踏作为国产运动品牌领头羊逐渐意识到，仅靠价格亲民和高性价比是留不住消费者的，尤其是年轻消费者群体——Z世代更强调个性的表达，甚至愿意为了个性支付一定的品牌溢价。就这样，高端时尚的运动鞋款在国货运动品牌中悄悄萌芽了。以安踏品牌为例，2020 年 7 月安踏推出

999 元的"星标"系列篮球鞋，其特殊系带款价格更高，可达 1 299 元。未来，安踏品牌的跑鞋价格可能将高达 1 399～1 599 元，而篮球鞋价格更高，将触达 1 500 元以上。这种不断推出高价运动鞋的策略引起很多消费者的质疑，大家普遍认为该做法并不符合安踏品牌本身的定位，然而真的是这样的吗？

1. 安踏公司的综合实力不断提升

2022 年 7 月 11 日，阿迪达斯公司总市值约为 314.28 亿美元，而安踏公司总市值约为 328.1 亿美元，这已经不是安踏第一次超越阿迪达斯了。与此同时，2022 年上半年安踏公司的收入体量相当于相同报告期内 1.1 个耐克中国、2.1 个李宁公司以及 2.13 个阿迪达斯中国的收入。从分品牌来看，2021 年年报显示，安踏公司营收贡献最大的属安踏和斐乐两个品牌。其中安踏品牌贡献了 48.68%。但是，2022 年上半年，本来占据安踏公司营收半壁江山的斐乐出现业绩下滑，让安踏整体营收放缓，净利下降，增长速度不如竞争对手，这是安踏总公司最不想看到的。一开始，购买斐乐的人自然不是冲着安踏去的，而是看重斐乐高端的定位，导致很多消费者甚至不知道这两个品牌的关系。斐乐品牌的疲软，也在一定程度上坚定了安踏继续向高端进军的决心。

2. 安踏的产品组合策略

要想继续把市场做大，安踏品牌不再满足于中低端市场，所以推出上千元的运动鞋积极地探索其产品组合策略。一方面，安踏推出高端鞋款，可以通过销售组合的改变，陈列更多的商品，从而变相提高商品的客单价；另一方面，高端产品短期内对品牌的定位不会有太大影响，但是可以稳定它的定位，让客户有一种认识：安踏既然能卖这么贵的产品，证明安踏有相应的实力，不管你买不买，但是安踏是有高端受众的，这对于中低端的商品营销有很大的促进作用。

3. 安踏的研发体系正在不断完善

2021 年，安踏体育在品牌投资者会上透露，安踏主品牌未来 3 年将投入 40 亿元完善全球研发体系，通过核心科技提升高阶产品占比，目的是逐步提升安踏品牌在主力消费人群中的产品形象。2018—2021 年安踏的研发投入要远大于国产运动第二品牌李宁：2020 年安踏的研发投入为 8.71 亿元，而李宁的研发投入为 3.23 亿元，两者相差 5.48 亿元；2021 年安踏的研发投入为 11.35 亿元，李宁的研发投入为 4.14 亿元，两者相差 7.21 亿元。

从设计角度来看，安踏 2022 年推出的售价 699 元的"巢鞋"，是安踏首次联手国际潮鞋设计师 Salehe Bembury 打造的。设计师 Salehe Bembury 来头不小，曾参与过阿迪达斯旗下潮流鞋款 Yeezy 的设计，随后又担任奢侈品牌范思哲运动鞋设计部门的高级总监，在全球潮鞋圈里有一定的影响力。从自主研发角度来看，安踏"星标"系列篮球鞋基于咪咕平台上的运动大数据，并结合安踏自主研发的吸震科技独特材料，可以保证在落地的一瞬间吸收至少 70% 的运动冲击力，给使用者提供最佳的运动体验。

对于这样一个国产第一、全球领先、有着尖端材料与科技的公司研发的国产跑鞋，卖出千元以上的价格真的高吗？

资料来源：李妹根据网络资料编写。

思考题：

1. 安踏为什么要推出高端鞋？
2. 请谈谈安踏与李宁在产品策略上的区别。
3. 对于国产运动品牌推出高端、高价产品，你是如何看待的？
4. 对于安踏的新产品研发，你有什么建议或想法？
5. 请查阅资料梳理安踏的产品组合。

第 11 章
CHAPTER 11

定 价 策 略

§ **本章提要**

    本章将阐述企业定价的总体框架、基本原理、常用策略和新兴模式。首先，剖析企业定价过程和价格调整过程；其次，介绍企业定价实践中的常用定价策略，如新产品定价策略、分割性定价策略、产品组合定价策略、地理定价策略；再次，介绍企业定价中典型的心理学效应；最后，介绍两种新兴的定价模式：自愿付费定价模式、人工智能定价模式。

11.1 企业定价过程

    当一家企业开发出了新产品，或将原有产品推入新市场时，都面临制定价格的任务。企业在制定价格时，必须先考虑和衡量许多因素，并在此基础上完成价格的构建和持续优化，由此形成的定价过程主要包括 2 个阶段共 7 个步骤，如图 11-1 所示。

图 11-1　企业定价过程

    企业定价过程的准备阶段：确定定价目标，分析需求，计算成本，研究竞争者的同类产品、价格和成本。企业定价过程的构建与优化阶段：选择定价范式及其具体方法，确定市场价格，调整市场价格。

11.1.1 确定定价目标

    首先明确定价目标，才可相应地采用定价方法和策略，定价目标可以归纳为以下几个方面。

1. 维持生存

如果竞争激烈，需求衰退或生产能力过剩，为了确保开工和销售存货，在利润与生存之间，企业只好选择生存，一般就以能维持生存为定价目标。企业可以通过低价或折扣价来吸引购买者，只要价格能补偿成本，企业就可以维持生存。但维持生存只能作为企业定价的阶段性目标，从长期看，仅维持生存是不够的。

2. 实现当期利润最大化

如果企业在一段时间里急于增加积累，则可选择当期利润最大化的定价目标。实行此种定价目标的企业在估计需求和测算成本的基础上，往往将毛利率定得较高，使企业在当期实现最大的现金流量、投资报酬率和当期利润。

实行此种定价目标的条件是，企业对自身需求量和成本函数有充分的了解。但是由于过于追求当期利润，很容易忽视其他营销组合因素、竞争对手的反应，以及价格受法律、道德约束，忽视了长期利益。

3. 获取特定投资收益率

由于追求最大的当期利润会遇到许多困难，企业可以考虑将定价目标的重点转向获得特定的投资收益上来，表现为预设特定的投资收益率。投资收益率是指一定时间内企业预期利润占投资总额的比例。收益必须高于借款利息，否则企业就会亏损，因此利息就成为投资收益的最低警戒线。在此种定价目标下，如果竞争对手少，投资收益率就可以高些，从而迅速收回投资；如果为防止竞争，投资收益率就应适中，以稳定地获取利润。

4. 提高或维持市场占有率

市场占有率是指某一特定品牌的销售量占同种产品全部销售量的比率，是反映企业竞争实力的重要指标，在一定条件下，市场占有率比投资收益率更为重要。

提高或维持市场占有率是许多企业常用的主要定价目标之一。一方面是因为较高的市场占有率常常伴随着较高的利润额；另一方面是因为市场占有率更能衡量一个企业的经营效果。一个企业虽然取得了预期的投资收益，但它所占有的市场份额却有可能在下降。

在市场形势发生变化、销售量骤然下降时，企业为了不停产或倒闭，可以将保持企业的营业额作为定价目标。在这个目标下，只要能维持市场占有率，企业宁可多给中间商和消费者更多折扣，甚至承担暂时的亏损。

5. 应付和防止竞争

企业可以有意识地通过产品定价去应付和避免竞争。以对市场价格有决定性影响的竞争者的价格为基础，此定价目标可以分为三种情况。

（1）低价抵御竞争。因为企业只有扩大生产规模，使产品单位平均成本下降，低价才不至于亏损，而这又需要大量投资。因此，低价使潜在竞争者不得不退避三舍。

（2）高价优质竞争。如果企业经营实力雄厚，拥有特殊技术，产品质量高或获得名优产品称号，而且能为消费者提供较多的服务，消费者也愿意支付较高价格购买，企业就可以将产品价格定得高于竞争者，这往往还能促进产品声望的提高。

（3）同价避免竞争。在企业与竞争者实力相当的情况下，适宜选择与竞争者产品价格相同的定价目标。

11.1.2　分析需求

需求和单位利润率共同影响企业的盈利情况，二者与价格也都有密切联系。因此，企业定价时必须通过价格水平统筹兼顾需求和利润率。企业通常借助"需求价格弹性"（由价格边际变动而导致的需求边际变动）反映消费者的价格敏感程度。

1. 需求价格弹性对定价的影响

当需求价格弹性较大（大于1）时，企业采取"薄利多销"的方式更为合理可行，即在合理适度范围内制定更低的价格，往往销售额和利润额容易更高；当需求价格弹性较小（小于1）时，企业采取"高价撇脂"的方式更为合理可行，即在合理适度范围内制定更高的价格，虽然销售量会更低，但总销售额和利润额往往更高。

2. 需求价格弹性的影响因素

（1）产品品类。首先，对于产品来说，若同品类产品的差异性较强，则需求价格弹性一般较小，如饮料、服装等；若同品类产品的同质性较强，则需求价格弹性一般较大，如多数蔬菜、水果等；少数具有收藏属性的品类需求价格弹性一般较小，如文化创意类的独特产品。其次，对于服务来说，标准化服务品类的需求价格弹性一般较大，如物流快递服务等；非标准化服务品类的需求价格弹性一般较小，如美容美发等。

（2）品牌档次。通常品牌越高端，需求价格弹性越小，品牌越低端，需求价格弹性越大。尤其是奢侈品品牌有时甚至存在定价越高，需求量不降反升的独特情况。

（3）创新程度。创新程度越高，则需求价格弹性容易越小。例如技术领先、有独特文化创意内涵等情况。

11.1.3　计算成本

在企业定价中，成本既是合理价格的下限，又是价格既定时的利润率决定因素。因此，企业需要对成本有清晰的区分及了解。在企业定价中，产品成本分为多种类型：总成本、单位成本、变动成本、单位变动成本、固定成本、边际成本。产品定价和销售后，产品利润为：

$$产品利润 =（产品价格 - 单位变动成本）\times 销量 - 分摊的固定成本$$

11.1.4 研究竞争者的同类产品、成本和价格

企业定价时，通常根据不同情况，对竞争者产品、成本和价格的关注侧重有所不同。对于品类差异性较强、品牌档次较高或者创新性较强的产品，企业一般侧重关注竞争对手的产品特点、定位和溢价水平等，对成本兼顾考虑；对于品类同质性较强、品牌档次较低或者创新性较弱的产品，企业一般侧重关注竞争对手的成本结构优化、成本控制、性价比等。

｜营销链接｜

掌阅科技是国内主流数字阅读平台，但由于国内互联网巨头通过免费模式纷纷入局数字阅读行业并站稳脚跟，使得竞争日趋白热化。于是收费还是免费，成了掌阅不得不面对的严肃问题。经过全公司的反复讨论，达成"必须对旧的收费模式进行改良"的一致意见。掌阅科技首先分析企业的内部因素，通过制定营销目标、营销组合、定价目标并结合产品成本，明确两级会员体系和企业的高端定位。其次，通过市场结构、价格弹性、竞争品和政策法规四个方面分析企业外部因素，明晰竞争对手情况。最后，结合消费者的购买力制定了168元/月的超级会员。然而，超级会员并没有得到消费者的认可，掌阅科技不得不推出多项措施进行调整。例如，购买一年超级会员赠送掌阅电子书阅读器一台，逐步调降超级会员价格等。最后，掌阅科技不得不隐藏了超级会员办理入口。究其原因，掌阅科技的超级会员超越了目标用户的消费能力和阅读需求，忽略了边际成本。这也恰好体现了"撇脂定价"法的缺点：定价过高，不利于开拓市场，甚至导致无人问津。

资料来源：徐琪锋根据网络资料编写。

11.1.5 选择定价范式及其具体方法

在企业定价过程中，产品成本规定了价格的下限，价格低于成本企业就会亏损；产品的独有特点是定价的上限；而竞争者产品价格、其他替代品价格就成为产品价格在上下限之间浮动的决定因素，如图 11-2 所示。

在研究了需求、成本、竞争三要素之后，企业就可以选择适当的方法制定产品价格。

（1）成本导向定价范式。这是最基本的定价范式，它的优点是可让企业获得预期利润，保证企业维持正常再生产并得到发展。它的缺点是只围绕企业自身成本，忽视市场

供求状况和顾客需求特点等，从而容易导致所定价格缺乏市场竞争力。它包含以下常见方法。

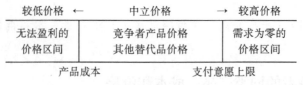

图 11-2　企业定价区间

1）成本加成定价法是指以产品单位成本为基础，加上一定比例利润为价格的定价方法，成本加成价格为：

$$成本加成价格 = 单位成本 /（1- 加成比例）$$

2）投资报酬率定价法是指以产品单位成本为基础，加上预期投资报酬为价格的定价方法，投资报酬率价格为：

$$投资报酬率价格 = 单位成本 + 全部投资 × 投资报酬率 / 产品销量$$

（2）价值导向定价范式。这是目前运用最广泛、最具实践性的定价范式，强调企业以消费者对产品价值的感觉认知、需求状况作为核心定价标准，主要包含两种定价方法。

1）感知价值定价法是指企业以消费者对产品价值的感知作为核心定价标准的一种定价方法。这种价格是通过产品的非价格因素来影响消费者，使他们在思想中形成一种感知价值，然后再根据这种消费者的感知价值进行定价。例如，饭店 A 比饭店 B 的环境和服务更好，消费者就会认为两家饭店出售的同款酒有不同的价值，如果饭店 A 此种酒的定价比饭店 B 高些，消费者也会欣然接受。

2）超额价值定价法是指企业对较高价值的产品或服务以较低价格实现方式进行定价的方法。它的实现方式之一是"日常低价"，是指企业采取持续低价政策而较少提供暂时性打折的方式。例如，小米手机、如家酒店、大润发超市以及"一元店""两元店"等，本质上都采用了超额价值定价的"日常低价"方式。超额价值定价法的实现方式之二是"高低定价"，它是指企业日常制定较高的价格，但频繁进行促销活动定低价。例如，淘宝、天猫、拼多多等平台上经常做促销活动的品牌。

营销延伸

2022 年"6·18"之后，有网友表示，三只松鼠在价格越来越高的同时，产品品质却越来越差，160 克手剥巴旦木高达 50 多元的售价，日常售价 20 元 / 袋的猪肉脯在满减专区变成 40 多元。此外，也有网友评价"中等偏下的品质，却卖出了进口产品的价格"。可见，价格虚高让许多年轻人放弃"三只松鼠"，转投更多原地直采的新零食，例如直播带货中的农产品等。可见定价不当便会经营不善，诚信缺失便会顾客走失。无论是为人处世还是经营企业，"诚"字应当时时在心。

资料来源：徐琪锋根据网络资料编写。

（3）竞争导向定价范式。这是以竞争者价格为核心标准的定价范式，包含两种具体定价方法。

1）随行就市定价法是指根据本行业平均价格水平来制定产品价格的一种方法。随行就市定价特别适用于下列三种情况：企业的产品成本难以核算；企业准备与同行竞争者和平共处，避免价格战等；企业自行定价时，难以对竞争者和顾客的反应做出准确预估。

2）密封投标定价法是指不预先规定产品（或服务）价格，而由买方对产品（或服务）的各方面提出要求，再由卖方密封报价、参加比价，最后由买方以最有利的价格决定成交的一种定价方法。在此方法执行中，卖方应在规定的时间内将可提供的产品（或服务）名称、品种、规格、数量、交货期、价格等密封送达招标的买方，由买方在规定日期开标，选择报价最低、最有利的卖主成交。政府采购物资和建筑工程承包等，常采用此法定价。

11.1.6 确定市场价格

企业根据不同的需求、成本和竞争对手状况选择适当的方法定价之后，在产品上市前还要考虑一些附加影响因素，如顾客心理的影响、市场风险的影响、企业定价策略的影响以及企业定价对其他营销组合因素的影响。企业在考虑上述因素的影响后，结合所选定的定价范式及其方法，就构建出了产品上市的正式价格。

11.1.7 调整市场价格

企业确定了产品上市价格之后，就有了产品的初始价格。然而，后续可能还需要对价格进行调整。价格调整是指企业在初始价格的基础上，结合顾客需求情况、市场竞争情况、企业自身情况等微观环境情况，以及社会经济情况、政治法律情况、技术发展情况等宏观环境情况，持续将产品价调整到与之相适应水平的过程，如图 11-3 所示。

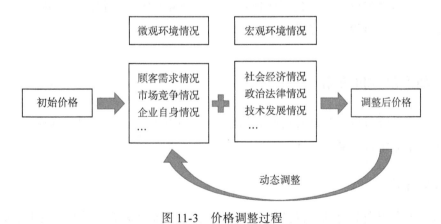

图 11-3 价格调整过程

顾客需求方面，当目标顾客群体发生需求偏好转移、需求水平改变等情况时，企业有必要进行合理的价格调整（提价或降价），以保证市场竞争力或优化经营业绩。

市场竞争方面，当产品进入成熟期或者竞争对手主动挑起价格战等的时候，市场竞争会变得非常激烈，此时，及时且合理的价格优惠策略是十分必要的。

企业自身方面，有时出于经营战略或经营状况等的需要，比如为新产品进行布局或者提升经营效益等时候，企业有必要借助价格调整予以配合。

社会经济方面，当社会经济进入新的经济周期、发生了一定程度的通货膨胀或大众收入水平总体变动等的时候，企业应当对产品进行合理的价格调整，以适应新的社会经济环境。

政治法律方面，由于保持社会稳定、促进产业发展、维护市场秩序等宏观管理需要，国家会出台诸如市场规范、产业补贴等相关政策法规，企业应当及时学习贯彻并进行相应的价格调整，以融入新的政治法律环境，在防止违规的同时，争取改善企业效益。

技术发展方面，当行业随着新技术的开发和应用开始出现产品升级换代的趋势时，企业应当及时、充分地对原有产品进行价格调整（主要是降价策略），加速清理原有产品库存。

11.2　企业定价策略

深入理解和充分运用定价策略，可以在企业定价过程中有效帮助企业进行产品上市价格的制定和后续的价格调整工作，从而优化企业的定价状况，并且提升企业的定价水平。这些定价策略可以分为 4 大类。

第一类是新产品定价策略，包括撇脂定价、渗透定价、中立定价（温和定价）。

第二类是分割性定价策略，包括折扣与津贴定价、差别定价、促销定价。

第三类是产品组合定价策略（体系性定价策略），包括产品线定价、选择项目定价、补充品定价、分部定价、成套产品定价、副产品定价。

第四类是地理定价策略，包括产地定价、运费补贴定价、目的地交货定价、统一交货定价、分区交货定价、基点定价。

11.2.1　新产品定价策略

新产品定价恰当与否关系着新产品的命运，常用的新产品定价策略包括：撇脂定价、渗透定价、中立定价（温和定价）。

1. 撇脂定价

撇脂定价是指企业对新产品的定价采用明显高于同行业竞品平均价格水平的定价策略，以便在短期内获取尽可能多的收益，如某些高档时装的定价。这就好像在牛奶中撇取奶油一样，将新产品利益的精华尽快取出，这种策略也就因此得名。这种定价策略有利于利用消费者求新的心理，尽快收回对新产品的投资，并获得高额利润。如果定价过高，企业还有降价的余地。但是，在新产品的声誉尚未建立时就高价投放，往往不利于开拓市场，甚至导致无人问津。

┊营销链接┊

小米在价格方面的把控相比同行做得比较好，小米引以为傲的性价比也通过价格直观呈现出来。例如，心理学研究表明，尾数为 9 的价格最受欢迎，于是小米把手机等其他家电产品的尾数定价确定为 9、99。这样的尾数定价抓住了消费者的求廉心理，对消费者具有一定的刺激作用。此外，农夫山泉在刚进入市场阶段，以"有点甜"为卖点，采取高价投放的策略，奠定了农夫山泉在水市场上的高品质形象，相比掌阅科技是一次成功的撇脂定价。
资料来源：徐琪锋根据网络资料编写。

2. 渗透定价

渗透定价是指企业对新产品的定价采用明显低于同行业竞品平均价格水平的定价策略。这是与撇脂定价相对的一种定价策略，它是将价格定得低于预期价格，使新产品迅速占领市场并有利于对抗竞争者的一种定价策略。这个策略针对消费者的选价心理，在新产品上市之初时价格稍低，到新产品打开销路以后，再结合质量的提高、造型的改进，逐步将价格提到一定的水平。较低的定价可以吸引消费者，使产品易于打开销路。同时，由于价低，也使竞争者感到收益不大而退出竞争，从而使企业迅速占领和扩大市场。这种定价策略，首先强调扎根市场，故称渗透定价。图 11-4 示意了撇脂定价和渗透定价的适用性。

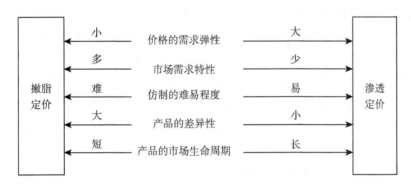

图 11-4　撇脂定价与渗透定价适用性

3. 中立定价（温和定价）

中立定价是指企业对新产品的定价采用近似于同行业竞品的平均价格水平的定价策略。中立定价介于撇脂与渗透之间，将价格定于行业平均水平，属于稳妥为主的定价策略，既可以规避市场风险、减轻销售压力，又可以缓和竞争、避免价格战。在新产品定价上，企业如果认为高价和低价都比较极端，通常采取中立定价策略。

| 营销延伸 |

2022 年夏天，"雪莲文学"在网络上兴起，起因源于高价雪糕占领了雪糕市场，而高价雪糕的缘起不得不提起钟薛高。钟薛高的创始人林盛曾表示："钟薛高的毛利和传统冷饮企业毛利相比，其实略高，最贵的一支卖过 66 元，产品成本差不多 40 元。"然而网友纷纷表示价格虚高，《人民日报》评论"钟薛高的最大问题不在于用料，而在于雪糕品质能否撑起高昂的价格，让人觉得物超所值"。企业以诚信立基，价格虚高、不合理必将导致基础不牢，企业应制定合理的价格策略。

资料来源：徐琪锋根据网络资料编写。

11.2.2　折扣与津贴定价策略

折扣与津贴定价是指以争取顾客、扩大销售为目的，直接减少一定比例价格、出让一部分利益的定价策略。

（1）数量折扣定价是指根据购买数量而给予不同优惠折扣的定价策略，它包含以下两种方式。

1）非累计数量折扣定价，又称一次性数量折扣，是指根据顾客一次购买量计算折扣的定价方式。它不仅鼓励顾客大量购买，而且也节约销售费用。

2）累计数量折扣定价是指根据一定时期内顾客购货总量计算折扣的定价方式。它可以有效鼓励顾客对同一企业产品的持续集中购买，从而促使其成为企业的长期客户。

（2）季节折扣定价是指对存在明显产销时间矛盾的产品，根据时间点给予不同优惠折扣的定价方式。生产季节性产品的企业在生产旺季给购买者予以折扣优待，从而在生产旺季鼓励中间商储存商品，使生产在消费淡季不受影响。

（3）职能折扣定价是指根据各类中间商所担负的不同流通职能，给予不同优惠折扣的定价方式。制造商可根据中间商职能的不同，给予不同的折扣。如对批发商折扣较大，使批发商可能进行转批业务；对零售商折扣较小，可以补偿其推销费用并可使零售商盈利。

（4）现金折扣定价是指根据买方符合特定要求的实际付款时点给予不同优惠折扣的定价方式，是买方按照卖方规定的付款到期日前若干天内付款，卖方所给予的一定比例的折扣，目的在于鼓励买方提前付款，以加速资金周转。

（5）旧货津贴定价，也称以旧换新定价，是指企业根据从顾客处回收的符合条件的同类旧产品，给予所购新产品相应购货津贴的定价方式，常应用于汽车、智能手机等耐用消费品交易中。

（6）推广津贴定价是指企业根据渠道商为产品提供的各种推广促销支持，给予不同津贴减价的定价方式。这种定价策略通常适用于渠道商，例如为产品刊登地方性广告、布置专门橱窗等时，企业给予促销津贴作为回馈，从而鼓励中间商对产品进行宣传，增加销售量。

11.2.3 差别定价策略

差别定价策略是指企业在产品成本相同的情况下，制定两种或两种以上的价格来销售同一种产品或服务。差别定价主要有以下几种形式。

（1）顾客群不同的差别定价。例如区分非会员、普通会员和重要会员的定价。

（2）产品属性不同的差别定价。例如产品款型或花色不同，虽成本相近，但并不根据成本，而是根据顾客对产品的喜爱程度定价，如对某些家庭用品、服装的定价。

（3）地点不同的差别定价。例如体育比赛、演唱会中不同座区和座位的不同定价。

（4）时间不同的差别定价。某些产品或服务定价因时间有别，例如旅游食宿、航班等。

（5）用途不同的差别定价。比如企业为了开辟市场，鼓励渔民在渔船上使用本企业的小电动机，于是将产品按低价售给渔民，而按原价售给工厂和其他顾客。运用此法的企业必须有效地实行市场细分，避免有人低价买进再高价转售。

11.2.4 促销定价策略

促销定价策略是指暂时降低产品价格或附加额外利益，以促进短期销售的定价策略。

（1）牺牲品定价。牺牲品定价指以特定商品作为特价产品，调低其价格、牺牲其利润，短期内吸引大量顾客进行购买，从而促进企业其他商品销量和利润联动上升的定价方式。如果正常价格商品的销售足以弥补牺牲品的低价损失，则企业仍有利可图。不过通常情况下，除非企业自身需要，可能不愿以自身产品作为牺牲品。最终如何选择低价的产品，取决于企业、渠道商的综合博弈。

采用牺牲品定价应注意以下几点：特价产品一般是广大顾客常用的、价值不大的产品；产品必须是真正特价，以取信于顾客；实施牺牲品定价的企业必须规模较大，产品品种繁多，以便吸引顾客购买其产品；特价优惠金额要有一定限制，并要经常变化，否则对顾客吸引力不大，或影响企业经济效益。

（2）特别事件定价。特别事件定价是指在某些特别事件发生时对特定产品进行专门定价的定价方式。如利用春节前夕、企业周年庆典、特定纪念日等来吸引更多的顾客购买。

（3）低息贷款和较长的付款期限。低息贷款和较长的付款期限是指以向顾客提供低息贷款、延长还款期限等消费金融服务，促进产品销售的定价方式。如汽车、住宅的贷款就属于此种策略的具体体现。

（4）现金回扣。现金回扣是指为在特定时间内进行购买的顾客提供现金回扣，从而促进销售的定价方式。如汽车和其他消费品制造商有时会采用此种策略。

（5）保证和服务承诺。保证和服务承诺是指以通过增加免费或低成本的保证、服务合同等，从而促进销售的定价方式。

11.2.5　产品组合定价策略

如果企业产品的价格与其他产品存在着不同程度的关联性，那么就要兼顾产品大类中各个相关产品之间的价格，争取大类产品所获总利润最高，存在以下6种定价方式。

（1）产品线定价。产品线定价是指对同一产品线内不同产品的价格，按照档次或规格进行价格水平统筹安排的定价方式。企业常常会开发产品线，而非单一的产品。在一些行业中，企业为同一产品线不同规格或档次的产品规定几个顾客熟知的价格点。例如，将男子西装定为800元、1 500元、3 000元3个价格点，顾客就会联想到这分别是低、中、高档的西装。企业的任务是提供与价格差异相适应的产品质量差异。产品线定价策略，既有利于企业管理产品与价格，又有利于买方选购。

（2）选择项目定价。选择项目定价是指在主要产品价格基础上，把与主要产品配套的附加备选产品做成可选择项目，总体进行累积加价的定价方式。企业先为其基本产品确定一定的价格，再提供若干由顾客选择的项目，加上顾客自愿选择的项目，产品的总价格会高于基本价格。如小轿车的真皮座椅、豪华音响和其他特别装置等，酒吧中的酒类和饮料，也常采用此种策略。企业必须决定哪些项目应该包括在基本价格之内，哪些作为备选产品。

（3）补充品定价。补充品定价是指对可分为耐用部分和易耗部分的产品，采取耐用部分低价、易耗部分高价的定价方式。其中，耐用部分成为主要产品，易耗部分为补充品，补充品须与主要产品一同使用才有价值，是只要购买主要产品，就必须连带购买的产品，如光学原理照相机与胶卷、电动剃须刀与电池、复印机与复印纸，都具有补充关系。企业可以把主要产品的价格定得低些，而将连带品的价格定得高些，从而刺激购买并从中获利。

（4）分部定价。分部定价是指把消费内容划分为入门性消费和进阶性消费，分别设置相应价格的定价方式。服务性企业常常采取分阶段或分部分定价的策略。如公园先收一定的门票，如果游玩的地方超过了规定的范围，增加部分另外收费。企业在修订价格时，可以将基本收费调低一些，以刺激购买。当顾客需要额外服务项目时，额外收费可以为企业带来更多的收益。

（5）成套产品定价，又称捆绑定价、一揽子定价，是指将一组具有特定内在联系的独立产品进行组合销售，采用组合价格优惠于各产品价格总和的定价方式。成套产品既可以整套出售，由于各单件产品具有相对独立的使用价值，又可以分件出售。企业应使全套产品的总售价与单件产品的售价之间保持一定的关系。一般来说，整套产品的总售价，要略低于各分件产品的单价之和，以刺激顾客成套购买。这种定价可以促进顾客购买一些原本不会购买的产品，但是组合的产品价格必须足够低，以吸引顾客购买。

（6）副产品定价。副产品定价是指以主产品制造过程中的副产品收入优化主产品价格的定价方式。在食品化工等行业的生产过程中，必然产生一些副产品。这些副产品的成本已由主产品摊销，如果将副产品按原料出售或制成加工品再出售，企业就可获得较高的利润。与此同时，企业还可以借助副产品的收入降低主产品的价格，以此来提高主产品的竞争力。

11.2.6 地理定价策略

地理定价策略是指根据产品所销往市场与产地之间的空间差异而做出的定价策略，主要存在以下 6 种定价策略。

（1）产地定价。产地定价是指在产品自身价格基础上，加上将产品运到产地运输工具上时所需的全部成本费用为实际价格的定价方式。交货后的风险和费用（含运费）由买方负担，这对买卖双方来说，都比较合理。但不同地区买方的进货价加运费，有时会出现"递远递增"的现象。这显然对远处的顾客不利，实际是限制了远方的顾客。

（2）运费补贴定价。运费补贴定价是指在产地定价基础上，为减轻远处顾客的运费负担，补贴部分或全部运费的定价方式。此种定价策略是对前述定价策略不足的弥补，在急于与远处顾客做成生意或加强市场渗透时，企业常用此种定价。

（3）目的地交货定价。目的地交货定价是指在产地定价的基础上，加上到达买方指定目的地所需一切风险和费用的定价方式。

（4）统一交货定价。统一交货定价是指对售往不同地区的相同产品，均统一以出厂价加上平均运费作为价格的定价方式。这实际上规定了含运费的全国统一价格。这种定价的优点，是利于吸引远方顾客进行购买，也便于企业产品的统一报价，缺点是可能降低近处顾客的积极性。当产品价值高而运费占价格比重很小时，这种定价策略对远近地区顾客的影响都较小。

（5）分区交货定价。分区交货定价是指对销往不同特定地理大区的相同产品，实行分区定价的定价方式。企业先将广大的市场划分为若干区域，然后，按出厂价加产地至每个区域的平均运费分别制定各个价格区的产品价格。在一个价格区域内，产品定价相同。虽然在一个区域内还会因买主与产地距离远近不同而出现支付运费不均的情况，但这种定价方式已经在很大程度上弥补了统一交货价格的不足。

（6）基点定价。基点定价是指对产品在出厂价的基础上，加上靠近顾客的基点至顾客所在地的运费为价格的定价方式。基点可以是生产地，也可以是任何城市。顾客可以任意向距其最近的基点订货，顾客负责从生产地代办托运并负担运费和风险。有些企业为了提高灵活性，选定许多基点城市，然后按照离顾客最近的基点来计算运费。

11.3　定价中的心理学效应

企业定价中还存在一些常见的心理学效应，如参考价格效应、尾数定价效应、声望价格效应、参与者角色效应、禀赋效应、公平效应、过度自信效应、转换成本效应。

11.3.1　参考价格效应

参考价格效应是指顾客对特定产品当前价格的感知，会受到当前价格和过往价格的综合影响，从而得到代表其预估支付意愿的"参考价格"。参考价格效应可以用展望理论来解释，它主要体现了人们在价格方面对于参考点的高度敏感性。具体到一次消费中，顾客心中的参考价格，是他们根据产品的当前价格，以及上一次所注意到的该产品的价格而形成的。因此，参考价格效应的数学表达形式如下：

$$参考价格 = \alpha \times 上次的过往价格 + (1-\alpha) \times 当前价格\ (0 < \alpha < 1)$$

在上述公式中，调节因子 α 表示上次注意到的过往价格对顾客目前参考价格的影响程度。如果 α 的值越大，则表明产品的过往价格对顾客目前参考价格的影响程度越大；如果 α 的值越小，则表明产品的当前价格对顾客目前参考价格的影响程度越小。

根据参考价格效应，我们可以知道：现实中，许多顾客往往会根据购买同一产品的价格水平，去预期未来购买时自己愿意接受的价格水平；如果产品的当前价格高于过往价格，那么参考价格效应会抑制顾客的需求水平。

参考价格效应的存在，非常考验企业定价工作对降价促销与折扣的使用。根据参考价格效应，在降价促销期间，由于产品的促销价格低于顾客的参考价格，产品销售业绩将会以高于降价幅度的比例增加。但是降价促销之后，产品价格回升到原价，产品的当前价格高于顾客的参考价格，将会反过来不成比例地降低销售业绩。这种由于使用降价促销与折扣而导致的销售业绩剧烈波动的现象，对企业的日常经营而言是一种非常大的考验。

营销链接

在众多国产手机品牌中，小米手机凭什么脱颖而出，获得消费者信赖，博得"性价比高"的好印象呢？价格是众多因素中不可忽视的因素之一。小米的第一部手机起售价是1 999元，之后起售价都是在1 000～2 000之间，直到2016年小米5S Plus版本起售价变成2 299元。可见，小米试图将价格提到中档的2 000～3 000元之间，然而这却引起消费者的争议。于是之后的小米5C版本起售价又重新回到1 000～2 000之间。一方面消费者争议颇大，另一方面企业经营需要提高起售价，小米手机是如何兼顾两方面的呢？小米6的起售价是2 299元，小米6 X起售价是1 599元；小米8的起售价是2 699元，小米8 SE的起售价是1 799元；小米9SE的起售价是1 999元，小米9 PRO的起售价是3 699元；小米10青春版的起售价是2 099元，小米10至尊版的起售价是4 999元；小米11青春版的起售价是 2 299 元，小米 Ultra 的起售价是 5 999 元；小米 12 Pro 的起售价是 4 699 元，小米 12 X 的起售价是 3 199 元。从小米系列的演进和价格的不断演变中，可以清楚地看到小米为了满足经营需要，通过"高配低价""低配高价"的对比参考方法让消费者适应价格的变化，从而一步步地将价格提高，使得最低起售价提到了中档 2 099 元，并且随着演进，价格越来越高的同时也易被消费者接受。

资料来源：徐琪锋根据网络资料编写。

11.3.2　尾数定价效应

尾数定价效应是指特定的价格尾数形式对顾客消费心理产生影响，进而影响其消费决策的心理学效应，包括非正数效应、整数效应、奇数效应和低位效应。心理学分析证明，顾客感觉单数比双数少，零数比整数准确，低一位数比高一位数明显便宜。据此，企业定价就可以订出奇数价格、尾数价格和低位价格。例如，某商品定价 398 元而不定 400 元；另一种商品定价 99 元而不定 100 元。这可以给人们以价低、准确、便宜的感觉。

▎营销链接▎

2019 年 3 月 26 日晚，华为终端在法国巴黎举行新品发布会，正式发布旗舰 P30 系列产品——P30 及 P30 Pro。华为 P30 售价 799 欧元（约合人民币 6 057 元），仅有 6GB+128GB 版本，5 款配色可选；华为 P30 Pro 8GB+128GB 版售价 999 欧元（约合人民币 7 574 元），8GB+256GB 版本售价 1 099 欧元（约合人民币 8 332 元），8GB+512GB 版本售价 1 249 欧元（约合人民币 9 469 元），同样 5 色可选。同年 4 月 11 日，华为在上海召开了新品发布会，华为 P30 系列国行版亮相。华为 P30 国行版首发同样 5 种配色，8GB+64GB 版售价 3 988 元，8GB+128GB 版售价 4 288 元，8GB+256GB 版售价 4 788 元；华为 P30 Pro 8GB+128GB 版售价 5 488 元，8GB+256GB 版本售价 5 988 元，8GB+512GB 版本售价 6 788 元。总体看来，华为的同款智能手机产品在国内市场的上市价，要一定幅度低于同期在国外发达市场的上市价，这顺应了"国货优惠国人""价格与收入要对等"的国内消费者心理，因此获得了一致好评。

资料来源：徐琪锋根据网络资料编写。

11.3.3　声望价格效应

声望价格效应（"价格→质量"信号效应）是指企业通过自身声望建设，激发顾客的拟人化感知心理，又通过独特的高定价来适应顾客的"一分钱一分货"心理，从而形成市场接受的稳定持续高价格水平的效应。在这种效应中，顾客看待卓越声望企业的产品时，不再只是一般看待产品的心态，而往往会像看待名人的名声一样，欣赏企业努力投入而赋予品牌、产品的杰出名望及其社会影响力。同时，企业以高定价传递高质量信号，促使定价与企业声望联动提升。一家企业经过多年经营，若在顾客心目中形成了杰出声望，往往容易实现被广为接受的稳定高价水平。而某些特定品牌一旦成了名牌，顾客对其声望越认可，其定价水平越容易有广阔的提升空间。

11.3.4　参与者角色效应

顾客购买决策的参与者，按照其具体的参与作用，可以分为 5 种角色：发起者、影响者、决策者、购买者、使用者。参与者角色效应是指同一消费中，当不同的参与者角色分离于两个或更多人身上时，不同角色的诉求差异性将分别呈现出来，导致出现差异化的购买决策情况。

如果产品受到这种效应的影响，企业应当探索其中有利于提升溢价空间、改善定价效益的情况。具体来说，企业在对产品进行定价的时候，应当充分考虑产品在这 5 种参与者角色上，所对应的具体人群及其相关问题。这些问题至少包括以下几点。

（1）每种角色可能对应哪些群体？每个群体有哪些共同特征？

（2）不同角色对应的群体间可能有什么相互关系？

（3）企业的产品与这些关系之间可能存在什么关联？

（4）以上关联和特征，能否用于企业产品的定价工作中？都有哪些可行的思路？

（5）以上思路中，哪个最能提升企业产品的定价效益？

弄清楚以上问题后，就可以去做更加具体的策略思考。这其中，最为关键的是决策者，如果决策者与某些角色存在非常重要的关系，企业产品也对这些关系的发展或维护有较好作用，那么往往可以将这点应用于产品定价中，明显提升定价效益。

某些产品可能具有较好的礼物属性，当不作为礼物而自用时，决策者、购买者和使用者是同一群体，在这种情况下，他们往往更注重产品的性价比，产品的溢价空间一般。而当作为礼物时，送礼人是决策者和购买者，收礼人只是使用者，在这种情况下，送礼人往往更注重礼物对与收礼人关系的提升或维护作用，通常只要礼物足够优质高效，送礼人就容易接受更明显的产品溢价空间。此时，企业充分挖掘，并配合充分合理的其他营销策略突出"礼物"属性，就容易以非常理想的价格实现良好销售。例如，很多有当地特色的文化产品、土特产等，往往可以被定位为旅游纪念品，从而促使游客购买后将其当作礼物送给亲朋好友。

11.3.5　禀赋效应

禀赋效应是指相比可以拥有而尚未拥有的东西，人们会对自己已经拥有的东西赋予更多的价值。禀赋效应是一个很有趣的心理作用，它与参考价格效应在本质上有一定的内在联系。它的主要作用是可以降低顾客对产品和品牌的价格敏感度。

许多已有的心理学实验，都能明显体现禀赋效应。例如，学生被随机给予咖啡杯或巧克力棒，然后允许他们之间进行交换从而最大化满足自己的偏好。其中，由于被给予咖啡杯的学生中，有大约 50% 的人本身更加偏好巧克力棒，因此预计接近一半的学生会进行交换。但是反复多次的实验结果显示，真实交换比例远远低于 50%。在了解不交换物品的原因时，学生回答自己确实喜欢初始分到的物品，这恰好表明了学生很大程度上对已经拥有的初始物品的偏爱。

禀赋效应普遍被应用于许多企业的销售实践中，可以有效降低价格敏感度对顾客购买产品的阻碍程度。例如，汽车经销商往往会引导和鼓励潜在顾客进行试驾，让顾客对试驾车产生一种"已经为我所有"的感觉，激发禀赋效应，从而降低其讨价还价的意愿。另外，采用收订金预售的销售方式也会激发顾客的禀赋效应，从而降低顾客对产品价格的关注度。

11.3.6　公平效应

公平效应是指顾客在任何交易中，都希望自己可以被公平对待，当感觉到了不公平对待时，顾客会做出负面反应。在产品定价方面，如果顾客发现自己支付的价格和其他顾客的价格不一样，尤其价格偏高时，就会感觉受到不公平对待。也就是说，顾客不仅希望价格可以反映出产品剩余利益在企业和顾客之间的分配情况，也希望价格能够公平，即所有顾客都有相同的选项。公平效应影响产品定价效益的常见情况，是当产品的目前价格水平，与顾客根据过去对此类产品的接触而产生的预期价格水平相一致时，顾客就会感觉价格是公平的；否则，顾客可能感觉价格在一定程度上是不公平的，并且导致影响定价效益的顾客行为。

为此，企业在产品定价过程中必须足够重视顾客视角中价格水平的变动在动机、时机、幅度等方面的合理性，并且充分做好对顾客期望的引导和管理。当价格不符合以上预期时，顾客就会认为企业"犯规"了。由此引起的公平效应表现，不仅会明显抑制顾客即时的购买行为，也容易引起顾客的集体愤怒，从而引发公共关系危机。一旦发生了此类公共关系危机，企业必须采用相关的营销策略来修正那些顾客感觉不公平的价格差异，定价策略也可能需要进行调整。

当然，公平性问题并不适用于所有的产品。与非必需消费品相比，公平性在生活必需品中发挥了更大的作用。此外，公平问题还与文化有关，并且容易与伦理、法律相关联。

营销延伸

随着数据越发被重视，"大数据杀熟"悄然埋伏在用户的身边。通过深挖用户数据，对不同用户实施"看人下菜"策略。例如，有用户向媒体透露使用打车软件发现的"大数据杀熟"现象：该用户与同事在同样时间、同样目的地、同样的路线规划下，价格却不一样，两人相差了不止 7 元。"大数据杀熟"不仅埋伏在打车、外卖软件中，网上购物、购票等都有其影子。规范数据使用，成为一大难题。

资料来源：徐琪锋根据网络资料编写。

11.3.7　过度自信效应

过度自信效应通常表现为人们明显高估自己改善自身行为的能力。在消费情境下，过度自信效应可以理解为顾客对未来自我控制和未来经济效益的过度自信。

在购买产品时，顾客都期望通过使用产品来调整自己的行为或提升自己的收益，但情况经常与之相反。美国有一项对健身房顾客的研究表明，顾客对自身预期的行为改善和事后实际表现存在很大差异。研究人员在 3 家美国健身俱乐部查看了 7 000 多份成交单，结果发现，那些选择了 70 美元月卡的会员，平均每月来健身 4.3 次，相当于每次健身的价格是 17 美元，而这些会员本来可以选择每次 10 美元的门票。此外，那些购买月卡的顾客，第二年再续费的可能性比购买年卡的顾客要高 17%。该研究从本质上表明，顾客过度高估了自己未来对产品或服务的使用能力，并且进一步过度高估了自己从对应的最优消费决策中获取的经济收益。

综上所述，在一些兼具单次现付方式和预付方式的产品或服务定价中，企业可以通过充分考量和调节单次现付价格与预付价格的相对水平，从而获取更佳的定价效益。

11.3.8　转换成本效应

转换成本效应是指当顾客会由于更换品牌所需承担的转换成本，而降低更换的可能性和对原消费品牌的价格敏感性。转换成本可以理解为顾客由于过往消费和使用特定产品，在经济、认知、情感等各方面付出的投资。

首先，转换成本与经济方面的相关性最为关键。例如，顾客购买小米品牌的智能手机后，可以购买"米家"系列的相关智能家电，从而进一步协同提升自己总体的使用收益，但如果转换到一个新品牌，顾客就需要重新投资新品牌的相关产品。其次，转换成本与认知方面的相关性也较高，例如，当顾客一直使用小米品牌的智能手机，会对小米手机基于安卓系统的 MIUI 操作系统非常熟练，但如果更换使用了苹果手机，就需要重新熟悉和适应差异较大的 iOS 操作系统。最后，转换成本与情感方面也有明显相关性。例如，顾客对某品牌一直比较喜欢，还有较高忠诚度，此时更换品牌会有很大的情感阻碍体验。

综上所述，当企业合理、充分地增加顾客的转换成本时，顾客不仅对其产品的忠诚度较高，还具有较低的价格敏感度。同时，有研究发现，当企业降低其竞争对手的顾客转换成本时，也将降低市场总体对企业产品的价格敏感度。

11.4 新兴的定价模式

11.4.1 自愿付费定价模式

自愿付费定价模式是指产品的定价没有明显强制性，产品使用和产品付费相对分离，很大程度上依赖消费者自主支付意愿和自愿支付行为的定价模式。

（1）自愿付费定价主要适用于部分互联网平台上的特定产品和服务形式，主要包括以下产品和形式。

1）各种互联网平台上的文字作品和视频作品，采用现金"打赏"、平台专用电子币"投币"等自愿付费形式。例如，微信公众号的可免费阅读文章、微信视频号的可免费观看视频课程、哔哩哔哩平台上的 UP 主创作视频等。

2）各种互联网平台上的直播服务，采用现金"打赏""送礼物"等自愿付费形式。例如，抖音、快手等社交类平台的直播服务、哔哩哔哩等视频平台的 UP 主直播服务等。

（2）自愿付费定价模式通常需要满足下述的几个条件。

1）产品或服务的边际成本极低，这样才能保证极佳的规模经济效应支撑起产品或服务的可持续运营。

2）产品或服务的顾客感知价值差异较大。感知价值过于泛化的产品或服务，目标顾客群体也过于宽泛、不够明晰，难以提供深入的顾客价值。应当有相对明晰的目标顾客群体，为其提供相对十分有效、高效、深入的顾客价值。

3）存在公正的顾客群体。公正的顾客群体愿意坦承从这些产品或服务感知到的顾客价值，并且积极主动采取自愿付费行为，为产品或服务的持续供给提供有力保证。

4）可以和顾客建立稳固的关系。自愿付费具有极大的不确定性，除了依赖顾客自身的认知水平、个人修养等，还需要类似朋友或粉丝的关系来构建情感联系，保证充分的自主支付意愿、自愿支付行为和更高的溢价支付空间，从而使产品或服务实现稳定可持续发展的收益。

5）市场具有充分的竞争性。在这样的市场中，一方面，由于顾客有很多备选方案，能真正引发其自主支付意愿的产品或服务会受到他们的特别重视，这时可能便于建立、发展稳固关系；另一方面，由于市场竞争的压力，忠实顾客群可能会考虑产品或服务提供者的生存压力，为保证得到稳定可持续的产品或服务供给，他们会更愿意积极做出自愿支付行为。

11.4.2 人工智能定价模式

人工智能定价模式是指企业通过大数据、云计算、物联网等与人工智能技术的结合运用，实现产品或服务自动化、智能化、有效化、高效化的定价模式。

（1）人工智能定价模式的特点：可以极大地提升企业定价工作的效率，节省大量的人力与时间；可以很大程度上保证定价效果的有效性和精准性；可以良好地兼顾顾客需求情况、市场竞争情况和自身经营情况。

（2）人工智能定价模式的应用条件与范围。人工智能定价模式的应用需要一些较高的配套条件，比如企业对目标顾客消费大数据的实时获取与良好处理，相关的人工智能技术支持、配套的硬件支持、稳定有效的销售渠道支持等。基于以上条件，目前在国内消费者市场领域，人工智能定价模式主要被应用于各种互联网平台型企业的定价工作中。

（3）人工智能定价模式的形式主要有两种。①针对个人的人工智能精准定价。这种形式可以为不同的顾客量身制定价格，也就是个性化定价。受传统营销思维模式的影响和技术条件的限制，传统的定价往往是统一定价，即面向所有的消费者制定相同的价格。随着市场饱和、竞争加剧、消费升级时代的到来，企业要想在市场上运用价格杠杆占得先机，就要转变营销思维，为不同的顾客制定适合的价格。②针对群体的人工智能动态定价。运用人工智能技术还可以实现高效率的动态定价。传统的定价方法一般依靠人工，不仅存在主观性强、准确性不高的弊端，而且面对成千上万不同类别的产品时，依靠人工定价是一项巨大的工程，尤其当产品要实时适应市场的变化，进行价格调整时，人工定价的低效率会影响企业的销售。如果采用人工智能技术，这些繁重的工作可以自动高效地完成。

‖营销延伸‖

随着数字技术的日益成熟，人工智能定价的应用越来越广泛，在为商家带来便利的同时，也埋下了消费者由于价格公平感知而抵制企业的隐患，随之产生的负面影响也已引起竞争执法部门的关注。2022年3月，北京市消费者协会发布互联网消费大数据"杀熟"问题调查结果。结果显示在16个平台中采集了32个模拟消费者体验样本，其中有14个样本的新老账户价格不一致。此外，北京市消费者协会的调查结果还显示，在网络购物、在线旅游、外卖、网约车中，大部分人都曾遇到"大数据杀熟"问题，尤以网络购物平台为多。诚然，科学技术是第一生产力，但同时科学技术也是一把双刃剑。企业在运用科学技术提高经营效率的同时，也应守住底线，考虑高科技带来的不良影响并积极应对，维护好企业本身和消费者的合法权益。

资料来源：徐琪锋、唐相群根据网络资料编写。

▣ 重要概念

需求弹性　成本加成定价　新产品定价策略　折扣与让价策略　地理定价策略
差别定价策略　促销定价策略　产品组合定价策略　心理定价策略　尾数定价效应
声望价格效应　参与者角色效应　禀赋效应　公平效应　过度自信效应　转换成本效应
自愿付费定价模式　人工智能定价模式

◼ 复习思考题

1. 需求与产品价格有什么关系?
2. 成本导向定价的优缺点是什么?
3. 价值导向定价主要有哪几种方法?
4. 竞争导向定价的优缺点是什么?
5. 如何有针对性地运用地理定价策略?
6. 如何运用累计数量折扣策略和季节折扣策略?
7. 差别定价策略有哪几种形式?
8. 怎样有针对性地运用心理定价策略?
9. 自愿付费定价模式的应用条件是什么?
10. 人工智能定价模式的应用条件是什么?

◼ 经典案例

小小蔬菜何以高身价

良之悦品(北京良之悦生态农业科技有限公司)是一家种植、销售有机蔬菜及其他作物的企业。良之悦品一直遵循自然、平衡、和谐等观念指导发展,经过数十年摸索,制定出了一套完善合理的种植模式,提供的产品具有多种显著优势。良之悦品定位于高端产品,让小小的蔬菜成为高身价之物。

高身价的基础。良之悦品的创始人肖健是农学专业出身,他通过研究发现有机蔬菜产品在国内消费价格高低不等,价格高则接受度低,企业与消费者之间的信任度没有建立起来;有机农业生产成本较高,需要较高的资金投入和技术水平,行业内部分企业达不到相关标准;有机生活的理念不被消费者熟知。通过这样的研究分析,肖健萌发了做中国特色的有机农业的念头,将产品定位于高端。

高身价的确定。在优质产品的基础上,如何权衡价值与价格呢?肖健参与了产品从种植到销售的整个过程,对自己的产品十分有信心。从市场角度看,对于作为大众消费必需品的普通蔬菜产品,一般而言采取薄利多销的思路,利润率不会很高。但市场上其他的绿色产品、无公害产品、有机产品等的价格却是较为多变的,价格处在一个从低到高的区间里。行业重点企业的产品均价基本在每斤25~35元之间,部分在15元/斤左右。行业重点企业的定价考虑到水质净化、品种选择、有机肥制作、生产管理方面、贮藏保鲜和冷链运输等各个环节的成本较高,因此需要较高的定价才能保持一定的利润。从消费者角度来看,价格也是一种认知手段,如果消费者对产品没有深入了解,那么第一印象则可能按照价格将产品分类。综合各方面因素的考虑,肖健决定要保持一个较高的利润水平,这既是出于公司短期生存的考虑,也是出于公司产品定位和市场定位等未来长期发展的考量。

但是具体定价多少呢?肖健陷入了深深的思索。有机产品产业在国外发展得更早,国外类似产品的价格具有一定的参考价值,因此肖健调研了国外同类产品的价格,再计算汇率,对良之悦品的产品有一个初始的定价。在此基础上,肖健充分考虑了产品的各项成本以及产品的高端定位,对消费者的价格接受度也有一定的调研,最终确定了产品的价格。叶菜类、根茎类、茄果类、瓜菜类、花菜类和豆类的价格在20元左右一斤。不同蔬菜有一定差别,例如特色的小西红柿、小南瓜则分别为每斤30元和40元。

发展至今，良之悦品在北京已获得了较为稳定的客户群体，但是经营企业犹如逆水行舟，不进则退。未来纷繁复杂，固守现有业务能否竞争得过层出不穷的对手呢？面对种种变化和挑战，肖健对良之悦品的未来定价策略也有一定的疑惑：是坚持现有价格不动摇，保持较为稳定的价格策略，还是逐步提高价格、进一步突出高端形象？谋一时，赢一时，谋未来，赢未来，且看良之悦品走向何处。

资料来源：中国管理案例共享中心，良之悦品：不走寻常路，小蔬菜大身价，2022-10-06.

思考题：

1. 良之悦品为什么要定位于高端产品？
2. 影响良之悦品的定价因素有哪些？
3. 良之悦品采取了哪一种定价策略？
4. 如果你是肖健，未来应采取何种定价策略？
5. 新兴定价模式能否被应用于良之悦品的定价实践中？

第 12 章
CHAPTER 12

渠 道 策 略

§ **本章提要**

　　本章将阐述营销渠道管理的相关知识。首先，概述营销渠道的定义、职能与作用及其重要性。其次，介绍营销渠道的结构、模式和影响营销渠道设计的因素。再次，着重分析渠道主要成员批发商和零售商以及新型零售业态。又次，介绍营销渠道管理中选择和培训渠道成员、激励渠道成员、评价渠道成员与渠道改进、管理渠道冲突等。最后，介绍物流的职能和目标以及整合物流管理。

12.1　营销渠道概述

　　成功的价值创造需要成功的价值传递。大多数生产者并不是将产品直接出售给最终顾客，而是要借助在生产者和最终用户之间执行不同职能的营销中介机构的力量将价值递送给最终的顾客，这些中间机构组成了营销渠道。

12.1.1　营销渠道的定义

　　营销渠道是指产品从制造商向消费者转移过程中，承载"商流"和"物流"职能的组织机构的系列。这个组织机构系列，主要由制造商、买卖中间商、代理商、辅助商以及消费者构成。其中，在营销渠道的组织机构中买进产品，取得产品所有权，再转手出售产品的机构，被称作买卖中间商；在渠道中寻找顾客，有时也代表制造商与顾客谈判，但不取得产品所有权的机构，被称作代理商；只支持产品销售活动，既不取得产品所有权，也不参与买卖谈判的组织，被称作辅助机构。

　　美国营销学者埃德温·R. 柯立（Edwin R. Corey）指出："一个分销系统……是一项关键性的外部资源。它的建立通常需要若干年，并且不是轻易可以改变的。它的重要性不亚于其他关键性的内部资源，诸如制造部门、研究部门、工程部门、地区销售人员以及辅助设备等。"

营销链接

京东是中国的综合网络零售商，是中国电子商务领域受消费者欢迎和具有影响力的电子商务网站之一，在发展初期就承诺"用户体验至上，满足客户需求，保证正品无假货，并且低于实体店的价格"。电子类产品一直是京东商城销售的主体，但对消费者而言，重复购买率很低，因而京东又将经营领域扩展到家居、日用百货等方面，所以京东商城的定位是"大而全"。京东商城通过与各大厂商合作，从厂商直接订货，既可以节省费用，又可以建立长期的订货渠道。同时，京东规范自我运营操作流程，使用零售链对接系统技术进行网站管理，提高运营效率和降低成本，方便消费者。在存货管理方面，京东不仅利用大数据技术实现了自动补货，还可以预测商品的库存临界值和补货量，在商品库存预警前，通过与供应商信息对接，实现自助下单、快速及时补货，合理分配企业资金，提高存货周转率。此外，京东的物流体系以自建为主，已在北京、上海、广州等地建立了物流中心，坚持以客户为中心，匹配附近的物流人员和仓库，合理调配货物，优化物流配送路径，在提高配送效率的同时，也将配送成本控制在合理范围之内。

资料来源：王文凯根据网络资料编写。

12.1.2 营销渠道的职能与作用

尤其是在互联网时代下，为什么营销渠道仍然必不可少？

1. 营销渠道的职能

营销渠道的职能是把产品从生产者手中转移到消费者手中，它解决了产品、服务在生产者与使用者之间的时间、空间、所有权等方面的矛盾。无论是传统渠道时代，还是互联网高度发达的时代，营销渠道的成员在发生变化，但其职能并未发生变化。营销渠道的成员共同执行下列职能。

（1）调研。为计划和促成交易收集有关信息。

（2）促销。发布和传播有关供应产品富有说服力的信息。

（3）联系。寻找潜在购买者，并与其进行沟通。

（4）匹配。按购买者的要求调整供应物，包括加工、分等、分类和包装等活动。

（5）谈判。尽力达成有关产品价格和其他条件的最终协议，以实现所有权的转移。

（6）实体分配。运输和储存商品。

（7）融资。收集和分配资金，用以负担渠道工作所需费用。

（8）承担风险。在执行营销渠道职能的过程中承担有关风险。

上述职能中的前 5 项职能是为了帮助达成交易；后 3 项职能则是帮助已达成的交易付诸实现。

2. 中间商的经济效用

当生产商执行上述职能时，生产商的成本增加，产品的价格也必然上升；当若干职能转由中间商承担，生产商的费用和价格则会下降，这就是中间商专业分工带来的经济效用。

从图 12-1 可以看出，假设有 5 个消费者需要向 4 个生产商购买 4 种不同的产品，在不经过中间商的情况下，需要进行 20 次交易；而在有中间商的条件下，交易的次数减少为 9 次。随着参与交易的生产商和消费者的数量不断增加，在没有中间商的条件下，交易的次数将呈几何级数量增长，交易的复杂性也将大大增加。中间商的存在有效解决了这一问题，并能够弥合生产商的产品分类与消费者的需求分类之间的差距。从某种程度上来说，这种降低交易复杂性的结果可以被认为是增加了顾客价值，因为它有效降低了消费者在产品购买过程中的时间成本。

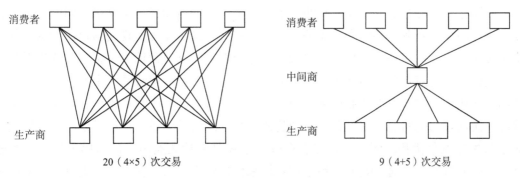

图 12-1　中间商的经济效用

12.1.3　营销渠道的重要性

1. 营销渠道是产品进入市场的重要通道

很多企业在生产出产品之后，往往需要通过渠道所提供的所有权效用、时间和地点效用，来解决企业与消费者之间的种种矛盾，使产品尽快进入消费领域，实现产品的价值。在社会化大生产和市场经济条件下，企业与消费者之间存在许多矛盾。一是所有权分离的矛盾。企业生产出产品，拥有产品的所有权，但自己并不需要产品，而消费者需要这些产品，却不拥有产品的所有权。二是时间分离的矛盾。有些产品常年生产却存为季节性消费。三是空间分离的矛盾。企业相对集中在某些地区，而消费者分布在全国或全球不同地方。四是供需数量的矛盾。企业为获得规模效益会大量生产某种产品，而消费者每次购买的产品数量比较少。五是花色品种方面的矛盾。企业往往进行专业化生产，而顾客却需要各种花色品种的产品。为了解决这些矛盾，中间商等重要渠道成员的参与必不可少。

2. 营销渠道是提高公司经济效益的重要手段

中间商是营销渠道的重要成员，专门从事产品的分销，具有专业的知识和技能、丰富的分销经验、广泛的社会联系和有效的分销网络。合理利用中间商从事产品分销，能以高效率、低成本推动产品进入目标市场，使企业的经济效益提高。首先，有效地利用中间商可以提高渠道效率。渠道管理者可以将分销活动分解为采购、销售、运输、库存、信息提供和订单处理等不同的分销任务，再把这些分销任务分配给能最有效完成相应任务的渠道成员，实现分销任务的最优分配，从而提高渠道效率。其次，合理利用中间商可以减少交易次数，降低交易成本。与企业和消费者直接交易相比，企业通过中间商与消费者进行交易的次数更少。

3. 营销渠道是企业获得竞争优势的重要工具

市场竞争不再是单个企业之间的竞争，而是一个网络和另一个网络之间的竞争，建立了更好网络的企业最终将赢得竞争优势。营销渠道是企业为实现交易目的而构建的网络系统，渠道的构建是一项长期的决策，企业所拥有的有效营销渠道很难被竞争对手快速地模仿，因此高效畅通的营销渠道逐渐成为企业赢得竞争优势的一个重要武器。在激烈的市场化竞争中，不少企业逐渐认识到，仅靠自身力量与竞争对手单打独斗已经很难取胜，而通过与中间商的密切合作，构建协调高效的营销渠道，往往可以获得差别化或成本领先等竞争优势。所以，许多企业开始重视具有持久竞争力的营销渠道设计和管理，试图通过建立畅通高效的营销渠道系统来传递顾客价值，提高顾客满意度，从而更好地实现企业目标。

12.2　营销渠道的选择

12.2.1　营销渠道的结构

营销渠道的结构主要涉及渠道的长度、宽度、密度和组合结构。渠道管理的难度与这四个方面成正比。

1. 渠道的长度

产品在从生产者向消费者或用户的转移过程中，会经过一系列对产品拥有所有权或负有销售责任的机构（又称为"层级"），层级越多，营销渠道就越长，反之则短。根据渠道长度不同，可分为由生产商直接将产品销售给最终生产、不经过任何中间环节的直接渠道，和生产商借助批发商和零售商等中间环节完成企业产品分销任务的间接渠道。

2. 渠道的宽度

渠道宽度指的是渠道的覆盖范围，意味着渠道可以使企业产品抵达区域的多少或大小。企业的渠道宽度通常取决于中间商的数量，以及中间商的渠道覆盖范围。为了达到更广的渠道宽度，企业通常会采用渠道组合策略。

3. 渠道的密度

渠道密度指的是企业在某一区域内销售网点的数量，意味着企业在某一区域的销售力度，通常也取决于中间商的数量，以及中间商的渠道策略。一般日用品等便利品的渠道密度大。

4. 渠道组合结构

渠道组合结构是指企业使用的渠道类型以及各类型渠道在企业销售中所占的比重。它既可以指传统线下渠道中多条渠道的组合结构，又随着顾客细分市场的多样化与互联网、大数据、人工智能等技术催生出了跨渠道（Online to Offline，O2O）和全渠道（Omni-channel）的概念。通常来说，渠道发展可以划分为单渠道、多渠道、跨渠道和全渠道四个阶段。跨渠道强调多种渠道交互，各渠道间的数据无缝衔接。在数字化时代，O2O 更多地指代线上和线下的交互，实现价值和需求在用户生活、线下生活和 O2O 应用三者之间的传递。较为常见的 O2O 模式包含早期的团购服务、现在的打车服务和外卖服务等。

全渠道是在"多渠道"和"跨渠道"基础上的拓展和延伸。全渠道并不是所有渠道，而是一种以消费者为中心的渠道模式。这一概念最早由 Rigby（2011）提出，零售商需要综合实体渠道和网络渠道的优势，发展全渠道零售，为消费者提供更好的购物体验。Verhoef 等（2015）认为全渠道管理是对现有的渠道进行协同管理，使消费者同时使用多种渠道，渠道的绩效得以优化。Beck 等（2015）认为全渠道零售是一系列贯穿于所有渠道的、由消费者触发完全的渠道互动、零售商进行完全的渠道整合的行为。本书将全渠道定义为企业采用尽可能多的销售渠道进行整合销售，以满足消费者的多样化需求。在网络高度发达的今天，渠道无处不在。在全渠道中，同一个消费者在任何一个渠道中（如实体店、PC 网店、移动商店或社交商店等）都有统一的购物身份（ID）、统一的购物清单、统一的购物账户、能享受到统一的服务体验，感觉不到存在渠道壁垒。这也正是全渠道的核心，即对所拥有的渠道进行渠道协同，削弱、消除渠道之间的障碍，使消费者在使用多种渠道购物时更加顺畅，获得如同在一个渠道购物一般的购物体验。

┊营销链接┊

湖北良品铺子食品有限公司成立于 2006 年，是一家致力于休闲食品研发、加工分装、零售服务、线上线下一体化运营的专业品牌连锁公司。随着我国电子商务市场的高速增长，国内传统零售企业在电商的巨大压力下不得不开始寻求转型。2012年10月，良品铺子电子商务公司成立，通过入驻天猫、京东等电商平台拓展线上业务。2013年，良品铺子设立了电商物流部门，为电商渠道设置专门的SKU（Stock Keeping Unit，最小存货单位）。为保证线上订单可以在48小时内送达，良品铺子在全国各地设立了仓库。在后续经营过程中，良品铺子开始探索线上线下一体化的全渠道运营，以实现更好的转型。一是打造国内食品零售行业的首个全渠道平台。良品铺子与IBM、华为等企业达成战略合作协议，共同开发O2O全渠道业务平台。二是启动手机app项目。作为公司全渠道的连接器，良品铺子app在实现门店数字化经营、全渠道会员中心、顾客消费品质升级等战略方面扮演着重要的角色。三是优化线下门店经营模式。"门店＋手机"将成为未来零售行业的最佳业务模式，线上订单线下门店配送或自提等新的经营模式可以有效地提高企业运行效率。

资料来源：王文凯根据网络资料编写。

12.2.2　营销渠道的模式

营销渠道的层级多少决定了渠道的具体模式。

1. 直接渠道

直接渠道，即零级渠道，一般表现为制造商自设线下实体店、线上官方网站、官方旗舰店等，以及制造商的推销员走访推销等传统方式。

2. 间接渠道

图12-2为消费者市场营销渠道的层级，其中除零级渠道以外都属于间接渠道。例如，制造商直接给大型零售商供货，或者零售商通过批发商间接向制造商进货。

12.2.3　影响营销渠道设计的因素

影响营销渠道设计的因素主要表现在以下4个方面。

1. 市场方面

（1）潜在消费者的情况。

第一，消费者的类型。如果消费者是产业购买者，一般来说，零售商就不必被包括在所选的渠道之中。

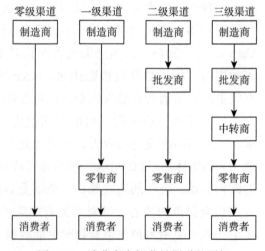

图 12-2　消费者市场营销渠道的层级

第二，消费者的数量。如果企业的潜在购买者较少，就可以考虑使用较短的或直接性渠道；反之，如果潜在消费者较多，就只能使用较长的营销渠道。

第三，消费者的集散程度。消费者越分散，销售就越费时费力，成本也就相应增加，企业越需要利用中间商进行间接性销售；反之，如果产品的最终消费者或用户集中在一个地区或少数几个地区，企业就可以用直接的营销渠道。

第四，消费者的购货数量。面对一次订货量很大的产业购买者或社会集团，企业就可以直接供货；反之，面对每次购物数量很小的消费者，企业就不得不用间接性营销渠道。

第五，消费者的购买习惯。消费者对各种各类商品的购买习惯，如愿意付出的价格、购买场所的偏好，以及对服务的要求等，都影响着制造商对营销渠道的选择。

（2）竞争对手的营销渠道状况。

一般来说，企业应避开竞争对手已用的营销渠道，以避免正面对抗。但是，企业有时也可采用与竞争对手完全相同的营销渠道，以适应消费者比较品牌、价格的要求。

2. 产品方面

（1）产品的物理性质。第一，产品的体积和重量。产品体大量重，一般就采用较短的营销渠道，以减少运输和储存成本，比如重型机械、家具的销售；产品体小量轻，必要时可采用间接性广泛分销的渠道，以扩大市场覆盖面，比如日用小商品。第二，产品的易毁程度。凡鲜活易腐产品、易毁产品，客观上都要求快速、短距离、少装卸次数的流通，企业所选渠道越短越好，如肉、禽、蛋、奶、菜、花卉、玻璃器皿的销售；反之，非易腐、易毁产品，必要时则可以选择较长的营销渠道。

（2）产品的技术性质。产业设备和家用电器一般都具有不同程度的技术性，用户需要安装、操作、维修等售后服务。这类产品的营销渠道应该是"短"而"窄"的。对这类产品，许多制造商都自设门市部销售或在大商场租赁一块场地销售。反之，技术性不强的日用品、易耗品，则更多地选用"长"而"宽"的渠道。

（3）产品的价值量高低。产品价值表现为价格，产品单价高低对营销渠道的选择也有影响。从沟通信息上看，派员推销是最好的销售方式，但费用较高。只有对单价高的产品扣除推销费用仍有利可图，因此可以采取直接性营销渠道。而对单价低的产品，就需要借助含批发商的较长的营销渠道推销。

（4）产品的产销特点。产品在生产上和消费上所表现出来的特点也影响着制造者营销渠道的选择。产品产销的时间性、地区性、生产批量等都会影响渠道的长短。

3. 制造商本身方面

（1）制造商的经营实力状况。资金雄厚、规模大、市场营销能力强的企业，为了有效地控制营销渠道，开拓市场，扩大销售，可以采用直接性的"短"渠道。实力较弱的企业或缺乏营销经验的企业，则只能依靠和利用中间商提供的各项服务来加强推销工作。

（2）制造商控制渠道的愿望与声誉。有的制造商为了实现某种营销战略，需要控制产品的市场价格和营销渠道，这就需要直接性的或较短的渠道；也有的制造商则另有目的，需要选择称心如意的中间商来销售其产品。只有声誉好的企业才能任意地选择中间商，声誉差的企业在中间商选择上比较被动。

4. 社会环境方面

社会环境方面主要是指有关的政策、法规、经济形势对制造商选择渠道的制约和影响。例如，在我国经济体制改革之前，关系国计民生重要的生产资料、农产品和消费品必须由国家规定的国营中间商统一经营，制造商在选择渠道时必须遵守国家的政策规定。而在互联网高度发达的今日，制造商选择全渠道策略已逐渐成为一种必然。

12.3　营销渠道成员

营销渠道起始于制造商，到终端顾客结束，包含生产商、中间商和最终顾客。中间商是营销渠道成员最主要的分析对象，主要包括批发商和零售商。

12.3.1　批发商

批发包括将产品或服务销售给那些用于转售或商业用途的顾客的所有活动，那些主要从事批发活动的企业即批发商。批发商通常向生产商购买产品，主要销售给零售商、产业用户和其他批发商。

▎营销延伸

作为国内主要商品流通渠道之一，批发市场因为商品集中等特点，具有不可替代的作用，也经历过繁荣的发展。在信息时代背景下，不仅线上的电商会冲击实体商家，线下渠道也会发生变化，零售商更倾向于直接找到工厂拿货，这对批发商来说是致命的打击。互联网凭借便捷、高效、信息透明公开等优势，实现了零售商跟生产工厂直接对接，从而省去了中间的商品批发环节，使原有商品流通渠道得以重构。北京动物园批发市场关闭、郑州中原第一城批发有限公司关闭、武汉汉正街商户撤离、温州商贸城关闭、云南昆明某批发市场罢市，甚至全球最大小商品批发市场义乌中国小商品城也正经历市场创建40年以来最关键的转型期。受电商冲击，全国范围内的传统批发商普遍处于艰难的环境中。传统专业市场正承受双重挑战。2021年5月13日，商务部等7部门印发《商品市场优化升级专项行动计划（2021—2025）》，目标是到2025年要培育一批商品经营特色突出、产业链供应链服务功能强大、线上线下融合发展的全国商品市场示范基地，使产销衔接机制更加稳定，产业辐射带动作用得到充分发挥，商品流通效率得到有效提高。国家正大力推动专业市场的转型升级、业态融合，促使其向数字化、综合型消费场所转型。

资料来源：王文凯根据网络资料编写。

12.3.2 零售商

零售是指将产品或服务直接卖给最终消费者，以满足其个人和非商业性使用的所有活动。零售商或零售店则是指销售额主要来自零售活动的商业公司。任何组织，无论是制造商、批发商还是零售商，只要将产品销售给最终消费者，它们的行为就属于零售行为。

零售商以多种形式呈现，表 12-1 列出了零售商的主要类型。它们可以按照若干特征归类，如提供的服务量、产品线的宽度和深度、制定的相对价格和组织方式等。

表 12-1　零售商的主要类型

类型	说明
专卖店	经营的产品线很窄，但品种很多，如服装店、体育用品店、花店和书店。服装店是单一商品商店，男士服装店是有限品种商店，男士定制衬衫店则是超级专卖店
百货商店	经营多种商品（通常是服装、家具和家庭用品等），每类商品均作为独立的部门运营，由采购专员或业务员管理
超级市场	相对较大、低成本、低利润、大批量和自助服务的商店，以满足消费者对食品和家庭用品的全部需求
便利店	相对较小的商店，位于居民区附近，一周七天长时间营业，经营有限种类的、流动快的便利商品，价格稍高
折扣商店	经营标准商品，售价和利润较低，批量较大
廉价零售店	以低于正常水平的批发价购得商品，并低于零售价卖出。这些商品通常是从制造商或其他零售商以处理价得到的剩货、尾货或残次品
超级商店	巨大的商店，传统上旨在满足消费者对定期采购的食品和非食品类商品的各种需求，包括将超级市场和折扣商店结合在一起的超级中心，以及经营某一特定类别但品种多样的商品，并拥有知识丰富的员工
网上商店	建立在第三方提供的电子商务平台上、由商家（企业、组织或者个人）通过互联网将商品或服务信息传达给特定的用户，客户通过互联网下订单，采取一定的付款和送货方式，最终完成交易的一种电子商务形式

12.3.3 新的零售业态

当下，营销渠道已逐渐由传统模式转变为各种新的模式，出现了新零售等名词，也出现了很多新的零售业态。

1. 新零售

互联网、大数据等新一代信息技术的迅猛发展，改变了零售业态的格局和零售业的生产经营模式。新零售是以消费者体验为中心的数据驱动的泛零售形态。新零售改变的是零售的价值创造和获取的方式，它的本质没有变，仍是体验、效率、成本。

┊营销链接┊

盒马鲜生是一家生鲜产品的新零售企业，希望通过线上驱动"淘系"消费数据，在线下布局盒马鲜生与银泰商业，和百联、三江购物等开展更丰富的合作形式，对我国的新零售之路进行探索。在用户端，盒马鲜生与淘宝、支付宝会员体系完全打通；在供应链端，盒马鲜生实现与天猫生鲜、天猫超市联合采购。2018 年 1 月，盒马鲜生启动了"盒马溯源计划"，即与产品源头建立联系，从而为消费者能够吃到真正健康、新鲜的生鲜食品提供保障。消费者通过使用手机 app 扫描产品上的二维码，就可以了解生鲜整个供应链上的动态信息，例如产品的产地、生产日期等。盒马鲜生通过重构"人、货、场"三因素关系实现零售价值链的改变，围绕"餐饮体验＋生鲜超市零售＋基于门店配送"打造的"新零售"模式，将餐厅、超市与外卖服务巧妙地结合。消费者既可以在线上通过盒马 app 下单且快速配送，也可以在线下进店购买。门店内设置了餐厅和提供烹饪等服务，包揽了消费者从购买到体验的全流程。盒马鲜生本质是对传统零售业和线上线下生鲜电商渠道整合的升级和改造，核心任务在于重构新的消费价值观。

资料来源：王文凯根据网络资料编写。

2. 新型线上零售业态

大量新媒体平台都加入了电商变现环节，成为品牌重要布局渠道。例如，"社交＋电商模式"的微信平台、"短视频＋电商"模式的抖音平台、"直播＋电商"模式的斗鱼平台。借助新媒体平台，还出现了一系列线上新型消费场景。例如，基于内容的电商先挖掘产品品牌背后的故事，再通过精美的故事、绘画、视频的拍摄形成有效的推荐，从而让消费者购买。

┊营销链接┊

直播带货现已成为品牌推广的常规操作，随着抖音电商的迅速发展，很多官方品牌选择入驻抖音平台。抖音平台拥有庞大的用户量，在后台算法的帮助下，让线下实体门店向线上拓客引流变得更加高效，从而取得了瞩目的成绩。例如 2021 年河南水灾，鸿星尔克捐款5 000 万元，引发全民关注。网友在注意到这么大数额的捐款后被这种行为感动到，表示要通过消费支持国货鸿星尔克。2021 年 7 月 21 日晚，直播间涌入了大批量消费者，主播甚至一度劝说消费者要理性消费。最终相关数据显示，鸿星尔克在 2021 年 7 月 22 日创造了超过1 500 万的销售额，销量增长超 52 倍。格力董明珠在中国制造业领袖峰会上一句"我希望未来能把她培养成第二个董明珠"不仅轰动了全场，也让"孟羽童"这个名字爆红。大家都对"孟羽童"这个名字感到好奇，孟羽童的抖音个人账号涨粉将近 100 万。孟羽童在拥有粉丝数 139 万的"格力电器"直播间进行了第一次直播带货。这场直播时间大约持续 4 小时，在此期间格力电器一共上架了 24 件商品，而观看直播的总人数超过 11 万，单场销售额超过60 万元。

资料来源：王文凯根据网络资料编写。

3. 新型线下零售业态

近年来，市场上出现了一些新型线下零售业态，让消费者获得新的体验。例如新型品牌故事店，店内的陈列方式更多是为了有效地向顾客讲述企业的品牌理念、品牌传奇、品牌故事，企业希望顾客进店后，能获得产品品类和品牌的知识之旅和体验之旅；POP-UP 店（快闪店），大品牌在没有进入某个领域的时候，为了充分利用购物中心的闲置空间，快速获得关注，推出有限产品，获得品牌故事和品牌理念的传播；Party Shopping（派对购物），品牌通过一个事件组织派对，通过派对品鉴、欣赏、研讨产品，构建品牌的深度认知，以设计师类品牌和高情绪化品牌为主；新型实体业态京东 MALL，定位为全场景综合类消费主题购物中心，是京东电器超级体验店的进化与升级版。

4. 传统零售业态转型

传统零售业态更趋向于小型化、创新化、专业化、精细化、便捷化和差异化发展。例如，华润万家旗下升级品牌苏果 City，聚焦年轻人群、新一代城市家庭；人人乐上线 R-one 超市，定位创新高端超市业态品牌。

12.4　营销渠道管理

营销渠道管理是指企业为实现分销目标，通过计划、组织、协调与控制，整合营销渠道中所有渠道成员的行为以确保渠道成员之间相互协作的管理过程。营销渠道管理主要包括下述几个内容。

12.4.1　选择和培训营销渠道成员

1. 选择渠道成员

对于消费者而言，营销渠道成员就代表制造商。因此，选择营销渠道成员就十分重要。制造商应从下列方面评价中间商，以决定取舍：中间商经商的时间长短；中间商经营其他产品的情况；中间商的成长和盈利记录；中间商的付款能力；中间商的合作态度和声誉。如果是专营性零售店，还要评价其店址和成长潜力。

2. 培训渠道成员

企业应认真地计划并实施对中间商的培训，这将有利于产品的销售。例如，微软公司就要求中间商的服务工程师学习一系列的课程并参加资格证书考试。那些通过考试的人被称作"微软受证专家"，他们可以利用这个称号来开展业务。

12.4.2　激励渠道成员

企业应像对待最终顾客一样对待中间商，可以采用下列手段来获取中间商的合作。

（1）强制手段。当中间商表现不佳时，制造商就以停止某些货源和关系作为警告。

（2）经济手段。当中间商开展特定销售活动时，制造商可给予附加利益。

（3）法律手段。制造商依据合同载明的义务要求中间商有所作为。

（4）技术手段。制造商利用中间商认为有价值的技术来谋求与中间商的继续合作。

12.4.3 评价渠道成员与渠道改进

1. 评价渠道成员

制造商应定期对营销渠道进行评价，以决定渠道成员的保留或淘汰。对中间商效能的评价主要包括下列内容：检查每个中间商完成销售量的大小；检查每个中间商为企业提供利润的多少；查明各个中间商推销本企业产品的积极程度；检查每个中间商同时经销多少种与本企业相竞争的产品；检查中间商订单的发出是否及时；计算每个中间商订单的平均订货量；弄清每个中间商刊登本企业广告的程度；检查中间商所定价格的合理程度；检查每个中间商对用户的服务能力和态度，以及满足用户需要的程度；确定现有营销渠道占本企业产品销售量的比例。

2. 营销渠道的调整

如果制造商发现有的营销渠道仅占本企业销量的很小比例，或推销不力，那么就应该考虑改变此种营销渠道。实际上，还有许多原因导致制造商改变营销渠道，例如目标市场的变化以及市场营销组合中其他因素的变化等。制造商调整营销渠道有三种方法：①增减某个中间商；②增减某个营销渠道；③调整整个营销渠道体系。

12.4.4 营销渠道的冲突原因及解决途径

由于企业之间利益的不一致，无论怎样进行设计和管理，营销渠道的冲突总会发生。

1. 营销渠道冲突的类型

（1）垂直渠道冲突，即同一营销渠道的不同层次之间发生的冲突。如某汽车公司为了实行有关服务、价格和广告方面的一系列措施，曾与经销商发生过矛盾。

（2）水平渠道冲突，即渠道同一层次的不同成员之间的冲突。比如，食品零售环节的超级市场与食品店之间就会经常因为同种商品销价不同而发生冲突。

（3）多渠道冲突，即制造商同时选择的两种或两种以上的渠道同时向同一市场销售产品时发生的冲突。如某服装公司将其牛仔装在正常的特许商店渠道之外再分销给百货商场时遭到特许商店的强烈反对。当一家服装公司开设自己的服装店时，售卖该品牌的百货商场就会有意见。特别是当一个渠道降低产品销价时，渠道冲突会更加强烈。

2. 导致营销渠道冲突的原因

导致纵向渠道不同环节之间、横向不同渠道之间冲突的根本原因，是不同组织对利益的追求，特别是过于追求短期利益的企业之间更易发生冲突。渠道产生冲突的具体原因有以下几点。

（1）制造商与中间商、批发商与零售商之间认识上的差异。由于双方的市场地位不同，站在各自的立场和角度，对同一问题很易产生不同的认识，如制造商出于对经济前景的乐观分析希望中间商多存货，中间商却对经济前景不看好而不承担存货责任。

（2）制造商与中间商目标的不一致。一般情况下，制造商希望以低价获取快速的市场增长率，而中间商往往更爱高毛利而追求短期的盈利率。

（3）渠道成员职责和权利划分不明确。例如 IBM 公司通过本公司的销售人员向大客户推销电脑，由于销售职权、地区边界的不规范带来了渠道冲突。

（4）中间商对制造商一定程度的依赖。一些专营性经销商在很大程度上受制造商产品设计和定价的制约，汽车专营经销商与汽车制造商之间就是如此。

┃营销链接┃

李宁运动品牌由国家级体操运动员李宁于 1990 年在广东省佛山市三水区创立，经过多年的发展已成为国内外知名的体育产品供应商，拥有完备的体育用品分销网络。2008 年 4 月，该品牌成立电子商务部，正式进入电子商务市场，开启线上渠道，在淘宝网电商平台正式推出直营品牌旗舰店和折扣店，并在易趣网等平台建立直营或授权线上店铺。同年 6 月，李宁品牌自建网上商城并投入运营。李宁品牌的网络渠道分为三类：第一类是李宁品牌的旗舰店，网络旗舰店的主要任务是面向消费者进行品牌传播，让消费者深入了解品牌文化；第二类是品类店，为具有特定需求的人提供产品，如瑜伽装备；第三类则是折扣店，主要销售库存产品和过季产品，相对价格优势较为明显。李宁品牌线下实体专卖店超过 8 000 家，而网店的覆盖面不受地域限制，因此渠道之间必定会产生利益冲突。为了解决这种冲突，李宁品牌采取对网络渠道货品专供的措施，并对不同的网店进行货品差异化的定位，从而保障两种渠道的利益。

资料来源：王文凯根据网络资料编写。

3. 对营销渠道冲突的管理

营销渠道存在适度冲突是有一定积极作用的，但严重的冲突是要认真对待并设法解决的。解决营销渠道冲突的途径有以下几种。

（1）营销渠道的两个或两个以上层次机构之间开展合资、参股等形式的联合。通过经济上的联合，使冲突双方利益相关，从而化解矛盾。

（2）营销渠道冲突双方共同寻找一致的发展目标。双方以整体、长远利益最大化为行动准则去淡化冲突。

（3）在两个或两个以上营销渠道层次上互换人员。岗位的互换，使一方感受到另一方的处境和具体情况，可以增进互相理解，从而减轻和消除冲突。

（4）通过行业协会的协调来解决营销渠道冲突。行业协会是同行业或相关行业自律性组织，在协会范围内，具有一定权威性，可以在一定程度上调解、消除渠道的冲突。

（5）对于严重的渠道冲突，也可以借助仲裁或法律程序解决。

┊**营销延伸**┊

营销渠道各成员因为共同的渠道目标而具备了合作的基础，渠道的管理规范和各成员共同的文化观念也密不可分。"物之不齐，物之情也。"近年来，"文明冲突论"引发持续关注和争论，文明对话在当今世界具有重要的现实意义。2019 年，中国举办了亚洲文明对话大会，为推动文明相遇互学，以"文明共存"超越"文明冲突"，搭建了一个亚洲文明互学互鉴的平台。世界各国各美其美、美人之美、美美与共，我们要树立平等、互鉴、对话、包容的文明观，尊重人类文明的多样性。人类只有一个地球，却拥有多样的文明。各个国家和地区在历史长河中创造了不同的文明，在世界文明的百花园中，每一种文明都在推动人类社会繁荣和进步中发挥着重要的作用。这为我们管理渠道冲突、预防渠道冲突给予了强大的指引。

资料来源：王文凯根据网络资料编写。

12.5 物流

12.5.1 物流的性质

1. 物流的定义

物流是指为在一定的利润水平下满足消费者的需求，企业将产品从起点（如制造商）送至终点（消费者）的转移过程。简而言之，它是将合适的产品在合适的地点和时间，送达合适的消费者。

过往，物流计划制订者通常从工厂中的产品开始，然后试图寻找将其送达消费者的低成本方案。然而，如今的营销者提出以顾客为中心的物流思想，即从市场开始，向后推至工厂，乃至供应源。物流不仅包括外向配送（产品从工厂运达经销商并最终到达顾客），还包括内向配送（产品和原材料从供应商运达工厂）和逆向配送（运送消费者或经销商退回的坏的、不需要的或剩余的产品）。实际上，它涉及整个供应链管理，即管理原料、成品和相关信息在供应商、企业、转售商及最终用户之间的上下游增值流。

2. 物流的职能

产品在制造商与消费者之间通常存在着两个矛盾，即产销在时间上的不一致和空间上的不一致。解决这两个矛盾的必然途径就形成了产品分配过程的基本职能。

（1）储存。在生产是均衡的，而需求是季节性起伏和不规则的情况下，产品可于购买淡季存入仓库，于购买旺季供应市场。

（2）运输。在一地生产、多地购买或多地生产、一地购买的情况下，产品可借助各种运输方式和设备平衡地区间的余缺。借助储存和运输，产销之间就突破了时空的限制，使生产得以发展，消费得以满足。

（3）配送。这是指将货物按客户要求，以最经济、快捷及安全的方法，准时交到客户手中，包括车队管理、利用电脑拼装货物、选择最佳运送途径、到户组装和利用回程空车等环节。

（4）信息管理。这是整个物流管理业务的神经系统，它将物流活动联系起来，统筹管理。先进的物流企业应备有计算机软件，在从追踪订单开始至货物验收为止的整个物流流程中监督管理及记录有关操作，按客户指定的需要通过电子信息渠道提供源源不断的物流活动资料，并且开单做账收取费用。

3. 物流的目标

物流的目标可以概括为：以较少的费用将适当的产品在适当的时间送达适当的地点。市场物流的目标包括降低费用和提高服务水平两个方面。实际上，这两方面内容是矛盾的，但只有将这一矛盾的双方统一起来，才能真正实现市场物流的目标。

（1）适当提高为顾客服务的水平。在市场物流过程中，为顾客服务的水平越高，顾客购买和重复购买的可能性越大。因此，提高为顾客服务的水平是影响购买和重复购买的关键性因素。制造商可以通过下列措施来提高为顾客服务的水平：提供适用的产品和可靠的服务；缩短订货周期并及时发货和提供紧急发货；减少库存和短缺；提供对顾客有益的包装；保证安全储运和损坏补偿；提供安装、测试及修理服务；选择适宜的运输工具和运输方式；通知顾客订单的执行情况。

（2）降低成本费用。降低市场物流的成本费用，是保证服务水平、使顾客满意的同时必须考虑的问题。在制定各项市场物流决策时，要通盘考虑成本费用，注意处理好两个关系。

第一，局部成本与系统成本的关系。企业为了提供顾客服务，总要承担某些费用，如送货、存货等费用，但一定要处理好市场物流过程中各环节支出的成本费用与整个市场物流过程中的全部成本费用的关系。公司既要防止只重视职能成本而忽视系统成本的倾向，又要防止只重视系统成本而忽视职能成本的问题。

第二，局部成本之间的关系。市场物流过程的各环节成本之间常常是一种反比例关系：运费的节约，很可能导致货物运送速度缓慢，贻误市场机会；包装费的节约，又很容易增加货物的残损率；储存费的节约，比如少存货，又会导致缺货、订单履行缓慢等。由此可见，市场物流的各项市场物流活动具有高度的相关性，企业在制定、分配预算时，应从全局出发，避免顾此失彼。产品市场物流机构可以设计若干套实体分配方案，比较各套方案的总成本，择优选择。

12.5.2　整合物流管理

越来越多的企业开始接受整合物流管理的概念。它们认为，要提供更好的顾客服务和削减配送成本，企业内部和所有营销渠道组织之间必须加强团队合作。在内部，企业不同部门必须密切合作，以使企业自身的物流绩效最大化；在外部，企业必须整合自身与供应商和客户的物流系统，以实现整个分销系统绩效的最大化。

1. 企业内部的跨职能团队

大多数企业将各种物流活动职责分配给许多不同的部门，如营销部、销售部、财务部、运营部、采购部。在多数情况下，每个职能部门都试图追求自身的物流绩效最大化，而不考虑其他职能活动。然而，运输、存货、仓库管理和订单处理之间往往会产生反向影响。较低的存货水平能减少存货持有成本，但同时也可能降低顾客服务水平，并增加由缺货、重新订货、特殊生产运转和昂贵的快速运输而引起的成本。由于分销活动涉及利弊权衡问题，不同职能部门在决策时必须协调一致，以实现更好的整体物流绩效。

整合物流管理的目标是协调企业所有的物流决策。要实现部门间密切的工作关系，可以采用多种方式实现。一些企业成立了常设物流委员会，由负责不同物流活动的经理组成。企业还可以设立供应链经理的职位，以连接各职能领域的物流活动。此外，企业还可以利用成熟的、全系统的供应链管理软件。最重要的一点是，企业必须协调自身的物流和营销活动，从而以合理的成本创造尽可能高的市场满意度。

2. 建立物流伙伴关系

企业要做的不只是改进自身的物流，还必须与其他渠道伙伴合作，一起改进整个渠道的物流。在创造顾客价值和建立客户关系的过程中，营销渠道成员被紧密地联系在一起。一个企业的分销系统就是另一个企业的供应系统，每个渠道成员的成功都将取决于整个供应链的绩效。

明智的企业会保持物流策略与供应链和顾客之间的协调，并与后者结成牢固的伙伴关系，以改进客户服务和减少渠道成本。许多企业创建了跨职能团队和跨企业团队。

┆营销链接┆

中国移动集团河南有限公司（简称河南中国移动）公布 2022—2023 年政企市场 DICT 业务智能物流领域合作伙伴名单，郑州德力自动化物流设备制造有限公司（德力集团）从众多投标企业中脱颖而出，借助信息技术为智能物流注智赋能，建设信息服务新生态，拓展数字经济新蓝海。河南对中国移动而言，运营商不仅仅是卖通话时间和流量的"通道"，还需要深入千行百业，努力成为社会信息流动的主动脉，加速产业转型升级，为数字社会建设奠定基础。德力集团的入围，表明德力集团在智能物流领域解决问题的能力和服务水平被河南中国移动高度认可与信任，同时也是双方建立战略合作伙伴关系，共筑智能物流"创新高地"、打造智慧物流新生态的开篇。作为国内领先的智慧仓储物流系统及装备集成商，德力集团在货物存取、搬运、线边柔性仓储物流等方面具有丰富的经验。与此同时，德力集团拥有丰富的大型智能物流项目实施和交付经验以及垂直行业客户资源，并具有优秀的产品、服务、运营和集成能力。德力集团与河南中国移动以业务互补和战略协同为抓手，在渠道拓展、智能制造等方面共拓市场，促使业务创新，实现资源深度协同，让智慧物流推进数字中国建设。

资料来源：王文凯根据网络资料编写。

3. 第三方物流

多数大企业喜欢制造并销售它们自己的产品，但也有许多企业将部分甚至全部物流外包给第三方物流供应商。

专业的第三方物流供应商帮助客户收紧迟缓的、超员的供应链，削减库存，并将产品更快、更可靠地送达顾客。例如，UPS 为客户提供广泛的物流服务，从存货控制、仓储管理、运输管理到顾客服务和订单履行。

可见，企业利用第三方物流供应商通常可以达到以下几个目的：首先，这些供应商专注于将产品送达市场，因此完成物流时成本更低、效率更高，外包通常会节省15% ～ 30% 的成本；其次，外包能使企业更专注于核心业务；最后，整合物流企业能使自己更熟悉日趋复杂的物流环境。

营销延伸

交通物流是市场经济的经脉，也是民生保障的重要支撑。2022 年，由于新冠疫情多发、燃油成本上涨，致使企业经营成本增加、利润下降，对交通运输业生产经营产生了较大影响。市场主体是加快建设交通强国的基本力量和活力源泉。必须让纾困帮扶政策更快直达交通运输市场主体，为企业和运输业户送去"及时雨"，才能留得青山向未来。交通运输部出台"三减两补一支持一精准"的助企纾困措施取得阶段性成效。"三减"，就是减免公共交通运输服务增值税等税费，减免房租，减少失业保险、工伤保险等社保费用；"两补"，就是继续给予新能源公交车购置补贴、给予并提高中小微企业失业保险稳岗返还补贴；"一支持"，就是设立 1 000 亿元交通物流领域再贷款，开辟信贷审批"绿色通道"，缓解运输企业和货车司机资金紧张状况，避免资金链断裂；"一精准"，就是实施精准疫情防控举措，减少通行限制，优化企业和货车司机经营的外部环境。这些政策具有很强的针对性，应指导企业应享尽享、用足用好，让市场主体听得见落的声音、摸得着落的成果，真真切切感受到党中央的关怀。

资料来源：王文凯根据网络资料编写。

◈ 重要概念

营销渠道　渠道长度　渠道宽度　渠道密度　渠道组合结构　跨渠道　全渠道
直接渠道　间接渠道　批发商　零售　垂直渠道冲突　水平渠道冲突　物流
第三方物流

◈ 复习思考题

1. 营销渠道的职能有哪些？
2. 营销渠道的作用及其重要性表现在哪些方面？
3. 营销渠道有哪些具体的层级？
4. 影响营销渠道设计的因素有哪些？
5. 选择中间商应该考虑哪些因素？
6. 互联网时代的零售商具有什么样的特点？
7. 全渠道具有什么特点？
8. 营销渠道的冲突有哪些表现？
9. 如何管理渠道冲突？
10. 物流的职能及目标是什么？

◈ 经典案例

盒马鲜生商业模式重构新零售

盒马鲜生创造了一种超市＋餐饮＋物流＋app 的复合业态，这种新零售模式与传统零售最大的区别是，盒马运用大数据、移动互联、智能物联网、自动化等技术及先进设备，实现人、货、场三者之间的最优化匹配，从供应链、仓储到配送，都有自己的完整物流体系。

盒马鲜生售卖的商品来自全球 100 多个国家和地区，包括海鲜水产、水果蔬菜、肉禽蛋品等生鲜商品，以及休闲酒饮、乳品烘焙、粮油干货等超过 3 000 种差异化商品；不论是线上还是线下，盒马鲜生都采用了从源头直采食材的方式，由于没有了中间环节，所以菜品在保证新鲜度的前提下也降低了价格；此外，盒马鲜生的部分海鲜、水果和天猫超市相通，都由天猫在海外的采购团队来完成。源头直采带来的价格降低只是一方面，另一个好处是，当价格降低，人们需求增多后，海鲜这样的产品流转率提升了，因此商品能够保持新鲜度。

盒马鲜生不是为顾客提供简单商品，而是提供一种生活方式的经营理念。盒马鲜生线上线下的高度融合为消费者提供了随时随地、在不同场景下的便利消费。未来的新零售一定是线上为主，而门店的价值主要体现在三个方面：第一，实体店可以为消费者做很好的展现，加深消费者对品牌与品质的认知；第二，消费者需要到门店里互动；第三，要有离消费者最近的物流，快速与消费者发生关系。

按照盒马鲜生的设计，线下门店有五大功能，分别是超市中心、餐饮中心、物流中心、体验中心以及粉丝运营中心。盒马鲜生创始人兼 CEO 侯毅认为：新零售最大的价值是从线下流量转到线上流量，核心有三点：第一，商品的品质；第二，商品丰富度；第三，下载 app 成为会员，这是从线下到线上的核心指标。传统零售业只能做到消费者在门店这端，对消费者信息了解不足，而盒马实现了全链路的数据化和食品追踪。据了解，盒马鲜生通过绑定app的会员支付制度，把线下门店和线上销售的数据进行汇集处理，依靠阿里巴巴在大数据方面的积累，通过深度挖掘消费者数据，将数据不断沉淀，反向导入平台化体系，进而分析数据与数据之间的交叉网点，去理解消费者的具体诉求，利用前端的销售数据去影响后端的供应链生产，形成闭环后可有效地控制成本。

盒马鲜生实现了线上线下一体化运营：统一会员，统一库存，统一价格，统一营销，相互导流，创造出了1+1>2的化学反应。盒马鲜生将物流仓储作业前置到门店，与门店共享库存和物流基础设施，在店内部署了自动化物流设备进行自动分拣。据了解，盒马鲜生的物流操作员工作范围按区域划分，负责一定区域的商品挑拣，一单订单可能由数人同时操作，之后各区域的商品将通过传送带运输到仓库进行打包，挑拣与打包的时间控制在10分钟内，由此实现3公里半小时送达的服务。因为生鲜对品质要求很高，盒马鲜生的物流全部自营。线上线下一体化系统的构建，包括物流WMS、ERP和财务、门店POS、物流配送、app、会员、支付、营销，复杂程度远超传统电商及线下商超。这套系统正是侯毅和阿里巴巴的系统研发团队一起设计和开发的。

如果盒马鲜生的线上订单量持续大幅增加，超出门店承受极限，就意味着需要大量补货。如果补货从中央仓调配，或者临时由供应商配送，会存在两个问题：一是从中央仓补货的配送成本高，一天多配一次，物流配送成本难以分摊到补货商品价格上；二是无法保证配送效率，无法实现所承诺的1个小时，或半个小时送货的服务。电商平台和线下实体的扩展性差异很大，线下实体销量提升主要靠门店数量增加，扩展性较弱，线下实体起步相对容易，但后期发展速度相对较慢，空间较小。线上平台销量增加有聚集效应，一旦达到势能点，就会曲线加速增长，起步虽然较难，但发展速度极快。

生鲜是一个足够大的市场，竞争也足够激烈，转型的传统商超、入局的互联网企业也都忙着在各种商业模式上试水。如永辉超市推出"高端超市+食材餐饮+永辉生活app"打造的全新品牌"超级物种"；步步高商业也推出"鲜食演义计划"，升级精品超市的餐饮业务；大润发的"飞牛优鲜"也已推出，用户可通过门店和app选择产品，提供"3公里内1小时、最快30分钟送达"……还有众多中小型企业加入竞争。

资料来源：阿日耶古丽·买买提根据网络资料编写。

思考题：

1. 试析盒马鲜生的营销渠道。
2. 盒马鲜生线下实体店的作用与价值体现在哪些方面？
3. 结合盒马鲜生，谈谈你对新零售的理解。
4. 请解析盒马鲜生的供应链与物流系统。
5. 盒马鲜生如何在激烈的市场竞争中取胜？

第 13 章
CHAPTER 13

促 销 策 略

§ **本章提要**

　　本章将阐述促销策略相关内容。首先，介绍各种促销组合工具并探讨整合营销沟通的必要性。其次，进一步阐述广告、公共关系、人员推销、销售促进和直复、口碑与体验等营销沟通策略。通过运用这些策略，营销人员能更好地与顾客共同创造价值，并建立起长期稳定的顾客关系。

13.1 促销组合与整合营销沟通

13.1.1 促销组合

　　企业的营销活动远不止创造顾客价值，还必须运用促销策略清晰、有说服力地沟通这种价值。促销的实质是企业与顾客之间的信息沟通，因此，促销亦可被称为营销沟通。企业的促销组合（Promotion Mix）也称为营销沟通组合（Marketing Communications Mix），是广告、公共关系、人员销售、销售促进、直复营销、口碑营销和体验等工具的特定组合，用于有说服力地选择、提供并传递顾客价值并建立紧密的顾客关系。营销沟通是企业与消费者进行对话和建立关系的一种方式，通过营销沟通，企业直接或间接地让消费者了解自己销售的产品和品牌，劝说和提醒消费者购买。表 13-1 列举了常见的促销工具的类型及特点。

表 13-1　常见促销工具的类型与特点

类型	内涵	特点
广告	为了某种特定的需要，通过一定形式的媒体，并消耗一定的费用，公开而广泛地向公众传递信息的宣传手段	覆盖面广，传播速度快，高度大众化；渗透性强，丰富的表现力和感染力；非人格性
公共关系	通过有效的活动，加强与社会的协调、与公众的沟通，增进企业与社会各界的了解，获得支持与合作，从而建立良好的公众环境	可信度高；传达力强，以新闻等形式出现，能够消除人们的防卫；具有戏剧性

（续）

类型	内涵	特点
人员销售	市场营销人员面对面地直接与顾客沟通,向顾客销售产品,并建立顾客关系	双向沟通;灵活机动;培养感情,赢得顾客信任和支持;具有多种职能
销售促进	为鼓励产品和服务的购买或销售而进行的短期激励	能够有效地招徕顾客;提供优惠,刺激购买;具有短期效果
直复营销	与某个确定的个体消费者和消费者社群直接联系,以获得即刻反馈和培养持久顾客关系	定制化,增强针对性和说服力;实效性与互动性都很好
口碑	顾客彼此用口头、书写或者电话交流,分享有关使用产品或者服务的好处和经验	信赖度;个人化;及时性
体验	企业发起活动和项目,目的在于创造日常的或特殊的与品牌相关的互动	相关性强,使消费者置身其中;参与度高,体验的现场性与实时性;互动性强

13.1.2　整合营销沟通

过去数十年,营销领域正经历深刻变化,未来充满挑战,一些重要的变化如下所述。

（1）消费者的变化。数字化时代,消费者在享用便捷信息的同时具有更强的沟通能力,他们可利用互联网和其他技术自主搜索信息,而不必再依赖营销者提供。与此同时,消费者彼此之间分享互换品牌信息、创造自己的营销信息和体验。

（2）营销战略的变化。营销者逐渐倾向于设计更加聚焦的市场营销计划,更精准服务于目标顾客群体,与顾客建立紧密关系。

（3）信息技术的变革改变企业与顾客间的沟通方式。数字时代孕育大量新型的信息和沟通工具,这些技术变革对营销沟通产生了深刻影响,催生了一系列新的营销沟通模式。

（4）新媒体与传统媒体的融合使用。新媒体为受众提供了个性化的交流工具。借助这类新媒体,企业可迅速、高效地与顾客建立个性化的联系。大多数业内人士认为传统大众媒体与网络、移动和社交媒体会逐渐融合,以更加个性化和互动的方式精准地吸引目标顾客群。

整合营销沟通（Integrated Marketing Communication,IMC）被美国广告代理商协会定义为:评估各种传播技术（广告、直复营销、销售促进、公共关系、人员销售等）在具体沟通传播计划中的作用,并将其整合在一起,以提供清晰一致的信息,最大限度地提高沟通传播效果。许多企业正践行整合营销沟通的理念,在这一理念指导下,企业整合各种沟通渠道,传播关于组织及其品牌的一致、清晰和有说服力的信息（见图13-1）。

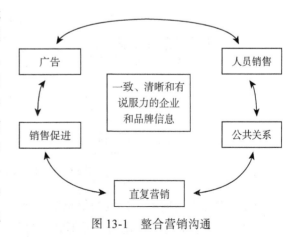

图 13-1　整合营销沟通

┃**营销链接**┃

　　喜茶自 2012 年成立以来已成为覆盖超过 50 个城市、拥有近 700 家门店的餐饮品牌。喜茶充分运用整合营销沟通策略，将新媒体与传统媒体相结合，取得了令人羡慕的销售业绩。"喜茶"积极响应国家号召的脱贫攻坚战略，于 2019 年发布 LOVE HEYTEA "喜爱计划"，借助喜茶的优秀产业资源进行产业扶贫，并与地方特色公益活动相结合，持续反哺社会。2020 年 9 月 1 日是喜茶扶贫的里程碑日子，喜茶正式与中国扶贫基金会签署了为期 3 年的产业扶贫计划，计划包括捐献 300 万元用于支持全国多个地区的产业扶贫项目。2020 年 12 月 15 日，喜茶与支付宝联手举办"爱心助农·喜爱有你"消费捐活动——奶茶爱好者每消费一笔，喜茶将代表每一位消费者奉献 1 元的爱心。目前，首笔 100 万元的善款已用于贵州雷山县茶产业支持项目。活动自 2020 年 12 月 15 日开始至 12 月 30 日结束，消费者只需在线上通过支付宝下单喜茶或线下用支付宝作为结算方式，即可参与该活动。喜茶与支付宝开展的送爱心活动在方便消费者购买的同时又帮助消费者更自然地参与了公益活动，在日常的消费中完成爱心捐赠。喜茶旨在借助这种新型的消费捐赠公益模式，激励消费者的积极性，促使大家主动地参与到公益中来，最终为实现全国脱贫攻坚战略做出贡献。

资料来源：魏剑秋根据网络资料编写。

13.1.3 营销沟通模型

1. 沟通过程的宏观模型

　　沟通过程应该从审视目标顾客与企业及其品牌所有可能的接触点开始，市场营销者需要理解沟通是如何起作用的。如图 13-2 所示，各要素依次是：沟通的双方——发送者和接收者；主要的沟通工具——信息和媒体；沟通功能——编码、解码、反应和反馈；系统中的噪声（干扰）。

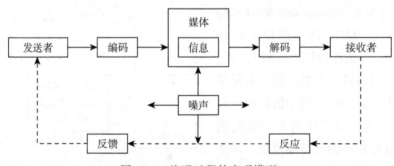

图 13-2　沟通过程的宏观模型

　　（1）发送者：向另一方发布信息的主体。
　　（2）编码：将意图转化为符号形式的过程，信号可以是文字、图片、语言及音像等。
　　（3）信息：发送者传递的一组符号，如实际的广告等。

（4）媒体：信息从发送者传递到接收者的沟通渠道，如电视、广播、报纸、网络等。

（5）解码：接收者对发送者编码的符号赋予含义，如消费者观看广告，并解释其文字和形象的意义。

（6）接收者：即目标受众，一般包括目标市场上的消费者和潜在的购买者。

（7）反应：接收者在接触信息之后的反应。

（8）反馈：接收者的某些反应反向传递给信息的发送者，根据反馈信息，发送者可评估沟通效果，调整下一步的沟通策略。

（9）噪声：沟通过程中意外的干扰或曲解，导致接收者获得的信息与发送者发送的信息有偏差。

2. AIDMA 模型与 AISAS 模型

营销沟通模式从传统的 AIDMA 营销法则逐渐向含有网络特质的 AISAS 模式转变。图 13-3 展示了 AIDMA 模型及 AISAS 模型。

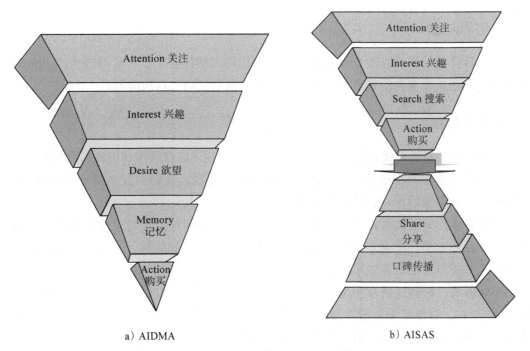

a) AIDMA　　　　　　　b) AISAS

图 13-3　AIDMA 模型及 AISAS 模型

AIDMA 是消费者行为学领域很成熟的理论模型，由美国广告学家刘易斯（Elias Lewis）在 1898 年提出。该理论认为，消费者从接触到信息到最后达成购买，会经历 5 个阶段，即 A：Attention（引起关注）；I：Interest（引起兴趣）；D：Desire（唤起欲望）；M：Memory（留下记忆）；A：Action（购买行动）。

AISAS 模式是由日本电通公司针对互联网与无线应用时代消费者生活形态的变化，提出的一种全新的消费者行为分析模型。具备网络特质的两个"S"——Search（搜索）、

Share（分享）指出互联网时代下搜索和分享的重要性，而不是一味地向用户进行单向的理念灌输，充分体现互联网对于人们生活方式和消费行为的影响与改变。

13.1.4　营销沟通的步骤

开展有效整合沟通和促销计划的步骤如下：确定目标受众；明确沟通目标；设计信息；选择沟通方式和媒体；制定整合营销沟通预算；制定营销沟通组合决策；衡量沟通效果；管理整合营销沟通过程。

1. 确定目标受众

企业的传播对象首先是目标市场顾客，有明确的目标受众，沟通才能有效地传达信息并做到有的放矢。目标受众包括潜在消费者、现实消费者、影响者和决策者。信息的发送者应根据他们的需要、偏好、态度决定沟通计划。

2. 明确沟通目标

沟通目标是发送信息的企业从目标顾客那里得到的反应。在互联网时代，企业由传统的单向沟通，改变为消费者和企业进行更多分享和互动的双向沟通。

3. 设计信息

设计信息时需要解决说什么（信息内容）和怎样说（信息结构和形式）的问题。

（1）信息内容。市场营销者提出合适的诉求或主题，从而引起消费者的预期反应。诉求有三类：理性诉求、感性诉求和道义诉求。

理性诉求，即以购买者可以感知的主要利益作为说服理由。与理性诉求相联系的信息包括产品的功能、质量、性能、价值、价格或顾客可感知的其他利益等。例如瓜子二手车展示其能够为消费者带来的实际利益。

感性诉求，即通过诱发否定、肯定或喜好等情感类因素以促使顾客确信或购买。如在 2016 年初，百事可乐邀请六小龄童出演微电影《把乐带回家之猴王世家》，唤起消费者关于《西游记》的记忆，引发消费者的情感共鸣。

道义诉求，即引导受众对正义或错误、公益或公害等事物或行为的正确态度。道义诉求在公益广告传播活动中运用较多，例如"地球熄灯一小时"的公益广告。

（2）信息结构。市场营销者还必须决定如何处理信息结构，表达要合乎逻辑。研究表明，通常单方面的论点在销售展示中更加有效。

（3）信息形式。市场营销者要注意信息的表达形式需引人注目。例如，为吸引注意，可运用虚构和对比、独特的构图、文字的大小和定位以及色彩、造型和变化等手法。有研究表明，色彩可增加 80% 的品牌认知。

4. 选择沟通方式和媒体

营销沟通的方式通常分为两大类：人际沟通和非人际沟通。人际沟通的有效性在于个性化的表达方式及信息反馈，它更多地被用于那些价格高昂、专业性强、有风险、购买频率低的产品。非人际沟通也称为大众传播，包括广告、销售促进、体验、公共关系等多种形式。

5. 制定整合营销沟通预算

所有的企业都希望以较少的费用支出取得最大的沟通效果，所以制定整合营销沟通预算成为开发有效的营销沟通的重要组成部分。企业可以根据实际情况灵活地加以选择和运用量力支出法、销售额比例法、目标任务法等预算方法。

6. 制定营销沟通组合决策

企业的沟通组合策略需根据实际情况，对各种方式进行选择、组合和编配，确定沟通预算及预算在各种沟通方式之间的分配，以达到整体最佳的沟通效果。企业沟通活动的总策略可分为"推动"与"吸引"两大类。"推动"策略即以中间商为主要的沟通对象，通过建立分销渠道，将产品推向最终市场。"吸引"的策略则把最终顾客作为沟通的重点，想方设法引起潜在消费者对产品的兴趣及购买欲望，如果消费者向中间商询购这种商品，中间商看到该产品的良好市场前景时就会主动向制造商进货，甚至可以降低经销的条件。图13-4是"推动"与"吸引"策略的示意图。

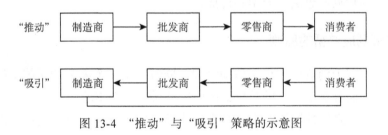

图 13-4 "推动"与"吸引"策略的示意图

7. 衡量沟通效果

企业沟通计划贯彻实施后，传播管理者必须衡量信息沟通对目标受众的影响。企业可以询问目标受众是否能记住或识别本企业信息，了解他们对产品和企业过去和现在的态度，从而改进沟通方案，改善沟通效果。

8. 管理整合营销沟通过程

当前，越来越多的企业采用整合营销沟通，这是因为整合营销沟通过程将改进企业的能力，使之运用恰当信息在恰当时间和恰当地点影响恰当的顾客。

║营销延伸║

　　绿色发展理念融入生产生活，生态文明建设不断推向新高度。一方面生产方式发生变化，节能环保产业、循环经济蓬勃兴起，智能化绿色化制造体系加快构建，2020年底，我国单位国内生产总值能耗比2012年累计降低了近1/4；另一方面生活方式发生变化，中国新能源汽车保有量占世界一半以上，并以每年100万辆以上的速度增长。中国汽车品牌比亚迪不仅掌握开发整车和零件的关键技术，而且形成了属于自己的新能源汽车品牌。比亚迪采用整合营销传播策略，充分利用多种传播信息方式全方位宣传产品。为了能够缩短消费者了解、熟知并购买的过程，比亚迪的营销部门将公共关系和消费者沟通等方式结合在一起。例如比亚迪的公关集团际恒锐智传播集团曾经与新世相合作发布"走出去，活出趣"话题，引发用户情感共鸣。通过车主证言视频、比亚迪移动小电站展示比亚迪新能源汽车的风采，将比亚迪新能源汽车"7+4"战略布局以及"542"科技理念更好地传递给用户。此次传播活动后，比亚迪汽车绿色亲民的品牌形象深入人心。

资料来源：梁雅琪根据网络资料编写。

13.2　广告与公共关系

13.2.1　广告

　　广告是由明确的发起者以公开支付费用的方式，以非人员的任何形式，对产品、服务或某项行动的意见和想法等介绍和传播。

1. 广告策划应遵循的原则

　　广告策划是富于创造性的思维活动过程，同时又是一个复杂的系统工程，它不仅影响广告的质量，而且决定广告的效果，因此应遵循以下基本原则。

　　（1）真实性。真实性原则突出体现在广告信息的策划上。真实是广告的生命，我国《广告管理条例》明确规定：广告内容必须真实、健康、清晰、明白，不得以任何形式欺骗用户和消费者。

　　（2）思想性。思想性原则是指广告作品所反映的意识形态、价值观念和生活方式必须是健康向上的，体现社会主义新时代特色，要引导人们形成新的积极向上的消费观念。

　　（3）艺术性。艺术性是指广告内容的形象反映及对人们所产生的审美感染力的程度。只有独树一帜，给人以美和享受的广告，才具有吸引力和感染力。广告的艺术性是"真、善、美"的和谐统一。

　　（4）针对性。在策划广告活动时，需认真开展调查研究，根据特定的受众群体的心理需求及产品的特色创作广告信息，这样才能在目标受众心里引起共鸣。

营销链接

2022 年 6 月初，上海受新冠疫情影响两个月后，生活有序恢复。杨浦区的一家大润发凭借广告文案火爆全网，大润发采用品牌拟人化的方式，赋予蔬菜等食物人格特质，让人耳目一新。大润发通过洞察上海新冠疫情人们居家隔离时期的饮食现状，将超市食物划分为"冷宫"和"顶流"两大阵营，精准表达上海民众的心声。例如，土豆——"不是每一次发芽，都值得心欢"；包菜——"宿命给了我千层铠甲，我分一层护这山河无恙"。这些文案真实吐露出非常时期民众共克时艰，众志成城，共同战胜新冠疫情的决心。大润发还将一些食品比喻成"顶流"，以诙谐幽默的手法表达出大家心中的渴望。例如，蒜头——"菜不在青，有蒜则名"；大葱——"菜不在多，有葱则灵"。这些生动形象的表达吸引了顾客眼球，促使消费者快速选购。这样的广告文案既体现大润发的细腻洞察——对消费者喜好和诉求的密切关注，又展现出作为物资保供企业在抗疫中的默默贡献，陪伴上海民众度过艰难时刻，传递温暖而又富有"爱"的品牌温度。大润发的这些广告文案充分体现出广告设计的至高境界——真实性、思想性、艺术性和共情性。

资料来源：梁雅琪根据网络资料编写。

2. 广告的分类

（1）按照广告诉求方式分类。广告的诉求方式就是广告的表现策略，即解决"怎么说"的问题，是广告所要传达的重点，包含"对谁说"和"说什么"两个方面的内容。表 13-2 列举了广告诉求方式的分类。

表 13-2　广告诉求方式分类

分类	特征	举例
理性诉求广告	摆事实、讲道理，向受众提供信息，展示或介绍有关产品，使受众理性思考，采取行动	家庭耐用品广告 房地产广告
感性诉求广告	感性的表现手法，以亲情、友情、爱情、以及道德感等情感为基础，对受众诉之以情，使受众产生好感	日用品广告 食品广告 公益广告

（2）按照广告媒介的使用分类。按广告媒介的物理性质进行分类是较常使用的一种广告分类方法。传统的媒介划分是将传播性质、传播方式较接近的广告媒介归为一类。因此，广告媒介一般包括七类，如表 13-3 所示。

表 13-3　广告媒介的使用分类

分类	内涵及应用
印刷媒介广告	刊登于报纸、杂志、招贴、海报、宣传单、包装等媒介上
电子媒介广告	以电子媒介如广播、电视、电影等为传播载体
户外媒介广告	利用路牌、交通工具、霓虹灯等户外媒介，还有利用热气球、飞艇甚至云层等作为媒介的空中广告
直邮广告	通过邮寄途径将传单、商品目录、订购单、产品信息等形式的广告直接传递给特定的组织或个人
销售现场广告	在商场或展销会等场所，通过实物展示、演示等方式进行广告信息的传播

（续）

分类	内涵及应用
数字互联媒介广告	利用互联网作为传播载体，互动性强，传播范围广，反馈迅捷，发展前景广阔
其他媒介广告	利用新闻发布会、体育活动、各种文娱活动等作为媒介

（3）按照广告目的分类。根据广告目的可以将广告分为产品广告、企业广告、品牌广告、观念广告。

（4）按照广告传播区域分类。按照广告媒介的信息传播区域，可以将广告分为国际广告、全国性广告、区域性广告和地方性广告。

13.2.2 开发和管理广告的程序

营销管理部门制订广告方案时，需要做出 5 个重要决策：确定广告活动的目标、制定广告预算、选择广告信息、制定广告媒体决策和评估广告效果。

1. 确定广告活动的目标

广告的总体目标是通过沟通顾客价值来帮助吸引顾客和建立顾客关系。下面讨论具体的广告目标，即在一定期限内针对特定目标对象而设定的一项具体的沟通任务。具体的广告目标分类如表 13-4 所示。

表 13-4 广告目标分类

告知广告	
沟通顾客价值	建议产品的新用途
建立品牌和企业形象	通知市场价格变动
告知市场有新产品出现	描述所能提供的服务
介绍产品功能	更正错误的印象
劝说广告	
树立品牌偏好	劝说顾客立即购买
鼓励顾客改用本企业品牌	劝说顾客接受推销访问
改变顾客对产品价值的感知	说服顾客向他人介绍本企业品牌
提醒广告	
维持顾客关系	提醒顾客购买的地点
提醒顾客可能不久会用到此产品	使顾客在产品的淡季仍记得该品牌

2. 制定广告预算

广告预算是企业在制订广告方案时预期支出的金额，是广告管理的重要内容。制定广告预算要考虑产品生命周期阶段、市场份额、消费者基础、竞争、广告频率、产品替代性等因素。

3. 选择广告信息

选择广告信息就是设计广告的内容，一般要经过三个步骤，具体如图 13-5 所示。

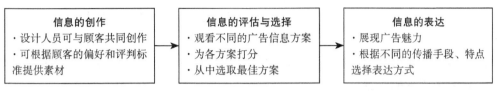

信息的创作	信息的评估与选择	信息的表达
·设计人员可与顾客共同创作 ·可根据顾客的偏好和评判标准提供素材	·观看不同的广告信息方案 ·为各方案打分 ·从中选取最佳方案	·展现广告魅力 ·根据不同的传播手段、特点选择表达方式

图 13-5　广告信息选择的步骤

常用的广告信息表达方式如表 13-5 列示。

表 13-5　常用的广告信息表达方式

表达方式	表达手法	形式 / 应用
写实	直接陈述广告信息	图片、画片展示 语言、文字说明产品特点 广告歌曲突出产品名称和商标 画面、场景强调产品
对比	显示产品的功效和质量	功效对比 品质对比 革新对比
权威	权威人士、机构推荐或证明产品的质量和功效	科学数据说明产品的成分和功效 公布产品获奖或荣誉 专家和社会名人介绍产品 明星等推荐产品
联想	新颖的广告创意，启发人们的联想	用熟知事物做比喻，产品人格化 营造出联想气氛或形象 夸张手法
文艺	用文艺形式表现广告，具有娱乐性和观赏性	相声、小品 歌曲、故事、影视剧

4. 制定广告媒体决策

广告媒体是沟通双方信息的桥梁，随着广告媒体的种类越来越多，如印刷媒体、电子媒体、户外媒体、邮寄媒体等，企业应根据实际需要和不同媒体的特点，进行适当的选择，才能收到理想的广告效果。

5. 评估广告效果

广告效果的评估就是运用科学的方法来鉴定广告对顾客的消费心理及购买行为的影响程度。广告效果的评估主要研究广告的沟通效果及销售效果。

13.2.3　公共关系

"公共关系"一词最早出现于美国，译自英文 Public Relations，简称 PR。公共关系用于推广产品、人物、地点、创意、活动、组织甚至国家。企业运用公共关系与消费者、投资者、媒体和社区建立良好关系，也常常为企业有新闻报道价值的事件和活动提供支持。公共关系有助于完成下述任务。

（1）进行产品宣传。宣传特定的产品和品牌。例如，协助新产品上市，吸引公众的注意力。

（2）传播企业信息。创造并在新闻媒体上刊登有新闻价值的信息，吸引大众对某些人物、产品或服务的注意。

（3）建立企业形象。例如，2021年初董明珠加入综艺节目《初入职场的我们》。董明珠提到，"现在年轻人应该加强职业认知，真正的追梦是中国制造"，这样的宣传树立了格力的"中国梦"形象。

（4）影响特定的目标群体。麦当劳在拉丁裔和非裔社区资助一项建立良好邻里关系的特别活动，从而建立公司的商誉。

（5）处理公共事务。建立并维持与全国和当地社区的关系。

（6）保护出现公众问题的产品。公共关系人员必须善于处理危机，控制局面，通过沟通与对方就解决问题达成一致，尽可能减少危机的损害程度。

13.2.4　公共关系决策与传播方式

公共关系活动从本质上是企业与社会公众之间的一种信息交流过程，企业可以针对公共关系活动的主题、内容选择不同的传播方式。

1. 公共关系的主要决策

为优化公共关系的效果，企业必须认真研究，精心策划。公共关系的主要决策包括以下内容。

（1）设计公共关系的主题。公共关系主题的设计既要符合公共关系活动的目标，又要充分考虑目标公众的心理需求，这样才能引起公众的注意和兴趣。公共关系主题可以是树立信誉、改变形象、扩大影响、传播新的消费观念等。不论采取何种形式，都应使目标公众产生亲切感、认同感，调动他们的参与意识。

（2）选择公共关系的时机。公共关系的时机选择直接关系到公共关系活动的最终效果，选择公共关系时机既要考虑营销环境因素，又要考虑企业的具体情况。开展企业公共关系活动的好时机一般为：企业开业或周年纪念日；企业更名或与其他企业合并、联营时；企业调整经营结构、推出新产品、增添新的服务项目时；企业在经营管理方面取得某些重大突破，得到较高荣誉时；企业领导人或职工获得重大奖励或荣誉称号时；企业开展各项社会性、公益性活动时。并非所有的公共关系活动都要选择节日或纪念日，有时重大事件的发生，如自然灾害或社会公众受到意外伤害等，也为企业提供了开展公共关系活动的时机。

（3）选择公共关系的对象和媒体。企业应根据公共关系目标的要求选择确定最基本的公众及具有潜在影响力的公众。一般考虑以下几个因素：第一，目标公众的类型和特点，如性别、年龄、职业、文化程度、生活习惯、接触各类媒体的习惯等；第二，信息的内容，是宣传公司、树立形象，还是介绍产品、开展促销；第三，各种媒体的成本。

（4）公共关系活动效果的测评。公司对公共关系活动的效果进行测评，可总结经验，找出不足，为今后公共关系策略的调整提供依据。

2. 公共关系的主要传播方式（见表 13-6）

表 13-6　公共关系的主要传播方式

类型	内涵	举例
新闻稿	通过各种渠道发布的有新闻价值的消息	《华为击败高通，获选 5G 编码标准》的新闻稿
独家报道	授予某一特定媒体独家报道的权利	新民网独家视频报道复旦大学新闻学院成立 80 周年
采访	对代表企业的个人进行的采访	凤凰网总裁专访格力集团董事长董明珠
新闻发布会	正式向新闻界公布信息的活动	小米 Civi 新品发布会
品牌巡回展	进行品牌宣传的展览会	汽车、房地产、教育、工业品等各类展览会
赞助	企业无偿提供人力、物力、财力资助某项事业	国产品牌鸿星尔克为抗击疫情捐赠价值 5 000 万元的物资
社区参与	直接或间接参与当地社区事务	正大集团走进西北贫困地区，为贫困社区建设养殖环境，推动畜牧业，发展当地经济
互联网	利用互联网手段进行信息发布	各类企业的网站、官方微博、微信公众号
社交网站和博客	企业利用社交网站或博客向利益相关者传播信息	上海迪士尼旅游度假区博客的官方发布
危机处理	企业对恶性突发事故的处理，包括重大事故、自然灾害和人为事故	海底捞"乌鸡卷"事件

营销延伸

2022 年 2 月 4 日，举世瞩目的第 24 届冬季奥林匹克运动会开幕式在国家体育场隆重举行。7 年来，各有关部门、省市区团结协作、攻坚克难，北京携手张家口作为主办城市全力投入，共创出一场无愧于祖国、无愧于人民的盛会，让世界各国友人看到中国"构建人类命运共同体"的美好愿望。2 月 15 日，苏翊鸣出战单板滑雪男子大跳台决赛。依靠着第一轮的 89.50 分和第二轮的 93.00 分，苏翊鸣最终以总分 182.50 分力压群雄获得冠军，这也是他个人生涯首枚冬奥会金牌。赛后苏翊鸣说："特别感谢我的祖国，我也很开心能尽最大努力为国争光，这是我从小的梦想！"中国奥运健儿是当代中国青年学习的榜样，他们展现出的自信开放、追求卓越、共创未来的冬奥精神亦是新一代应具备的时代精神。夺冠后，"苏翊鸣" 3 个字迅速霸屏热搜榜，其中，苏翊鸣穿着的安踏滑雪服引起关注。作为北京 2022 年冬奥会官方合作伙伴，中国代表团的比赛装备由安踏全方位提供，安踏成功借助奥运事件营造出卓越的品牌形象。

资料来源：梁雅琪根据网络资料编写。

13.3 人员销售和销售促进

13.3.1 人员销售

1. 人员销售的概念

人员销售（Personal Selling）是指市场营销人员面对面地直接与顾客沟通，向顾客销售产品，并建立顾客关系。通常，从事销售工作的人有各式各样的称呼，包括：销售人员、销售代表、代理、区域经理、客户经理、销售顾问、销售工程师、代理人以及客户开发代表。

2. 人员销售的作用

人员销售是促销组合中通过人际互动进行促销的方式。销售人员与消费者之间的人际互动可以是面对面、电话、邮件、微信、网络会议、视频等方式。在许多企业中，销售人员发挥的关键作用如下。

（1）连接企业和顾客。销售人员在企业和顾客之间起到关键的纽带作用。一方面，他们代表企业与顾客接触，识别并发展新的顾客，通过系列活动达成交易，为顾客提供服务并维持顾客关系；另一方面，销售人员代表顾客与企业打交道，管理双方关系，共同提升顾客价值。

（2）协调营销和销售。销售人员与企业其他营销职能人员，例如营销策划者、品牌经理和调研人员紧密合作，共同为顾客创造价值。

┃营销延伸┃

新冠疫情发生后，有这样一群看似平凡却极不平凡的人们，他们冲在药品保供一线，协同购销、抓紧备货、加急送货……他们是医药销售中心普通的销售人员，但此时却是药品保供战线上的战士。为抗击新冠疫情，他们舍小家、顾大家，坚守在工作岗位，奋战在最前线。"给客户做服务，一定要做到成为客户遇到困难时第一时间想到的人！""每天要接打几百个电话，经常深夜还在落实医药物资情况；物资如出现滞留，通过各种渠道想办法去沟通、协调；如果预计在某个环节出现延误，就提前千方百计沟通；付款出现阻碍，努力再争取……"新冠疫情这几年，张明（化名）过得紧张而充实。他说，"在抗击疫情的关键时期，作为一名党员，应当有责任和担当，不畏艰难，将应急物资尽快送到医院一线，让病患能够第一时间获得救治是我们义不容辞的使命和责任"。这些医药销售人员恪守医药人的信仰和誓言，坚守岗位、默默奉献，他们是新冠疫情时期无数无私无畏的中国人的缩影。生而平凡，战"疫"不凡，在这场没有硝烟的战"疫"中，无数销售人员为人民的美好生活保驾护航。

资料来源：魏剑秋根据网络资料编写。

3. 人员销售的步骤

人员销售不仅仅是向顾客推销商品，而是从开发市场，寻找顾客开始，到顾客的需求得到全部满足为止的循环往复的过程。按照"公式化推销"理论，人员销售包括 7 个步骤，即寻找、准备、接触、介绍、应付异议、成交、事后跟踪（见图 13-6）。

图 13-6　人员销售的步骤

（1）寻找。销售工作从识别潜在客户开始，销售人员必须具备寻找顾客的技能，如通过现有顾客发现和联系潜在的顾客；查阅各种资料，利用企业名录和电话簿查找用户；通过已有业务联系的企业介绍新客户等。

（2）准备。在正式接触顾客之前，销售人员应做好充分的准备。首先，对收集到的潜在客户的线索进行分析评估，找出那些具有现实购买力又可能在近期购买的顾客作为访问目标；其次，要全面了解访问对象的情况，以便掌握其需求特点，如果向企业用户推销产品，应了解该企业基本情况；再次，要掌握市场竞争情况，如竞争对手的产品特点、产品价格、竞争实力及主要策略；最后，确定访问的最佳方式和时间。

（3）接触。有经验的销售人员往往不是一见面就推销产品，而是与顾客建立感情，给顾客留下好印象，为后续的推销做好准备。

（4）介绍。这是销售过程的中心环节。销售人员可采取不同的方法向顾客介绍产品，如通过样品、照片、说明书、图纸等形式加以说明。

（5）应付异议。销售人员必须善于应付异议，随时有应对否定意见的适当措辞和策略。

（6）成交。在销售过程中，当顾客表达购买欲望时，销售人员要不失时机地促成交易，如设法打消顾客的疑虑，提供某些便利或优惠，答应顾客的某些特殊要求等。

（7）事后跟踪。签约成交并不是销售过程的完结。销售人员要使顾客满意并重复购买，必须与顾客保持长期联系，如提供售后服务、指导消费、帮助顾客解决问题等。

13.3.2　销售人员的管理

1. 销售队伍规模的确定

销售人员的数量与企业的销售量有着直接的关系，一般情况下，两者的关系成正比。同时，推销队伍的规模也影响促销费用的高低，因此必须科学地确定推销队伍规模。

2. 销售人员的组织结构

人员销售的组织结构直接关系到推销效率，企业应根据不同的市场环境及产品特点，设计和选择不同类型的组织结构。

第一，地区型结构。企业把目标市场划分为若干区域，指定每一个销售人员在特定区域内负责推销企业的全部产品。这种推销结构简便易行，职责明确，有利于提高工作效率。但这种组织结构只适用于那些经营品种比较简单的企业。

第二，产品型结构。按产品分工，每个销售人员负责推销某一类或某几类产品。这样做有利于销售人员根据产品的特点采取相应的推销策略，提高推销的专业化程度。这种结构更适合那些产品结构复杂的企业，但这种分工会造成推销中的地区交叉、客户交叉，从而增加费用开支。

第三，顾客型结构。按照客户的所在行业、经营规模、需求状况等将其划分为不同的类型，分别安排不同的销售人员负责联系。这样可使销售人员更加了解自己的顾客，掌握顾客的需求特点和购买规律，培养长期稳定的顾客群。但如果同类顾客广泛分布在全国各地，这种分工就不适合了。

第四，复合型结构。当一个企业在广泛的地区向多种顾客推销多种产品的时候，可采用复合型推销结构，即将以上 3 种结构结合起来，根据实际情况，做出不同的排列。如销售人员可按"地区—产品—顾客"分工，也可按"顾客—产品—地区"分工。这在一定程度上弥补了上述 3 种结构的缺陷，但也存在职责不易划分的弊病。

3. 销售人员的招募与选拔

招募销售人员时，企业应分析在该领域成功的销售人员所具备的特征，进而识别哪些特质是这个行业中成功的销售人员所必需的职业素养，从而招募到合适的销售人员。

4. 销售人员的培训

新的销售人员通常会接受为期数周或数月，甚至 1 年或更长时间的培训。培训的内容主要包括以下 5 个方面。

第一，产品知识。学习和掌握产品知识是销售人员培训的基本内容。销售人员要了解产品的性能、特点、质量、价格、生产工艺，掌握产品的使用、保养及维修技能，同时还应研究同类竞争品的特点。

第二，企业知识。销售人员必须熟悉本企业的情况，了解企业的创业历史和发展前景、组织结构、财务状况、经营情况及主要产品的市场地位，这将有助于产品的推销。

第三，市场知识。销售人员要学会市场分析，了解市场需求的发展趋势，掌握各类顾客的消费心理和购买行为，以便有针对性地制定推销策略。

第四，推销技巧。一个成功的销售人员不仅要具有丰富的知识，还要掌握推销策略和技巧。

第五，经济法规。销售人员要熟悉法律常识，了解与本行业务有关的各项经济法规，以保证推销过程的合法性，并能够运用法律手段维护企业和消费者的利益。

5. 销售人员的业绩评估与报酬

销售管理部门可以使用各种销售报告以及其他信息评估销售人员。评估一般围绕两个方面进行：销售人员规划工作的能力和完成计划的能力。管理层有时还需要评估整个销售团队的业绩。

13.3.3　销售促进

销售促进（Sales Promotion）是指短期的激励活动，目的是鼓励对某一产品或服务的购买或销售。

1. 销售促进的目标

销售促进的目标取决于企业营销的总目标，在不同的目标市场上，销售促进又有其特定的具体目标。一般来说，销售促进的目标主要有三种类型：针对消费者促销、针对中间商促销和针对销售人员促销。

销售促进不仅仅是创造短期销售额或暂时的品牌转换，它应该有助于强化产品定位和建立长期的顾客关系。如果设计合理，每一种促销工具都有建立短期的兴奋点和长期的顾客关系的潜力。营销人员越来越注意避免只顾价格的快速成交式促销，而倾向于能建立品牌价值的促销。

2. 销售促进的方式

为了实现销售促进的目标，企业应选择有效的促销方式。

（1）向消费者进行销售促进的方式。

第一，提供免费样品。为吸引顾客对产品的兴趣，向顾客提供样品，免费试用。

第二，附送奖品。为了推销某种产品，免费附送小礼物，以刺激顾客的购买欲望。

第三，代金券。顾客持此券可按优惠价格购买某种产品。

第四，现场示范。在营业现场用示范表演的方法展示新产品，介绍新产品的用途和使用方法，使顾客了解、喜爱并购买新产品。

第五，让利销售。为吸引更多的顾客，对部分商品或全部商品实行让利销售，即按一定的折扣价格出售。

第六，竞赛。企业刊登有关产品的信息和活动，鼓励消费者参与，通过竞赛筛选，对优胜者给予一定的奖励。

第七，有奖销售。向一次购买超过一定金额的顾客发放兑奖券，并规定一定期限公开摇奖，中奖者按不同的奖级获得奖金或奖品。

第八，展销会。展销会的具体形式有节日商品展销、季节性商品展销、名优商品展销、新产品展销等。

营销链接

一人居、一人食、一人嗨、一人游……这种单人消费模式的诞生促使消费者产生新的消费观，并使得新的消费业态逐渐出现。线下餐饮为"一人食"做出改变，例如海底捞就勇于大胆尝试。众所周知，新时代的消费者偏爱高性价比且更具备个性化特征的商品，并且他们更关注在消费中的体验和感受。海底捞将"精准营销"与销售促进策略完美结合，推出独家的"陪吃玩偶"，如果顾客需要就即刻出现在餐桌旁。此外，顾客还会获得服务员的许多贴心关怀，例如生日歌、玩具、果盘、零食等温暖的小礼物。海底捞充分运用这些销售促进的方式，赢得了更多顾客的"芳心"、称赞和一次次的惠顾。

资料来源：魏剑秋根据网络资料编写。

（2）向中间商进行销售促进的方式。

第一，订货会。大型企业多采用这种形式来吸引中间商购买。在订货会上，供需双方直接见面，看样选货，签订合同。订货会的主要交易方式有：远期现货交易、即期现货交易、易货交易、样品订货交易等。

第二，交易折扣。为吸引中间商购买，企业常常提供某些价格优惠，即实行价格折扣，包括按中间商购买的数量给予的数量折扣；按买方付款时间给予的现金折扣，可以加速资金周转，降低坏账风险。

第三，跌价保证。当某种商品的市场价格连续下滑时，中间商为避免损失，往往不愿进货，这时卖方可做出跌价保证，有利于供需双方建立长期合作关系。

第四，津贴。为促进中间商经销本企业产品并开展积极的促销活动，对其提供一定的津贴。例如新产品津贴，用于补偿中间商开拓市场的费用支出；清仓津贴，鼓励中间商清理库存，处理积压商品；促销津贴，用来补贴中间商做广告、安排展示地点、增加销售人员报酬等支出；运费津贴等。

第五，代销。这种方式对买卖双方都有利，对卖方来说可加强产品销售辐射能力，扩大商品销售而不必增加人力、物力和财力的支出；对买方来说既不必预付资金购进商品，又不承担商品卖不出去的风险，促成交易后还可取得一定的佣金，因此中间商一般愿意承揽代销业务。

（3）向销售人员进行销售促进的方式。

第一，奖金或佣金。为调动销售人员的工作积极性，除固定报酬外，企业可以对那些推销努力、业绩突出的销售人员给予一定的奖励。

第二，成交计酬。按照销售人员成交金额和实现利润的大小以一定的比例付给酬金。这种方法不仅适用于专职销售人员，也适用于兼职销售人员和经纪人。

第三，物质奖励。对于贡献突出的销售人员给予一定的物质奖品和晋升职务。

第四，精神奖励。包括颁发荣誉证书、授予荣誉称号等。

3. 销售促进方案的制订

制订销售促进的具体实施方案，主要包括以下几方面内容。

（1）奖励的规模。销售促进的实质是对消费者、中间商和推销员予以奖励，所以企业在制订销售促进方案时首先应确定奖励的规模，包括奖励的总金额、奖级和奖品。

（2）奖励的对象。企业应清楚奖励哪些人才能最有效地扩大商品销售，企业的奖励重点应是那些现实的或可能的长期客户。

（3）奖励的途径。企业要对奖励的途径进行选择，如企业决定开展有奖竞赛活动，竞赛的试题可附在商品的包装袋中发放，也可刊登在报纸、杂志的广告中分发，还可直接邮寄。

（4）奖励的期限。企业应研究销售促进的最佳时机以及持续多长时间效果最佳。销售促进活动一般情况下多在节假日、季节变化或新产品上市时进行，持续的时间要适宜，每次销售促进的持续时间应与顾客平均购买周期一致为宜。

（5）销售促进的总预算。确定销售促进费用的方法有两种：一种是先确定销售促进的目标和方式，根据实际需要计算出总费用；另一种方法是从企业一定时期总的促销预算中拨出一定比例用于销售促进。

4. 销售促进效果的评估

销售促进效果的评估方法可分为两大类，即事前评估和事后评估。

（1）事前评估。这是对销售促进方案的测试结果进行评估，如企业可以向中间商征求意见，了解促销方式的效果；也可以通过各种方法了解消费者的意见。如在不同的零售商店设置不同的奖品或不同的奖励办法，然后通过销售情况的比较，判断促销方式的选择是否适当。

（2）事后评估。这是对销售促进方案实施之后进行的总结和评价，评估的方法主要有销售额比例法和回忆测试法。

13.4 直复营销、口碑营销与顾客体验

13.4.1 直复营销

1. 直复营销

直复营销（Direct Marketing）是指直接与单个消费者和顾客社群互动，以获得顾客即时响应，从而建立持久的顾客关系的营销沟通方式。企业运用直复营销精准地开展营销沟通活动，建立顾客契合，形成品牌社群，提高销售业绩。

传统直复营销工具包括直接邮寄、目录营销、电话营销、电视直销、信息亭营销

等方式。近年，伴随网络技术变革，出现了新的直复营销载体和工具，例如网络营销（网站、网络广告和促销、电子邮件、网络视频和博客等）、社交媒体营销、移动营销。图 13-7 展示了直复营销形式的演变。

图 13-7 直复营销形式的演变

2. 直复营销的优势

（1）个性化。直复营销活动针对顾客个人的需要提出特殊的产品营销方案，可以在广告中发布具有个性化的信息。

（2）营销对象明确。直复营销的对象是具体的个人、家庭或企业，因此可以衡量、预测企业规模和可能获得的利润。

（3）互动性。买卖双方直接对话，产生互动。直复营销要求对顾客做出立即回应，企业根据回应信息进行营销，从而节约费用，降低营销成本。

（4）便利性。直复营销能够全天候、准确、及时地将顾客订购的产品送到顾客手中，节省顾客的时间、体力和精力等成本，使购物变得更加容易和快捷。

（5）媒体选择具有弹性。直复营销可以选择的信息传递媒体很多，企业可根据实际情况从中进行选择和编配，以提高传播效果。

（6）适用性。对于实力雄厚的大企业，直复营销是增加竞争优势的利器；对于资源有限的小企业，则是达到目标市场、实现销售的良好渠道。

3. 直复营销的主要形式

传统的直复营销形式如下所述。

（1）直接邮寄。直接邮寄包括一些附有订购单、回执卡、免费电话或传真等回复工具的折叠广告、传单、产品说明书、产品样本、企业宣传材料以及奖购券、购买请柬等。直接邮寄营销具有操作简便、对目标顾客的选择性强、效果较易衡量的优点。

（2）目录营销。目录营销是营销者按照选好的顾客名单邮寄产品目录，或备有产品目录随时供顾客索取。众多企业采用这种营销方式创造了卓越的销售业绩。

（3）电话营销。电话营销是指使用电话直接向消费者传递信息、销售产品。一方面，营销者可打电话向消费者销售产品或与消费者联系，获得有价值的销售信息；另一方面，消费者在接触到直接邮件广告或电视广播广告产生购买动机时，皆可拨打免费电话来订购产品或劳务。电话营销的优点在于它的即时性与直接性，不过电话营销成本很高，也不能保证消费者是否愿意沟通，因此电话营销需要系统全面地规划才能取得良好的效果。

（4）电视营销。电视营销是使用电视直接将产品营销给最终消费者。根据营销方式可分为两种：第一种称为直接反应广告，直复营销者通常购买60～120秒的电视节目广告时间来展示和介绍产品，并且将订购电话告诉消费者，消费者只要拨打订购电话即可完成交易；另一种方式是家庭购物频道，主要是通过电视或地方电视台播放一套完整的节目，专门用来宣传、介绍产品。

（5）信息亭营销。自助服务酒店和航空的自助值机设备，购物中心或便利店自动售货机销售产品均属于信息亭营销。

新型的直复营销形式如下所述。

（1）网络营销，即通过互联网借助企业主页、网络广告和促销、电子邮件、网络视频和博客等方式进行的营销。企业一方面可自建营销网站，帮助企业和品牌进行宣传，促进购买；另一方面创建品牌社群网站，提供丰富的品牌信息、视频、博客、活动和其他一些有利于建立紧密顾客联系的相关内容，从而吸引并维系顾客。

（2）社交媒体营销，即企业借助社会化网络、在线社区、视频号等社交媒体开展信息传播、品牌推广、顾客培育与维护、促进销售等活动的过程。社交媒体营销具有以下特点。

第一，直接触达用户。企业或组织能够通过直接发布以及推广链接的方式来触达用户，可在任何时间和地点为客户提供关于品牌的即时讯息。基于互联网技术，企业采用图文并茂或视频等方式对产品进行推广和宣传，使消费者充分知晓该品牌。此外，社交媒体营销亦可了解消费者需求，有助于新产品的开发。

第二，运营成本低。社交媒体上的推广是由用户主导的一种非强迫性的销售方式，推广成本很低。例如，近年兴起的"微商"仅需极低的运营成本即可实现与用户沟通和销售活动。

第三，用户的互动分享。企业通过创建品牌社区，促使客户与品牌以及其他客户充分互动分享，传播消费体验。

┊营销链接┊

根据波士顿咨询公司的数据，未来中国消费市场65%的经济增长量可能来自"90后""00后"甚至是"10后"，且该部分消费群体追求产品个性化和产品多样化。北京故宫博物院为了扩大文创产品的影响力，吸引更多年轻的消费者，充分利用自身丰富的文化资源，搭建起故宫文创品牌的产业链，年轻化成为故宫文创产品发展的战略趋势。首先，开设线上文创产品商店。北京故宫博物院通过在淘宝开设故宫礼物旗舰店，改变自身庄重严肃的形象，提升整体产品的"萌"形象，拉近年轻消费者与故宫的距离，吸引更多群体购买。其次，跨界合作重构产品感官体验。北京故宫博物院与网易游戏合作了一款名为《绘真·妙笔

《千山》的手机游戏，将博物馆中的热门藏品完成从静态场景到动态场景的转变，改变消费者对以往故宫传统文创产品的认知。最后，通过直播平台拓展故宫文创产品的销售渠道。固定时间定期展示文创产品，消费者通过主播的讲解加深了对故宫文创产品的认识和理解，从而促进购买。北京故宫博物院通过一系列新型直复营销的方式，深受青年们的喜爱。

资料来源：李双双，杨娜.文化创意产品网络营销策略研究：以北京故宫博物院为例 [J].边疆经济与文化，2021（9）：41-43.

（3）移动营销，即向移动中的消费者通过他们的移动设备递送营销信息。消费者通过智能手机或平板电脑随时可获得最新的产品信息、价格对比、来自其他消费者的意见和评论以及电子优惠券等。有研究发现，电子渠道购买总量中有超过 42% 的交易是由移动设备完成的。

13.4.2　口碑营销

口碑营销是企业运用各种有效的手段引发顾客对产品、服务以及企业整体形象的谈论和交流，并激励顾客向亲朋好友及周边人群进行介绍和推荐的市场营销方式和过程。口碑营销在实施过程中要注意如下要点。

1. 寻找意见领袖

意见领袖又叫舆论领袖（Key Opinion Leader，KOL），是指在人际传播网络中经常为他人提供信息，同时对他人施加影响的"活跃分子"，他们在大众传播效果的形成过程中起着重要的中介或过滤作用，由他们将信息扩散给受众。企业要努力寻找那些拥有更多、更准确的产品信息，且为相关群体所接受或信任，并对该群体的购买行为有较大影响力的 KOL。

2. 蜂鸣式营销和病毒式营销

很多营销者非常强调口碑中的两种主要的形式——蜂鸣式营销和病毒式营销。蜂鸣式营销让消费者对产品产生兴奋情绪，引起公众的注意，并且通过出人意料的或者夸张的方式向消费者传递与新品牌相关的信息。病毒式营销是口碑营销的另一种形式，它鼓励消费者到其他的网站上宣传企业的产品、服务或者一切相关的音频、视频以及文字信息等。这些内容极具感染力，消费者会主动搜索它们并转发给朋友。

3. 实施各类奖励计划

给消费者发放优惠券、代金券、折扣等各种各样的消费奖励，鼓励顾客帮助完成一次口碑传播过程。

4. 对顾客的意见及时做出反应

好事不出门，坏事传千里，企业需要对顾客的意见做出及时反馈。企业通过开通博客、品牌虚拟社区，及时发布品牌信息，收集消费者的口碑信息，找到产品服务的不足之处，处理消费者的投诉，降低消费者的抱怨，回答消费者的问题，引导消费者口碑向好的方向传播。

13.4.3 顾客体验

移动互联时代，顾客体验成为整个学界与业界共同关注的焦点，例如美国营销科学学会曾在 2020—2022 年优先学术研究课题中将顾客旅程（Customer Journey）列为重要选题。许多企业在管理顾客体验上纯粹进行线上顾客体验管理，或通过各种线上与线下触点的融合实现顾客体验管理。移动互联网时代，企业在顾客体验开发上有了更多新的进展。

1. 顾客体验的概念

顾客体验是指顾客对企业提供的产品或服务所产生的多维度反应，包括认知体验、情感体验、感官体验、行为反应以及关系反应等诸多维度。任意一种消费行为所产生的体验都被囊括在上述五种体验之中，有的体验以认知为主，例如读书获得的体验；有的体验以情感为主，例如观看一次芭蕾舞剧。企业通过精心策划活动，让消费者融入其中，使消费者在情境中获得独特的体验，从而引起或加强他们购买产品的欲望。伯恩德·H.施密特提出体验营销的构架，即如下 5 个战略体验模块。

（1）感官营销，目标是创造知觉体验，感官营销帮助顾客有效识别产品、引发顾客购买动机、增加产品的附加价值。

（2）情感营销，关注顾客内在的感情与情绪，主旨是创造情感体验。这种情感可以是温和的正面情绪，亦可是兴奋、愉快的激动情绪。

（3）思考营销，通过创意的方式引起顾客的惊奇、兴趣和对问题的思考，从而为顾客创造认知和解决问题的体验。

（4）行动营销，通过增加人们的身体体验，关注新的方法、生活形态与互动方式，丰富顾客的生活。

（5）关联营销，结合感官、情感、思考与行动营销等方面，还侧重人格、个性与理想的自我、他人或文化产生关联。

2. 实施体验营销的策略

体验营销的核心是创造出能够满足顾客体验需求的产品、氛围或者环境，通过在传统的产品或服务中融入体验的要素，更好地满足顾客需要，实现产品的差异化，创造更高的经济价值。企业实施体验营销的策略主要有以下几种。

（1）创造体验产品。企业可以创造出全新的、以直接满足顾客体验需求为目标的体验产品。在设计产品时，考虑的重点要从产品的功能质量转移到顾客的感知质量上。产品具备能满足使用者视觉、触觉、审美等方面需求的能力。

（2）在品牌中融入体验。企业在品牌形象宣传中越来越重视将品牌与顾客是某种美好的情感联系在一起。实践证明，如果能将体验成功地融入品牌中，企业营销活动将大获成功。

营销延伸

从中央到地方，扶持老字号品牌发展的措施不断加力。2022年3月，商务部等8部门联合印发《关于促进老字号创新发展的意见》，从加大老字号保护力度、健全老字号传承体系、激发老字号创新活力、培育老字号发展动能四个方面提出了13项具体措施。始创于1773年的苏州稻香村是首批被商务部认定的中国老字号商标之一，也是"稻香村"品牌的创立者、"稻香村"糕点类商标的持有者。持续经营近两个半世纪，苏州稻香村以深厚底蕴、特色产品、创新营销、完善服务等优势，始终受到消费者喜爱和认可。2021年3月，苏州稻香村在百年旧址观前街重建"国潮"体验店，店面风格和产品都进行了全面升级。在空间上，设有现烤裸卖区、手作区、茶饮休闲区、文化体验区等，让消费者体验到传统精致生活。在产品方面，不仅有现烤现卖的各式糕点，还有融入"苏州园林""红楼梦"等文化大IP的精美点心。在经营模式上，稻香村体验店打通了线上线下渠道，除了到店品尝糕点、手作体验、打卡外，还支持全国邮寄配送，并有线上"小程序+天猫旗舰"协调运营和线上直播等新鲜玩法，为消费者带来多元化的美食服务体验。

资料来源：文雨佳根据网络资料编写。

（3）策划展示产品的体验活动

企业可以通过策划使用产品的体验活动，满足顾客的体验需求。例如，小米会在社区中发布新产品的测评，让用户使用产品、反馈意见，甚至帮助修复产品漏洞。通过虚拟品牌社区，小米的用户获得了强烈的品牌参与感，实现了品牌的价值共创，企业也借此提升了用户的品牌忠诚度。

（4）建立密切的客户关系

企业建立密切的客户关系可以满足顾客的人际关系体验需求，典型的做法是建立用户俱乐部。中国国际航空公司成立了"国航俱乐部"，每一位搭乘国航班机的乘客都有资格成为会员，会员可以累计里程以换取免费机票和升舱服务。每季度公司会给会员邮寄会员杂志，介绍公司新情况和各种优惠活动。

◆ 重要概念

促销组合　整合营销沟通　广告　公共关系　人员销售　销售促进　直复营销

网络营销　社交媒体营销　移动营销　口碑营销　顾客体验

◈ 复习思考题

1. 主要的促销工具有哪些?
2. 开展有效营销沟通的步骤有哪些?
3. 制订广告方案时, 需要做出哪些重要决策?
4. 公共关系的主要决策包括哪些内容?
5. 人员销售的步骤包括哪些内容?
6. 销售促进的方式有哪些?
7. 销售促进方案包括哪些具体内容?
8. 直复营销的主要形式有哪些?
9. 口碑营销在实施过程中要注意的要点有哪些?
10. 企业实施体验营销的策略具体包括哪些内容?

◈ 经典案例

科技创新战略中的大疆无人机

科技创新是提高社会生产力和综合国力的重要战略支撑, 它位于国家发展全局战略的核心位置。各行各业要积极推进科技创新, 真正把创新驱动发展战略融入企业发展的长远战略规划中。在中国高科技企业中, 深圳市大疆创新科技有限公司 (以下简称"大疆") 占据了一个极其重要的位置。大疆作为全球最大的民用无人机制造企业, 不仅用科技丰富了人们的生活, 还用科技智慧助农、帮助农业增产、将创新发展真正融入人们的日常生活当中。大疆的发展轨迹也体现了许多独特的促销模式的组合。

首先, 大疆善于利用发布会与行业展会的形式来开展促销, 这种形式主要针对企业或政府消费者, 它能够使大疆从众多无人机厂商中充分发挥其技术的比较优势。大疆每年都会参加数量众多的无人机展会, 当大疆无人机优异的性能从展会的众多厂商中脱颖而出时, 再加上媒体的宣传, 势必会使潜在消费者对大疆公司的产品更加青睐。这一促销方式不仅帮助大疆在展会上即刻获得大量订单, 并且也使大疆在未来与其他企业进行竞争时, 会更有优势。

其次, 大疆在发布迭代的新产品后, 旧产品会进行降价优惠以及以旧换新活动。与此同时, 线上平台会通过配合电商"6·18"、天猫"双十一"以及"8·8"购物节等活动进行促销。代理商获得的折扣力度根据他们的出货量多少而定。例如, 在农业植保无人机方面, 大疆开创了付首付即可获得无人机, 随后以每亩⊖0.5元价格收费的"成本共担"新促销模式, 这样的方案使得农业从业者的经济压力减轻, 收到用户广泛好评。

再次, 社群营销也是大疆的主要促销方式之一。消费级无人机主要面向摄影爱好者及影视制作者这类用户群体, 因此, 针对这一群体的特征制定了口碑传播的模式。每当大疆发售新品时, 都会将新产品寄送给各大社交平台的科技博主。博主们收到产品后会在第一时间发布新品的测评视频, 这些视频不仅获得数百万次的播放量, 更重要的是帮助大疆将新品的

⊖ 1亩 =666.6m^2

实际使用情况第一时间传递给消费者。在开拓国际市场时，大疆也会将无人机等产品送给影视导演使用，帮助产品在各大电影中崭露头角，给电影观众留下深刻印象。此外，大疆也借助普通用户的作品来进行产品渗透，用户使用大疆无人机拍摄作品，并通过微博、抖音以及YouTube等各社交平台进行传播时，帮助大疆实现了产品的二次宣传。

最后，大疆勇于承担社会责任。例如，2016年大疆曾举办"天空之城全球慈善摄影展"，展会通过竞价的方式出售参展作品，所有收入均捐献至帮助自闭症儿童的慈善基金。源于大疆无人机强大的科技创新积累，大疆在农业无人机上也有很大突破，除惠农促销政策外，还多次捐赠无人机至贫困山区或边远地区，帮助当地群众实现增收、增产或帮助政府实现构建绿色生态的目标。2022年7月，大疆向中国乡村农业发展基金会捐赠15架农业无人机，帮助实现农业增产的目标。此外，大疆自2013年起举办RoboMaster机甲大师高校系列赛，最高年投入达到7 000万元。这一赛事每年都会吸引全球超过400所各类高校报名参加，累计向社会输送3.5万名青年工程师。通过与数百所国内外学校开展人才联合培养，用实际行动展现社会使命。

企业要把惠民、利民、富民作为科技创新的重要方向，开发更多的科技产品和服务不断满足人民美好生活的需要。大疆正是这样一家科技创新公司，除了自身有强大的创新实力、优秀的营销模式，还将科技创新成果真正落到实处，提升了社会福祉。

资料来源：魏剑秋根据网络资料编写。

思考题：

1. 大疆采用了哪些促销策略？
2. 大疆针对新产品的促销方式是什么？
3. 大疆进行社群营销的目的与效果是什么？
4. 大疆勇于承担社会责任，这会对品牌产生什么影响？
5. 请你谈谈大疆如何更有效地利用新媒体与用户沟通。

第 14 章
CHAPTER 14

场 景 营 销

§本章提要

本章将探讨移动互联网时代场景营销的本质。场景营销关注场景化产品与消费需求的契合，通过场景分析和服务场景创设与消费者进行沟通，精准识别和响应消费者的场景化需求，从而创造更好的消费者体验。首先，分析场景营销的概念和基本特征，比较场景营销与传统营销及互联网营销的不同。其次，阐释场景营销战略和策略的设计方法，揭示企业运用场景营销构筑竞争优势的基本规律。最后，归纳场景营销的价值创造思路，展望场景营销的价值创造潜力。

14.1 场景营销概述

移动互联网时代的场景理论为场景营销发展奠定了理论基础，由此归纳场景营销的概念内涵和基本特征，揭示场景营销与其他营销方式的区别和本质特色。

14.1.1 移动互联网环境下的场景理论

1. "场景五力"的内涵

移动互联网技术改变了原有的社会生活和商业模式，移动化、智能化的服务场景无处不在，推动了"互联网＋"向更广泛的领域发展，有力拓展了移动互联网应用场景，为教育、金融、零售、餐饮、旅游出行等多种行业带来了变革。在移动互联网环境下，"场景"作为社交媒体发展要素走入大众视野，肇始于罗伯特·斯考伯和谢尔·伊斯雷尔在《即将到来的场景时代》提出的构成场景的五种技术力量（即"场景五力"），包括移动设备、大数据、传感器、社交媒体、定位系统。以"场景五力"为核心的场景技术力量帮助企业基于数据思维实现用户画像，将用户偏好和行为数据化，反映用户社会生活和需求的基本面貌，从而更有效地识别用户和预测用户行为，为场景营销决策提供依据。

"场景五力"引爆了场景时代的技术变革。斯考伯和伊斯雷尔（2014）指出"谁能占据场景，谁就能赢得未来。如今，我们正处于一场变革之中，面对社会和移动云技术的融合，整个世界都在发生改变，一个重大变化就是技术变得更加直观，企业必须每天聆听用户的需求，参与其中并赢得用户的信任"。在场景时代找到企业的商业价值，可以实现更加个性化的、适配的产品和服务设计。例如，智能汽车、智能穿戴设备、智能家居辅助系统都可以成为用户的贴身助理，每个产业都在场景时代出现巨变。曾经看似遥远的概念和技术已经有了实现方法，依靠"场景五力"结合人工智能（AI）、虚拟现实（VR）和增强现实（AR）技术的运用，以及 AI 技术和物联网技术的融合，都能为用户创设更多的场景感知式服务，也为多种行业在产品设计、服务方式的创新带来启迪，提升用户体验和生活质量。

┊营销延伸┊

场景技术的意义建构无处不在。技术发展的使命在于造福人类，始终与人类福祉息息相关。如今，新技术为人们的日常生活与商业组织提供了数不胜数的意义建构可能性。例如，海尔发布全新扫地机器人和智能控制应用 app，增加了可视化地图，用户可以按照自身要求制定和调整清扫路径。大疆创新 2017 年发布的晓 SPARK 掌上无人机，开启用手势即可控制飞行的全新人机互动方式。吴声（2017）认为，在以数据为生产资料的时代，生产数据的能力越强，想象空间和创造能力也就越大。新技术正在不断寻求爆发时机，以建构新的意义和价值。物联网、大数据、社交网络等一系列场景技术和应用，将彼此孤立的价值点不断连接、创新、生长和蔓延，使之成为线状或面状，甚至是多维的网状结构。技术创新是意义建构的基础动力，意义建构在很大程度上依赖于技术进化引领的用户行为进化、生活方式进化，是人们对生存意义和价值创新的一次次升级。

资料来源：于萍根据网络资料编写。

2. 场景的含义

在移动互联网时代，场景的概念内涵得到空前延伸。场景概念源于影视语言学，原本意味着物理和空间范畴的环境和氛围。场景理论认为，场景是指人与周围景物的关系总和，其核心是场所与景物等硬要素，以及空间与氛围等软要素。在移动互联网背景下，场景概念突破了原有的物理空间边界，实现了"实境场景"与"在线虚拟场景"的有机融合，引发了学者们以场景为入口，分析不同应用场景下的消费行为，进而反思场景理论的本质，那就是建立在大数据基础上的、由移动互联网为大数据库提供内容的理论探索。大数据内容是场景分析的基础，用户在不同场景下的信息检索、消费、社交等应用体验，都影响用户对移动应用服务的满意度和忠诚度。

还有学者从社会化媒体研究的视角，分析场景作为移动时代新要素的存在。彭兰

（2015）认为，场景分析和场景应用的目标在于，提供特定场景下的适配信息和个性化服务。因而，移动互联网环境下的场景包括虚拟场景和应用场景，其中的应用场景是指移动互联网的一个应用服务使用户所处的场景，是移动互联网时代争夺的目标。另外，可以从场景信息内容角度来解读场景，即全部与用户任务相关的信息（Pandit 和 O'Riordan，2016）。营销管理者应分析场景信息所传达的用户需求及其实时状态，提供及时精准的产品信息和在线服务。

综上分析，移动互联网环境下的场景，既包括在线虚拟场景，也包括即时应用场景，包含与用户任务相关的各种信息。场景分析需要把握应用场景下的用户偏好、心理和行为，通过创设个性化和场景化的用户体验来实现用户满意和忠诚。场景为企业开发新产品和新服务提供思路，为多种行业重构业务模式带来新机遇，给行业的转型升级注入动力。场景理论的提出，对于管理用户体验提供了全新视角，也预示着移动端客户服务设计所面临的新挑战。

┊营销延伸┊

在移动互联网时代，场景应用开发要"以人为本"，从细节上更加关注用户体验。场景应用（Live app）已成为移动应用服务竞争的主要领域，场景应用体验对于吸引和保留用户至关重要。站在企业的角度，重视用户体验，想方设法创设和传递优质的用户体验，反映了企业的营销观念和价值观。在场景应用开发过程中，更应细心考虑用户的体验诉求，从感官设计入手，为用户创造更好的应用体验。费显政和肖登洋（2020）研究发现，移动端 app 图标的视觉元素之一"尖锐"对用户偏好有一定作用。这是因为，图标的尖锐特征通过"触觉心象"引发了用户的感知威胁。即使用户在不同智能终端对不同类型 app 图标的实际触感没有明显差别，或者不直接触摸 app 图标，此效应依然存在。而且，不同感官（视觉、触觉）之间存在交互作用。研究启示在于，app 开发者在设计图标时，要考虑 app 对用户所产生的综合印象，既有功能、口碑等要素，也有感官体验成分。app 的某些乍看起来微不足道的呈现元素，都可以成为影响用户偏好的重要元素，需要企业认真对待。

资料来源：刘冰根据网络资料编写。

14.1.2 场景营销的概念界定

场景营销（Contextual Marketing）是指在移动互联网环境下，借助场景信息分析来识别营销机会并与目标用户及时沟通，以激发用户的场景感知，从而引导消费行为，创造与场景需求适配的产品和服务体验的过程。Kenny 和 Marshall（2000）较早提出了场景营销的概念，指出移动化无线设备可以帮助企业在任何时间和地点接触顾客，企业应发挥移动互联网的业务创造能力，把握基于消费场景的营销智慧和机遇。Luo（2015）认为，场景营销是指在无线移动通信、个体数据分析和互动平台创建等各种新技术的支持下，在实时虚拟空间状态下更有效地接触目标用户并创造营销机遇的过程。为了揭示场景营销的本质，于萍（2019）从不同视角对场景营销的概念内涵进行梳理，归纳为以下三类视角。

1. 环境应对视角

场景营销是对商业环境变化的回应。商业场景的变迁塑造了更加动荡的营销环境，企业需要同时面对环境的复杂性和进化的持续性。为了把握营销环境动态，场景化营销智慧及相关方法成为有效策略，通过场景来定义产品和服务，能够及时响应消费市场需求的变化。这是因为，即使是同一个用户，在不同场景下也会表现出截然不同的行为，这种差别甚至会超过同一个场景下不同用户的行为差异。因此，场景营销是企业在移动互联网环境下响应消费需求和环境变化的应对选择。

2. 场景分析视角

该视角主要关注场景信息对场景营销的价值，从场景信息分析的对象和方法入手，阐释场景营销的内涵。Pandit 和 O'Riordan（2016）认为场景包含了不同场景应用中与用户任务相关的全部信息，场景就是信息的一种组织和表现方式，涵盖了与用户活动和任务有关的或影响用户的所有信息。场景营销就是在互联网系统、大数据和移动应用软件的支持下，通过场景信息的推送和反馈来激活用户的场景感知并进行有效的场景化沟通的过程，场景营销的一项重要工作就是场景信息分析。

3. 用户体验视角

该视角以用户需求为中心，在考虑场景营销实施方法的同时，更注重用户体验效果。Luo（2015）认为，随着越来越多的用户习惯于通过智能设备随时随地进行在线消费，场景营销通过向用户适时推送相关的、场景化的产品和服务信息来接触在线用户，通过完善用户体验来维持用户关系。在信息超载的情境下，用户需要的是在特定时点精准适配的场景化产品和服务，这既是用户体验的基础，也是场景时代用户满意和忠诚的来源。

14.1.3　场景营销的基本特征

场景营销旨在为用户提供场景化的解决方案，但是又不同于传统互联网营销。从营销的情境、方法和效果等方面归纳场景营销的特征，体现为以下三个方面。

1. 情境依赖

为了概括场景营销区别于其他营销模式的特征，引入"情境依赖"作为解释场景营销特征的基本概念，表明移动互联网用户在接触到一项服务时所体验的来自环境、个人和情绪等方面的状态。场景营销运作至少需要三个维度的信息，即用户识别（个人信息、背景、偏好等）、可连接的具体位置和当下的时间点。这三个维度的场景信息刻画了用户需求的现实情境，是场景化产品和服务开发设计的依据。企业开展场景营销需要把握当下情境，分析消费行为与情境的关系，场景营销是依赖于情境而运作的营销模式。

2. 移动化和个性化

根据用户场景预测用户偏好和行为，移动个性化营销正成为越来越重要的营销工具，通过场景数据挖掘来理解用户偏好、推送客户化的产品和服务信息，响应用户对产品和服务的个性化需求。在此过程中，多维度的场景信息可用于预测消费行为。场景营销能借助各种移动应用和社交平台软件，随时随地触动用户，拓展营销实施的时空范畴，增加在线交易的成功概率。移动化技术连接了购物场景下的用户、雇员和企业组织，营销者通过设计和运用智能推荐系统，创造个性化的解决方案，成为用户购物评估、决策和选择的依据。

3. 智能化适配和连接

为了实现智能化适配的场景营销效果，营销者将位置信息与用户物理环境的其他数据层相结合，来预测用户对营销信息的反应。研究发现，物理环境的天气数据就会对用户的营销信息接受度产生显著影响，环境中的人口密度也会影响移动设备的使用和促销响应。营销数据分析应关注用户对智能产品和服务的接受度、采用过程和信任建立。因此，场景营销的特征还体现在通过用户与产品及现实世界的智能化连接，实现产品与服务对消费需求的智能化响应和精准适配。

│营销链接│

作为典型的绿色环保共享经济模式，共享单车满足了人们对低碳出行的场景化服务需要。通过在校园、地铁站点、公交站点、居民区、商业区和公共服务区等环境提供服务，共享单车带动了人们使用分时租赁交通工具的热情，也与其他的公共交通方式产生了协同效应。比达咨询发布的《2016 中国共享单车市场研究报告》显示，截至 2016 年年底，中国共享单车市场整体用户数量已达到 1 886 万人，其中男性占比 54.2%，女性占比 45.8%，25～35 岁人群使用最多，就使用频率而言，每周使用 3～4 次的用户最多。在此之前，中国共享单车市场经历了三个发展阶段。2007—2010 年为第一阶段，兴起于国外的公共单车模式开始引进国内，由政府主导分城市管理，多为有桩单车。2010—2014 年为第二阶段，专门经营单车市场的企业开始出现，但公共单车仍以有桩单车为主。2014 年以后为第三阶段，随着移动互联技术的快速发展，基于移动互联网的共享单车应运而生，更加便捷的无桩单车取代有桩单车。在最大化地利用公共道路通过率的同时，为用户提供更人性化、更高效、更细节的场景应用体验，是共享单车提高用户满意和忠诚的关键。

资料来源：陈敬文根据网络资料编写。

14.1.4　场景营销与传统营销及互联网营销的比较

相比传统营销模式，场景营销在运作的时空维度、营销功能与价值创造等方面独具优势，较之一般意义的互联网营销也有不同之处，如表 14-1 所示。

表 14-1　场景营销与传统营销及互联网营销的比较

比较维度	传统营销	互联网营销	场景营销
时间	聚焦短期效果	追求长期效果	兼顾短期和长期效果
空间	传统分销渠道	非居间化与网络中介	线上与线下相融合
营销功能	营销组合：产品、价格、渠道、促销	营销组合需要以下活动作为支持：顾客关系管理；企业资源计划；关系营销；知识管理；供应链管理	营销组合策略的支持性要素和活动：场景和场景维度构建；移动互联网；移动设备、大数据、传感器、社交媒体、定位系统；智能化适配和连接
价值创造	信息是营销价值创造的支持性因素	信息本身为具有价值的资产	场景信息分析与场景技术力量的价值创造

首先，在营销效果的时间维度上，传统营销往往在短期内效果显著，互联网营销更关注对用户习惯和偏好的长期培育，因而追求长期营销效果。相较之下，场景营销既关心当下场景的用户需求满足及产品体验，又追求高频场景下产品或服务与用户的长久紧密连接，因而是兼顾短期与长期效果的营销模式。

其次，在营销的地点空间维度上，互联网营销在电子化、网络化技术的推动下弥补了传统营销通过分销渠道接触用户的不足，实现了非居间化并引入了网络中介，颠覆了传统营销运作的时空观。场景营销则通过场景连接了线上虚拟环境界面与线下实境空间，实现了线上与线下渠道的紧密融合，更具有精准营销的便利性。

再次，在营销功能的实现上，传统营销的营销组合策略在面对多元化、个性化消费需求的识别分析上仍存在缺口。场景化技术实现了对用户与产品或服务的智能化连接，场景营销组合找到了更广阔的功能发挥空间。因此，营销人员需要认识到技术驱动营销模式变革的重要性，营销技术变迁也是发现新市场、催生新品牌和新市场领导者的重要力量。

最后，在营销的价值创造上，传统营销认为信息是营销决策和价值创造的支持性因素，互联网营销则视信息本身为具有价值的资产。相比较而言，场景营销更注重运用场景技术力量和场景分析模型，挖掘场景信息中蕴含的营销机会，通过"精准连接"和"用户转化"实现价值创造。

14.2　场景营销战略与策略设计

在信息过载和消费者时间碎片化的状态下，场景为企业进行市场细分、锁定目标市场和实施市场定位提供了新依据，也为场景营销战略指引下的策略设计带来启示。发现新场景或者构建新的生活场景，都为场景逻辑下的商业关系重构带来契机。

14.2.1 目标市场营销战略下的场景细分

场景细分是指以场景作为依据，区分不同的消费者群体，识别同一场景下消费者共同的场景化需求的过程。移动互联网环境下的场景作为消费需求的入口，已成为企业进行市场营销细分和制定营销战略的依据。在营销环境变迁的驱动下，出现了企业市场营销战略的新动向。为了把握市场机遇，企业需要探索新的细分市场来识别目标消费者。如何发现新的细分市场？立足场景，能够从中获得启发——在同一场景下，不同消费者的需求是如此趋同，以至于形成不可忽视的市场需求潜力，由此聚合起了该场景下的庞大的消费者群体。

因此，解读具体场景下的共同的消费需求，洞察由场景激发的对产品和服务的价值诉求，是场景营销战略的基础。在场景营销研究的推动下，传统市场营销关于市场细分的变量体系需要进一步扩充完善。作为理论探索，场景细分考虑将场景纳入细分变量体系，以提供更完备的场景营销战略决策依据，即时间、地点、参与者及活动、场景环境要素、文化符号、场景意义建构等。

场景之所以有潜力成为新的市场营销细分依据，缘于场景因素会影响消费者行为和消费文化的形成，但是在运用场景进行市场细分时也面临不少挑战。一方面，由于现实生活场景趋向动态化和多元化，消费文化在不断发展变化的进程中，场景智能技术和消费理念持续更迭，消费者经常要面对时间碎片化和信息碎片化的状态，导致消费者的场景感知也趋于碎片化；另一方面，场景理论构建的内涵边界也在不断扩张，也难以对场景进行科学、准确的测量，这无疑增加了场景作为市场细分变量的操作难度。但这并不意味着在营销战略层面无法识别和定义场景，现有学者的理论观点为人们提供了值得参考的框架。考虑以下两条思路对场景进行细分，推动场景营销战略的实施。

1. 基于服务场景维度的场景细分

服务场景（Servicescape）是指服务场所经过精心设计和控制的各种环境要素，也是服务环境研究中的一个通用术语。服务场景维度的提出，有助于人们建构服务场景战略，全面理解经过精心设计和控制的各种环境要素，从而将场景具象化。Rosenbaum 和 Massiah（2011）提出了服务场景的 4 个主要维度，即服务场景的物理维度、社会维度、社会象征维度和自然维度（见图 14-1）。根据服务场景维度对场景进行细致刻画，能够发现服务场景创设的基本方向，从而识别潜在的场景化需求。

服务场景维度从理论上解析了创设服务场景应具备的基本要素来源，为人们提供了洞悉消费者对服务场景需求的一种思路框架，更为企业提供了基于服务场景建构来沟通消费者的战略设计要点。关键在于，通过场景分析来识别消费者在某一具体场景下的价值诉求，既包括产品和服务的功能性价值，也包括社会价值、情感价值和文化价值等多重价值体系。企业只有实施准确的价值定位，才能更有效地触达目标市场，实现场景营销战略目标。

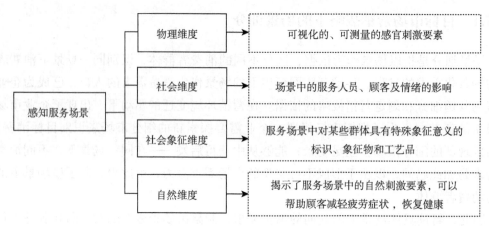

图 14-1　服务场景的四个维度

2. 基于社会生活场景的场景细分

在关于社会生活场景的研究中，多伦多大学的社会学者丹尼尔·A.西尔（Daniel A. Siliver）和芝加哥大学的社会学者特里·N.克拉克（Terry N. Clark）对场景理论进行了细化。他们认为场景是强有力的概念工具，可以辨别不同地方的内部和外部所呈现的具有美学意义的范畴和结构，从而发现文化生活的聚集。西尔和克拉克（2019）提出了"场景文化价值观"定性经验的 3 个维度，即真实性、戏剧性和合法性，作为场景生活的内在环境，给出"场景的 15 个文化价值观维度"以表达人们的内心感受（见表 14-2）。

表 14-2　场景的 15 个文化价值观

真实性		戏剧性		合法性	
本土的	全球的	爱炫的	矜持的	传统的	新奇的
族群的	非族群的	迷人的	普通的	领袖魅力	常规的
国家的	非国家的	睦邻的	冷漠的	功利主义	非生产性的
企业的	非企业的	越轨的	遵从的	平等主义	特殊主义
理性的	非理性的	礼节的	非礼节的	自我表达	含蓄表达

社会学视角下的场景理论关注"人"和"个性"，认为"并非某个特征而是全部特征构成了独特的场景"。在这样的研究观念下，场景的组合体不能被认知过程直接捕捉，只有当场景被分解为许多组成部分后，再重新组合在一起的整体才意味着独特的场景。因而，上述 15 个维度构成了场景多元化的组成部分，如何将其重新组合是建构场景时面临的核心问题。西尔和克拉克提出的场景分析维度帮助人们识别其中可能会涉及的概念，并提供一系列观察和思考的线索。但这只是社会生活场景分析维度的部分构成，它的维度还在不断发展之中。随着社会文化的持续建构和动态演进，消费者需求和行为也在为更加丰富多元的社会意义建构提供动力，社会生活场景将会迎来更多新的内容，被赋予更多意义和价值。

14.2.2　场景营销组合策略

场景营销组合（Contextual Marketing Mix）是在移动互联网环境下对传统市场营销组合范式的新发展，旨在提升消费者场景感知价值，促进消费者的响应性和互动性。以场景触发消费需求，只有通过精准识别和响应消费需求的痛点，才能拓展企业的业务边界。在多种行业背景下，需要考虑不同产品的品类属性，对场景营销组合模型进行适应性设计。

1. 场景营销产品策略

场景营销产品既包括有形的场景化产品，也包括无形程度更高的场景化服务。场景化产品和服务是在特定场景下满足消费需求、传递消费者价值的基本载体，因而更加注重细节设计，以满足消费者场景化需求，创造更好的应用体验。吴声（2017）认为，细节是产品角度的设计准则，"更细节"则是消费者角度的产品哲学。更细节不能简单地理解为产品和服务的升级，而是源于对产品与服务的核心价值的深刻理解。场景化产品和服务由于与消费者在当下时空的消费需求有更高的适配度，从而影响消费者的感知有用性、满意度和重购意向，使消费者获得更高的场景感知价值。在具体策略层面，营销提供物的场景感知价值会在特定的时间和地点，影响消费者当下的兴趣关注和行为决策，以促进交易的实现。

场景时代的产品设计更应坚持用户思维，秉承顾客导向。借鉴设计领域的"五感设计"理念，场景化产品设计不应只着眼于视觉和触觉，更应融合听觉、嗅觉、味觉等多种感受，创造让消费者感到惊喜的美妙体验。为此，需要对消费者个体的意志表达和场景化需求有充分的理解、尊重和承接，通过诉诸体验升级的产品和服务来呼应用户的情感和精神诉求。具体做法包括重新定义产品、跨界合作等方式，都有助于产品（或服务）的场景化设计和创新，有效连接用户，甚至超越用户的期待。

营销延伸

正能量价值观的建立，无论对个人成长还是企业发展，都具有重要意义。中华老字号承载着中华商业文明的精神力量，通过产品来传递品牌价值观。"稻香村"这个名号取自"稻花香里说丰年，听取蛙声一片"。"稻香"两字，寓意五谷丰登、年岁太平。稻香村之所以长盛不衰，源于对"诚信为本"这一优秀传统价值观的坚守，也体现了稻香村对企业社会责任的践行。为了保证原材料的质量，稻香村专门成立了原材料生产基地，自主生产高质量的芝麻香油、麻酱等，选材近乎苛刻，绝不允许以次充好。在弘扬传统食文化的同时，稻香村不断融入新的时代元素，形成了"厚道做人，地道做事，成人达己，追求卓越"的经营理念，让以传统价值观为根本依托的美味在历史传承中得到了全面弘扬，展现出深厚的文化底蕴和时代气魄。如何让年轻人爱上传统糕点？稻香村从产品理念、包装设计等方面入手，积极开展跨界合作，利用新媒体平台和粉丝互动。2016 年 G20 杭州峰会召开期间，稻香村集团与中国国家博物馆开展跨界合作，共同开发品牌衍生品，将国家博物馆的书画珍品图像运用至稻香村月饼礼盒包装上，展示精美的古画人文场景，为民族品牌走出国门增添了浓郁的国风气场。

资料来源：于萍根据网络资料编写。

2. 场景营销定价策略

企业对场景化产品和服务的定价决策，应遵循市场营销定价的基本规律。值得指出的是，在社交、娱乐休闲、教育学习等多种场景下的产品定价，需要考虑数字化产品的属性特点。由于数字化产品具有高固定成本、低边际成本的特点，王永贵（2022）认为数字化产品的定价策略主要包括以下三个方面。

一是差别定价策略。场景时代的数字化产品具有鲜明的个性化和异质性特点，旨在响应消费者群体的场景化消费需求。企业可以根据产品和服务的特点进行差别定价。例如，面对用户出行场景的个性化服务需要，优步（Uber）根据用户出行的时间对服务产品进行差别定价。又如，很多旅游景点根据旺季、淡季的划分，为门票制定不同的价格；歌剧院也会根据座位位置的差别设定不同的票价。

二是捆绑定价策略。企业基于对消费者行为和心理的分析，将数字化产品或服务进行捆绑销售。进行捆绑销售的产品或服务大多具备互补性或场景联动性，通常捆绑后的定价会在总价格的基础上给予一定的优惠。例如，购买机票的购票界面会自动出现附带酒店优惠券的捆绑产品，消费者若在一个月内使用，可获得一定金额的返现。该种策略需要企业识别具体消费场景下产品或服务的关联性和互补性关系，以场景为连接纽带和突破口，捆绑销售和推广具有场景关联性的产品或服务。

三是免费定价策略。由于数字化产品或服务的边际成本趋于零，很多互联网初创企业采用免费定价策略来吸引消费者。随着场景应用领域竞争的加剧，很多 app 可以供用户免费下载，但只能使用 app 内的部分功能，若要启用全部功能则需要付费购买，企业能够通过该种定价策略增加盈利。采取免费定价策略的企业，虽然无法在产品或服务上获取利润，但是可以通过该策略提高企业知名度、树立企业形象，吸引战略合作者并获取收益。

3. 场景营销渠道策略

在以互联网为代表的新经济模式下，零售业无疑是受互联网冲击影响最大的行业之一。传统实体零售店铺的人流量减少，但是维持运营的成本开支不降。在网上购物逐渐成为大众普遍选择的情况下，传统实体零售模式受到了前所未有的考验，继续固守陈规、苦熬坚持，还是走出一条不同以往的新路，成为零售业面对的核心问题。零售渠道模式的变革势在必行。

"新零售"在场景化背景下应运而生。小米之家、盒马鲜生、无人便利店等诸多零售模式的场景化改造逻辑，都反映了一个基本思想：新零售的本质，是消费者思维进化与商业模式的迭代，以大数据支撑场景洞察，以体验设计为基础架构的信用关系与效率体系。在互联网和移动互联网平台快速发展的态势下，零售业面临来自多渠道分流的挑战，而多渠道并存的状态将会一直持续。唯有重构零售商业模式，实施场景商业模式下的营销渠道变革，才能把握"互联网+"背景下的商业逻辑。

在场景营销渠道变革的推动下，零售服务场景的实体空间和网络虚拟环境的界限日益模糊，线上和线下融合的商业模式迅速发展，实现了跨渠道、多平台的营销资源整合。消费者将移动设备连接免费 Wi-Fi 视为零售服务体验的一部分，消费者个体作为自媒体传播主导者，正成为流动的媒介单元。实体零售空间中的消费者可以借助摄像头、多媒体 app 工具、5G 或 Wi-Fi 等移动通信网络，实现个性化、准专业的内容生产和再生产，将来自实体空间环境的消费体验定向、精准地分享到网络社群的虚拟空间，分享效果会被微博、微信朋友圈等社交工具与移动应用无限放大，从而聚集更多的潜在消费者。

营销延伸

构建和谐、文明、繁荣的互联网消费文化，是网络文化建设的重要组成部分。营销渠道变革为互联网消费文化的发展提供了新动力。O2O，既可以理解为 Online to Offline，也可以理解为 Offline to Online，是指将线下渠道的商务机会与互联网相结合。线上零售平台作为实体零售渠道的补充，可以强化零售企业的"互联网+"服务能力，并将此能力转化为社会化释放和应用。关键是传统零售业在互联网环境下的过渡与转型，实现商业模式的重构。例如，转型之后的苏宁尽管整个零售业增长放缓，但是在 2015 年的全渠道销售额增长仍超过 20%，线上销售额增长 80%。因为采用了"互联网+"模式，充分体现了由互联网大数据和消费者个体数据分析所驱动的零售管理创新，推动了场景时代新消费文化的发展。再如"主题式购物中心"承载的不仅是购物功能，更能提供社交、教育、文化体验等多维度的顾客价值，富有设计感、艺术感的主题空间满足了消费者自我表达的个性化需求。事实表明，O2O 商业模式为新消费文化的发展提供了有力支持。

资料来源：于萍根据网络资料编写。

4. 场景营销沟通策略

场景营销沟通，即通过创建特定的应用场景和内容来连接消费者，为消费者建立品牌认知和情感认同创造有利条件。具体而言，场景营销沟通策略包括场景化广告沟通、场景信息传播、场景媒介沟通等多种方式的整合运用。在向消费者传递产品和服务信息的同时，更注重沟通场景的互动性，也就是消费者的参与和反馈，以实现场景沟通价值的共创。与之相应的是，内容营销通过内容搭建消费者与品牌之间沟通的桥梁，可以为品牌塑造出更多维度的沟通场景，实现广告、内容和品牌的有机融合。品牌方和消费者都可成为内容价值的贡献者，共同提高场景营销沟通的效果。

互动沟通发生的时空场景和信息展示场景是决定沟通质量的关键因素。场景营销沟通应强化对人类视听觉等多重感官的触发，以引起消费者的关注和进一步的搜索互动行为。在此过程中，社交媒体、场景分析技术的应用，重构了消费者与品牌的关系。社会化、场景化和移动化营销（SoLoMo Marketing）理论模型认为，通过智能传感器进行大数据收集，能够提供影响消费者体验的实时场景化信息，有助于企业与消费者的互动沟通，实现场景化产品或服务的顾客价值创造与传递。

┃营销链接┃

在场景营销沟通情境下，西西弗书店通过"悦读"重塑文化生活方式。西西弗书店为顾客打造了一个完整的服务包，他们的经营理念是"引导大众精品阅读"，这是他们与顾客进行场景沟通的核心价值。书店通过官方微博进行活动宣传，有新品宣传、微博抽奖等形式，同时还定期进行线上直播分享会，与读者共创主题化的沟通场景。2020 年 9 月 28 日，西西弗书店和新经典联合策划了"纪念张爱玲百年诞辰"直播分享会。书店还举办了签售会，邀请高人气作家与读者见面，一起分享有关作品的感受。随着大数据、互联网等技术的发展，近年来线上与线下场景融合的趋势明显加快。就书店领域而言，在未来，数据价值将进一步提升，会有越来越多的实体店依靠行业数据与产品消费数据进行经营管理，数据渗透了书店从选址到经营的每一个层面。所有这些营销努力，都在指向一个共同目标，那就是通过品牌与消费者的沟通场景创设，传递以阅读为核心的文化生活方式的理念。

资料来源：陈敬文根据网络资料编写。

14.2.3 场景营销的感官触发策略

在许多场景下，人类的感官总能被不停地激活。感官营销领域的代表性学者阿莱德哈娜·科瑞斯纳（Aradhna Krishna）认为，能够愉悦人们感官的产品才更有吸引力，企业应关注、创造和突出产品带来的感官享受，通过对消费者感官的触发来建立起感官知觉与所需价值之间的联系。现有的感官营销研究关注消费者感官的心理表征，如气味、音乐、设计、味道、材质等能够提升消费者辨识和体验不同企业特质与服务场景的综合能力。因而，探讨感官营销理论在场景时代的适用性和实施策略具有更深远的现实意义。移动互联网环境为企业实施感官营销提供了新空间，也面临一系列新问题，需要把握的要点包括以下方面。

1. 场景应用开发对消费者感官体验诉求的响应

各类场景应用功能的开发极大地满足了消费者在生活、文娱、购物场景下的不同需求，也塑造了另类的感官体验。产品"功能属性"与"连接属性"的集合构成了新的场景体验。企业需要找到消费者场景体验的痛点，对消费需求进行细分，并确定场景的呈现细节。以金融服务为例，建立线上、线下融合的移动金融服务体系，在带给消费者更优质服务体验的同时，也存在着安全、消费习惯和商业模式等方面的问题。因此，对消费者生活习惯、需求偏好和感官知觉体验的探测成为关键。分析大量的、多元化、碎片化的应用场景和消费需求，发现底层逻辑的用户体验入口，成为场景应用开发的关键。

2. 移动互联网服务场景下的消费者感官认知模式

移动互联网服务场景的构建必须重视消费者的感官认知。因为消费者在亲验逻辑下可以成为"价值的共同创造者"，从而使不同场景下的产品气味、材质、味道、音乐、设计等感官表征能够提升品牌特质和服务场景的辨识度。因而，场景时代的感官营销设计更加关注消费者的场景应用体验，通过建立服务场景下的识别系统记忆符号，使消费者对产品或服务品牌的主题和风格有清晰的认知定位。体现在场景创设过程中，服务场景细节唯有与人们的生存现实相契合，才能打动消费者，这是场景应用开发者需要把握的核心问题。为了揭示移动互联网环境下的消费者感官认知模式，于萍（2018）构建了基于服务场景维度和场景技术要素的消费者感官知觉及反应的概念模型，如图14-2所示。

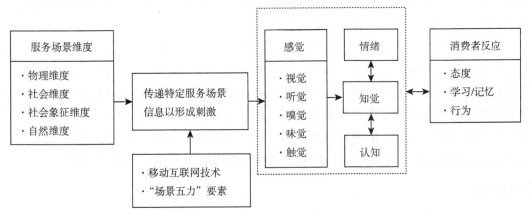

图 14-2　服务场景维度、场景技术要素、消费者感官知觉与反应模型

3. 场景应用体验的多感官交互与整合

现实环境中的消费者可以同时获取关于产品和服务场景的多种感官信息，但是虚拟环境中的个体只能获得有限且不连续的感官信息。因此，互联网服务场景的构建需要更多地触发消费者的多感官交互与整合，帮助消费者获得关于场景化产品和服务的整体印象，建立感官印记。感官印记（Sensory Signature）是指建立在消费者感官体验的基础上，由品牌形象标识、背景音乐、环境气味等线索留下感官记忆，使消费者与某个品牌产生紧密的联系。对移动应用服务商而言，触发消费者多感官认知的战略架构和实现技术需要进一步成熟完善，相应的营销策略将是未来创新的突破口。

为了应对上述挑战，企业需要实施更有效的场景营销感官策略，激发消费者在特定场景下的感官知觉和价值判断。可以从以下几个方面进行策略设计。

第一，以场景精确匹配用户需求，开发个性化、适配的移动服务界面。菲利普·科特勒认为，消费者需求是企业开发新产品的原动力和出发点，也是整体营销战略架构关注的焦点。场景时代的消费者不再满足于基本的物质生活需要，而是追求更多、更高层次的需求满足，包括精神归属和自我表达的可能。为此，需要探测消费者的实时状态、生活惯性和行为场景，开发个性化、定制化的用户服务界面，增加用户黏性。与之相适应的是，场景分析旨在识别与满足用户此刻在此场景中的需求，进而为用户提供行动路线导航并诱导新需求。为了实现该目标，需要基于位置的服务（LBS）、各种传感器以及大数据等技术的综合运用。因此，能够触发用户感官知觉的移动服务界面，需要场景分析技术的支持，向用户即时传递特定的服务场景信息。

第二，突出移动应用服务的感官信息呈现，增强社会临场感。为了提升消费者的移动应用服务质量感知，应着力打通消费者的感官通道，强化服务场景中的感官信息呈现，如虚拟现实服务操作界面、场景感知系统等。这是因为精心设计的服务环境能够提升服务质量感知并促进重复购买。尤其在网络环境下，借助虚拟现实技术，消费者可以获得更丰富的"虚拟产品体验"，触发消费者的触觉、嗅觉甚至味觉已成为可能。例如，运用可视化控件和功能性控件以及混合现实技术、增强现实技术，可以降低消费者对产品感知的不确定性，增强社会临场感和信任。

第三，借助场景感知操作系统和"场景五力"技术，实现多感官交互与整合下的场景化定制服务。认知心理学研究表明，人脑能够对多感官线索进行整合，对物体或事件生成最正确的感知，而且多种感官感知之间存在相互影响和作用，如触觉和视觉、触觉和听觉等多重感官的交互模式和整合机制。在移动互联网服务场景中，人脑的多感官交互与整合能力依然有效，借助场景技术力量，结合场景感知操作系统的应用，可以对消费者的感官知觉进行更直接有效的触发，带给消费者前所未有的智能生活体验。

营销延伸

故宫的场景呈现，充分体现了以传统文化之美触动感官。随着场景技术在各行各业的渗透应用，作为"社会系统最高配置"的博物馆，营销模式也悄然发生了变化。借助移动设备、大数据、社交媒体等场景技术力量，人们可以随时随地获取博物馆的知识资讯，通过手机应用购买博物馆主题文创商品。近年来，故宫已经建立了数字博物馆，有效丰富了线上服务场景，利用各种场景技术手段、信息化手段与大众展开更多互动，给观众带来全新的感官体验。在故宫官方网站，点击一个院落、一个房间，就能详细看到房间内容；数字技术放大后的《清明上河图》，可以详细看到当年街道景观，甚至人物的表情、头饰等。数字化技术让故宫的宝藏与人们展开了一场跨越时空的对话，让人们对藏品有了更深的了解，同时有趣的互动也给人们带来全新的感官体验。虚拟现实（VR）、增强现实（AR）等技术和智能科技，让故宫的在线参观变得更加有趣。利用人工智能、虚拟现实、语音图像识别等多种技术，观众可以穿越到历史中，感受当时的生活和情境。在智能科技和场景技术的支持下，故宫满足了观众对于在线参观体验的所有想象。

资料来源：于萍根据网络资料编写。

14.2.4 场景营销的跨文化沟通策略

在全球化时代，跨文化沟通成为品牌面临的重要议题。许多著名品牌之所以能够跨越不同国家的文化壁垒，赢得消费者的持久青睐，原因之一就在于品牌带给消费者全面而独特的文化情感体验。如何塑造具有差别化竞争优势的跨文化感官品牌，成为企业跨国运营面临的新问题。场景营销为回应该问题提供了独特视角。

不同文化背景下的消费者对感官品牌的认知定位往往是与特定服务场景相联结，服务场景氛围的创设是为了帮助感官品牌更顺利地进入跨文化消费者市场。通过服务场景在不同维度下的意义表达，引发目标市场消费者的精神共鸣。尤其是服务场景中包含的"文化隐喻"可以跨越语言表达的障碍，成为跨文化感官品牌交流的有效桥梁，引导消费者建立起对感官品牌的定位认知。鉴于此，运用场景营销开展品牌跨文化沟通有以下几个基本策略。

1. 物理服务场景策略：塑造跨文化品牌的感官识别

服务场景的物理维度是指可视化、可控的感官刺激要素，包括服务氛围、空间布局、品牌标识、象征物和工艺品等，是塑造跨文化品牌感官印记的基础。物理服务场景策略是建立在消费者可以现场感知的基础上，从服务环境设计、氛围创设和产品设计入手，运用造型、色彩、声音、气味等要素，全面触发消费者的感官系统，尤其要洞悉跨越文化的、人类共同的关于美感和情感的本质追求，将其融入物理服务场景和实体产品的感官设计之中。例如，吴裕泰、正兴德等老字号茶庄采用木质、紫砂、陶瓷质地的传统中式器具配合品级茶叶的布局展示，店员现场演示茶道、包茶等传统技艺，邀请顾客参与茶文化体验，店内茶香馥郁、古曲萦绕，手有余温、唇齿留香之间强化了顾客对茶文化的感官记忆。恰当运用造型、色彩、气味等感官要素丰富物理服务场景，可以塑造跨文化感官品牌的形象识别。

2. 社会化服务场景策略：提升跨文化品牌的关系质量

社会化服务场景策略是运用服务场景中的关系纽带的力量来提升品牌的影响力，提高品牌与消费者之间的关系质量。这是因为品牌制造商和渠道商之间的竞争合作关系在影响服务场景和布局的同时，也会影响消费者如何定义自己与这些服务场景之间的关系。场景应用为在线服务聚集消费者的关注、兴趣和交互提供了新平台，消费者在获取场景化服务的过程中强化了对品牌价值观的理解和认知。例如，国内外多个运动品牌推行数字平台建设，通过健康追踪应用程序和智能穿戴设备来实现与用户的信息互通。在社交媒体环境下，企业借助微信公众号和官方微博向用户推送最新的产品和折扣信息，精准嵌入了用户的运动健身场景，通过线上和线下服务场景的有效融合，增强了品牌与用户的社会关系强度，提升了品牌与用户的关系质量。

3. 社会象征服务场景策略：唤起象征意义认同和情感共鸣

服务场景的社会象征维度是指服务环境中对于某些群体具有特殊象征意义的能够唤起回忆的标识、象征物和工艺品。跨文化感官品牌在进入新的海外市场后，通过开发、设计指向特定群体的服务场景策略，传达使用该产品或服务的象征意义与隐喻，从而唤起目标消费群体的关注和兴趣。该策略运用于建筑场景设计之中，能够唤起观者对场景要素象征意义的认同和情感共鸣。在城市公共服务场景建设的案例中，凌继尧（2006）分析了下面这个案例：设计师查尔斯·摩尔在延续城市文脉的基础上，考虑公共场所的使用功能，设计了一个精美、浪漫的庆典广场，把历史文脉和通俗文化相结合，融合了传统与前卫、高雅与世俗，是跨文化背景下社会象征服务场景策略的完美运用。对跨文化品牌而言，具有象征意义的产品标识和元素能够增强目标市场消费者的认同感，为建立和维系品牌关系提供依据。

营销链接

在国货品牌复兴的当下，百雀羚将中国传统文化元素与自身的"美学基因"相结合，以现代视角传承和创新传统文化，塑造了"国潮"崛起背景下中国美妆品牌的文化自信。东方之美，有独特而深厚的语境表达，诉诸具有象征意义的色彩、形制、标识、象征物和工艺技术，对中国消费者和向往东方文化的国外消费者有着极强的感召力。百雀羚通过产品工艺及包装的研发创新，向海内外消费者诉说着"东方之美，不在于宏大，而在于以小见大、匠心独运"。百雀羚与宫廷文化珠宝设计师合作打造"见微知著"系列，以产品品质与文化情感为纽带，塑造富于象征意义和文化感召力的品牌沟通场景。例如"雀鸟缠枝"宫廷系列成品，百雀羚将东方之美融入时尚潮流，将深受女性喜爱的眉笔、口红等美妆物件与宫廷鏨花金什件相结合，运用传统"金镶玉"技法、鏨花法，将暗藏在乾隆花园倦勤斋中的江南元素融入细节设计，成就了兼具实用性和美观性的雀鸟缠枝美什件成品，饱含祥瑞祝福之意。再如，百雀羚与非遗IP"南京云锦"联合定制"云锦东方"限定礼盒，用现代审美结合妆金、妆彩等传统工艺，唤起人们对东方古典之美的情感共鸣。

资料来源：于萍根据网络资料编写。

4. 自然维度的服务场景策略：促进身心健康、提升审美体验

服务场景的自然维度是指场景中帮助消费者减轻疲劳感、恢复身心健康的自然刺激要素，表明服务场景中的自然要素对公共健康的作用。可以通过自然风格的服务场景设计来触动消费者，让消费者从中获得情感愉悦和慰藉，甚至陶醉于这种场景所蕴含的审美体验，达到忘我的沉浸状态。作为中国古典园林的杰出代表，苏州园林模拟大自然的风景，在有限的空间里巧妙安排园林建筑，通过借景和造园，精心搭配假山、池水、花木、亭台，形成了可入诗入画的山水园林，创造出人与自然和谐相处的场景环境，是世界园林史上的瑰宝，令世界各国游客为之向往。苏州园林中的拙政园、留园、网师园

等 9 座著名园林也于 1997 年被列入《世界遗产名录》，向来自不同文化的游客立体地展示中国传统文化，传达出自然维度下中式园林场景的独特审美体验。在移动互联网环境下，为了便于人们在网上也能随时随地领略苏州园林的风光，苏州园林在官方网站运用 VR 技术推出"VR 游园"，使得陶冶身心的园林场景不再遥远，用户可以自主操作在线参观路线和目标，从而深入园林内部观察每座庭院的山石、池水、植物和建筑构造，提升了园林景区与公众的在线场景化沟通效果。

综上，唯有把握跨越文化壁垒的人类共同的本质需求，如健康的生活方式、自我表达和自我实现、归属感与爱意等价值需求维度，才能更精准地创设跨文化沟通场景。只有通过服务场景的创设来传达品牌精神，帮助消费者识别、感知品牌文化，才能建立起消费者对跨文化感官品牌的喜爱和认同。服务场景是感官品牌释放魅力的整体氛围和情境依托，是对消费者感官知觉、情绪、心理和行为的全链路触动。场景营销正是通过服务场景和应用场景的创设，实现品牌的感召力和品牌忠诚。

14.3 场景营销的价值创造

对企业和消费者而言，场景营销都有价值创造意义。企业通过场景营销把握潜在营销机遇，实现差别化竞争优势。消费者通过参与场景营销，获得场景化感官认知和互动沟通体验。因而，场景营销是多元化、多维度的价值创造和意义建构，为企业和消费者都提供了移动互联网时代的全新解决方案。

14.3.1 场景营销对企业的价值

企业通过捕捉和创设新场景来挖掘消费需求，增强企业与消费者之间的关系。用户数据、场景定义、连接效率成为决定企业场景营销绩效的关键变量。场景营销对企业的价值体现在三个方面：一是基于场景分析来识别消费者和消费需求，发现潜在细分市场；二是基于场景化需求，重新定位产品和服务，在具体的细分场景维度下推动产品和服务的创新；三是基于场景跨界合作，实现品牌间的优势互补和协同效应。

1. 发现机遇：识别目标消费者与潜在市场

在移动互联网时代，企业面临的核心问题之一仍是如何发现和定位目标消费者，并将其转化为现实消费者。面对移动互联网环境下的信息爆炸和用户越来越多的碎片化时间，场景营销为企业识别目标消费者与潜在市场提供了更多可能。

在实施方法上，场景营销基于场景信息分析来捕捉其中蕴含的消费需求，进而明确潜在市场。相关研究主要关注细分场景下的消费者需求动向、场景消费行为数据分析技术，以及根据用户场景来预测用户偏好和行为的分析框架。考虑智能终端移动应用的数据分析需要，Pandit 和 O'Riordan（2016）提出了场景数据共享的理论观点，构建了"场景数据共享"分析模型，研究了在智能手机移动应用中识别、储存和共享场景信息的方法，拓展了本地设备服务数据的分析方法。为了满足消费者在当下时点的个性化需求，需要创建能够提供适配的、客户化产品和服务的场景数据分析模型，才能实现场景营销对用户偏好和行为的预测。因而场景营销帮助企业打开了认识市场的新视角，运用场景分析技术识别潜在市场需求，发现并把握新的市场机遇。

2. 激发创新：重新定位产品和服务

在新技术发展、消费市场变化以及市场竞争的推动下，企业都在重新定义自身的业务。这是因为消费场景创新带动了产品的持续迭代，有助于实现具有互补性质的产品创新。新消费场景激发了产品和服务创新，基于场景来重新定位产品和服务，调整、创新产品和服务设计，成为企业创造和传递顾客价值的新途径。例如，针对消费者多场景的生活、工作、文娱和在线社交的趋势，对智能手机的操作系统、交互界面和功能进行改进设计，重新定义智能手机对于人类生活的价值内涵和意义，也推动了手机产品研发的创新升级。再如，作为服务创新的一种形式，零售电商的移动应用程序中包含扫描功能，消费者扫描店内的产品条码，就会看到来自平台的可供选择的相同商品，便于消费者了解更多信息，实现线上与线下服务场景的有机融合。

围绕着消费需求这个核心，将产品和服务与消费者的日常生活紧密相连，才能在消费者的心中占据不可替代的位置。场景营销就是基于不同生活场景下的市场需求本质，拓展企业产品和服务的原有边界，进行持续的创新。例如，华为公司通过捕捉和分析消费者在社交、购物、健身和娱乐等多种场景下的个性化需求，运用场景技术预测和响应消费者需求，对华为手环等智能穿戴设备和智能手机等产品的功能、配置和服务界面进行创新设计，重新定义公司的产品和服务，从而获得了消费者的认可与好评。

▏营销链接▏

场景时代的华为，坚持奋发有为。2019 年 6 月 10 日，外交部发言人耿爽在例行记者会上披露，华为公司已经在全球 30 个国家获得了 46 份 5G 商用合同，越来越多的国家和公司，根据自身利益和长期与华为合作的经验，做出独立自主的选择。得道多助，这是华为持续技术创新的自信，更是营销战略创新的战果。"高端引领，整体演进"是华为战略定位的精髓。只有不断挺进高端、奋斗高端，勇于冲击技术尖端，才能与合作者长期共享整条产业链的利益。华为开辟了一个全新的营销时代，其营销战略是基于移动互联网的时代呼唤，也是基于华为高屋建瓴的全球战略抉择。全连接、大数据与高流量已成必然趋势。在 2019 年华为中国生态伙伴大会上，华为宣布将"平台 + 生态"战略演进为"平台 +AI+ 生态"战略，为合作伙伴提供"+AI"的支持。华为智慧园区核心伙伴达 3 000 家，华为将与合作伙伴一起，推动智能时代的到来。

资料来源：销售与市场网，华为渠道战略：从直销、分销到生态营销，2019-07-17。

3. 跨界融合：优势互补与战略协同

场景时代的企业合作方式更加丰富立体。通过跨界合作，让不同品牌在保持各自独特性的同时拥抱彼此，碰撞出创意的火花，为消费者创设新奇的场景体验，是跨界场景所独有的魅力。所谓跨界营销，是指两个没有竞争关系且互补的品牌，将各自的品牌元素相互融合、渗透之后，以彼此协作的方式共同推广，以实现品牌之间的协同效应，提高各自品牌在目标市场的关注度和影响力。

跨界场景营销是指跨界合作企业在洞察消费者需求的基础上，创设满足消费需求的创意场景，激发消费者的消费欲望，实现合作企业的共赢。从本质上，跨界场景营销的开展离不开"以用户为中心"的消费场景创设，让场景自然而然地融入消费者的生活，呼应消费者在当前时空环境下的情绪、心理状态，以新奇而独特的方式引起消费者的兴趣，提示消费者对合作品牌的关注和选择，达到"趣味中富含意义"的效果。

值得注意的是，跨界合作需要认真评估各自品牌的发展理念、目标用户群和品牌形象等方面能否在跨界场景下实现有效的契合——唯有如此，才能在发展各自品牌价值的同时，实现创意场景下的优势互补和彼此成就。

营销延伸

跨界场景营销首先是思想意义的建构和表达，只有向人们传递具有正能量情感和人文关怀的跨界合作产品才能获得市场的认同。2017年8月，网易云音乐与农夫山泉达成跨界战略合作，共同推出了限量款"乐瓶"。网易云音乐软件中点赞次数最多的30条乐评，分别被印在了4亿个农夫山泉的瓶身上，使这些矿泉水成为自带音乐、故事和情怀的矿泉水。"让每一瓶水都有音乐与故事"是网易云音乐和农夫山泉合作的追求，这次合作也体现了农夫山泉想要传递的声音与情怀。通过品牌精神高度契合的跨界合作，网易云音乐与农夫山泉实现了战略协同。瓶身上印制网易云音乐的歌单二维码，用户使用网易云音乐app的"AR扫一扫"，就能跳转到相应歌单，获得优质、完整的音乐体验。每个农夫山泉的瓶子都有属于自己的歌曲，每条乐评背后都有一个打动人心的故事，被赋予不同饮水心情的瓶子引发了消费者的情感共鸣。这次跨界营销让农夫山泉和网易云音乐都吸引到了大量的新用户，增强了用户黏性。

资料来源：营销铁军. 场景营销 [M]. 苏州：古吴轩出版社，2020.

14.3.2 场景营销对消费者的价值

对消费者而言，场景营销带来人际关系和社群结构的变化，同时改变了消费者的品牌认知和沟通体验。场景营销对消费者的价值体现在两个方面：一是互联网环境下的场景化感官认知体验，二是场景化互动沟通的价值共创。

1. 场景化感官认知与体验

在移动智能终端的紧密连接下，消费者对身处的时空场景有更多元化的认知方式。由于互联网时代的消费者多在网店搜索商品，网站设计、app 服务界面布局的效果会引发消费者的愉悦情绪，从而达到"流体验"状态。研究表明，互联网站点、移动应用等在线服务界面的场景化感官设计，包括图片、颜色、音乐、产品展示等氛围因素，会显著引发消费者感官认知和情绪体验的变化，使消费者表现出对产品的兴趣和关注。

场景化感官认知，是指消费者感官系统对服务场景信息的认知反应，体现了特定场景对消费者感官认知的触发和强化。场景营销的基础正是创设富有吸引力的服务场景，触发消费者的感官知觉和情绪体验。因此，场景展示设计有助于增强消费者的在线感官认知，实现营销信号的凸显和传递。不仅如此，场景化信息还能够触发消费者的多种感官知觉，有助于引起场景回忆。例如，老字号五芳斋推出视频短片《寻找李小芬》，在诙谐温情的场景中融入了以粽子为载体的童年记忆，这是关于味道的感官记忆，更有关于人情、亲情的体验贯穿其中，表达了老字号品牌的人文价值观，使观者获得难忘的感官体验和情感回味。

2. 场景化互动与价值共创

场景化互动是指在场景营销沟通情境下，消费者与品牌之间、消费者与消费者之间的对话交互，旨在提高基于消费者参与的场景营销价值创造力。数字技术的发展为场景营销沟通提供了有力支持。在营销接触点和场景营销战略形成过程中，数字化技术用于企业与消费者的场景化互动，有助于场景营销绩效的提升包括顾客价值创新和企业经济价值创造。

由于社交网络的不断普及，各类文本信息呈指数增长，通过数据仓库和在线分析模型对文本数据进行处理和分析，用于场景维度创建、集成和实现，有助于发现新场景和产品改良的新思路，优化消费者的场景化互动体验。例如，对汽车制造业而言，社交媒体（如在线论坛）成为企业收集消费者产品评论信息的重要来源，能够有效识别产品缺陷并对产品进行改进设计。研究证实，场景化互动沟通在数字营销策略（如数字营销计划、响应客人在线评论、监测和跟踪在线评论信息）实施过程中会作用于在线评论的数量，也会间接影响服务品牌绩效。这说明场景化互动有效连接了消费者与品牌的关系，在社交媒体和场景化交互技术的支持下，有利于消费者参与到产品和服务的改进设计中，实现消费者与品牌的价值共创。

14.3.3 场景营销价值创造潜力展望

场景营销的本质是在移动互联网环境下借助场景信息沟通消费者，通过场景分析，识别潜在消费者，预测和响应消费者场景化需求，目的在于激发消费者的场景感知，从而引导消费行为。在整体场景营销战略设计中，对消费者需求的场景分析、智能响应和互动成为创造顾客体验的重要条件。在人工智能、场景技术的支持下，消费需求不断升级，企业营销观念、商业模式持续变革创新，场景营销呈现出更加强大的价值创造潜力。

首先，挖掘场景连接企业和消费者的更多空间领域。在新的商业环境下，技术、人文等元素都为企业提供了更多的价值创造机会，伴随着商业模式的创新和改变，新的商业场景也日益丰富。这些商业场景的诞生，让消费者可以切身感受到场景所带来的满足感与体验感。企业需要尽可能地通过多种渠道对消费者需求场景进行了解、洞察，对场景深入细分，打造更加符合消费者需求的产品和服务。在未来，场景将成为更强有力的概念工具，助力企业实现场景化产品和服务的升级创新。

其次，社群重构连接，激活未来商业的新价值创造力。社群作为互联网时代特有的营销模式，可以助力企业构建更加丰富的营销场景。通过场景细分，可以实现对潜在消费者的聚集和兴趣互动，激发新创意。根据共享式生产理论，基于网络的、合作性的、去中心化的生产模式，如产品评论社区和问答网站等，有助于生产具有效用价值的产品和服务，也会促进享乐型的知识生产，为消费者和企业带来共有性的、正面的沟通绩效，有益于场景营销的价值创造。因而在未来，企业应着力创新社群建设和运营模式，激发社群在场景时代的价值创造力。

再次，立足场景源，多维度建构服务场景，推动感官体验价值创新。消费者才是场景诞生的源头，需要企业的深入洞察和解读。企业应运用场景时代的五大技术力量，结合人工智能技术，创设线上与线下相融合的多维度服务场景，针对用户场景需求的本质，考虑产品和服务的属性价值，才能准确定义场景。在此基础上，企业需要通过大数据技术对消费者的行为、文化取向和审美偏好进行探测，确认需要强化的感官认知信息，以及时、精准地接触目标消费者。未来智能服务场景下的感官营销创新势在必行。

最后，跨界营销场景创设，带动未来组织系统创新。多元场景跨界作为营销模式中最具吸引力和发展潜力的创新之一，带动不同组织、不同品牌之间的联动合作，创建新的意义覆盖和价值内涵空间。用户需求是跨界场景产生的根本动力，以用户为中心创设跨界营销，需要合作品牌之间的优势互补和战略协同。例如，稻香村与故宫文化的跨界合作，推出"高颜值"点心礼盒，带动了两大品牌的价值共创。未来随着消费场景的发展变化，呼应消费需求的升级，场景商业模式不断创新价值内涵，基于跨界合作的创意场景营销值得期待。

▨ 重要概念

场景　场景营销　情境依赖　移动个性化营销　场景细分　服务场景　服务场景维度
场景营销组合　场景营销沟通　感官印记　场景分析　跨界场景营销　场景化感官认知
场景化互动

◈ 复习思考题

1. "场景五力"技术提出的现实背景是什么？
2. 场景理论的内涵及其对企业的启示是什么？
3. 场景营销概念界定的不同视角有哪些？
4. 场景营销的基本特征是什么？
5. 试述场景细分的基本思想和依据。
6. 试述场景营销组合策略。
7. 试述场景营销的感官触发策略。
8. 试述场景营销的跨文化沟通策略。
9. 试述场景营销对企业的价值。
10. 试述场景营销对消费者的价值。

◈ 经典案例

全场景智能营销探索

小米公司自 2010 年成立以来，在技术研发、产品创新和营销创意方面都取得了不俗的成绩。2019 年，小米重磅推出"MOMENT+"全场景智能生态营销体系，对 5G 时代的场景营销进行前沿探索。围绕丰富多元的用户场景，小米发布众多全新产品，致力于在合适的场景中，为用户提供超预期的服务。

举措一：5G 生态下的"MOMENT+"全场景营销

为了让用户在特定场景下的需求即刻得到满足，获得更人性化的产品体验，小米利用核心技术深挖用户场景，全面实现多种场景的互联，帮助用户体验智能生活的"动人时刻"和"惊叹时刻"。用户借助手机与可穿戴设备，进入搜索、社交、游戏、睡眠、旅行、购物、运动、洗护等"个人场景"。与此同时，小米也在"家庭场景"和"公众场景"中挖掘营销机会。其通过与家庭智能硬件设备相串联，围绕家庭生活的特征，创造娱乐、休闲、购物、烹饪、清洁等覆盖用户生活方方面面的场景，实现数据收集与用户洞察，借助有屏设备实现信息交互与用户触达。通过布局"MOMENT+"场景营销，小米公司从根本上解决了场景营销的诸多阻力与痛点。用户可以使用一个 ID 登录数百种智能硬件设备，成为小米整合多场景媒介的天然优势，实现全场景生态的媒介覆盖。小米的数据工厂进一步赋能媒介联动，由创意团队进行创新广告形式的开发，小米的信息分发能力让创意高效地融入用户场景中。

举措二：跨界场景营销聚合目标用户群

小米与七喜的 IP 跨界，让无数"米粉"体验到了同时喜欢的内容之间发生的梦幻联动。在技术变革的推动下，小米层出不穷的智能硬件产品正在刷新年轻用户对于未来科技生活的想象，同时这也为小米品牌提供了多场景浸入用户生活的营销机遇。小米与七喜通过跨界定制硬件、打造"突发 7 想"光影体验展、定制"莫 7 托之夜"等活动，整合 AIoT（Artificial Intelligence & Internet of Things，人工智能物联网）多场景营销，为用户带来超预期的黑科技惊喜体验，有效创新了品牌 IP 与用户之间的沟通。在智能互联进一步融合的时代，个人、家庭等场景之间的界限也愈加模糊。小米通过跨界合作，挖掘全场景营销能力，让富于创意的品牌沟通方式深入用户生活场景，既聚集了特定的目标用户群体，又助推了品牌实现超预期的持续增长。

举措三：通过 AI 营销打造全场景人工智能助手

小米公司的"小爱同学"（2022 年 9 月更名为"小爱语音"）是小米旗下的人工智能语音交互引擎，它实际上是智联万物的 AI 虚拟助理，可以搭载在小米手机、小米 AI 音箱、小米电视等众多小米生态链设备中。借助小米 AIoT 生态链，小爱同学打通了个人、家庭、穿戴等多个场景，为 AI 营销赋予了更多创新价值，提升了更多的客制化能力。小爱同学可以联动小米 AIoT 整个场景生态，将客制化的内容融入具体场景，联动所有的设备，贯穿用户的全景生活。例如，当用户打开电视机时，弹出某品牌广告，用户只需按照屏幕提示用关键词唤醒小爱同学，便可体验更丰富的产品交互，获取更多的品牌相关信息。不仅如此，广告主还可以通过电视、手机、音箱、手表、手环、蓝牙耳机等多种渠道与用户进行互动，使用户获得一致性的品牌体验。

小米在推动全场景智能营销的实践中，充分站在用户立场，关注细分场景下的用户需求和体验创设，将技术升级、产品创新与营销创意的融合推向了新境界，从而实现了在合适的场景中，为用户提供"感动人心"的超预期服务。

资料来源：于萍根据网络资料编写。

思考题：

1. 小米是如何细分消费场景的，据此推出了哪些产品或服务？
2. 在与用户的交互方面，小米的全场景智能营销有哪些优势？
3. 在技术更新的背景下，小米是如何将新技术应用于全场景智能营销的？
4. 站在用户体验的角度，小米的全场景智能营销在未来有哪些发展前景？

第 15 章
CHAPTER 15

数字化营销

§ **本章提要**

　　本章将探讨企业如何利用数字化技术来获取和留住客户，同时与客户建立更深层次的关系。首先，探讨数字化营销的定义，以及数字化营销战略应该具备的五个要素；其次，以标志性的数字化技术应用为重要节点，将数字化营销的发展历程划分为四个阶段；再次，探讨数字化为消费者行为带来的变革；最后，通过"数字化营销的 4R 实施模式"，对数字化营销战略的内容进行深入探讨。

15.1　数字化营销概述

15.1.1　数字化营销的定义与要素

1. 数字化营销的定义

　　数字化营销（Digital Marketing）是指利用数字化技术开展的一种整合、定向和可衡量的传播，以获取和留住客户，同时与他们建立更深层次的关系。相较传统营销，数字化营销的核心要素是数字化技术和数据信息。具体而言，数字化营销的本质是借助数据与算法，利用营销资源，依靠实时数据跟踪，实现营销由粗放向集约发展；依靠中台的强大连接能力，实现渠道由单一向多元发展；依靠数据算法提前预测内容策划和投放，由经验决策转变为智能决策，最终帮助企业提高营销效率，使营销资源利用更高效，推广费用更合理。

2. 数字化营销的要素

　　基于科特勒咨询集团开展的一项针对中国企业的 CEO 和 CMO 的调研结果，虽然很多企业认为数字化营销是自身数字化转型的关键且宣称自己实施了数字化营销，但并没有形成系统的数字化营销战略，且数字化营销的绩效也没有达到预期的效果。那么，什么是系统的数字化营销战略？换言之，营销战略想要真正实现"数字化"，需要具备哪些要素呢？为此，科特勒咨询集团构建了"数字化程度模型"，通过连接、消费者比特化、数据说话、参与、动态改进五个要素判断营销战略能否真正实现"数字化"。

（1）连接。美国《连线》杂志创始人凯文·凯利（Kevin Kelly）提出："新经济就是以互联网为基础的经济，它把所有的事物连接在一起，互联网不仅是互相之间敲打键盘，更是一种沟通方式、生存方式和生存氛围，新经济将改变未来全球格局。"在数字化时代，人与人、人与商品、人与信息紧密地连接在一起，连接使人们摆脱了时间与空间的束缚，连接将成为整个人类的生存状态。换言之，互联网的未来就是连接一切。正如马化腾所说："腾讯的终极目标是连接一切。"连接型企业的重要目标是创造更多的连接点，成为一个开放平台，继而围绕这个开放平台构建起一个大的生态链。因此，营销战略想要真正实现数字化，需要做到人与人、人与商品、人与服务、线上与线下等全面且有效的连接。

（2）消费者比特化。比特（Binary Digit，BIT）是信息量的最小单位。消费者比特化就是把消费者行为进行记录与跟踪，并转化成精确的可视化数据，方便企业更好地把握消费者的动态并做出更有效的营销决策。在数字化时代，所有的消费者行为都可以被记录并跟踪。企业在制定数字化营销战略时需要考虑如何有效地获得核心的消费者行为数据，并时刻关注这些行为数据的变化，更好地把握消费者动态。例如，普拉达的零售店将所有的衣服都贴上新型条码标签，每件衣服被消费者拿起、放下或试穿的信息都会被准确地记录并传递到后台的管理系统中。企业将通过对这些数据的分析，来为下一步的产品开发、设计或进货等提供精准的方向。

（3）数据说话。数字化营销的核心之一是数据的产生、采集与应用。数据是在真实的互动行为中产生的，这些数据包括基于用户的属性数据、浏览数据、点击数据、交互数据等，以及基于企业的广告投放数据、行为监测数据、效果反馈数据等。这些数据可以让企业更了解顾客，也可以让企业更清楚地监测数字化营销战略是否有效，从而及时调整。数据说话就是运营决策数据化，在数据积累、互通阶段，数据化运营并不迫切，但当数据源建立起来后，以用户为中心的跨屏互通后，如何分析及实现智能型、可视化的数据呈现尤其重要。因此，数据说话要跨越决策者和营销管理人员的主观判断，建立一套数字说话系统。

（4）参与。在数字化营销时代，消费者所反映的数据成为企业制定营销战略过程中最重要的一环，那么消费者在企业的营销过程中理应具有更重要的话语权。消费者可以被看成非企业管辖的，却同时保证企业正常、高效运转，推动企业决策的外部员工。让消费者从产品设计、品牌推广、活动策划、渠道选择等方面参与到企业中，不仅可以有效地节约成本，还能够让消费者对企业产生归属感。这样的企业提供的产品和服务更容易满足消费者的需求，同时为企业赢得更多信赖和市场。

（5）动态改进。企业在获得消费者行为数据之后，首先需要对数据进行分析，然后根据分析的结果调整战略。由于消费者数据更新频率非常快，企业在自身战略调整的时候也需要快速迭代、动态改进，保证当下的数字化营销战略与当前的消费者行为时刻吻合。这种动态改进的方式可以使营销决策从周过渡到天甚至是小时。

总之，想要实现营销战略的数字化，必须利用互联网与数字化技术来实现人与人、人与产品、人与信息"瞬连"和"续连"。这种全面而有效的连接产生了可以追踪到的数据轨迹，使消费者行为被比特化，营销的每个环节都可以用数据来说话，并在连接中实现消费者的参与，并实现企业的动态改进。

▌营销延伸▏

2018年10月1日，由云南省人民政府和腾讯地图联合打造的"一部手机游云南"正式上线运行，该app将腾讯地图与云南景区联系起来，使游客在吃、住、行、游、购、娱、养等方面实现了"一机在手，全程无忧"，游客也可以通过"一键投诉"来反映旅行中遇到的问题，平台将快速进行处理。其中，腾讯地图中的"游云南智慧景区"小程序是由景区通过智慧旅游平台，将真实的景区还原到手机上，为游客提供更加人性化的旅游体验。同时，景区通过LBS大数据对游客人数进行实时监测，并及时对游客进行分流，减轻景区的人流压力。平台还可以通过对游客的消费行为和购买痕迹进行数据分析，了解游客偏好，以便更有针对性地挖掘游客兴趣点，满足游客需求，从而推动旅游业的创新与发展。
资料来源：杨楠根据网络资料编写。

15.1.2　数字化营销的发展历程

数字化营销的核心要素是数字化技术，而随着数字化技术的不断进步，数字化营销的工具和手段也在不断地更新迭代。阳翼（2017）以标志性的数字化技术应用为重要节点，将数字化营销的发展历程划分为四个阶段，如图15-1所示。

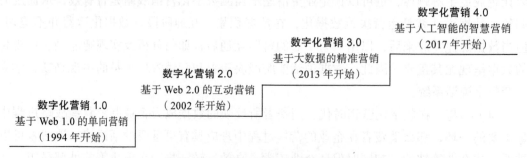

图15-1　数字化营销的发展历程

（1）数字化营销1.0：基于Web 1.0的单向营销。该阶段的特点是网页信息不对外部编辑，用户只是单纯地通过浏览器来获取信息。互联网广告以单向传播为特征，用户只能被动地接受广告内容，广告表现形式也较为单一，主要为展示类的横幅广告，广告理念则是以销售产品为主要目的。Web 1.0 时代开启的一个重要标志是 1994 年，美国电话电报公司在当时知名的网站 hotwired.com 上投放了一个展示类的横幅广告，这也是世界上第一个互联网广告。

（2）数字化营销 2.0：基于 Web 2.0 的互动营销。该阶段的特点是网站内容通常是用户创作发布的，用户既是网站内容的浏览者，也是网站内容的制造者，拥有了更多参与和互动的机会。企业与消费者在社会化媒体中可以平等对话，在建立良好的品牌与消费者关系的基础之上达到促进销售的目的。Web 2.0 时代开启的一个重要标志是 2002 年 Friendster 网站的创建，它是全球首个大型社交网站，开启了社交网络服务的热潮。

（3）数字化营销 3.0：基于大数据的精准营销。该阶段的特点是通过对用户在门户网站、搜索引擎、电商平台等留下的大数据进行挖掘，可以分析出他们的消费习惯和偏好，使企业的营销更加精准，大大提升了营销效果。从 2013 年开始，无论是学术界还是实践界，都开始将视线聚焦于大数据。因此，2013 年被称为"大数据元年"，也标志着全球正式步入了大数据时代。

（4）数字化营销 4.0：基于人工智能的智慧营销。该阶段的特点是基于人工智能的智慧营销除了更加精准外，还更加智能化和自动化，使用户的体验和使用便利性都得到了巨大的提升。2017 年被认为是"人工智能应用元年"，人工智能向交通、医疗、金融、教育等领域全面渗透。此外，为了抢抓人工智能发展的重大战略机遇，构筑我国人工智能发展的先发优势，加快建设创新型国家和世界科技强国，国务院于 2017 年 7 月 20 日发布了《新一代人工智能发展规划》。这是我国第一次将人工智能写入政府工作报告，将人工智能上升到了国家战略层面。

15.1.3　数字化营销中的消费者行为

数字化时代前后的消费者行为有哪些显著的变化呢？下面将重点从消费者自身的变化以及洞察方法的变化两个方面出发，进一步探讨数字化为消费者行为带来的变革，以帮助营销管理人员提升数字化营销的价值。

1. 新的行为模式

在数字化时代，互联网与数字化技术的出现使消费者所处的信息环境更加透明，虚拟消费者社群广泛出现，消费者决策流程发生转变等，这些变化也引发了消费者行为的变革。消费者行为的主要变化可以归纳为以下几个方面。

（1）消费者信息环境的透明性。在互联网的帮助下，消费者在很多情况下都能轻松地获得有关企业、产品、价格等的信息，从不对称的不完全信息状态进入透明的、几乎完全的信息状态。这种信息环境的透明性和大量的访问权限改变了消费者的行为，也使得消费者在交易过程中有了更大的话语权和自主权。

（2）数字化社群成为消费者行为的主体。社会化网络和社交媒体促成了虚拟消费者社群的广泛出现，而互动、分享、众筹、共创的力量成为主导的社会动力。消费者行为学在很大程度上转向对消费者社群的高度关注和研究，通过消费者社群平台积累的消费者资产也成为数字化营销的重心。换言之，数字化时代对消费者行为的关注重心已经从"个体行为"转向"网络化群体行为"。

（3）消费者决策流程的转变。2007年，麦肯锡咨询公司提出了消费者决策旅程，描述消费者从考虑购买某种产品或服务，到完成购买并持续忠诚于该品牌的过程。该流程是环状的，由"购买环"和"品牌忠诚闭环"两个小环内切组成，共包括考虑购买、评估、购买、喜爱、支持、连接六个关键阶段。2015年，麦肯锡咨询公司的两位专家戴维·埃德尔曼和马克·辛格将传统消费者决策旅程升级为数字化消费者决策旅程。

这个新的消费者决策旅程认为，传统的消费者决策旅程在数字化的影响下，将会加速传统的考虑购买和评估阶段，品牌不再是被动地对消费者决策旅程施加影响，而是能够在数字化营销工具的帮助下主动重塑消费者决策旅程，压缩消费者的考虑购买和评估阶段，让消费者基于品牌喜爱度决定再次购买，这个数字化自动过程不仅能提升消费者的忠诚度，还能在规模化及定制化之间取得平衡。与传统营销时代相比，数字化营销时代中消费者决策的路径和时间的影响权重都发生了很大的改变，这也极大地改变了传统的终端购买行为。例如，消费者的网上购买行为和移动购买行为对传统商业渠道、实体零售店形成了挑战。

2. 新的洞察方法

通过数字化技术和大数据的广泛应用，企业能够智能化地记录并跟踪所有的消费者行为，还可以与消费者随时随地进行互动和相互影响。因此，了解和研究消费者行为的方法也发生了改变。尤其是从2010年前后开始，移动互联网环境的大数据技术有了突破性进展，为掌握消费者行为提供了强大的新工具。大数据技术在以下四个方面可以实现以往不可能实现的目标。

（1）上网的全记录：了解完整的踪迹。利用Cookie软件可以得到消费者在电脑网页浏览的完整足迹；利用新的Atlas软件可以进一步实现移动跨屏情境中的足迹跟踪。

（2）搜索数据：映射出关注和需求。通过分析消费者主动的搜索行为所生成的搜索数据，可以清楚显示出消费者关注的需求和希望解决的问题。

（3）社交媒体的数据：判断个性和类型。基于社交媒体的数据分析，可以判断消费者的个性、偏好、生活方式、兴趣和受影响人群等。

（4）网上支付：显示实际的购买行为。如今网上购买和网上支付已经占据相当大的比重，通过查看网上支付数据，消费者实际的购买行为状况一目了然。

通过整合上述四个方面的数据，可以得到消费者画像，即依据大数据平台和大数据分析，整合关于消费者的各种碎片化的信息，通过标签和模型化，产生的对特定消费者个体的、全景的、实时的精准描述。在此基础之上，技术创新又提供了精准、实时、高效的营销沟通新软件，从而实现了"一对一"的精准广告、基于位置的高效促销等，成就了全新的数字化广告模式和数字化营销沟通模式，并且上升到数字化营销战略。

营销链接

2020 年 11 月，唯品会上线了"唯爱心计划"，旨在打造"购物 + 公益"的爱心机制，探索电商公益的多元参与方式，在上线两个月之后就累计吸引了超过 38 万人次参与该计划。唯品会发挥了电商企业的优势，将互联网的思维融入公益项目的策划与实施之中，具体表现在互动性、多元性、公开性等方面。首先，公益参与的互动性。该计划为用户提供了"爱心留言"的功能，实现了消费者与企业、其他消费者、捐赠对象之间的多方互动，使消费者在参与和互动中获得体验价值。其次，公益参与的多元性。该计划覆盖了疾病救助、乡村教育、困境女性、身边公益等多个领域，用户可以将"唯爱心"投票给自己支持的公益项目。再次，参与形式也更多元化，用户可以在唯品会 app 通过购物、晒单、签到、分享唯爱心、了解公益项目等形式获得唯爱心。最后，公益参与的公开性。用户通过网络平台可以获取实时、具体、高透明度的公益项目信息，还可以实时地获取自己的公益参与信息等。

资料来源：郑玲根据网络资料编写。

15.2 数字化营销战略

在数字化时代，企业需要建立一套具备战略性、可操作性，同时易于理解并精准概况数字化营销战略的方法论。科特勒咨询集团将这套方法论的核心总结为四个方面，分别是数字化画像与识别（Recognize）、数字化信息覆盖与到达（Reach）、建立持续关系的基础（Relationship）、实现交易与回报（Return），即数字化营销的 4R 实施模式。下面将对数字化营销战略的四个方面内容进行深入探讨。

15.2.1 数字化画像与识别

数字化画像与识别是用数字化技术表述消费者的各种特质以及这种特质在时间和场景下的集合，帮助营销管理人员精确定义目标消费者，并在此基础上设计营销战略。数字化画像与识别的内涵包括消费者画像以及将这些画像放入情境中，有效描述消费者旅程。对这些元素的有效理解与深入洞察，能帮助企业的 CEO 和 CMO 有效理解消费者的需求、痛点、甜蜜点，并为之后制定有效的营销战略打下坚实的基础。

1. 用户画像与消费者画像

消费者画像的概念来源于用户画像，而用户画像这一概念则是由美国的软件设计师、"交互设计之父"艾伦·库伯（Alan Cooper）在 1983 年首次提出的。用户画像是指从真实的用户行为中提炼出来一些有效的特征属性，并最终形成用户模型。用户画像将人们划分成不同的群体，每个群体都有相同或相似的购买行为，因为具有共同的价值观与偏好，所以他们对待某一品牌、产品或服务也会体现出类似的态度。因此，用户画像所描述的是不同的用户群体最显著的差异化特点。用户画像最核心的功能在于帮助企业明晰是什么因素驱使不同的用户群体购买或使用该企业的产品或服务。

消费者画像是指在已知事实或数据的基础上，整理出每一个消费者的相对完整的档案。消费者画像虽然与用户画像常被视为同一事物，但随着大数据技术的发展，消费者画像又衍生出与普通用户画像不同的功效，也称其为大数据消费者画像。大数据消费者画像带给人们的不是一个具象的人物类型，而是关于所有对象的不同类型的数据所呈现的总体特征的集合。因此，大数据消费者画像可以看成是普通的用户画像的升级。表 15-1 对普通用户画像与大数据消费者画像进行了综合性的比较。

表 15-1 普通的用户画像与大数据消费者画像的比较

比较维度	普通的用户画像	大数据消费者画像
画像性质	抽象后的典型特质描述	真实用户的全貌展现
数据量	主要通过随机采样，数据量有限	可以做到全样本并且是各方面数据
数据来源	相对局限，以采样数据、经营数据和市场调查数据为主	来源广泛，除传统数据，还包括用户的网络行为数据、第三方大数据
采集方式	需要与用户直接接触	可以不与用户直接接触
重点展示内容	描述用户行为动机（为什么）	展现用户行为本身（是什么）
静态与动态	静态的	动态的
功用侧重点	设计沟通内容，提升用户体验	确定目标群体，预测营销结果

2. 消费者画像的生成过程

消费者画像的生成过程大致可以划分为数据采集、数据挖掘、规则挖掘或数据建模、验证、形成画像五个阶段。

（1）数据采集。消费者画像生成的第一步是要结合企业的营销战略需求和业务目标，找到合适的数据源，如 CRM 数据、商业数据或第三方数据，并进行数据采集。

（2）数据挖掘。在数据采集之后，要对数据进行有效挖掘。首先，数据清洗，去掉不完整的或重复的信息；其次，用户识别，确认用户的唯一性，用以识别身份的数据类型包括三类，即人口统计身份识别、设备身份识别、数字身份识别；再次，对有效数据进行分类，这是对数据的第一层分类，目前使用比较多的分类是静态数据（或事实性数据）与动态数据（或行为数据）；最后，建立标签和权重体系。标签化主要是通过信息技术使计算机自动识别、提炼各种对象的特征来实现。权重表示用户发生某种行为的概率或需求、偏好的程度，同一个动作发生在不同的地点、不同的时间，产生的权重可能不一样，而用户针对同一商品或事件的不同行为反应，也会产生不同的权重。

（3）规则挖掘或数据建模。规则挖掘是指采用聚类和关联规则、逻辑回归等方法，对各种数据进行分析，发现数据间的相关性。一个用户的数据可能会产生多个乃至几十个相关性规则，因此进行大数据分析后可能会发现成千上万的相关性规则。数据建模则是指根据用户的行为特征构建相应的数据模型。以电商用户为例，通过建模可以知道哪个用户在哪个时间、哪个网站采取了什么样的网络行为。

（4）验证。验证是指对挖掘到的相关性规律或数据模型进行验证，以保证所得到的模型或相关性分析能够准确地抓住用户特征。只有验证过的模型才能正确预测营销结果。

（5）形成画像。经过验证，将那些偶然的相关性发现或不能准确反映现实的数据模型剔除，用剩下的模型形成消费者画像。企业可以为目标用户打上各种标签，了解具有某类标签用户的渠道使用偏好、商品购买偏好等，并应用到营销决策中。

3. 消费者画像的商业价值转化

消费者画像就是帮助企业更准确地找出最容易对企业有好感的人（锁定目标用户），在最容易遇到他们的地方（传播渠道），在他们出没的时间内（投放时机）制造一场精心策划的偶遇，说恰到好处的话（传播或沟通内容），做得当的事（推广活动设计），送合其心意的礼物（产品或服务），并使双方的感情不断升华并持久（用户价值管理）。这个过程便是消费者画像实现其商业价值转化的过程。

（1）准确识别目标用户：找到对的人。大数据消费者画像的全样本、多层次、多维度数据及数据的深度与精度使企业对用户的描述更为精准。大数据消费者画像技术将不同的用户需求通过标签的方式进行层层细分，此时用户特征一目了然，企业可以根据用户需求的强烈程度或购买产品的可能性对潜在用户进行排序，识别出最有可能对自己的产品（品牌、传播内容）感兴趣的人群，这些人群有时会包括那些根本意识不到的小众群体。

（2）产品设计或迭代：不多不少，不早不晚。首先，当企业对用户的需求不够明确、不够细化时，往往容易设计出一些画蛇添足的功能而漏掉另一些用户虽没有明确但有潜在功用的功能。而大数据消费者画像可以包含用户对产品的使用习惯、使用频率、在社交圈中对产品的评价，以及对产品更多功能的潜在需求等信息的分析，这无疑可以帮助企业设计出恰逢适用的产品，做到"不多不少"。其次，动态化的消费者画像能帮助企业随时发现用户对产品的新的需求意向，从而在适当的时候进行产品的迭代，做到"不早不晚"，过早迭代有时也是一种浪费，过晚又会损失部分商机。

（3）渠道与投放时机的选择：只有渠道对了、时机对了，好的内容创意才有价值。大数据消费者画像采集的数据中有相当一部分是行为数据，可以包括用户的移动数据（如经常去哪些地点）、上网数据（如经常浏览哪些网页）、app 使用数据（如经常使用哪些 app）、最常登录哪个网站的邮箱，甚至包括客户经常在什么时间段看哪些节目、通过什么终端来观看等。这些都可以帮助企业弄清楚用户在信息渠道和购买渠道上的分布情况，有助于企业选择最有效的渠道策略。知道了用户在信息渠道和购买渠道上的分布，企业的广告投放才能真正做到有的放矢，尽可能减少资源浪费。同时，由于企业通过消费者画像也能了解到用户使用或接触渠道的准确时间段的分布情况，因此，企业的投放时机选择会更加精确。

（4）传播内容、推广活动设计：恰到好处打动他。在企业的传播活动中如果内容设计不当，不仅起不到促进销售的作用，反而会因此失去消费者。由于消费者画像是对消费者全面的、真实的呈现，企业通过画像除了可以了解消费者的兴趣喜好、语言风格、着装风格，也能深度洞察消费者的心理层面，如价值观倾向、动机等。只有当企业清楚地了解了消费者心里的想法时，企业才能优化传播内容，说出合宜的话来引起消费者的共鸣。因此，通过消费者画像得到的对消费者的定性分析可以帮助企业更好地设计传播内容。

（5）区域市场选择策略：不管是从一个地方品牌到区域到全国，还是从本土到全球，没有企业会在有能力进入更大区域范围经营的时候选择放弃，无论是出于竞争需要还是持续发展的需要，新的地域总是充满诱惑。消费者画像在寻求区域扩展的解决方案时会是策略制定的重要参考。以全国扩张来说，在调研期间，当需要结合区域进行消费能力、产品需求特征等多个维度交叉分析的时候，消费者画像的价值便显现出来了，巨大的样本量及海量数据不仅支持多层次、多维度的分析需求，还可以做到足够精确。通过分析，企业可以一目了然地看某类产品在全国消费者中的需求偏好、销售情况或受欢迎程度。这种对消费者的地理变量分析能帮助企业迅速、准确地分析各区域市场吸引力，在此基础上确定各区域的战略角色、进入策略及区域产品策略。

（6）客户价值管理：激活客户资产，提升销售转化率。将客户进行分级是客户价值管理的基础工作。消费者画像对于客户管理的价值之一是能为企业提供更准确的客户价值分级，企业可以以大数据消费者画像为基础建立综合的客户价值分级体系。通过大数据消费者画像，企业不仅知道哪些客户有可能采购产品，知道该客户未来采购本企业产品的可能性有多大，可根据不同层级的客户设计营销方案，决定营销力度，合理分配营销资源，最终提升销售转化率。同时，企业通过动态的消费者画像全方位观察、分析、辨识出最具升级潜能的客户以及终身价值高的客户，针对这些客户设计营销策略，将低价值的客户转化为高价值的客户，提升高价值客户的比例。

（7）调研的延展性：减少调研次数，降低营销成本。采样调研的问题大多是事先预设好的，也就是先设定好要了解哪些方面，然后再针对这些方面进行问题设计，所以一般是一案一调。这样采集到的数据一般不能用于分析一个新的方面，当企业在完成一项调研时发现了新的问题，又必须开始一次新的调研，造成资源浪费。另外，企业也不能为了节省调研费用将所有问题积攒起来通过一次调研来完成，如果这样做了，调研效果必定不好。消费者画像的实时性和多维度特点可以解决这一问题。当营销过程中发现新的问题或消费者出现了变化时，不需要重新进行市场调研，而随时可以根据消费者画像中相关的实时数据进行再次分析。消费者画像不是一项做完就束之高阁的工作，它是一项持续的工作，如果不定期更新消费者画像、淘汰掉已经过时的内容，那么大数据消费者画像工作是无法顺利进行延展的。

4. 消费者旅程地图

消费者旅程地图就是以图形化的方式直观地再现消费者与企业品牌、产品或服务产生关系的全过程（而非某一个节点），以及过程中消费者的需求、体验和感受。全过程是指从一个消费者接触到某企业广告，到咨询、比较、购买、使用、分享使用体验，最后升级、更换或选择其他品牌的产品。

消费者旅程地图可以帮助企业从消费者的视角来重新检视其业务或服务是否在每一个触点上都正确地理解并满足了消费者的需求，而不是按照企业从自身出发所理解的消费者需求去设计产品、服务与互动。消费者旅程地图为企业提供了一种"由外及内"的方法，以客户为中心，让消费者参与到企业的活动设计中来。这种方法正体现了数字化营销 4.0 时代企业看待消费者的方式：消费者和用户是企业参与的主体。

客户旅程地图的制作流程具体包括以下几步。

第一步：整理内部认知。首先，企业要搜集整理已有的客户研究资料，如消费者画像、各类相关报告等资料，并让所有的利益相关者（包括各个跨职能和渠道的利益相关者、前线人员等）从他们的视角提供对消费者的理解和认知；将所有的关于消费者的资料、内部认知集中起来，形成对消费者的"浅表认知"。如果没有消费者画像或用户画像，那么在这一步就需要做更多的数据采集和挖掘工作。

第二步：建立内部假设。在这个阶段，企业需要进一步综合各方对消费者的理解，包括消费者的分类，消费者的需求、行动、感受，消费者体验中的优势与改进机会等，基于这个内部认知和假设，形成消费者旅程地图的草图。在这一步中，企业还需找出在已有的消费者研究中可能存在的认知差距，这对接下来的研究有重要的提示作用。

第三步：深入研究消费者需求、行动和感受。在这一步，企业需要采用多种研究方法来实现从消费者的角度感受旅程，比如利用社交媒体、通过语境观察与访谈等方式来评估消费者的各种情绪以及旅程中遇到过哪些问题。企业通过观察研究形成外部（即客户）视角，体会每一个触点上消费者的体验和问题，并将上一步中找出来的认知差距补上。

第四步：提炼、总结研究成果。在这一步，企业需要整合内部、外部认知，并验证第二步中对客户的相关假设是否准确，最终提炼出三大核心客户旅程地图的要素，即客户的需求（希望从每一次互动中获得什么）、客户的行动（是如何与企业进行互动的）、客户的感受（对每次互动的感受如何）。

第五步：绘制消费者旅程地图。将以上的研究成果图形化，先按时间轴画出整个消费者旅程的各个阶段，并标出所有的触点，然后明确每个触点上的消费者需求有哪些以及每个需求是否都被满足了，标出 MOT（Moment of Truth，关键时刻）中最愉悦的和最失望、糟糕的时刻。如果一张消费者旅程地图无法适用于所有的用户画像类型，那就再另画几张消费者旅程地图。

┊营销链接┊

小红书作为一个年轻人的生活方式平台，在近几年已发展成为一款极具市场潜力的社交软件。在小红书中，每个有用户评价的产品帖文，都会触发用户形成同理心，激起用户的购买欲，从而让用户参与到对话沟通中，并激发用户体验感。用户在发现喜欢的产品后，也会主动把体验感传递给身边的朋友，这能够让用户也参与到口碑传播中，进一步促进了小红书的发展。小红书通过明星推荐、KOL 推广、KOC（Key Opinion Consumer，关键意见消费者）"种草"的方式加大了品牌曝光。明星可以利用自身影响力为品牌站台，增加用户对品牌的信任度。小红书平台通过搜索页面上的信息流与算法机制，让更多的人看到发布内容，从而使发布者获得更多关注和粉丝。粉丝量是品牌选择 KOL 推广的核心因素。信息流广告的发布能让品牌产品得到更多曝光、接触更多用户，从而提高了广告的效率和品牌知名度，达到了实在的收益。除此之外，小红书的大多数用户都喜欢在不同的商品和图文帖子间浏览。为了迎合用户的浏览习惯，小红书首页会出现各种题材的内容，在制造差异化的同时，让用户更了解产品信息、更有效地利用平台资源。另外，小红书还会提供一些优惠活动，如购物满额送优惠券、商品特价等，从而优化用户的体验感。

资料来源：张天一根据网络资料编写。

15.2.2 数字化信息覆盖与到达

数字化信息覆盖与到达是指接触客户及潜在客户的一系列数字化工具和方法，即企业将信息传递至目标客户的过程。得益于数字化方式的多样化和高接触度，数字化信息覆盖与到达在单向传播的基础上实现了更丰富的功能，让客户获得了更好的体验。

1. 数字化信息覆盖与到达的必要性

企业需要关注数字化信息覆盖与到达的重要原因在于，基于互联网及移动互联网的数字化时代正在驱使信息传播工作向更高量级演进。这具体表现为以下几点。

（1）更快的到达速率。信息在数字化时代的传播速率之快已经不再让人们感到惊讶，数字化用户已经非常清楚数字化传播的速度。企业通过数字化渠道发出的信息，数字化用户几乎在短短的一瞬间内就能获知。

（2）受众主导。数字化信息传播的方式是"播—传"，即小范围的受众第一时间获知了信息，主动按照自己的喜好和方式进行传递，在很短的时间内传遍全网。而企业无法完全掌控这个过程，很多时候传播范围、信息扭曲的程度都远超企业的想象。

（3）多向互动。数字化时代让信息接收方获得了发声能力，在此环境下的信息传播活动不再是单向的传播，而转换为多向的信息互动。

（4）超文本性。数字化传播的方式已经远远超越了文本，通过更丰富的方式组织信息，包括视频、互动型应用，甚至虚拟现实的方式，让信息接收方获得更丰富、更易理解、体验更好的信息类型。

2. 数字化信息覆盖与到达的类型

科特勒咨询集团根据信息活动发起的方向，以及接触客户的直接、间接方式，将数字化信息覆盖与到达划分为以下四个类别。

（1）主动推送型：企业主动发起，通过某种方式或渠道向目标客户直接推送信息、建立关系的工具和方法。此类方法需要企业对自身的目标受众有较为清晰的认知，并基于数字化的渠道和方法向这些客户推送相关信息，影响客户的信息获取、方案比较及购买决策行为。例如，数字化广告、电子邮件营销、内容营销。

（2）主动展示型：在客户搜寻相应信息的过程中，企业通过优化、完善相应的工具或内容以影响客户看法或决策的方法。在早期的数字化营销中，此类方法主要指的是搜索引擎优化，旨在提升企业信息在客户搜索行为当中的优先级。数字化技术的进步让此类方法增加了更多的形式，企业可以通过丰富多彩的体验吸引、影响、引导用户做出利于企业的决策。例如，社交媒体营销、SoLoMo（Social + Local + Mobile，社交本地移动）、app 营销。

（3）信任代理型：企业主动发起，通过影响关键意见领袖的方法间接影响目标客户的方法和工具。进入以接收方为主的数字化时代之后，客户进行方案对比及购买决策的过程会受到关键意见领袖的影响，这让企业拥有了通过影响一小部分人进而影响大部分人的"杠杆营销力"。企业只要能识别出对目标客户有充分影响的关键意见领袖，就会极大地提升企业数字化营销的效率及效果。例如通过大 V、网红及客户偶像进行营销的方法。

（4）资产互换型。通过外部机构合作的方式，将外部其他机构的用户群导入企业内部，这是传统营销方法中交叉销售工具经过数字化升级的一系列方法。企业需要对目标客户有更清晰的认识，从而获知谁才是能够进行客户资产互换的合作伙伴。在建立了资产互换关系之后，企业可以通过数字化平台实现联合推广、定向推送以及销售引流。

上述四种类型的数字化覆盖与到达方法可以交互使用。企业必须根据自身的数字化程度、数字化营销的目标、数字化营销战略的定位，以及投入的成本和可能的杠杆化路径，进行混合搭配，并在不同的数字化营销导入阶段进行有节奏的交互使用。

3. 数字化信息覆盖与到达的方法

（1）搜索引擎优化。搜索引擎优化是一种通过了解搜索引擎的运作规则来调整网站、对网站内外部资源进行优化整合，以及提高网站在有关搜索引擎内的排名，从而最终提高网站访问量的策略。有研究发现，人们使用搜索引擎时，往往只会查看排在最前面的若干条目或者结果首页。因此，很多企业、商家或网站都努力通过各种方式来优化自身的搜索排名。网站权重主要包括内部资源的建设（网站架构、文章质量等）、内外部链接的建设。搜索引擎优化就是对这两部分不断做优化调整，以提升自己网站的权重。

（2）智能推荐。在数字化时代，用户需要花费大量的时间去筛选自己想要的商品。为兼顾个人的兴趣特点和购买行为，智能推荐应运而生。智能推荐的流程包括：第一，形成用户数据库。聚类分析，即合理规划数据库数据分类记录集合，根据用户使用数据进行推荐；分类分析，即根据用户特征，推荐用户爱好。第二，获取用户历史行为。获取用户信息，包括用户描述数据、用户注册（更准确的显性参数）、Cookie（唯一标识该客户端客户）；获取用户行为访问记录，即用户使用数据。第三，设置推荐引擎或算法（推荐模型），即根据不同的需求与应用，模型建立都是"定制模式"，没有一个完整的流程。推荐模型的建立大部分都是各个企业构建的核心竞争力和技术壁垒。第四，精准推荐结果。自智能推荐概念在 1995 年被提出以来，技术专家和工程师纷纷致力于推荐算法和技术的研究与应用，提出了很多优秀的方法。例如，根据用户过往对影片的评价来分析预测他们接下来可能会看什么样的影片，CineMatch 影片推荐引擎运用大数据计算为消费者推荐影片。

（3）数字化广告。数字化广告就是以数字化媒体为载体的广告。和传统广告相比，数字化广告的特点在于：第一，复杂性，拥有超过 30 万种形式的数字化广告比传统的广播、电视、户外广告复杂无数倍；第二，全程性，传统广告的主要精力主要放在前期规划与购买阶段，数字广告投放要求全程关注；第三，低成本，传统广告购买非常昂贵，并非每家企业都能承担，而数字广告的低廉程度可以让任何企业进行投放；第四，虚假广告，正因为低成本和低门槛，导致了数字化广告中的虚假信息远超传统广告，企业需要花费更多的精力来提升数字广告的转化率。

（4）内容营销。内容营销是基于对界定清晰的目标受众的理解，有针对性地创造与发布和用户相关且有价值的内容来吸引、获得这些受众，并使他们产生购买行为，为企业带来盈利的全部过程。内容营销着重挖掘和生产受众真正感兴趣、对受众有价值并能产生共鸣的信息，从而让人们主动追随和分享。内容营销通过有效的内容策略为用户提供真正的价值，企业可以有效地连接更多的用户，并由此强化品牌资产，产生潜在的销售机会，更能在行业中建立话语权、实现思想领导者地位。

（5）电子邮件营销。电子邮件营销是指通过电子邮件向潜在客户或现有客户群发送有关业务、广告推广以及活动信息的营销手段。通过电子邮件营销，企业可以最大化地促进客户支持、推荐自己的产品或服务。成功的邮件营销战略的基础在于客户的四个数字触点：第一，营销邮件，通过对电子邮件使用者发出邮件建立联系；第二，品牌网站，丰富邮件及网站内容，客户访问企业网站主要是为了了解产品细节以及获得服务支持；第三，社会化媒体，建立社会化媒体社区，关键是通过内容、娱乐、竞赛或服务让有需求的客户参与进来；第四，移动设备，组建多种多样的可用连接，融合以上三个数字触点，并增加基于地理位置的连接与即时沟通功效。

（6）社交媒体营销。社交媒体是在 Web 2.0 理念与技术的基础上，用户可以进行内容生产和内容交互的一类互联网媒体。社交媒体最本质的特性以及与传统媒体最大的区别，就在于用户生成内容与社交属性。其实人与人之间的连接与互动是自互联网出现以前便一直存在的线下行为，只不过在移动互联网的效应下，社交媒体的内容传播具备了"病毒传播"的可能性，即不管是微博的转发还是微信群组与朋友圈的分享，都可能在无形中快速织起一张传播的大网，让某些思想和行为像病毒一样入侵人们的大脑。社交媒体的布局对于企业的数字化到达而言有着格外重要的战略意义。它最直接的价值在于，由于大部分人了解新品牌、产品和服务有效的途径是朋友、家人及付费广告，因此社交媒体战略得以最有效地帮助人们发现企业的品牌、产品和促销信息，同时在这个过程中，品牌可以具备杠杆式发展和扩张的可能性。

（7）移动营销。移动营销是在成熟的云端服务基础上，通过移动终端（手机、平板电脑或者其他移动式可穿戴设备）获取相应的用户信息，再通过移动终端向目标受众定向传递即时信息，通过精准的个性化信息实现与用户的互动，最终达成营销目标。移动营销仍然是一个新兴的概念，它在企业中所承担的作用是偏向于工具性还是战略性一直还没有一个确定的结论，但是这并不妨碍它成为当下最重要的营销热点。此外，移动营销是一个一边发生、一边检验、一边修正的营销方式，体现了数字化营销迅速迭代、不断优化的特性。

（8）app营销。app营销属于移动营销的一部分，是整个移动营销的核心内容。它是通过网络社区、智能手机、SNS（Social Networking Services，社会性网络服务）等平台上运行的应用程序来进行市场营销。一开始，app只是作为一种第三方应用参与到互联网营销活动中。但随着互联网的不断发展，app在数字化营销中开始积聚各种不同类型的网络受众，同时其本身可以获取用户流量。app营销经过数年的发展，已经从最一开始单纯定位于企业、产品、服务和消费者之间的对接触点，转换为以企业自身主要服务为主，同时向周边延伸的平台型服务方向发展。

（9）视频营销。视频营销是企业以互联网为载体，将各种形式和长度的视频进行有计划、有目标的传播扩散的营销活动。从内容来讲，视频营销一般分为六种类型：第一，演示，展示产品或服务可以解决什么问题；第二，培训，产品的细节应用；第三，客户体验，现有客户现身说法；第四，领导力，即显示自己是某个领域的专家，赢得尊重和信任；第五，制造悬念，引起客户观看的兴趣；第六，讲述与品牌相关的故事，可以是来自员工的，也可以是来自客户的。

营销链接

2013年5月，可口可乐在中国推出了24款印有当下网络流行昵称的"快乐昵称瓶"，此次营销活动综合了大数据营销、社会化媒体营销、内容营销、app营销等数字化营销手段，为消费者提供了全方位的品牌互动体验。首先，前期大规模的消费者调研显示，中国年轻人喜爱拥有自己的标签，通过标签可以寻找到与自己特点、爱好等相似的朋友和群体。可口可乐与国内领先的第三方大数据公司精硕科技合作，收集社会化媒体中的海量数据，分析出年轻人使用最频繁的词汇，并最终确定了具有正能量且与可口可乐品牌内涵契合的24个网络流行语。其次，在快乐昵称瓶上市的前一天，可口可乐预先定制了22款昵称瓶悬念海报，并邀请新浪微博上68位草根大号来发布。随后，可口可乐为1 000多位新浪微博上的明星大V、意见领袖及忠实粉丝定制了专属于他们的昵称瓶，并邀请他们在快乐昵称瓶上市当天在微博上晒出。再次，活动期间与微博著名网络书法家"王左中右"合作，以昵称瓶为对象进行书法创作，不定期地将作品以图片形式发布在网络上。最后，可口可乐还与手机app啪啊进行互动营销，推出"昵称瓶之恋"的主题活动，每一个参与的网友都可以自主创作与可口可乐相关的内容，并通过啪啪分享到 QQ 空间、微博、微信等社交平台。

资料来源：郑玲根据网络资料编写。

15.2.3　建立持续关系的基础

建立持续交易的基础是要与客户建立更深层次的关系。这种关系层次的建立，如果是指与客户之间的情感，那么更多地整体表现为品牌偏好；如果是指终端的方便可达，则表现为渠道建设能力；如果是指绩效性考核，则表现为客户忠诚度、客户净推荐率等，但是，整体都可以用"关系"或者"持续关系的基础"来界定与表达。

建立持续关系的基础是指数字信息到达后，通过各种经营手段围绕目标客户创造、建立和保持的持续性互动状态，它使得营销从信息的传播走向战略性的深度经营。可持续互动是客户关系建立的重要标准。与客户的交易达成并不意味着客户关系的真正建立，缺乏客户与企业持续、充分互动基础的交易将无法持续经受住竞争对手低价竞争策略的侵袭。从客户的角度而言，持续的互动关系意味着在经济利益、情感价值和社会性价值层面持续获得全面满足，自身积极参与到这一过程中。

1. 以客户为核心的"关系铁三角"

在数字化时代，以客户为核心的关系网络是人、信息和提交物三位一体的动态结合，三个部分互为基础、相互促进。

第一种"关系"可以是作为个体的客户与具有相同利益需求或相近价值观和精神追求人群的关系，也可以是围绕客户需求的各类外部专家资源的关系，还可以是客户与"拟人化"的企业之间的关系。企业是非人格化的法人实体，但企业由人组成，因人的活动而运作。从客户认知便利角度出发，客户会根据个人经历和主观判断，赋予企业"人格化"的内容。如何主动引导和塑造企业在客户心目中的形象是企业品牌建立时的重要内容，也是建立关系的一种手段。

第二种"关系"可以看成客户与信息之间的关系，包括为客户提供信息的内容和方式。在移动互联网时代，企业不只为客户提供关于自身产品的各种功能和经济价值信息，还需为客户提供与他们工作相关的专业知识或与生活方式相关的各种信息，这也可以看作企业为客户创造的无形价值，即"一切产品都可以内容化，一切内容都可以产品化"。在移动互联网时代，企业需要充分利用各种信息平台的特点，匹配不同类型的信息内容，进行全面布局，围绕客户在各种场景下的信息需求，进而进行全面的覆盖。

第三种"关系"是客户与提交物之间的关系。客户与产品之间不只是购买、使用、消耗的过程，如果把以前的客户行为看成一条直线，那数字化时代的客户轨迹会拉长，甚至弯曲。在移动互联网时代，产品的使用可以作为入口，在此基础上储存各种应用数据，为客户创造各种可能的社交场景。而一些传统的产品也添加了数据存储功能和社交功能，从而在产品交易的基础上增加了社交价值，建立了品牌与客户的持续关系。

2. 建立持续关系基础的行动

在数字化时代构建持续关系的基础，既需要思维的转化，又需要落地，它的核心行动可以归为以下三步：建立连接、构建社群、实施社会化客户关系管理平台。

（1）建立连接。企业实现链接需要四个步骤，分别是打造连接平台、与客户连接、与平行企业连接、企业内部连接。这里需要指出的是，这四大步骤不一定是前后次序的关系，企业可以从其中的任何一个步骤出发，再在其他几个维度展开。

（2）构建社群。首先，注意社群定位。在数字化时代，品牌社群的持续发展对企业而言是客户资产建立的重要标志。处于活跃社群状态的品牌资产，是企业发展可以依赖、可以量化管理的重要推动力。品牌社群具有社交功能，将围绕品牌核心价值或价值观的现有客户、潜在客户通过企业进行连接。在数字化时代，品牌社群依托社交平台如微博、微信、其他社交型 app、主题性论坛、视频分享网站等进行运作，但两者的最终落脚点有差异。品牌社群始终要关注企业经营目的，而社交型社群则更关注社群自身的关系强度、社群规模等。

（3）实施社会化客户关系管理平台。传统客户关系管理的重点在于收集和管理静态的客户数据，如购买信息、客户接触历史以及一些人口统计信息。客户数据的获取往往来自企业与客户的直接沟通，如销售过程。而社交型客户关系管理通过社交平台来接触客户，并获得客户公开的社交信息。这使得企业能够通过各个社交平台全方位地与客户进行深度互动，获得在直接接触之外的更多维度的数据，帮助企业获得全景式的客户画像素描，并帮助企业随时回顾与客户进行互动的全过程。

15.2.4　实现交易与回报

实现交易与回报是指在之前 3 个 "R" 的基础上，促使企业与客户交易的达成，并可以用之前的 "3R" 来实现持续交易。它的本质是实现数字化营销战略的交易回报。基于科特勒咨询集团的咨询经验和研究，可以将数字化时代企业的营销回报方式总结为 "5+1"，共 6 种实现交易与回报方式。

1. 社群资格商品化

社群资格商品化是将参与和保持作为某一群体的资格或者获取某种特定服务的资格进行交易的回报方式，如会员费、年度使用费等。这是一种历久弥新的回报方式。尽管在互联网的 "免费" 潮流下，会员资格收费并非最主流的方式，但仍可以成为企业维护社群的一种必要手段。社群资格收费的可行性与收费标准取决于社群与每个社群成员关于价值的接受程度。不同的收费方式可以把社群成员按需求层级自然分开。不同的交流方式、沟通渠道也同样影响社群资格的收费形式，一般而言主要有下面这两种收费形式。

（1）入门资格费。这是客户为获得一定产品和服务的购买权而缴纳的费用。当客户进一步获取产品或服务时，仍旧需要支付相应的对价。收取资格费更多的是获得客户对关系的重视程度，有利于企业强化客户关系。会员费用对全球最大的会员制商店之一的山姆会员商店来说，它不仅是收入来源之一，而且能在筛选会员的过程中增加客户黏性。

（2）会员费形式的产品销售。以基础需求为入门吸引，以更好和更丰富的价值刺激社群成员支付会员费。这类费用本质上就是所对应的产品或服务的使用费，它确定了客户在某一个时间段自由享受特定的服务。

2. 社群价值产品化

社群价值产品化是指社群最终通过产品的销售获得经济回报，实现经济价值。社群的建立和规模持续拓展为产品销售提供了有效的客户基础，并随着社群的不断深化与扩大，通过老客户的采购份额与新客户的获取持续获得收入增长的动力。品牌社群对产品和服务有直接的销售作用，表现在如下几个方面。

（1）品牌社群内销售自有产品组合。这是最为直接和经典的通过社群运作实现回报的方式。小米公司在 2010 年建立时只是利用 MIUI 进行前期的客户群积累，直到 2012年才将手机产品上市。因为这些忠诚客户群的支持，小米手机实现了开门红。尽管小米宣称不通过产品盈利，但产品的销售也为公司的运作贡献了海量的现金流。在这之后，小米才逐渐延伸到其他品类。而小米社群的忠实成员也跟随产品扩展的步骤，不停地购买小米产品。随着社群成员的产品购买宽度相应拓展，小米低成本且高效地实现了产品线延伸。

（2）品牌社群销售联合品牌产品。企业在进行自有品牌社群运作时，可以从品牌关联的角度，选择与本品牌需求衔接紧密、品牌调性类似的产品品牌进行联合销售。这是基于相同顾客资产进行深度开发的重要策略。在品牌战略管理中，品牌的授权使用就是在这一思路下的经营实践。

（3）社群成员的产品自我提供和销售。社群成员不只是单纯的产品购买方，在符合特定规则的基础上，成员同样可以分享社群成员资产，进行相关产品的开发和销售，实现"购销"一体化。

3. 社群关注媒体化

因为社群具有信息生产、分享的自发性特征，所以企业可以充分利用社群的这一特征，通过品牌社群实现商业信息的生产和分享，这就是社群关注媒体化。社群效应在信息扩散领域的实现是获得社群回报的重要方式，它体现为优质原创内容驱动的、社群间几何级扩散的模式。基于社群规模的信息扩散已经可以覆盖到大规模的人群，更因为传播的认知效果好，改变了传统媒体的统治级地位，形成了蓬勃发展的社群传播方式。社群内部与外部的其他社群持续进行着内容生产、信息交换和内容输出，而且这种交换在各种社群的成员与成员之间以"多对多"的方式进行信息的传播和扩散。所以在数字化时代，社群即媒体，品牌社群的媒体传播作用包括：

（1）内容生产。在数字化时代从 Web 2.0 向 Web 3.0 迭代的进程中，用户生成内容（User-Generated Content，UGC）逐渐成为内容产生的主力军。随着移动互联网的发展，网上内容的创作又被细分出专业生产内容（Professionally-Generated Content，PGC）。内容的生产是通过 UGC 和 PGC 两种模式共同推进的：UGC 集合了社群成员的集体智慧，这些内容再通过优质的 PGC 形式展现。在此过程中，UGC 通过贡献流量和参与度维持内容的广度，而 PGC 则保障了内容的深度，创造价值并获得品牌话语权。

（2）内容传播。社群媒体的内容传播与自媒体和传统媒体最大的不同在于，除了通过社交平台、其他网络平台的传播渠道进行基于全网的内容扩散以外，社群内部的成员本身便是传播的种子——由于社群成员是内容的产生者，他们必然拥有分享内容的动力，加之社群成员也是这些内容的主要受众，因而社群媒体产生的内容不仅在社群内部能获得有效传播，而且会被社群成员争先恐后地主动传播。

（3）媒体引流。社群的媒体作用还体现在对线上和线下销售平台的流量吸引。无论是基于 PC 端，还是移动互联网平台，从品牌信息传播出发，基于最少的操作和页面跳转，品牌信息的受众可以直接到达购买页面，并通过各种网络支付平台实现购买。在数字化时代，社群可以利用社群成员之间的信任和社群传播的裂变式传播方式，为线上和线下的销售平台吸引流量。

4. 社群成员渠道化

（1）通过现有社群扩大潜在客户基础。社群的发展需要在社群客户的基础上，通过现有社群成员的人际网络和社会影响力，实现社群的自我持续扩展。而对于社群新成员引入，往往会通过口碑传播，通过现有社群的成员发展新的成员，不断地为现在的社群提供新鲜血液。

（2）通过现有社群成员实现二次销售。首先，提升推荐者的参与感。和很多企业采取直接给社群成员发放优惠的方式不同，有些企业则采取如下方式：用户消费之后才拥有可以向周围的朋友进行推荐的权力。这些社群成员在消费之后，一方面在心理上对于分享出去的优惠券有更多的认同，另一方面会把这种分享看成弥补消费所带来的财务损失的一种方式。其次，持续优惠激励。企业需要持之以恒、持续不断地进行优惠信息的派发，同时派发也要选择恰当的时机。

（3）通过社群成员吸引人才。在数字化营销时代，社群的出现恰好可以从"兴趣"的角度解决这一问题。因为所有成为企业粉丝社群的人至少是对企业的产品或者服务感兴趣的，他们对企业先天有某种程度的认可。企业从社群粉丝中寻找对应岗位的候选人时，直接对候选人的能力进行匹配就可以了，这种方式提高了企业的招聘效率，现在越来越被企业采纳。

5. 社群信任市场化

社群信任市场化是指在建立紧密的社群关系网络的基础上，使社群与周边资源合作，通过社群的协同努力，进行产品评测、推荐和销售。这种营销回报方式适合第三方社群的运营方实施，可以较好地保证评判的客观性和中立性。社群内部产生的评测与推荐，一般可以代表所有成员的想法或认知。这可以在最短时间内解决消费者在购买决策过程中的疑问。并且，由于成员间的从众心理会自始至终地影响消费行为，所以社群市场化就更容易发生。由于社群的形成以认同和信任为基础，因此社群产生的内容也更具可信度和可读性。社群发展成为品牌，并在社群中对外部品牌进行评测、分享、推荐，最后实现成果传播和推广。

6. 社群信息数据化

社群信息数据化是企业在社群管理运作中，对各种与企业业务、产品、服务等相关的数据进行收集。在此基础上，一方面企业通过对数据的挖掘进行客户需求洞察，反补到数字化画像与识别阶段；另一方面，数据的交易也可以变现，产生收益。根本是通过对大数据的分析、整理，进一步进行细化研究，提升数据本身的商业价值。企业可以获取的社群成员数据分为从内部获得的数据和从外部获得的数据。

（1）从内部获得的数据。第一，企业信息化系统。企业的信息化系统包括 OA、ERP、CRM 等。第二，企业数字化档案。每家企业都有历史档案。对拥有较长历史的企业而言，那些与客户、员工、地理、人文、财务等相关的信息涵盖了很多数据。第三，企业物联网络。Sociometric Solutions 是美国社会经济学解决方案提供商。该公司推出了一款智能工牌，里面包括了多种物联传感器，它可以记录员工的交流行为，如说话的语调、交流时的姿势和肢体语言。这些数据可以反映员工之间的关系，比如员工聊天时身体向前靠就说明二人合作良好。

（2）从外部获得的数据。第一，互联网数据。从企业的角度出发，关注的重点数据是社群成员的社交网络，如微博、微信等。第二，基于互联网的物联网络。物联网连接全球设备，包括汽车、家电、办公设备等，这些设备中包含音频采集器、视频采集器以及多样的虚拟感官系统（视觉、听觉、嗅觉等）。第三，公共渠道数据。企业面对的第三方组织拥有海量数据，如政府、协会、数据公司、其他中介组织等。

┊营销延伸┊

互联网与扶贫工作的密切结合，成为撬动脱贫工作的有力杠杆。平昌县通过发展社群电商，优化电商扶贫，实现了助农增收，巩固了脱贫成效。南京社群电商项目是平昌县电商扶贫系列工作举措之一，对接南京市 1 000 多个社群电商，直接向南京市民提供具有平昌地方特色的农产品。社群电商作为传统电商和移动电商的深化与延伸，是一种新零售商业意识形态，通过客户的社群化，可以充分激活企业的沉淀客户，使每一个单独的客户通过网络社交工具进行社群化转变。通过社会化、网络化的媒体工具充分调动了社群成员的活跃度和传播力。社群电商销售模式的优势在于可以将产品进行分类，清晰明了地呈现给目标客户群，减少了中间环节，节省了时间成本。项目实施期满后，县域特产供应商根据自身的发展需要，主动与南京社群电商继续合作，进一步助农增收，增强了"平昌产"在省外的影响力，提高了平昌县农产品的销量。"互联网＋"就像一辆高速列车，搭载着平昌县以及其他贫困地区人民群众，让他们自信、坚定地走上了脱贫致富的道路。

资料来源：刘雅雯根据网络资料编写。

◈ 重要概念

数字化营销　连接　消费者比特化　消费者决策旅程　用户画像　消费者画像

消费者旅程地图　搜索引擎优化　智能推荐　数字化广告　内容营销　电子邮件营销

app 营销　视频营销　品牌社群

◈ 复习思考题

1. 什么是数字化营销？

2. 数字化营销与传统营销的区别是什么？

3. 营销战略数字化的要素有哪些？

4. 数字化营销的发展历程如何？

5. 数字化时代前后的消费者行为研究有哪些变化？

6. 什么是数字化营销的 4R 实施模式？

7. 什么是数字化画像与识别？

8. 普通用户画像与大数据消费者画像的区别是什么？

9. 消费者画像的生成过程有哪些阶段？

10. 数字化信息覆盖与到达的方法有哪些？

◈ 经典案例

神秘的三星堆文化

坐落于四川省广汉市西北鸭子河南岸的三星堆遗址，代表了距今 3 000～5 000 年前的古蜀文化面貌和发展水平，是迄今我国西南地区发现的分布范围最广、延续时间最长、文化内涵最丰富的古文化遗址。作为中华文明起源不可分割的一部分，三星堆遗址对研究文明起源的多元性和史前城市发展进程具有重要价值。

从 2019 年开始，随着三星堆新一轮考古发掘的推进，重量级文物不断曝光，引起社会高度关注。在考古发掘研究的同时，三星堆博物馆景区管委会也在考虑文物与公众之间的连接与互动。为了能使三星堆新出土文物第一时间展现在公众面前，三星堆博物馆景区管委会对三星堆博物馆文物保护和修复中心进行升级改造，专门划出 1 000m² 的空间打造新发掘文物的修复馆。2021 年 12 月，三星堆文物保护与修复馆建成开放。该馆集文物修复、文物展示、参观体验、科普教育等功能于一体，包括工作区和展示区两大区域。2021年3月，中央广播电视总台以及各大媒体通过电视和网络平台对三星堆新一轮考古发掘现场直播，引起了国内外的极大关注，也让三星堆博物馆成为爆款打卡点。为了进一步增强与公众的互动与交流、加强考古成果的公共宣传，三星堆博物馆还根据考古发掘与研究进展，定期举办考古成果新闻发布会，并通过官方网站、微博、微信等平台不断发布最新考古动态，邀请考古文博专家举办讲座，出版三星堆科普读物，实时更新讲解词，及时向观众传播科学的三星堆文物与考古知识。

三星堆博物馆正通过"文化+""旅游+"新型业态融合培育发展，打造并完善升级三星堆文化创意开发、制造销售和品牌数字营销核心产业链，加快推动三星堆文化的创新性传承与创造性转化。三星堆管委会宣传推广部负责人介绍，为打造三星堆品牌形象，三星堆博物馆充分利用2022年央视春晚、第三轮三星堆遗址发掘直播等事件，持续制造宣传爆点；加强与国内外影视、文化、互联网等企业的深度合作，推出高水平的电影、动漫、游戏等主题传播产品，形成全媒体传播链。同时，三星堆博物馆还加大海外宣传推广，联合央视、B站拍摄并推广中、英、法、西等各语种系列纪录片。在四川省文物考古研究院指导下，其开通了三星堆考古英文官网，开设了三星堆海外社交账号，向世界展现"中国特色、中国气派、中国风格"的新时代考古学成就。

三星堆文明的生成、发展史是地方文明演进并融入中华民族多元一体发展模式及总体格局的一个最具说服力的范例，也是地方文明与中华文明、与人类文明进行碰撞交流并在这一过程中丰富自己、壮大自己、发展自己的一个极具创造力的典型示例。让三星堆走进大众，其实是一个双向过程，含有两方面的内容。其一，是三星堆文化对大众的宣传与传播，这是最主要的工作（具有主导性）。其二，是大众介入三星堆文化的探索与传播。大众介入的热情及程度则是由三星堆考古人、研究者让三星堆走进大众的意愿与热情决定的。

将三星堆考古、三星堆文化用通俗的语言、亲近的姿态讲给大众听、呈现在大众面前，让三星堆文物在大众中活起来，是当代考古人、当代学者的责任和义务。三星堆六个坑的发掘、宣传与传播，成为中国考古学大众化历程里的一段难忘的记忆、宝贵的经验。它将激励三星堆考古人、研究者坚持走考古学与人民群众亲密结合的道路，使三星堆考古与研究在实现更高、更强的科学化的同时，实现良好的大众化和数字化，让世界看到中国考古学的中国特色、中国风格、中国气派，让神秘的三星堆文化走进大众视野。

资料来源：周珊根据网络资料编写。

思考题：

1.三星堆博物馆如何让自身成为爆款打卡点？
2.三星堆博物馆如何开展数字化营销？分析其中的管理启示。
3.请你谈谈传统文化传承与数字化营销的关系。

参 考 文 献

[1] 阿姆斯特朗，科特勒，王永贵 . 市场营销学：中国版 [M]. 王永贵，郑孝莹，等译 . 北京：中国人民大学出版社，2017.

[2] 安天博 . 社交媒体环境下江小白的品牌传播策略研究 [J]. 出版广角，2020（21）：77-79.

[3] 波特 . 竞争优势 [M]. 陈小悦，译 . 北京：华夏出版社，2005.

[4] 曹虎，王赛，乔林，等 . 数字时代的营销战略 [M]. 北京：机械工业出版社，2017.

[5] 曹家为 . 市场营销学 [M]. 3 版 . 北京：中国财政经济出版社，2011.

[6] 陈春花，欧亚菲 . 生态竞争战略：企业与行业的共同发展 [J]. 科技管理研究，2000（3）：18-19.

[7] 费显政，肖登洋 . 移动端应用软件图标的触觉心象对消费者偏好的影响研究 [J]. 管理世界，2020（7）：153-171.

[8] 付登坡，江敏，任寅姿，等 . 数据中台：让数据用起来 [M]. 北京：机械工业出版社，2020.

[9] 郭国庆，陈凯 . 市场营销学 [M]. 5 版 . 北京：中国人民大学出版社，2015.

[10] 郭国庆 . 市场营销学通论 [M]. 6 版 . 北京：中国人民大学出版社，2014.

[11] 胡左浩，孙倩敏 . 良品铺子：数字化助力渠道变革 [J]. 清华管理评论，2020（9）：18-25.

[12] 黄永鹏 . 用户增长方法论：找到产品长盛不衰的增长曲线 [M]. 北京：机械工业出版社，2019.

[13] 霍伦森，科特勒，奥普雷斯尼克 . 社交媒体营销实践指南 [M]. 张寿峰，张长虎，译 . 北京：机械工业出版社，2020.

[14] 科特勒，阿姆斯特朗 . 市场营销：原理与实践 [M]. 楼尊，译 . 北京：中国人民大学出版社，2015.

[15] 科特勒，凯勒 . 营销管理 [M]. 何佳讯，等译 . 上海：格致出版社，上海人民出版社，2016.

[16] 科特勒，阿姆斯特朗 . 市场营销：原理与实践 [M]. 楼尊，译 . 北京：中国人民大学出版社，2020.

[17] 科特勒，凯勒 . 营销管理 [M]. 王永贵，等译 . 上海：格致出版社，上海人民出版社，2009.

[18] 科特勒，凯勒，卢泰宏 . 营销管理 [M]. 卢泰宏，高辉，译 . 北京：中国人民大学出版社，2009.

[19] 科特勒，卡塔加雅，塞蒂亚万 . 营销革命 4.0：从传统到数字 [M]. 王赛，译 . 北京：机

械工业出版社，2018.

[20] 李永平，董彦峰，黄海平.数字营销 [M].北京：清华大学出版社，2021.

[21] 卢泰宏.消费者行为学 50 年：演化与颠覆 [J].外国经济与管理，2017（6）：23-38.

[22] 吕一林，冯蛟.现代市场营销学 [M].北京：清华大学出版社，2012.

[23] 孟韬.市场营销：互联网时代的营销创新 [M].北京：中国人民大学出版社，2018.

[24] 彭英.人工智能营销 [M].北京：清华大学出版社，2022.

[25] 彭勇.数据中台建设：从方法论到落地实战 [M].北京：电子工业出版社，2021.

[26] 史密斯.定价策略 [M].周庭锐，张恩忠，赵智行，等译.北京：中国人民大学出版社，
2015.

[27] 斯考伯，伊斯雷尔.即将到来的场景时代：大数据、移动设备、社交媒体、传感器、
定位系统如何改变商业和生活 [M].赵乾坤，周宝曜，译.北京：北京联合出版公司，
2014.

[28] 苏亚民.现代营销学 [M].6 版.北京：中国商务出版社，首都经济贸易大学出版社，
2009.

[29] 特劳特，里夫金.重新定位 [M].邓德隆，火华强，译.北京：机械工业出版社，2017.

[30] 滕乐法，李峰，吴媛媛，马振峰.市场营销学 [M].北京：清华大学出版社，2020.

[31] 汪旭晖，赵博，刘志.从多渠道到全渠道：互联网背景下传统零售企业转型升级路
径——基于银泰百货和永辉超市的双案例研究 [J].北京工商大学学报（社会科学版），
2018（4）：22-32.

[32] 王晶，席阳，李铁克.基于体验经济与顾客参与的大规模定制模式 [J].北京航空航天大
学学报（社会科学版），2002（1）：45-49.

[33] 李双双，杨娜.文化创意产品网络营销策略研究：以北京故宫博物院为例 [J].边疆经济
与文化，2021（9）：41-43.

[34] 王永贵，马双.客户关系管理 [M].2 版.北京：清华大学出版社，2021.

[35] 王永贵.市场营销 [M].2 版.北京：中国人民大学出版社，2022.

[36] 吴健安，聂元昆.市场营销学 [M].6 版.北京：高等教育出版社，2017.

[37] 吴健安，钟育赣.市场营销学：应用型本科版 [M].北京：清华大学出版社，2015.

[38] 西尔，克拉克.场景：空间品质如何塑造社会生活 [M].祁述裕，吴军，等译.北京：社
会科学文献出版社，北京社科智库电子音像出版社，2019.

[39] 西蒙.定价制胜：大师的定价经验与实践之路 [M].蒙卉薇，孙雨熙，译.北京：机械工
业出版社，2017.

[40] 阳翼.人工智能营销 [M].北京：中国人民大学出版社，2019.

[41] 阳翼.数字营销 [M].2 版.北京：中国人民大学出版社，2019.

[42] 杨家诚.数字化营销 [M].北京：中华工商联合出版社有限公司，2021.

[43] 易牧农.市场营销学 [M].北京：中国水利水电出版社，2018.

[44] 营销铁军.场景营销 [M].苏州：古吴轩出版社，2020.

[45] 于萍.移动互联环境下的场景营销：研究述评与展望 [J].外国经济与管理，2019（5）：

3-16.

[46] 于萍 . 移动互联环境下的服务场景、感官知觉及顾客反应：基于 4 家企业的案例分析 [J].
财经论丛，2018（5）：76-86.

[47] 郑锐洪 . 中国营销理论与学派 [M]. 北京：首都经济贸易大学出版社，2010.

[48] 周欣悦 . 消费者行为学 [M]. 2 版 . 北京：机械工业出版社，2021.

[49] BECKER J U, GREVE G, ALBERS S. The impact of technological and organizational
implementation of CRM on customer acquisition, maintenance, and retention[J]. International
Journal of Research in Marketing, 2009(3): 207-215.

[50] BERGER J, MILKMAN K L. What makes online content viral?[J]. Journal of Marketing
Research, 2012(2): 192-205.

[51] BERRY L L. Relationship marketing of services in perspectives from 1983 and 2000[J].
Journal of Relationship Marketing, 2002(1): 59-77.

[52] BUTTLE F A, MAKLAN S. Customer relationship management: concepts and
technologies[M]. 3rd ed. London: Routledge, 2015.

[53] BUTTLE F. Customer relationship management: concepts and tools[M]. London: Routledge,
2003.

[54] GOODMAN J K, LIM S, MORWITZ V, et al. When consumers prefer to give material gifts
instead of experiences: the role of social distance[J]. Journal of Consumer Research, 2018(2):
365-382.

[55] JACKSON B B. Build customer relationships that last: how close can industrial markets get
to their customers and for how long? [J]. Harvard Business Review, 1985(6): 120-128.

[56] KELLER K L. The future of brands and branding: an essay on multiplicity, heterogeneity,
and integration[J]. Journal of Consumer Research, 2021(4): 527-540.

[57] KELLER K L. Unlocking the power of integrated marketing communications: how integrated
is your IMC program [J]. Journal of Advertising, 2016(3): 286-301.

[58] KENNY D, MARSHALL J F. Contextual marketing: the real business of the internet[J].
Harvard Business Review, 2000(6): 119-125.

[59] KRISHNA A. An integrative review of sensory marketing: engaging the senses to affect
perception, judgment and behavior[J]. Journal of Consumer Psychology, 2012(3): 332-351.

[60] LEMON K N, VERHOEF P C. Understanding customer experience throughout the customer
journey[J]. Journal of Marketing, 2016(6): 69-96.

[61] MCKENNA R. Relationship marketing: successful strategies for the age of the customer[M].
New York: Perseus Books, 2006.

[62] MOORE J F. Predators and prey: a new ecology of competition[J]. Harvard Business Review,
1993(3): 75-86.

[63] PRAHALAD C K, RAMASWAMY V. Co-creation experiences: the next practice in value
creation[J]. Journal of Interactive Marketing, 2004(3): 5-14.

[64] RAPP R. Customer relationship marketing in the airline industry[M]. Berlin: Springer Verlag, 2002.

[65] ROSENBAUM M S, MASSIAH C. An expanded servicescape perspective[J]. Journal of Service Management, 2011(4): 471-490.

[66] ROYLE J, LAING A. The digital marketing skills gap: developing a digital marketer model for the communication industries[J]. International Journal of Information Management, 2014(2): 65-73.

[67] STORBAC K, LENTINEN J. Customer relationship management: creating competitive advantage through win-win relationship strategies[M]. Singapore: McGraw-Hill, 2001.

[68] TANG H, LIAO S S, Sun S X. A prediction framework based on contextual data to support mobile personalized marketing[J]. Decision Support Systems, 2013(5): 234-246.